EL NIÑO DE LOS CABALLOS

r

relatos

Rupert Isaacson

El niño
de los caballos

La búsqueda de un padre
para sanar a su hijo

Traducción de Camila Batlles Vinn

URANO

Argentina · Chile · Colombia · España
Estados Unidos · México · Uruguay · Venezuela

Título original: *The Horse Boy*
Editor original: Little, Brown and Company, New York
Traducción: Camila Batlles Vinn

ISBN: 978-84-7953-704-3
Depósito legal: B. 12.887-2009

Coordinación y maquetación: Víctor Igual, S.L.
Impreso por: Romanyà Valls, S. A. — Verdaguer, 1
08786 Capellades (Barcelona)

Impreso en España — *Printed in Spain*

Para mi hijo. Y para Kristin,
que al principio se resistió a embarcarse en la aventura.

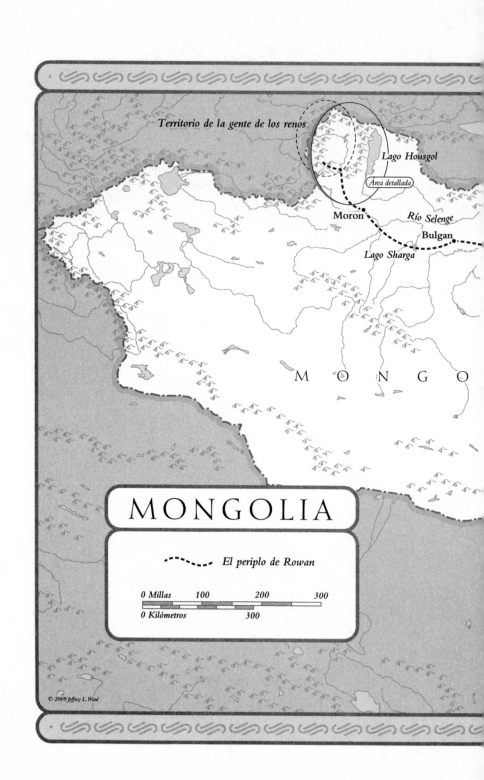

Territorio de la gente de los renos

Lago Housgol

Área detallada

Moron

Río Selenge

Bulgan

Lago Sharga

M O N G O O

MONGOLIA

- - - • El periplo de Rowan

0 Millas   100   200   300

0 Kilómetros   300

© 2009 Jeffrey L. Ward

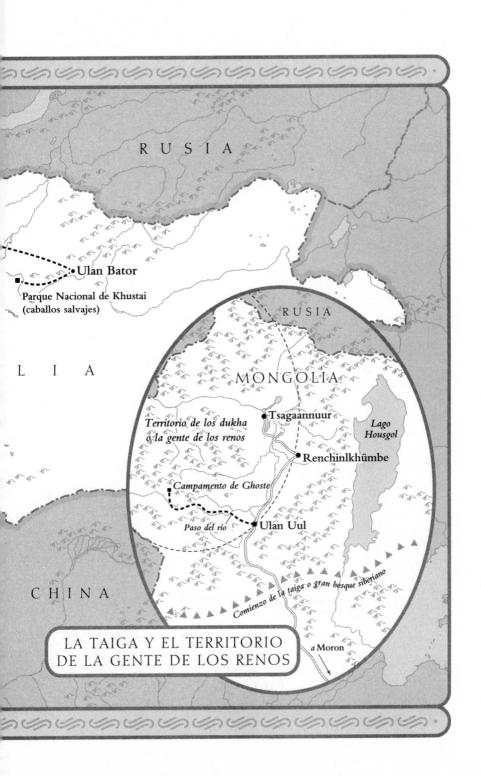

RUSIA

Ulan Bator

Parque Nacional de Khustai
(caballos salvajes)

L I A

RUSIA

MONGOLIA

*Territorio de los dukha
o la gente de los renos*

Tsagaannuur

*Lago
Housgol*

Renchinlkhümbe

Campamento de Ghoste

Ulan Uul

Paso del río

CHINA

Comienzo de la taiga o gran bosque siberiano

LA TAIGA Y EL TERRITORIO
DE LA GENTE DE LOS RENOS

a Moron

Índice

TERCERA PARTE

Prólogo

El caballo hunde los cascos de sus patas traseras en la tierra para tomar impulso y alcanzar la cima de la colina. Yo me inclino hacia delante para aliviar el lomo del animal del peso, procurando no aplastar a mi hijito, que está sentado en la silla frente a mí, e intento no mirar el vertiginoso abismo que se abre a nuestros pies. Durante un momento angustioso el caballo castaño y blanco resbala hacia atrás. Por fin, tras un último y tremendo esfuerzo, alcanzamos la cresta del elevado paso de montaña.

—¡Pegar a papá!

Rowan, mi hijo de cinco años, se vuelve riendo y trata de golpearme en el labio dolorido y sangrante. Aparto la cabeza para esquivar el golpe. Las nubes se deslizan sobre nuestras cabezas y sopla una fresca ráfaga de aire. A nuestras espaldas, centenares de metros más abajo, se extiende el bosque siberiano hasta el infinito y, frente a nosotros, el espacio pelado y desértico de la tundra montañosa.

—¡Nieve! —Rowan señala la amplia franja blanca que sigue adherida a las elevadas cumbres que se alzan sobre nosotros, donde un par de cuervos surcan el viento graznando furiosos—. ¡Bajar! ¡Bajar y jugar en la nieve!

Como un niño normal. Casi.

El caballo, que Rowan ha bautizado con el nombre de *Blue*, agacha la cabeza para relajar los músculos del cuello después del esfuerzo. Ante nosotros se alza un gran montón de piedras decoradas con calaveras de animales, chales azules de oraciones y plegarias escritas en cirílico sobre unos folios de papel, que el viento agita, sujetos con piedras.

En lo más intrincado de esta montaña vive el chamán de la gente de los renos. Nos ha llevado medio año dar con él. ¿Sanará a mi hijo? ¿Será capaz de hacerlo?

Primera Parte

1

El niño nacido a los siete años

En abril de 2004 los médicos diagnosticaron que mi hijo, Rowan, padecía autismo. Me sentí como si me hubiesen golpeado en la cara con un bate de béisbol. Dolor, vergüenza, una vergüenza extraña e irracional, como si yo hubiera impuesto a mi hijo esa cruz al transmitirle mis genes defectuosos, y lo hubiera condenado a vivir como un bicho raro. Observando, horrorizado, mientras mi hijo empezaba a alejarse hacia otro lugar, como separado de mí por un grueso cristal, o la barrera transparente de un sueño.

Tenía que encontrar la forma de penetrar en su mundo, en su mente. Y la encontré, asombrosamente, a través de una yegua llamada *Betsy*.

Pero empecemos por el principio.

Veintisiete de diciembre de 2001. Un año en que el mundo aún no se había recobrado del atentado contra las Torres Gemelas de Nueva York. Mi esposa Kristin, una mujer alta, de ojos oscuros y pelo también oscuro —y embarazada de ocho meses— y yo nos hallábamos en casa de una amiga, tomando el té, cuando de pronto, como en una película, Kristin palideció y se puso de pie.

—¡Dios mío! —dijo mirando su abultado vientre. Sobre el parqué se había formado un charquito de un líquido espeso y transparente.

—¡Ostras! —exclamé, y me abalancé al teléfono.

Tras una carrera a toda pastilla por la lluviosa autopista (los conductores hacían sonar los cláxones y nos hacían señas con los faros para protestar por mis temerarios cambios de carril), llegamos al hospital, donde se llevaron rápidamente a mi mujer a quirófano para practicarle una cesárea urgente. Kristin no cesaba de gritar: las contracciones se sucedían con tal rapidez que no le daban un instante de respiro, le producían un dolor infinito y le arrancaban de lo más profundo de su lacerado cuerpo unos chillidos angustiosos e intensos. No dilataba lo suficiente, y Rowan venía de nalgas. Esa semana habíamos concertado una cita con el médico para que le diera la vuelta.

—¡No hay tiempo para eso! —comentó el médico cuando Kristin entró en el quirófano. Luego se volvió hacia mí y me preguntó—: «¿Quiere usted estar presente?»

Todas nuestras ideas holísticas sobre un parto natural se desvanecieron de un plumazo. El parto no podía ser más clínico. Y yo, por lo general demasiado aprensivo para ver sangre y vísceras, observé fascinado mientras los médicos abrían el vientre de Kristin, apartaban sus tripas y extraían un ser humano sorprendentemente grande y azulado. Yo no dejaba de pensar: «Te lo ruego, Señor, que esté sano».

Al poco rato, mientras Kristin se despertaba de la anestesia, me encontré en la habitación privada del hospital a solas con Rowan (que pesaba casi tres kilos y cuarto, pese a haber nacido con un mes de antelación). Contemplaba al niño que yacía, en una especie de bandeja de plástico envuelto en una toalla, boca arriba. Tenía los ojos azules y entornados, fijos en los míos; su manita derecha me agarraba el índice con fuerza. El reloj de la pared indicaba que faltaban unos minutos para medianoche.

Lo que significaba, como comprendí de pronto, que Rowan había decidido venir al mundo exactamente siete años después del día en que Kristin y yo nos habíamos conocido, casi —según descifré tras hacer los cálculos oportunos— a la misma hora en que habíamos hablado por primera vez. La verdad es que resultaba asombroso porque, cuando la conocí, a Kristin no le apetecía hablar conmigo.

Vaya, otro hippy, había pensado Kristin al verme, tras lo cual me había dado la espalda.

Había ocurrido en el sur de la India, en la ciudad de Mysore. Me habían contratado para escribir una guía turística de la región. Kristin había ido para documentarse para su licenciatura en psicología. Yo, con una melena que me llegaba a la mitad de la espalda, había recorrido las selvas tropicales de las Ghats Occidentales, viviendo con las tribus de las montañas. Kristin había entrevistado a jóvenes indias destinadas a casarse con hombres que sus padres habían elegido para ellas, para averiguar qué las llevaba a prescindir de su sentido natural de lo que era justo y aceptar un sistema según el cual las esposas debían doblegarse a los caprichos de sus maridos. Aunque todavía no nos conocíamos, no podíamos ser más diferentes: Kristin era una chica californiana de clase media y yo era inglés, hijo de padres sudafricanos, criado en parte en el centro de Londres y en parte en una remota granja, donde había aprendido a adiestrar caballos.

Pero en cuanto la vi, tendida en una tumbona junto a la piscina del hotel Southern Star, con sus piernas larguísimas, bronceada y lánguida, como una modelo de alta costura tomando el sol en una playa de Cannes, con sus ojos negros en cuyo centro bailaban lucecitas, una voz en mi cabeza, acompañada por un golpe de intuición casi físico debajo del diafragma, dijo con claridad meridiana: «Ésa es tu esposa».

No, pensé, es imposible. Y me zambullí en el agua.

Pero cuando salí, la voz seguía diciendo: «Ésa es tu esposa. Ve a hablar con ella. Ahora».

El caso es que Kristin tardó casi veinticuatro horas en dignarse siquiera dirigirme la palabra. Yo iba a permanecer sólo un día más en esa ciudad: tenía que partir al día siguiente y continuar mi apretado itinerario para escribir la guía turística. De modo que decidí utilizar la ofensiva del encanto, mezclada con la desesperación, y, por fin, conseguí que Kristin accediera a pasar una velada conmigo. Incapaz de resistir el impulso, le conté lo que la voz interior había dicho, preparado para oír la inevitable respuesta: «¡Estás loco!», que fue, como era de prever, lo primero que soltó Kristin.

Luego me sorprendió.

—Claro que yo también estoy como una cabra. Es más —añadió Kristin—, yo de ti saldría corriendo.

Resultó ser toda una historia: el año anterior Kristin había dejado a su marido por otro hombre, y ahora estaba esperando a que ese hombre dejara a su esposa. Pero el tipo se hacía el remolón.

—Estoy hecha un lío —dijo Kristin—. Soy la primera en reconocerlo. Pero no estoy disponible.

Lo cual despertó aún más mi interés.

Eché mano de todas mis dotes de persuasión y logré convencerla de que me acompañara (junto con unos amigos suyos) a la próxima población importante, donde iba a alojarme en un elegante hotel con los gastos pagados, por lo que podíamos instalarnos todos en mi habitación. A partir de ese momento, pese a cierta resistencia inicial por parte de Kristin, nos embarcamos en siete años de aventuras: a través de los remotos rincones de la India; luego fuimos a Londres, donde Kristin se tomó un año sabático y dejó de preparar su licenciatura para venirse a vivir conmigo, posteriormente viajamos al sur de África, donde yo tenía que escribir otra guía turística, y, por último —cuando Kristin tuvo que regresar a Estados Unidos para licenciarse—, a Berkeley, California. Nos casamos, y puesto que me dedicaba a escribir guías turísticas y podía establecerme donde quisiera, me convertí en el marido ideal de una académica; así pude seguir a Kristin, primero a Colorado, donde obtuvo una plaza de posdoctorado, y, finalmente, a la Universidad de Texas, en Austin. Mejor dicho, a la abrasadora campiña repleta de cigarras, robles y prados en las afueras de la capital, para hacer realidad el sueño de tener caballos, que había albergado desde mi infancia, buena parte de la cual había pasado sentado en una silla de montar. De hecho, desde que era niño. En la granja de mi tía abuela, mis padres solían encontrarme en el prado, charlando animadamente con los caballos. Yo había montado semiprofesionalmente, y había domado y amaestrado todo tipo de caballos. A decir verdad, era un apasionado de esos animales.

Entre tanto, yo viajaba continuamente entre Estados Unidos y África; me documentaba para escribir un libro sobre la extraña relación de mi familia con los últimos cazadores-recolectores del sur de África, los bosquimanos del Kalahari, y escribía otro libro sobre su extraña cultura de sanar mediante la utilización del trance y sus intentos de recuperar los territorios de caza que les habían sido arrebatados para crear parques nacionales y explotar minas de diamantes. Precisamente cuando se publicó ese libro, Kristin me informó de que estaba embarazada.

Decidimos poner al niño el nombre de Rowan,* por el árbol que, según todas las leyendas inglesas, es el árbol de la magia blanca. Si llevas un trozo de madera de serbal en el bolsillo, las hadas maléficas no pueden tocarte. Como segundo nombre le pusimos Besa, en honor de un sanador bosquimano con quien yo mantenía una estrecha amistad. Así fue como, poco después de medianoche y dos días después de la Navidad de 2001, me hallé vestido con una bata y un gorro verde de hospital, contemplando asombrado el resultado físico de mi amor por la joven que hacía siete años había visto tumbada junto a una piscina, en un hotel de la India.

—Siete años exactamente —murmuré en voz alta—. Bienvenido al mundo, Rowan Besa Isaacson, muchacho de los ojos azules. ¿Qué aventuras nos tienes reservadas?

Llevamos a Rowan a casa un día en que nevaba, lo cual es raro en Texas. Queríamos afrontar la realidad de ser padres sin ayuda de las insolentes pero afectuosas enfermeras que se habían ocupado de nosotros en el hospital, pues, como la mayoría de los padres

* En castellano, serbal. *(N. de la T.)*

primerizos, no teníamos ni remota idea de cómo cuidar de un bebé. Nos parecía increíble poder gozar del don de ese extraordinario y diminuto ser que era nuestro hijo. Nos obsesionaba la posibilidad de darnos la vuelta en la cama por las noches y aplastarlo; cuando dormía, nos asegurábamos cada diez minutos de que seguía respirando, y nos preocupaba que comiera lo suficiente. Pero era un temor infundado, pues Rowan apenas soltaba el pezón de su madre, incluso cuando dormía. Como la mayoría de los bebés, Rowan se pasaba buena parte del tiempo durmiendo, emitía unos ruiditos adorables cuando estaba despierto y machacaba los pechos de su madre como un diminuto luchador de sumo antes de quedarse dormido. Apenas lloraba. Kristin y yo estábamos asombrados de lo fácil que resultaba ser padres; ¿de qué se quejaba todo el mundo?

Incluso cuando Kristin tuvo que volver al trabajo después de su breve baja por maternidad, no nos resultó demasiado complicado. Yo sacaba un par de biberones llenos de leche materna del frigorífico, instalaba a Rowan en la mochila portabebés y me dirigía a la cuadra de mi vecino, donde estaba adiestrando un joven caballo, al que llevaba alrededor del corral mientras Rowan babeaba, se reía y a veces escupía sobre mi pecho. Me dije que no le presionaría para que se convirtiera en un experto jinete. Pero mentía, pues había empezado a imaginar el momento en que le enseñaría a montar y compartiría aventuras a caballo con él. Por su parte, Kristin, que se había hecho budista hacía tiempo, soñaba con las largas charlas espirituales y filosóficas que sostendría con su inteligente y precoz hijo. Como todos los padres primerizos, nos afanábamos en proyectar nuestros propios sueños y deseos en nuestro hijo.

Rowan empezó a andar muy pronto, y balbuceó sus primeras palabras antes de cumplir un año. Kristin y yo estábamos eufóricos, nos sentíamos aliviados por su precocidad, halagados y orgullosos por lo que considerábamos un reflejo de nuestros elevados intelectos. Sólo nos sentimos un tanto disgustados cuando Rowan aprendió a pronunciar antes los nombres de todos sus trenes de *Thomas y sus amigos* que a decir «mamá» y «papá».

—¡*Henryyy*! —decía volviéndose hacia mí con una extraña e intensa vehemencia mientras me mostraba la pequeña locomotora de juguete que se llamaba, efectivamente, *Henry*—. ¡*Henryyy*!

Rowan creaba diseños maravillosos con sus trenes y sus animales de juguete. Pasaba horas colocándolos en el suelo del cuarto de estar en un orden sorprendentemente coordinado, según el tamaño y el color. Kristin y yo alabábamos su sentido estético, su precoz e intuitiva comprensión de la forma, y fantaseábamos sobre si sería artista, como mi madre, o quizá arquitecto, como mi padre. Cuando su obsesiva afición a mamar empezó a ir acompañada de unas curiosas posturas de yoga (que a veces le hacían volverse bruscamente y tumbarse en el suelo, casi arrancándole el pezón derecho a la pobre Kristin), asentíamos con la cabeza, convencidos de que nuestro hijo poseía la naturaleza apasionada de un escritor o de un explorador. Cuando Rowan empezó a balbucear breves pasajes de los vídeos de *Thomas y sus amigos*, sonreímos, pensando que no tardaría en aprender a hablar.

Cuando Rowan cumplió dieciocho meses, Kristin, como psicóloga especializada en el desarrollo infantil, empezó a preocuparse. Rowan no señalaba nunca. Ni había añadido ninguna palabra a su limitado vocabulario, aparte de reproducir algunos fragmentos de los diálogos de los vídeos infantiles que veía (lo que los expertos en autismo llaman ecolalia). Tampoco mostraba sus juguetes a la gente, como hacen muchos niños. Y cuando alguien pronunciaba su nombre, no se volvía.

Temiendo que el niño sufriera un retraso del lenguaje, nos pusimos en contacto con los servicios estatales de intervención en la primera infancia y —como padres responsables que éramos— concertamos una visita semanal con un terapeuta especializado en problemas del lenguaje. Rowan no hacía caso del terapeuta, pero al cabo de un par de meses aprendió a decir «es Woody» cuando sostenía su muñeco de *Toy Story*. También sabía decir «Toy Story» cuando quería ver la dichosa película (unas ochocientas veces al día). Y decía «es un elefante» cuando miraba a un elefante de peluche o veía uno vivo en la pantalla del televisor. Pero no sabía decir «mamá», «papá», «hola», «tengo hambre», «quiero eso», «sí» o la palabra que un niño repite con más frecuencia: «No».

Cuando quería algo, Rowan te tomaba de la mano y te conducía hasta el objeto en cuestión: el frigorífico cuando quería comer algo (sólo productos crujientes como beicon o manzanas), el vídeo cuando pretendía que le pusieras *Toy Story* o algún documental sobre animales (si te equivocabas de cinta Rowan se ponía a berrear hasta que dabas con la que quería).

Los padres de Kristin y los míos vivían a miles de kilómetros.

—Está demasiado consentido —se quejaban las abuelas de Rowan las pocas veces que venían a visitarnos y observaban que el niño no nos hacía caso cuando tratábamos de captar su atención—. Dejáis que haga lo que quiera. ¿No podríais ser más firmes con él?

—No lo sé —respondía Kristin preocupada—. No lo sé.

Luego comenzaron los berrinches. No los berrinches habituales de «me siento frustrado porque no comprendo/no consigo lo que quiero» de todos los niños. Ésos ya los conocíamos. Éstos eran una novedad: unos arrebatos infernales, como los de un poseso, que estallaban inesperadamente. Rowan estaba jugando tan contento con sus juguetes o con la manguera del jardín (el agua también lo obsesionaba), o incluso dormido, cuando de pronto se ponía a chillar, medio de rabia y medio de dolor. A veces durante horas. ¿Por qué?

Algo iba mal, pero no se nos ocurrió que el problema tuviera que ver con el autismo. Rowan tenía una excelente relación emocional con nosotros. Nos miraba a los ojos. Se nos acercaba con los brazos extendidos para que lo abrazáramos. Nuestros amigos trataban de tranquilizarnos. «Yo no empecé a hablar hasta que cumplí los cuatro años.» «Algunos bebés que nacen por cesárea tardan más en desarrollarse.» «Llevadlo a un terapeuta especializado en problemas del lenguaje.» Eso ya lo habíamos intentado, y Rowan no había hecho ningún progreso. Probamos con una terapia ocupacional. Rowan tampoco hacía caso de esos terapeutas. Se enfadaba y se ponía a berrear cuando lo obligábamos a sentarse junto a ellos; después volvía a entretenerse colocando sus animales y sus trenes, gritando: «¡Toy Story!». Y: «¡Es un elefante!», pero nada más. Incluso al cabo de un tiempo disminuyó la frecuencia con que pronunciaba esas breves frases. Se quedaba largos ratos en silencio, con la vista fija en el infinito, hasta que le daba uno de sus extraños berrinches y se ponía a gritar como un poseso, sometiéndonos a nosotros y a él mismo a un infierno ensordecedor y emocionalmente demoledor. Nuestro hijo, nuestro maravilloso hijo, se alejaba de nosotros, y no podíamos hacer nada al respecto.

Hasta que una noche, cuando Rowan tenía unos dos años y medio, Kristin subió la escalera, se sentó ante el ordenador y tecleó «autismo, primeros síntomas». Halló un enlace a «Probables síntomas de que de su hijo padezca autismo» en la web de una prestigiosa universidad, e hizo clic en él.

Los síntomas eran los siguientes:

- No mostrar sus juguetes a los padres o a otras personas adultas.
- No hacer gestos como señalar, extender el brazo para asir algo, agitar la mano, mostrar objetos.
- No compartir su interés o su alegría con los demás.
- Realizar movimientos repetitivos con objetos.
- No mirar a las personas cuando le hablan.
- No responder cuando lo llaman por su nombre.
- Hablar con un ritmo y una entonación extraña.
- Carecer de vocabulario u otras habilidades.
- Balbucear en lugar de hablar.
- No pronunciar espontáneamente frases coherentes de dos palabras tras haber cumplido los veinticuatro meses.

Rowan tenía un buen contacto visual. Aparte de eso, presentaba todos los síntomas que acabamos de describir.

2

Descenso a los infiernos

Teníamos un hijo con necesidades especiales. Nos habíamos convertido en una de esas familias.

Kristin se lanzó de lleno, echando mano de sus credenciales como profesora de psicología para avanzar por la vía rápida a través del laberinto de información que ofrece Internet, tanto entonces como ahora la fuente principal de ayuda para la mayoría de las familias con un miembro autista. Gran parte de la información era contradictoria, y la tarea de reunir las piezas del complicado mosaico de lo que precisábamos para obtener un diagnóstico oficial sobre Rowan se convirtió en una pesadilla burocrática. Sin ese diagnóstico nuestro hijo no podría beneficiarse de ninguna de las pocas ayudas que el Estado ofrecía. Necesitábamos dos valoraciones independientes de dos psicólogos infantiles, otra de un neurólogo y una cuarta del coordinador de educación especial de la escuela del distrito. Todo lo cual debía cubrirlo nuestra compañía de seguros, que de por sí comportó —como comprobó Kristin después de nuestra primera y tentativa llamada telefónica— un incesante tira y afloja. El seguro no sufragaba ninguna terapia. Eso corría de nuestra cuenta. Pero ¿qué clase de terapia exactamente? El universo del autismo en Internet no podía ser más confuso. Al parecer la más efectiva, al menos según los datos publicados, era un enfoque casi pavloviano conocido como análisis conductual aplicado, o ACA, consistente en recompensar a los niños, permitiéndoles hacer las cosas que les apetecía, y en negarles acceso a esas cosas a menos que realizaran las tareas que se les asignaba, que por lo general consistían en repetir las frases que pronunciaba el terapeuta propias de la conducta social, como por ejemplo: «¿Cómo estás? Yo estoy perfectamente. Me llamo...».

—Parece que funciona —dijo Kristin con la expresión ligeramente enajenada de quien ha pasado demasiado tiempo frente a la pantalla del ordenador.

El único problema era que el ACA exigía un régimen doméstico de cuarenta horas semanales con un terapeuta a tiempo completo que fijaría un horario de actividades diarias del que no podíamos desviarnos ni un milímetro, ni siquiera cuando el terapeuta no estuviera presente. Y que costaba aproximadamente cincuenta mil dólares al año.

—¿Cincuenta mil dólares? —pregunté con asombro—. ¿De dónde vamos a sacarlos?

—He enviado unos correos electrónicos al departamento de educación especial de la universidad —respondió Kristin secamente—. Puede ser que obtengamos las valoraciones la semana que viene, y tal vez venga alguien para comenzar el ACA.

—Pero ¿con qué dinero?

—Ya lo encontraremos. Maldita sea, Ru, esto es lo que me enfurece. Dicen que cuanto antes empecemos la terapia, más probabilidades tendrá el niño de recuperarse del todo, y hemos desperdiciado casi un año convencidos de que se trataba sólo de un retraso en el lenguaje...

—¿Recuperarse del todo? ¿Crees que existe siquiera esa posibilidad?

—Eso dicen los expertos en el ACA.

—Pero se trata de un trastorno mental. Me refiero a que... Rowan es un retrasado mental. Nadie puede curarse por completo del autismo.

Me acordé de unos chicos autistas que había conocido de niño en Londres. Me habían enviado durante una breve temporada a una escuela Waldorf,* donde estudiaban juntos niños «norma-

---

* Las escuelas Waldorf tienen sus raíces en el pensador austríaco Rudolf Steiner, quien propiciaba un tipo de aprendizaje según el cual cuando el niño puede relacionar lo que aprende con sus propias experiencias, su interés vital se despierta, su memoria se activa, y lo aprendido se vuelve suyo. (N. de la T.)

les» y discapacitados mentales y físicos. Recuerdo especialmente a dos niños autistas. Uno de ellos, Simon, trataba sistemáticamente de estrangular a los otros niños y tenían que separarlo de ellos por la fuerza. Se levantaba y se ponía a agitar los brazos y a gritar como un poseso. Una vez le prendió fuego a la escuela. El otro, un niño mayor que nosotros llamado Robert, se sacaba el pene en los pasillos abarrotados de gente y se masturbaba como un loco mientras gritaba «¡quiquiriquí!» a pleno pulmón.

¿Iba a ser Rowan así? Me lo quedé mirando. Estaba sentado en el suelo de la cocina, jugando con nuestra gata. Era un niño precioso; tenía los ojos de un color azul oscuro, con un círculo interior verde, el pelo castaño y ondulado, un cuerpo menudo, pero atlético, y una carita traviesa y encantadora. Curiosamente, la gata se lo consentía todo, al igual que los perros y otras mascotas de nuestros amigos. Rowan se llevaba estupendamente con los animales, y éstos con él. Yo tenía también una buena relación con los animales, en especial con los caballos, pero no como Rowan. Él parecía tener línea directa con ellos.

—Al parecer pueden curarse —prosiguió Kristin—. Si lo coges a tiempo. Y esos cabrones de la unidad de intervención en la primera infancia debían de saberlo. Los he llamado hoy y no han tenido más remedio que reconocerlo. Dicen que tenían sus sospechas, pero no querían etiquetarlo. ¡Etiquetarlo! ¡Ja! ¡Lo que no querían era recomendar que le prestaran más servicios! ¡Hemos malgastado casi un año!

—¿Y el pediatra? Tendría que haber visto algo raro.

—Pero no ha sido así. Al parecer, estamos solos.

Era cierto. Cuando Rowan se fue volviendo más disfuncional, se convirtió en un problema incluso ganarnos el sustento. Yo dejé de montar y mantenía a Rowan deliberadamente alejado de los caballos porque era imprevisible. Nuestra esperanza de que compartiría con nosotros una vida llena de aventuras se había evaporado. La vida se había convertido en una monótona rutina consistente en pasar de una terapia a otra, y en bregar con las aseguradoras, los terapeutas y los berrinches cada vez más inexplicables de Rowan. Perdía los nervios en todas partes, incluso en la calle; en una ocasión sus alaridos llegaron a sofocar el ruido de la taladradora que utilizaban unos operarios, quienes dejaron sus herramientas y se quedaron contemplando atónitos a Rowan, una diminuta máquina emisora de decibelios que se arrojó al suelo y empezó a golpearse violentamente la cabeza contra el asfalto. Tuvimos que sujetarlo para evitar que se lastimara, pero él siguió agitándose y pataleando sobre el duro pavimento. Fue como si tuviera un ataque epiléptico.

A veces sus berrinches iban acompañados de violentos vómitos, como los de la niña de *El exorcista*. Algunas personas se ofrecían para llamar a los servicios de urgencias o manifestaban su disgusto chasqueando la lengua y observando a esos padres inútiles que permitían que su hijo se comportara de forma tan abominable en público; en ocasiones, se paraban para decirnos que debería darnos vergüenza permitir que un niño montara ese número en la calle o en una tienda. Apenas nos consolaba espetarles: «Es autista, ¿qué justificación tiene usted?», y observar cómo se batían en retirada abochornados y con aire culpable. Toda nuestra vida consistía en ese constante aluvión de ruido, violencia emocional y total impotencia. Nuestra vida social, incluso nuestra vida sexual —al final de la jornada Kristin y yo estábamos agotados—, estaba empezando a irse al traste. La pasión que nos mantenía unidos comenzaba a desvanecerse.

Con todo, a través de nuestras indagaciones en el ciberespacio, descubrimos la causa probable de esos extraños y tremebundos berrinches, que seguramente tenían un origen neurológico: el sistema nervioso de Rowan era hiperactivo. Al parecer, los cerebros autistas poseen más células nerviosas que los cerebros «neurotípicos». El resultado puede ser una sobrecarga sensorial extrema. Una simple ráfaga de aire podía abrasar a Rowan como el fuego de un lanzallamas. Los fluorescentes de un supermercado o de la guardería podían parecerle luces estroboscópicas que parpadeaban un millón de veces por minuto. Y, cuando se activaba un mecanismo neurológico negativo, la ropa o las sábanas podían ser para él auténticos pesos muertos o napalm ardiente. La explicación no contribuía a consolar a Rowan cuando su cerebro y su cuerpo eran presa de alguna tormenta salvaje. Pero a Kristin y a mí nos ayudó a comprender a lo que nos enfrentábamos. A nosotros y a millones de padres. Según averiguamos, durante los quince últimos años se había producido un aumento enorme, de casi un mil por ciento, en el número de autistas nacidos en el mundo industrializado. ¿Por qué?

Muchos de esos niños eran como Rowan. Tenían síntomas semejantes a los del autismo, pero sus perfiles no encajaban en el modelo autista clásico. Incluso existía un nuevo nombre para describir esa enfermedad: trastorno generalizado del desarrollo no especificado (TGD-NE). Cada vez más científicos sugerían que la causa podía ser una interacción entre los genes y el ambiente: cabía la posibilidad de que los niños genéticamente susceptibles reaccionaran a una concentración ambiental excesiva de metales pesados, especialmente de mercurio, que sabemos que produce unos síntomas muy parecidos a los del autismo. Pero nadie podía afirmarlo con certeza. El doctor Simon Baron-Cohen, el investigador más prestigioso en el campo del autismo del Reino Unido, describió el TGD-NE con la típica circunspección británica: «es la parte del espectro del autismo que comprendemos menos».

TGD-NE. Sonaba muy científico. En realidad sólo significaba: «se parece al autismo, pero no lo es exactamente, de modo que no sabemos qué es».

Al parecer la buena noticia era que si algo tenía una causa biológica, teóricamente, podía tratarse del mismo modo. Uno de los tratamientos propuestos era la quelación, o introducción en el cuerpo de un agente químico que se une a las toxinas y las elimina con los excrementos. Eso no era una novedad para nosotros. Por una extraña coincidencia, Kristin se había sometido durante unos años a un tratamiento de quelación, cuando a los treinta le habían diagnosticado una dolencia rara llamada enfermedad de Wilson, que hace que el organismo retenga cobre. Si no tomaba zinc varias veces al día (el cobre se une al zinc y el cuerpo los elimina juntos), moriría de cirrosis hepática. Decidimos pues someter a nuestro hijo a la quelación y empezó así una interminable y costosa ronda de visitas a especialistas; Rowan chillaba con la suficiente potencia como para romper algún objeto de cristal durante sus berrinches.

Luego estaban los antivirales. Había estudios que indicaban que algunos niños que padecían TGD-NE tenían el sistema nervioso sobrecargado por la actividad viral, quizá exacerbada por las vacunas infantiles, que causaban la inflamación del sistema nervioso; mediante un tratamiento con antivirales, como Valtrex®, el medicamento empleado para combatir el herpes, podía reducirse la inflamación y eso permitía que llegara al cerebro la cantidad adecuada de información neurológica. Algunos padres afirmaban que el tratamiento producía resultados milagrosos.

Hicimos que analizaran el ADN de Rowan y resultó que carecía de una enzima llamada glutatión, que ayuda al cuerpo a metabolizar las toxinas. De modo que aparte de administrarle Valtrex® triturado y frotarle la piel mañana y noche con una espantosa pomada quelante que apestaba a huevos podridos y a la que Rowan se resistía violentamente, teníamos que darle glutatión todos los días. Además de muchos otros suplementos, porque la quelación eliminaba tanto lo bueno como lo malo. De pronto nos convertimos en una de esas familias con un botiquín repleto de vitaminas, minerales, medicamentos y suplementos homeopáticos, que Rowan tenía que tomar a diario. Conseguir que el niño ingiriera ese horrible cóctel requería una buena dosis de batido de chocolate dos veces al día, azucarado al máximo para disimular el sabor, que, como es natural, hacía que su hiperactividad y sus berrinches se agravaran.

Pero había a nuestro alcance otra solución ambiental, sencilla y asequible, que a Rowan, lejos de repelerle, le entusiasmaba: el bosque que se extendía detrás de nuestra casa. Cuando estando en casa durante el día le acometía un berrinche, me llevaba a Rowan al bosque. Sus alaridos remitían de inmediato y echaba a correr entre los árboles como un alegre duendecillo.

Texas no está exenta de peligros. Hay un dicho local que afirma: «Si no muerde, pincha o pica, no es de Texas». Uno no se adentra a ciegas en un bosque frondoso sin agitar un palo para advertir a las serpientes de cascabel y darles tiempo de que se aparten. Y no son las únicas serpientes. Hay también mocasines de agua, tímidas, pero letales, serpientes de coral debajo de las piedras y víboras cobrizas ocultas entre las hojas que tapizan el suelo. Tenemos hormigas coloradas, hiedra venenosa y zumaque venenoso. Avispones del tamaño de un dedo pulgar, abejas asesinas, viudas negras y unas arañas pardas que cuando pican, laceran la carne y dejan un agujero purulento; por no mencionar una especie de chumbera venenosa, el arbusto de leche que se oculta entre la alta hierba y la *Mahonia trifoliata* de afiladas hojas. Decididamente, no es un lugar para dejar que un niño autista corretee a sus anchas.

Pero Rowan, tan increíblemente ágil como retrasado desde el punto de vista cognitivo, había aprendido a los dieciocho meses a recorrer los senderos situados detrás de nuestra casita roja y era capaz de hallar el camino de regreso desde cualquier punto a un kilómetro de la puerta. Durante ese tiempo se había tropezado con nidos de hormigas, después de que le destrozaran su rolliza pierna a mordiscos, había aprendido a saltar o evitar esos montículos de tierra roja y mullida. Se había topado con un par de serpientes y había aprendido a observarlas sin tocarlas. Cuando le picó una avispa, comprendió que no debía meter la mano debajo de una piedra o en un agujero. Era un riesgo dejarlo ir solo al bosque; pero un riesgo que merecía la pena correr, pues al cabo de unos segundos de pasearse entre los árboles, invariablemente sus alaridos remitían, se desvanecían y, al fin, cesaban cuando hallaba un lugar donde jugar con la arena, la abigarrada corteza de un árbol que contemplar, o sentarse en el sendero y quedarse absorto admirando el complejo dibujo reticulado de una hoja seca.

Teníamos nuestros itinerarios habituales: un olmo caído con ramas por las que se podía trepar fácilmente; la vieja parra de *Vitis mustangensis*, una planta trepadora muy común en Texas, gruesa como mi brazo, en la que Rowan había descubierto que podía columpiarse; un extenso prado para ganado rodeado por un espacio natural de pacanas silvestres, donde un riachuelo se deslizaba plácidamente sobre las rocas formando una pequeña cascada, y las vacas semisalvajes que se agrupaban en un círculo defensivo y nos miraban como si fuéramos alienígenas llegados de otro planeta. Aquí, al menos, Rowan se sentía en paz.

Luego estaban los zoos. En Austin había dos, muy reducidos, situados a poco menos de una hora en coche de nuestra casa. Decidimos llevar a Rowan a visitarlos al percatarnos del profundo interés que mostraba por los documentales sobre animales que a veces llevábamos a casa del videoclub, por no hablar de la fascinación que sentía por cualquier insecto o bichejo que viera por los alrededores. Los zoos fueron un éxito inmediato, pero en lugar de relajarlo, lo excitaban: Rowan entraba en una fase hiperactiva y se ponía a recorrerlos a gran velocidad, deteniéndose de pronto para corretear alrededor de la jaula de los lémures de cola anillada mientras un puma, que evidentemente lo consideraba una presa, lo miraba con avidez a través de los barrotes, agitando la cola. Rowan se echaba al suelo, se revolvía y balbuceaba ante los perplejos pavos reales que se paseaban entre las jaulas. Trataba de saltar las vallas —en cierta ocasión se encaramó sobre la que rodeaba el recinto del cocodrilo antes de que yo lograra sujetarlo, sin duda ante la profunda decepción del animal—, y cuando se lo impedíamos le daba un violento berrinche, a menudo vomitaba o se hacía caca en los pantalones al mismo tiempo, de forma que otros padres y visitantes chasqueaban la lengua en señal de disgusto y se alejaban del follón que organizaba Rowan (Kristin y yo nos habíamos hecho inmunes a los reproches del público). Pero allí se sentía en su elemento. Los animales y la naturaleza lo motivaban. Eso estaba clarísimo.

Por aquel entonces, a Rowan, a pesar de que estaba a punto de cumplir tres años y seguía sin hablar apenas, las palabras parecían encantarle, no para comunicarse, sino en sí mismas: a veces recitaba medio balbuceando listas de animales o de los personajes de los trenes de *Thomas y sus amigos*. Todas las noches Kristin pasaba horas leyéndole en voz alta. Era imposible adivinar cuánto asimilaba Rowan, pero estaba claro que le entusiasmaba que su madre le leyera, se quedaba acurrucado junto a ella, dejando que las palabras le acariciaran. ¿Era porque lo tranquilizaba tener a su madre junto a él, oír su voz? ¿O porque la historia estimulaba de algún modo su imaginación? Era imposible saberlo.

Un día a Kristin se le ocurrió una idea genial. Entró en Internet y encargó dos docenas de pósters de animales, porque lo que Rowan recitaba con más frecuencia eran nombres de animales. Encargó fotografías de todo tipo de mamíferos, aves y reptiles, cuya imagen era lo suficientemente atrayente para captar su atención mientras contemplaba las pequeñas ilustraciones. Cuando llegaron los pósters por correo, Kristin los llevó a enmarcar y una tarde, mientras nuestro hijo se hallaba en su clase de educación especial en la escuela pública local (en la que los profesores lo consideraban un niño simpático, pero inaccesible), Kristin recubrió las paredes y el techo de la habitación de Rowan con los animales.

Se mostró eufórico, saltando y brincando, aplaudiendo y riendo de gozo, cuando subió esa noche a su habitación. Yo entré al cabo de un rato y encontré a Rowan y a Kristin tumbados uno junto al otro, contemplando las paredes y el techo y recitando juntos los nombres de los animales:

—Órix, oso pardo, barbudo cabecirrojo, cocodrilo marino, bebé panda, mamá cebra y bebé cebra, tigre siberiano...

Al cabo de unos días, Kristin empezó a inventarse historias sobre animales cada noche mientras se acostaba junto a Rowan.

—Érase una vez —decía—, había un niño llamado...

—¡Rowan!

—¡Eso es, cielo! Como tú. Y un día Rowan, mientras caminaba por el bosque que había detrás de casa cuando se encontró con un bonito órix montado en una bicicleta...

¿Es posible activar la imaginación para que se ponga a funcionar? Nosotros estábamos decididos a intentarlo.

De modo que entre los zoos, que hacían aflorar en Rowan su faceta obsesiva pero hacían que consumiera energía correteando, y el bosque, que lo calmaba, absorbía y donde nadie podía censurarnos, hallamos nuestros refugios. Pero un día Rowan se escapó.

Ocurrió después de su primera sesión de análisis conductual aplicado, o ACA. Fue un día espantoso. La terapeuta, que tenía varios hijos autistas que, según nos aseguró, habían mejorado mucho tras el ACA, se mostró muy amable con nosotros. Pero insistió en que, a fin de que Rowan se concentrara lo suficiente para poder imitarla en sus movimientos o frases simples, el niño tenía que permanecer encerrado en una habitación con ella, para no distraerse. Por más que llorara, se arrojara contra la puerta, se mostrara aterrorizado o confundido por hallarse de pronto encerrado, no podía salir de la habitación ni tomar un juguete u otro objeto que lo tranquilizara hasta que hubiera acabado las tareas que la terapeuta le asignara. Era como observar a Rowan mientras le sometían a tortura. Al cabo de una hora (una hora muy cara), la terapeuta nos informó de que a partir de entonces tendríamos que programar rígidamente nuestras vidas con actividades precisas en momentos precisos, «sin desviarse lo más mínimo, de lo contrario echarán a perder cualquier progreso que haga el niño». Eso incluía ajustarnos a un horario, que debíamos pegar en la puerta del frigorífico, al que Rowan, Kristin y yo rendiríamos homenaje cada mañana y consultaríamos durante el día para que Rowan empezara a comprender el significado de una estructura.

Yo no veía cómo podríamos seguir un programa semejante. Mi trabajo no lo permitía ni tampoco el del Kristin. Ni la realidad de llevar una vida en la que, debido a que nuestras respectivas familias vivían a miles de kilómetros, con frecuencia teníamos que tomar aviones y resolver los trámites de viajar. Si existía una familia que requería flexibilidad, era la nuestra. Por otra parte estaba el coste, por no hablar del hecho de que Rowan odiaba esa terapia y la consideraba un castigo inexplicable.

Cuando la sesión concluyó, llevé a Rowan a dar un paseo para calmarnos. Yo caminaba detrás de él mientras Rowan correteaba por el conocido sendero del bosque, y eché a correr alarmado al observar que, de pronto, el niño giraba a la izquierda a través de los árboles en una dirección que no había tomado nunca, abandonaba el bosque y se adentraba en el prado que separaba nuestra finca de la del pasto de los caballos de mi vecino. Con una velocidad que no pude captar de lejos, Rowan atravesó el alambrado y se metió entre la manada de cinco caballos que en esos momentos estaban pastando. Riendo de gozo, Rowan se arrojó al suelo, boca arriba, delante de un imponente ejemplar bayo de raza, la yegua alfa, la líder de la manada, llamada *Betsy*. Me quedé helado. Cualquier movimiento repentino, mío o de Rowan, podía asustar a la yegua y hacer que pisoteara al niño y lo dejara destrozado en el suelo.

Yo conocía a esa yegua. Era fácil de montar, pero muy quisquillosa con los otros caballos, de los que era la jefa incuestionable. Era el tipo de caballo que no dudaría en plantar sus cascos delanteros en la cara de cualquier miembro enojoso de la manada o en propinar una coz a un jinete novato y mandarle de vuelta a la cuadra.

La yegua se quedó inmóvil, al igual que los otros cuatro caballos, respiraba lentamente, sin saber si mostrarse alarmada por ese extraño y diminuto ser que se revolcaba a sus pies. A continuación inclinó la cabeza sobre el cuerpecito suave y agitado de Rowan, tumbado peligrosamente cerca de los poderosos cascos del animal. La yegua agachó la cabeza y resopló. La señal de sumisión equina.

Sin quitarle ojo de encima, me acerqué lentamente para no asustarla, consciente de que estaba presenciando algo extraordinario. La yegua se había sometido espontáneamente al niño que había tendido en el suelo frente a ella. En todos los años que llevaba adiestrando caballos, jamás había visto nada igual. Mi hijo parecía tener una especie de conexión directa con la yegua.

De pronto rompí a llorar, con unas lágrimas silenciosas e involuntarias, en ese húmedo día de junio, porque pensé: Rowan tiene el gen de los caballos. Pero es autista. Yo jamás podré compartirlo con él. Jamás podré enseñarle a montar. Jamás compartiré esa alegría con mi hijo.

Es increíble lo equivocado que puede estar un padre.

Ese mes de junio tuve que ausentarme de casa para acompañar a unos bosquimanos del desierto del Kalahari a las Naciones Unidas. Durante los últimos años había pasado de escribir sobre los problemas de esos pacíficos recolectores a defenderlos en toda regla. Su situación empeoraba. Los bosquimanos eran expulsados de sus tierras, además de ser azotados y torturados, para poder excavar nuevas minas de diamantes. El grupo que se había visto más afectado me había pedido que lo ayudara, y durante el último año yo había recaudado dinero para llevar a seis bosquimanos a Estados Unidos con el fin de que expusieran su caso ante las Naciones Unidas. Pensé que ese viaje, que iba a tener lugar en medio del caos de nuestra nueva vida como padres de un niño autista, no haría sido incrementar nuestro estrés. Pero lo cierto es que ocurrió todo lo contrario.

Los bosquimanos habían hecho que su visita coincidiera con un congreso de sanadores tradicionales, líderes tribales y chamanes, que iba a celebrarse en las afueras de Los Ángeles, en las montañas Big Bear, donde la majestuosa Sierra Nevada californiana se une al desierto de Mojave. Representantes de tribus del África, el Amazonas, el Ártico, la India, el sureste asiático y Australasia, de América, el Caribe y Siberia, o sea, de todos los lugares donde aún existía vida indígena, iban a reunirse para celebrar ese acontecimiento, oportunamente llamado «la reunión». Los bosquimanos querían asistir al evento antes de dirigirse al este, a fin de obtener la dosis necesaria de *nxum* (el término que empleaban para describir la energía espiritual) y prepararse para las negociaciones políticas que tendrían que llevar a cabo. De modo que llevé a cabo los arreglos necesarios, y puesto que íbamos a pasar cinco días en un mismo lugar, hice que Kristin y Rowan se reunieran allí con nosotros.

Me pregunté si el hecho de asistir a esa reunión y estar en contacto con tantos sanadores y chamanes tendría algún efecto benéfico sobre Rowan. Durante los años en que yo había trabajado de periodista entre los bosquimanos, cuya cultura giraba en torno a la sanación mediante la utilización del trance, había presenciado varias curaciones aparentemente milagrosas de diversas dolencias.

De hecho, incluso antes de trabajar con los bosquimanos, había asistido a otras sanaciones naturales, aunque no era un tema que me hubiera interesado especialmente de joven. La primera vez no había tenido nada que ver con tribus indígenas ni lugares remotos, sino que había ocurrido a través de unos caballos, nada menos que en la apacible campiña semiresidencial de los condados de los alrededores de Londres. Cuando tenía veinticinco años me dedicaba a adiestrar los caballos de una mujer que vivía en Berkshire, al oeste de Londres. Uno de sus caballos era un raro tesoro, lo suficientemente atlético para competir en torneos internacionales, pero lo suficientemente dócil para ser paciente con quien no supiera montar y llevarlo sano y salvo alrededor de la granja. De hecho, era muy parecido a *Betsy*. Una primavera, el caballo contrajo una extraña enfermedad del hígado y, aunque no era viejo, a las pocas semanas quedó reducido a un saco de huesos. El veterinario, que estaba desconcertado, se encogió de hombros y dijo que no podía hacer nada al respecto. Nos recomendó que nos pusiéramos en contacto con un curandero.

Yo ni siquiera había oído hablar de curanderos, al menos de curanderos que existieran fuera de las leyendas o las películas.

Pero con ese maravilloso caballo agonizando ante nuestros ojos, su propietaria y yo empezamos a hacer algunas indagaciones, que, lamentablemente, no dieron resultado alguno. Incapaz de contemplar el cadáver viviente en que se había convertido su caballo, la dueña llamó al matarife de caballos y me pidió que sujetara al pobre animal mientras el matarife llevaba a cabo su macabra labor. Yo había llevado caballos a ser sacrificados, caballos viejos y artríticos incapaces de salir de sus establos, o caballos con las piernas rotas de forma irremediable. Siempre es trágico, pero tiene sentido poner fin al sufrimiento de un caballo viejo o malherido.

No era el caso de éste. Cuando apareció el matarife, el animal retrocedió, puso los ojos en blanco y relinchó, como si no estuviera dispuesto a morir. El caballo no era mío, de modo que no me correspondía a mí tomar ninguna decisión, tan sólo hacer lo que la propietaria me había pedido. No obstante, cuando el matarife apoyó la pistola en la cabeza del atemorizado animal, me sentí fatal. La bala perforó el cerebro; el caballo cayó. Todo había terminado. Pero yo seguía sintiéndome mal.

Al cabo de unas semanas, durante una fiesta en Londres, conocí a una productora de televisión que acababa de concluir una serie. «¿Sobre qué?», le pregunté. Sanadores de animales. Sentí que el corazón me daba un vuelco.

—¿Dónde estaba hace un mes? —le pregunté, y le conté nuestra triste historia. Luego, de pasada, le pregunté si los curanderos le habían parecido serios.

Había uno, respondió mi interlocutora, a quien parecía no importarle salir o no en televisión. Era un extraño anciano de setenta y tantos años que vivía en una caravana y se dedicaba principalmente a sanar caballos. La productora y su equipo lo habían seguido durante un año mientras el anciano trataba de sanar mediante la imposición de manos a una valiosa yegua de cría purasangre afectada de un linfoma a la que los veterinarios habían desahuciado. Al cabo del año, los veterinarios habían confirmado que el cáncer había desaparecido, inexplicablemente, y ahora, dijo la mujer, esos veterinarios remitían a la gente a ese curandero cuando pensaban que no podían tratar o salvar a un animal.

Conseguí el teléfono de uno de esos veterinarios, el cual me confirmó todo lo que me había contado la productora. Luego llamé a varias publicaciones sobre caballos para preguntar si me dejarían seguir a aquel curandero mientras trataba de sanar a los caballos que iban a ser sacrificados. Uno de los editores me dio luz verde y llamé al curandero, que se llamaba Charles Siddle. Quedamos en que lo seguiría por espacio de dos meses, durante los cuales lo vi tratar diversos casos: un caballo que se había abrasado los pulmones al incendiarse la cuadra, otro que se había partido varias vértebras (un caso destinado a ser sacrificado al instante), y otro que tenía problemas mentales, bien adiestrado pero demasiado agresivo para montarlo. En todos los casos el caballo se había recuperado al cabo de unos meses. Y cuando un año después llamé para averiguar cómo seguían, sus propietarios me confirmaron que estaban perfectamente.

Un día le pregunté a Charles en qué consistía esa «energía» que decía que utilizaba para sanar a los caballos.

—Es amor, Rupert —respondió—. Sólo amor. Lisa y llanamente.

Con eso supuse que mi breve y extraño contacto con el mundo del curanderismo había concluido. Tras escribir y publicar mis artículos pasé a otras historias. Luego empecé a relacionarme con los bosquimanos del Kalahari. Cada diez días, más o menos, los clanes cuyas reivindicaciones territoriales seguía yo, encendían una hoguera y se reunían alrededor de ella para batir palmas y entonar un canto polifónico, hasta que, cuando el cántico y el ritmo alcanzaban determinado grado de intensidad, los curanderos entraban en el círculo, entre el coro y la hoguera. Entonces se ponían a bailar, con pasos lentos, medidos y enérgicos, hasta que empezaban a entrar en trance. Llegados a ese punto introducían las manos en el fuego, sacaban unos carbones encendidos y los restregaban sobre sus rostros y cabezas, a veces incluso se los tragaban, al parecer sin sufrir daño alguno. Poco después el trance se intensificaba, a veces acompañado por sonoros gemidos de dolor, otras por un violento chorro de sangre que manaba de la nariz o la boca. Luego se ponían a cantar, y comenzaba el acto de sanación.

Asistí a ello una y otra vez: un niño aquejado de tos ferina, sentado con los ojos como platos a la luz de la hoguera mientras el sanador pasaba sus manos sobre él; una anciana con las piernas hinchadas debido a la artritis reumatoide tumbada en el suelo mientras el sanador tiraba de las deformes extremidades y sollozaba como si el dolor se hubiera transferido a su propio cuerpo. Más tarde, con la fría luz del amanecer, después de que los sanadores y el coro hubieran seguido bailando toda la noche, el niño cesaba de toser, y la anciana se levantaba y echaba a andar con unas piernas totalmente deshinchadas.

En una ocasión, cuando me disponía a entrevistar al viejo líder de un clan sobre sus intentos de recuperar los territorios de caza que les habían arrebatado, acompañado por una mujer sudafricana blanca llamada Cait, a quien el clan conocía, y que nos hacía de traductora, apareció una vieja llamada Antas trastabillando a través de las dunas. Iba cantando para sí y, pese a que yo estaba entrevistando al jefe del clan, se acercó a nuestro grupo, tomó a Cait por la cintura, la tendió sobre la arena y se arrodilló junto a ella; después se puso a cantar moviendo en círculos su mano nudosa sobre el abdomen de Cait mientras los demás observábamos. Eso ocurrió al poco de empezar a relacionarme con los bosquimanos, por lo que no comprendí lo que estaba viendo y supuse que la vieja estaba borracha. Posteriormente, Cait me explicó que unos días antes los médicos le habían diagnosticado un cáncer de estómago, pero ella no se lo había dicho a nadie fuera de su familia.

—Esa anciana no estaba borracha —dijo Cait—. Lo que usted ha visto ha sido una sanación.

Cuando le pregunté quién había localizado a la anciana bosquimana para contarle lo de su enfermedad, Cait se encogió de hombros.

—No se lo ha dicho nadie —respondió—. No la había visto desde hace meses.

Cuatro años más tarde averigüé que Cait no había tenido que ser operada. El tumor había desaparecido.

Pero mi experiencia más intensa la viví con un viejo curandero llamado Besa, un hombre menudo, con ojos de búho que apenas hablaba y que durante su trance adoptaba movimientos de animales; resoplaba como un órix o un kudu, luego se transformaba en una jirafa o en un avestruz, y utilizaba, según decía, parte del poder de esos animales para sus ceremonias. Una noche, mientras bailaba para una mujer cuyas piernas estaban muy hinchadas debido a la artritis reumatoide, Besa apoyó de pronto sus manos sobre mí y empezó a gritar: «¡Leopardos, leopardos!» en su lengua.

Un par de minutos más tarde oímos a un leopardo, seguido de otro, que rugían no lejos de la hoguera. Al principio me negué a creerlo, pese al hecho de que los perros se acercaron ladrando, con el rabo entre las piernas, tras lo cual comenzaron a aullar aterrorizados. Los leopardos, peligrosamente cerca de nosotros siguieron rugiendo y gruñendo en la noche. El anciano bailaba, apoyando sus manos sobre mí, y se reía mientras los leopardos gruñían y los perros gemían y aullaban de furia y temor en la oscuridad. Por la mañana descubrimos el rastro de los dos leopardos a quince metros de donde habíamos estado sentados, sus huellas se cruzaban una y otra vez en un círculo. Más tarde Besa me reveló que me había mostrado «mi animal»; todo el mundo poseía el espíritu o el tótem de un animal, y el mío era el leopardo.

—Procure utilizarlo con buen fin —me aconsejó. Según me dijo, el leopardo actúa rápidamente, pero también se enfurece con rapidez, y es propenso a la rebeldía.

Besa y yo nos hicimos muy amigos, tanto es así que le puse a Rowan su nombre. Poco a poco llegué a considerar el chamanismo y la sanación basada en métodos naturales como algo tan corriente y normal como la misma humanidad. Algo que podía dar resultado como complemento de la medicina occidental. Así que, como es lógico, cuando Rowan llegó con Kristin a la reunión, me planteé la posibilidad de que tal vez ocurriera algo.

En cuanto conocieron a Rowan, los seis bosquimanos de las delegaciones visitantes lo apodaron Pequeño Besa, puesto que conocían también al Viejo Besa. Pese a este detalle conmovedor, al principio todo resultó bastante estresante. Rowan se dedicaba a corretear entre los exóticos delegados, emplumados y pintados, del mundo indígena, gritando sin cesar y arrojando obsesivamente sus muñecos Woody y Jessie por encima del hombro con tal violencia que en ocasiones golpeaba a alguien que pasaba junto a él. También irrumpía en las diversas ceremonias que se celebran bajo los altos pinos californianos y derribaba los altares improvisados de los sanadores, desparramando el incienso y las hierbas sagradas, mientras Kristin y yo lo perseguíamos, disculpándonos avergonzados.

Algunos sanadores mostraron su irritación. Pero otros, concretamente un hombre de Zimbabue llamado Mandaza, un sanador indio caribeño de Trinidad llamado Christo, una dama guatemalteca maya llamada Flor de Mayo y, por supuesto, los bosquimanos nos preguntaron si podían imponerle las manos.

—Es uno de nosotros —dijo Mandaza, pasando sus manos ligeramente sobre la cabeza y la columna vertebral de Rowan mientras lo miraba con expresión firme y tranquilizadora. Para mi sorpresa, Rowan, lejos de asustarse, como solía hacer cuando lo tocaba un desconocido, se quedó quieto, riendo, como si se divirtiera.

Esa noche Kristin y yo dimos un paseo por el bosque. Rowan corría delante de nosotros, persiguiendo los pajarillos que revoloteaban en el sendero y emitiendo sus acostumbrados e incoherentes balbuceos. Tardamos unos momentos en percatarnos de que sus balbuceos se habían transformado de repente en una palabra:

—¡Verde! —gritó a voz en cuello.

Kristin y yo nos miramos.

—¡Verde! —repitió Rowan unos pasos por delante de nosotros.

Kristin y yo echamos a correr para alcanzarlo.

—¡Verde!

Rowan estaba sentado en un claro cubierto de una hierba suave mordisqueada por los ciervos.

—Verde —dijo de nuevo—. Hierba verde.

Una palabra lúcida y espontánea que no era ecolalia. Simple, pero real. Kristin y yo nos quedamos estupefactos.

Durante los dos días siguientes, Rowan empezó a acercarse a las personas y a enseñarles sus juguetes, por primera vez se estaba comportando como un niño normal. Estaba más calmado, menos hiperactivo. Pero lo más extraño ocurrió el cuarto día, cuando Kristin y yo dimos un paseo con Rowan por el bosque hasta un lugar donde había una rueda medicinal americana nativa de dos mil años de antigüedad, colocada en el borde de un precipicio sobre el campamento. Kristin y yo conversábamos animadamente. Para mi alivio, Kristin, después de meditarlo con calma, había decidido que el ACA no daría resultado con Rowan. Yo pensaba lo mismo, pues estaba convencido de que no era el tratamiento adecuado para él y, en cualquier caso, no podíamos pagarlo. Estábamos tan enfrascados en nuestra conversación que al principio no nos percatamos de que Rowan, sentado sobre mis hombros, dijo de pronto alto y claro:

—A través del bosque hasta la rueda medicinal.

Kristin y yo nos detuvimos.

—¿Qué has dicho?

—A través del bosque hasta la rueda medicinal —repitió Rowan.

Yo no di crédito a mis oídos hasta que Rowan lo repitió por sexta vez. Nuestro hijo no estaba reproduciendo algo que hubiéramos dicho Kristin o yo, puesto que ninguno de nosotros nos habíamos referido al bosque o a la rueda medicinal. Simplemente habíamos decidido dar un paseo «hasta allí» sin decir nada sobre nuestro destino. ¿Cómo lo sabía Rowan? ¿Qué había ocurrido? ¿Era posible que los esfuerzos concertados de esos sanadores y chamanes hubieran producido una sanación milagrosa?

No.

Cuando regresé a casa, después de que los bosquimanos hubieran hablado ante las Naciones Unidas y hubieran recabado el apoyo legal internacional necesario para regresar a África con la intención de llevar a su Gobierno ante los tribunales, comprobé que Rowan había reanudado su cháchara sin sentido. Sus obsesiones, su incontinencia emocional y fecal (a los tres años aún no sabía utilizar el baño, pese a nuestros denodados esfuerzos, los de sus abuelas e incluso los de los terapeutas a los que pagábamos) persistían, e incluso habían empeorado. No obstante, había una palabra que había dicho cada día mientras esperaba que yo regresara a casa. «Caballo.»

De modo que esa noche, bajo la luz crepuscular de septiembre, lo llevé de nuevo a dar un paseo por el bosque. Rowan se dirigió inmediatamente hacia el pasto de los caballos de Stafford. En esa ocasión no traté de detenerlo. En cuanto saltó la valla, echó a correr hacia la yegua baya, *Betsy*, la líder de la manada. Al igual que había hecho seis semanas antes, Rowan se arrojó al suelo frente a los cascos del animal antes de que yo pudiera detenerlo.

Y volvió a producirse el milagro. *Betsy* inclinó de nuevo la cabeza en un gesto voluntario de obediencia. Empezó a relamerse y a mascar, sometiéndose de manera espontánea a mi hijo autista, como había ocurrido la vez anterior.

—Caballo —dijo Rowan riendo de gozo mientras *Betsy* lo olfateaba—. Caballo.

Dos cosas parecían haber tenido un efecto radicalmente positivo sobre mi hijo: esa asombrosa yegua y los chamanes de la reunión. Los chamanes habían regresado a sus remotos rincones del planeta. Pero *Betsy* vivía en la finca de al lado. Al día siguiente fui a casa de Stafford y le expliqué la extraña conexión que había observado entre su yegua y mi hijo. Stafford, un caballero sureño de la vieja escuela, me entregó en el acto la llave del cuarto de sillas de montar.

3

El niño de los caballos

Rompí todas las reglas. Tuve que hacerlo. La primera vez que llevé a Rowan a la cuadra para ensillar a *Betsy*, se puso como loco: se encaramaba a las puertas de los establos, derribaba botellas y recipientes, cerraba la puerta del recinto donde comían los caballos, perseguía al gato negro de la cuadra, gritaba y chillaba de gozo, agitaba sus muñecos Woody y Jessie con ambas manos en círculo como si fueran mazas medievales sujetas a cadenas y golpeaba con ellos a la imponente yegua castaña mientras corría de un lado a otro por el pasillo central de la cuadra. La yegua permanecía inmóvil como una roca, sin mover ni un músculo, incluso cuando Rowan se metió debajo de su vientre mientras yo le colocaba sobre el lomo la pesada silla en la que montaríamos los dos. Rowan le tiró con fuerza de la cola mientras yo le ajustaba la cincha e incluso le sujetó el labio inferior en cuanto le introduje el bocado en la boca.

—¿Quieres subir? —le pregunté, sin esperar una respuesta.

—¡Subir!

Era la primera vez que obtenía una respuesta directa a una pregunta directa. Me agaché, tomé a Rowan en brazos y lo senté en la silla. Mi hijo dejó de gritar y agitar los brazos en el acto. En su rostro se pintó una sonrisa de satisfacción de oreja a oreja. Yo apoyé el pie en el estribo y me senté detrás de él, sujeté con un brazo su sólido cuerpecito y con el otro tomé las riendas. Chasqueé la lengua y *Betsy* salió por la puerta abierta hacia el prado tachonado de robles. Luego me detuve, tirando de las riendas unos instantes, y me pregunté qué dirección debía tomar y hasta dónde podíamos llegar.

—¡Adelante! —exclamó Rowan impaciente.

—¿Quieres que *Betsy* siga adelante?

—¡Adelante! —repitió Rowan. Era asombroso.

—¿Hacia el estanque? ¿O hacia el bosque?

—¡El estanque!

Yo jamás había experimentado un diálogo de ese tipo con mi hijo. De modo que nos dirigimos hacia el estanque. Rowan reía de gozo mientras *Betsy*, una yegua que avanzaba a grandes zancadas, atravesaba con paso rápido el prado. Cuando llegamos al estanque, nos detuvimos de nuevo. En el otro extremo del estanque había una garza ceniza que nos miró nerviosa antes de agitar sus enormes alas y alzar el vuelo.

—Garza —dijo Rowan espontáneamente.

Debió de reconocerla por los libros o los vídeos de animales. Pero ese tipo de comentarios sobre el medio que lo rodeaba era una novedad. Algo inédito. Sin apenas dar crédito a mis oídos, hice que *Betsy* diera la vuelta.

—¿Quieres que regresemos a la cuadra o a casa?

—¡A la cuadra!

¿Era ecolalia o una orden auténtica? Sea como fuere, es posible que Rowan conociera el significado de la palabra.

—De acuerdo —dije, espoleando a *Betsy*.

Sorprendida, la yegua se encabritó y se lanzó a galope. Rowan comenzó a gritar. Sujeto a mí, reía como loco mientras el suelo se deslizaba debajo de nosotros como una mancha verde. Rogué a Dios que *Betsy* no tropezara, se espantara o resbalara. Al cabo de unos segundos nos detuvimos frente al establo. La risa de Rowan reverberaba contra sus paredes de metal.

—¡Correr! —me ordenó—. ¡Correr más!

Yo apenas daba crédito a lo que oía, pero hicimos lo que Rowan me pidió. *Betsy* echó a galopar mientras Rowan no dejaba de reír; su voz sonaba alta y clara a través de la seca brisa de octubre. Nos detuvimos de nuevo junto al estanque. Dos cuervos pasaron volando frente a nosotros, graznando.

—¡Graznar, granar, graznar! —dije—. ¡Los cuervos graznan!

—Los cuervos graznan.

Betsy brincaba, moviendo las orejas, esperando la próxima orden, dispuesta a dar media vuelta y echar de nuevo a volar. Era la primera vez que yo la montaba. Pero la yegua y yo habíamos alcanzado un nivel de confianza instintiva semejante al que se precisa cuando galopas a través del monte persiguiendo una jauría o para ganar en un concurso de saltos, una conexión que por lo general lleva meses, y a veces años, alcanzar.

—¿Cómo se deletrea graznar? —pregunté, espoleando de nuevo a *Betsy*, que se lanzó a galope—. ¡G-r-a-z-n-a-r! —grité mientras el viento nos silbaba en los oídos. Nos detuvimos con un sonoro estrépito de cascos.

—¡Otra vez! —gritó Rowan—. ¡Correr otra vez!

Pobre *Betsy*. Seguramente hacía mucho tiempo que nadie la hacía trabajar tanto. Cuando volvimos a detenernos, la yegua bufaba y el sudor le corría a chorros sobre el lomo. Pero siguió brincando, animosa, esperando una nueva orden para ponerse otra vez en marcha. Si la agotaba, el experimento habría sido efímero. Era preciso que *Betsy* se mantuviera en forma.

—De acuerdo —dije—. *Betsy* está cansada. Regresaremos a la cuadra para darle de comer.

—¡G-R-A-Z-N-A-R! —dijo Rowan.

—Se dice graznar —respondí mientras conducíamos al paso a la yegua, que no cesaba de resoplar, hacia el prado, dejando que estirara el cuello—. No pensé que lo captarías.

Nos detuvimos ante la puerta de la cuadra.

—¡So, *Betsy*! —dije.

—Para, *Betsy* —dijo Rowan; y añadió espontáneamente—: ¡Ha sido divertido!

Desmonté y bajé a Rowan de la yegua.

—¡Más *Betsy*! —protestó el niño cuando lo deposité en el suelo. Ésas eran las palabras más complejas que le había oído pronunciar jamás. Rowan se echó a llorar.

Betsy se quedó quieta, sin mover un músculo, con la cabeza agachada en el gesto de sumisión que adoptaba automáticamente cada vez que se hallaba frente a Rowan.

—No te preocupes. *Betsy* está muy cansada. Le daremos un baño con la manguera y mañana volveremos para montarla otra vez. Luego le daremos de comer.

—¡Dar a *Betsy* de comer! —Rowan se echó a reír; había cambiado de golpe de actitud y ahora saltaba y brincaba mientras yo recogía la silla y las riendas, colgaba la empapada manta de la silla para que se secara y rociaba con la manguera los sudorosos flancos y cuartos traseros de *Betsy*. Antes de conducirla al establo para darle de comer, propuse a Rowan:

—Abraza a *Betsy* y dale las gracias por haber dejado que la montemos.

Sin dudarlo, Rowan echó los brazos alrededor de la inmensa cabeza castaña de *Betsy*, que se había agachado lo suficiente para que el niño la alcanzara. Luego le dio un beso. Al hacerlo, la yegua asumió una expresión de extraordinaria ternura: su mirada se dulcificó, entornando los ojos enmarcados por unas pestañas negras y mostró un aire de intensa felicidad. Algo pasó entre ellos, una comunicación directa que yo, un humano neurotípico, jamás podría experimentar. Al menos, no a este lado del mundo espiritual.

Observamos a *Betsy* terminarse el pienso, relinchar, sacudir su cuerpo sólido y castaño y echar a andar lentamente hacia el prado, desde donde los otros tres caballos de la manada —una potra alazana llamada *Benally*, hija de *Betsy*, ya adulta pero sin domar; un potro castaño y blanco llamado *Batman*; y *Taz*, un potro pinto, castaño con calcetines blancos y una tupida mancha blanca en la cara— observaban la escena. Cuando llegó a la puerta donde los caballos se hallaban congregados, *Betsy* estiró las orejas hacia atrás, enseñó los dientes y echó a correr hacia ellos, lo que los hizo dispersarse. En vista de que *Taz* no se apartaba con la suficiente rapidez para cederle el paso, la yegua apoyó con firmeza dos cascos sobre la grupa del caballo, como si dijera: «¡Aunque sea amable con el chaval, sigo siendo vuestra jefa!».

Rowan y yo regresamos a través del prado de Stafford hacia el bosque situado detrás de nuestra casa. Rowan iba sobre mis hombros cantando la canción del alfabeto (lo cual hacía a veces espontáneamente, imitando los vídeos de *Baby Genius*) con un curioso tono extasiado: «ABCD», tomaba aliento, «EFG», tomaba aliento, «HIJKLMNOPE», tomaba aliento, «QR», «TUV», «WX», «YZ», tomaba aliento, «YAHECANTADOMIABECEDARIO...»,y a partir de ahí seguían una especie de balbuceos. Pero eran unos balbuceos alegres, emitidos a viva voz mientras Rowan brincaba sobre mis hombros y yo avanzaba a través de la hierba hacia la frondosa línea de elevados robles de Maryland que marcaba el comienzo del bosque junto a nuestra casa.

—¡Ha sido divertido! —dijo de nuevo Rowan. ¿Lo había copiado de una película? ¿O se le había ocurrido a él? En cualquier caso, lo utilizaba adecuadamente para expresar lo que pensaba.

La puerta del mundo de Rowan había abierto una rendija.

Al principio, esos saltos cualitativos verbales se producían sólo cuando Rowan montaba a *Betsy* o estaba cerca de la yegua. A veces yo llegaba a casa después de montar, eufórico por lo que había dicho Rowan, por sus comentarios sobre el medio que lo rodeaba, pero en cuanto el niño ponía el pie en casa volvía a sus parloteos sin sentido. Durante la primera semana no pronunció ninguna frase coherente cuando no se hallaba junto a *Betsy*, y Kristin, que no había estado presente para observar sus progresos, respondía, comprensiblemente, «es magnífico», lo cual me desmoralizaba. Lo mismo ocurría con sus profesores de educación especial cuando dejaba a Rowan en la escuela. Aunque no podía llamarse realmente escuela, sino que era más bien una guardería especial en la que había un montón de niños autistas y otros con necesidades especiales apiñados en una habitación de un bloque de hormigón sin ventanas, con unas luces fluorescentes en el techo, mientras los chicos fomentaban entre sí sus movimientos bruscos de brazos y piernas, sus alaridos y otras anomalías, al tiempo que los ayudantes del profesor observaban impotentes. A mí no me gustaba llevarlo allí, pero tenía que ganarme la vida, al igual que Kristin, cuyo volumen de trabajo en la universidad había aumentado. No obstante, los profesores de Rowan, o mejor dicho sus cuidadores, me informaban de que los días que íbamos a montar por la mañana temprano, antes de llevarlo a la escuela, el niño se mostraba menos hiperactivo, más «obediente», menos «distraído».

Sus otros terapeutas —Kristin o yo teníamos que llevar a Rowan dos veces por semana a un centro situado a cincuenta kilómetros para que se sometiera a una terapia del lenguaje y a terapia ocupacional— no nos informaban de que hiciera progreso alguno. Pese a que al principio nos habían asegurado que no tardarían en conseguir que nuestro hijo respondiera perfectamente a preguntas que requerían sí o no y otras conductas sociales, ahora lo consideraban demasiado hiperactivo, demasiado distraído y propenso a distraerse para avanzar. Rowan se arrojaba contra las paredes, agarraba, abrazaba y a veces empujaba o mordía a los otros niños. En cierta ocasión sorprendí a su terapeuta ocupacional zarandeándolo bruscamente del brazo mientras lo conducía hacia la puerta al término de su sesión, diciendo:

—Si no quieres ser bueno conmigo, yo tampoco lo seré contigo.

Rowan la miró confundido y trató de escapar. La terapeuta lo sujetó con fuerza, se volvió y al verme sonrió turbada y me dijo que ese día el niño había estado imposible. Yo tomé nota del incidente, y me pregunté si mi hijo debía seguir en ese centro. ¿Cómo iba a saberlo? En cuanto a sus berrinches en casa, sus necesidades se habían complicado, pero Rowan seguía sin conocer las palabras para expresarlas. Y sus salvajes tormentas neurológicas seguían haciendo presa en su pequeño y compacto cuerpecito a cualquier hora del día o de la noche.

Sin embargo, con *Betsy* se comportaba como si fuera otro niño. Al cabo de un par de semanas Rowan inició unos juegos de palabras. Aunque estaba aún muy retrasado en materia de lenguaje, siempre le habíamos leído en voz alta cuando lo acostábamos por las noches y Rowan tenía sus libros favoritos, que memorizaba como breves monólogos. Su obsesión actual era el Doctor Seuss.* Una mañana gris, cuando por el noroeste se condensaban unas nubes de las primeras lluvias otoñales, salimos a dar un paseo a caballo por la carretera que transcurría frente a la puerta del rancho. Quería que el paseo durara más que una breve galopada alrededor del prado junto a nuestra casa. El compás cuádruple con que caminaba *Betsy*, mientras los cascos resonaban cadenciosamente sobre el asfalto, hizo que Rowan empezara a agitar los brazos siguiendo el ritmo, como si dirigiera una orquesta oculta.

—Cada día de aquí a allí... —dijo de pronto siguiendo el ritmo de los cascos de la yegua.

Tardé un poco en comprender que era la versión de Rowan de una frase del Doctor Seuss.

—Hay cosas curiosas en todas partes —respondí, recitando la siguiente frase.

—Aquí hay unas a las que le gusta correr.

Me devané los sesos en busca de la siguiente frase. Las había leído centenares de veces.

—Corren para divertirse bajo el ardiente sol. —Las palabras brotaron airosamente. Las pronuncié al compás del caminar de *Betsy*. Observé que ésta echaba las orejas hacia atrás, escuchando lo que decíamos.

—La luna había salido y vimos unas ovejas —dijo Rowan, adelantándose en la narración.

Yo me apresuré a alcanzarlo. ¡Ah, sí!:

—Vimos unas ovejas pasear dormidas.

* Uno de los escritores más conocidos entre los niños de habla inglesa. Entre sus obras más conocidas se encuentra *El gato en el sombrero*. (*N. de la T.*)

—A la luz de la luna.

—A la luz de una estrella.

—Anduvieron toda la noche desde cerca hasta lejos.

—Yo no habría ido andando.

—¡Yo habría ido en coche! —dijo Rowan aportando la última frase junto con una alegre carcajada.

¿Sabía que era gracioso?

Nos llevó una hora y media completar el paseo, y recorrimos todo el círculo de los caminos vecinales cerca del rancho de Stafford. Las hojas se desprendían de los olmos y los robles, y caían sobre nosotros mientras avanzábamos a lomos de *Betsy*, junto a la valla. El ganado nos miraba con ojos inexpresivos, los caballos trotaban junto a la alambrada y relinchaban cuando pasábamos junto a ellos. Rowan no dejaba de hablar. Yo llevaba las riendas de *Betsy*. Rowan se puso a jugar al juego del alfabeto.

—A... armadillo.

—B... —dije para ver qué pasaba.

—¡Ballena!

—C —propuse.

—¡Camello!

—D.

—¡Delfín!

El juego continuó durante un buen rato. Me asombraban los conocimientos que tenía Rowan. Para la letra «I» dijo impala. Para la «X» dijo xero, un roedor parecido a la ardilla que vive en África. Yo sabía que estaba en uno de sus libros de lengua, pero ignoraba que lo hubiera asimilado.

Hacia el fin de nuestro paseo a caballo, era Rowan quien me proponía a mí las letras y yo tenía que responder con los animales que se me ocurrieran, sudando a lomos de *Betsy* a medida que la humedad se intensificaba y aparecían unas nubes de tormenta.

Esa noche rompió a llover torrencialmente, como si Dios hubiera vaciado un gigantesco cubo de agua sobre la Tierra. La cortina de agua era tan densa que no veías más allá de un palmo ante tus narices. Rowan salió al porche delantero cubierto, donde Kristin y yo nos tomábamos una copa de vino, observando cómo llovía. Una auténtica lluvia texana.

—¡Está lloviendo! —dijo Rowan.

Kristin y yo nos miramos. Era la primera vez que Rowan pronunciaba unas palabras lúcidas sin estar en presencia de *Betsy*.

Todo indicaba que la clave estaba en cabalgadas más prolongadas. En realidad, no era prudente pasear a caballo por las carreteras comarcales de Bastrop Country, donde la gente conducía a gran velocidad, a menudo borracha, a veces con una cerveza en la mano (yo lo había visto con mis propios ojos), disparando la escopeta contra las ardillas que salían de los árboles. Así que al día siguiente visité las casas de varios vecinos para preguntarles si podía cabalgar por sus terrenos, una buena precaución en un estado donde la gente a veces dispara primero contra los intrusos y luego pregunta. Casi todos respondieron afirmativamente. De modo que Rowan y yo empezamos a alejarnos más y más durante nuestros paseos a caballo. Pasábamos a través de las arboledas de vetustas pacanas silvestres y los antiguos campamentos de los indios Comanche que rodeaban Little Sandy Creek, a un par de kilómetros de nuestra casa. Recorríamos el bosque abierto de cedros y los prados ocultos donde, de vez en cuando, salía un ciervo de entre los sotos y se alejaba a toda velocidad con la cola enhiesta como una bandera blanca que advertía del peligro. Paseábamos por el prado sembrado de chumberas y mezquite, donde en cierta ocasión nos topamos con una manada de coyotes que huyeron de nosotros como fantasmas, y donde vimos los restos de un armadillo muerto entre los cactus y la hierba.

Rowan y yo empezamos a desarrollar un vocabulario de lugares, o itinerarios. Primero teníamos que dirigirnos a la cuadra.

—¿Vamos a montar a *Betsy*? —preguntaba yo.

—¡Vamos a montar a *Betsy*! —Rowan aún no sabía decir sí o no. Pero al menos podía confirmar lo que quería o no quería hacer.

De modo que partíamos. En ese momento, también surgían algunas frases.

—Ponerse los calcetines y los zapatos.

Rowan repetía con tono musical:

—Ponerse los calcetines y los zapatos. —Lo cual hacíamos a continuación.

Luego Rowan echaba a correr, delante de mí, saltaba del porche delantero, giraba a la derecha hacia el bosque detrás de la casa por donde discurría un camino serpenteante, bajaba la pequeña loma hacia el cauce seco del riachuelo y enfilaba el sendero a la derecha. A veces salían por sorpresa de los árboles unos cardenales rojos, alarmados.

—¡Mira! ¡Pájaros!

—¡Sí! ¡Pájaros! ¡Cardenales!

En ocasiones sorprendíamos a una bandada de cuervos, y un día, memorable, a una gigantesca tortuga miope que se arrastraba empecinadamente en busca de una charca.

—¡Tortuga! ¡Mira! ¡Tortuga!

—¡Sí, Rowan! ¡Es una tortuga! ¡Buen lenguaje! ¡Buenas palabras!

Parecía como si felicitara a un perro o a un caballo, pero lo que quería era estimular al niño de forma positiva.

Luego girábamos a la izquierda y pasábamos junto a la bumelia cargada de espinas y las clemátides de tres hojas, la *Callicarpa americana*, repleta de bayas de color malva intenso que atraen a las bandadas de pájaros cantores. Atravesábamos la parte más profunda del cauce seco, que a veces, cuando llovía a cántaros, se llenaba de agua, para después afrontar la empinada cuesta situada en la otra orilla, donde la arcilla roja y la roca ferrosa de color herrumbre relucían bajo el fuerte sol texano una vez que habían quedado al descubierto por el paso regular de pies humanos y cascos de animales. La distancia desde este breve pero abrupto ascenso hasta la valla de la propiedad de Stafford era tan sólo de cien metros. Pero aquí, tanto si yo portaba el liviano cuerpecito de Rowan a hombros como si él me seguía a pie, a mi hijo le daba invariablemente un berrinche. Porque era el lugar donde terminaba el bosque junto a nuestra casa y comenzaba el rancho de Stafford: una zona de transición. Los autistas tienen muchos problemas con las transiciones, incluso con las más simples, como abandonar el aparcamiento y entrar en el supermercado, o subir la escalera a su habitación desde el cuarto de estar, y no digamos la transición de un bosque a un prado. La parte del cerebro que procesa la transición de una situación a otra se sobrecarga.

De modo que llegados a este punto en nuestro paseo cotidiano hasta la cuadra de *Betsy*, Rowan berreaba, se arrojaba al suelo, chillaba, se golpeaba la cabeza, hasta que pasábamos por debajo de la valla y entrábamos en el prado de Stafford. Luego, con un repentino grito de alegría, los berridos cesaban y Rowan echaba a correr hacia la cuadra.

Los caballos esperaban impacientes en los establos si era su hora de comer. Rowan perseguía unos instantes al feroz gato negro de la cuadra (al que sólo él era capaz de atrapar) y acariciaba a *Bo*, el perro de caza, un pointer perteneciente a Terry, el afable campesino texano que cuidaba del lugar mientras Stafford trabajaba en Austin.

—No sé por qué montan esos animales —comentaba Terry a propósito de los caballos—. Primero tienes que pagar para adquirirlos, luego tienes que pagar para que se los lleven, y entremedias puedes sufrir un accidente.

—¿Damos de comer a *Betsy*? —preguntaba yo, dispuesto a sobornar a esa extraordinaria yegua para que siguiera comportándose bien.

—¡Damos de comer a *Betsy*! —confirmaba Rowan.

De hecho, dábamos de comer a todos los caballos (aunque *Betsy* siempre obtenía una ración extra cuando volvíamos de nuestro paseo), tras lo cual yo la ensillaba mientras Rowan correteaba entre los cascos, rompiendo de nuevo todas las reglas de seguridad equina. *Betsy*, como de costumbre, no movía un músculo cuando el niño estaba cerca.

Luego, siguiendo el ritual, yo preguntaba:

—¿Quieres subir?

Y Rowan respondía: «¡Subir!», antes de que yo lo tomara en brazos y lo sentara en la silla. Luego:

—¿Quieres que papá se suba también o quieres montar solo?

Yo esperaba hasta que, por ecolalia o intencionadamente, Rowan contestaba:

—¡Que se suba papá!

Entonces yo me montaba detrás de él.

Cometí muchos errores. El primero fue tratar de imponer mi voluntad a *Betsy*. Si Rowan se estaba convirtiendo en un niño que susurraba a los caballos, yo, pese a mi anterior experiencia con ellos, no. Aunque *Betsy* se mostraba dócil hasta el extremo de una total sumisión con Rowan, seguía siendo la yegua alfa de su manada, y muy gruñona con los adultos. No es que te diera coces o te pisoteara, pero era capaz de dar media vuelta y llevarte de regreso a la cuadra si pensaba que podía salirse con la suya. Stafford me había dicho que lo había hecho varias veces, o en todo caso lo había intentado, con la mayoría de los jinetes adultos cuando la montaban por primera vez. A la mayoría de los caballos les gusta saber dónde están los límites, y, al igual que los niños, a menudo lo averiguan a expensas de ciertas molestias para los jinetes, o los padres. No obstante, a mí me gusta que un caballo se comporte de determinada forma, que sea sensible al bocado, que se mueva alzando las patas como si flotara. *Betsy* había sido adiestrada de una forma estrictamente utilitaria, para avanzar con paso pesado, sin la menor fineza.

Durante uno de nuestros primeros paseos, mientras Rowan iba sentado frente a mí recitando alegremente el alfabeto, yo no cesé de espolear a *Betsy*, tratando de que convirtiera el ritmo de sus pasos en algo más hermoso. *Betsy* sacudió un par de veces la cabeza airada, estirando las orejas hacia atrás, lo que significaba que la dejara tranquila. Seguí insistiendo. De pronto, el animal clavó los cascos traseros en el suelo, se encabritó y se volvió irritada. Debido al peso de Rowan apoyado contra mí, no maniobré con la suficiente rapidez y noté que me caía sobre el duro asfalto de la carretera. Por fortuna, tuve tiempo de colocarme debajo del cuerpo de Rowan para minimizar su caída antes de que aterrizásemos en el suelo. Pero me llevé un susto. Y fue un escarmiento para todos, incluida *Betsy*. La yegua se echó a temblar de nervios. ¿Temía que yo la azotara? ¿Se había llevado también un susto? Los caballos suelen alegrarse cuando evitan caer entre tu persona y el suelo y huyen a toda velocidad, corcoveando. Pero *Betsy* se quedó inmóvil hasta que conseguí levantarme, sentar de nuevo a Rowan en la silla y montarme yo también. A partir de entonces dejé en paz a la yegua.

Al cabo de unas semanas volví a caerme del caballo. No porque espoleara a *Betsy*, sino porque mientras cabalgábamos junto a la valla entre la finca de Stafford y la mía, se rompió la cincha y la silla se torció bruscamente hacia un lado. Fue la típica caída en que puedes lesionarte de gravedad, porque se me quedó un pie atrapado en el estribo y el animal pudo haberme arrastrado durante unos metros. Al caer, logré de nuevo girar el cuerpo para amortiguar la caída de Rowan, y mi cabeza fue a parar debajo de la parte inferior de la alambrada, cerca del poste.

Cuando los caballos sienten que la silla se tuerce de ese modo, suelen ponerse a dar coces, un reflejo de supervivencia contra los depredadores como los lobos que tratan de desgarrarles la carne blanda del vientre. Incluso un caballo bien adiestrado cuando siente algo rozándole la barriga, como una silla que se ha deslizado, siente el instinto de echar a correr, corcoveando, hasta desembarazarse del objeto en cuestión y así evitar el peligro. A lo largo de los años yo lo había presenciado en numerosas ocasiones.

Con el pie atrapado en el estribo y el cuello más o menos enrollado alrededor de la alambrada, fue un milagro que no me matara. Pero *Betsy* no se movió; se quedó quieta, con esa mirada dulce que mostraba siempre que Rowan estaba junto a ella, hasta que el niño y yo nos desenganchamos, le quité la silla, volví a colocársela, sujeté de nuevo la cincha y nos montamos de nuevo. De no haber estado Rowan conmigo, ¿habría reaccionado *Betsy* del mismo modo? Sospecho que en esa ocasión debí mi vida a mi hijo.

Aprendí a llevar siempre a mano pañales, toallitas húmedas para bebés y una muda limpia en mis alforjas para los inevitables accidentes. Imagínenme a pie, sosteniendo las riendas con los dientes, tratando de conseguir que Rowan se estuviera quieto mientras le cambiaba el pañal y el pantalón en pleno campo entre cactus y robles. Al poco tiempo aumenté el contenido de las alforjas, y llevaba en ellas diversos juguetes, bebidas, bocadillos e incluso libros, para que en caso necesario Rowan pudiera desmontar y jugar, o yo pudiera leerle un libro mientras cabalgábamos. Cuando el octubre húmedo y templado dio paso a un noviembre frío y lluvioso, llevábamos chaquetas y pantalones impermeables para poder seguir paseando a caballo. Para entonces Rowan y yo prácticamente vivíamos a caballo.

Si doy aquí la impresión de que pasaba todo el tiempo en el bosque y montando a *Betsy* y de que yo cargaba con el peso del cuidado de Rowan, es una impresión falsa. Kristin, pese a la exigencia de su trabajo, dedicaba horas a leerle a Rowan cuando llegaba a casa por las tardes, a jugar con él en el suelo mientras el niño alineaba sus animales y trenes, para que le hablara de ellos y así fomentar el lenguaje que Rowan practicaba cuando iba a caballo.

Y aunque los ratos que pasábamos montando a *Betsy* me proporcionaban una gran satisfacción, buena parte del resto del tiempo era un infierno a causa de los berrinches y la incontinencia de Rowan. Tanto para Kristin como para mí, la presión de intentar satisfacer las necesidades de Rowan constantemente era tan intensa, sin ninguna válvula de escape, que temíamos no sobrevivir como pareja. Un ocho por ciento de las parejas con hijos autistas acaba rompiendo. Es fácil comprender el motivo. Kristin y yo no teníamos canguros, pues ninguna de nuestras amistades podía con Rowan, y no teníamos parientes que vivieran cerca. Pero nos teníamos uno al otro. Una noche, agotados después de que Kristin hubiera pasado dos horas tratando de calmar a Rowan para que se durmiera, empezamos a discutir, lo que ocurría cada vez con mayor frecuencia, sobre quién dedicaba más esfuerzos a cuidar de Rowan, yo con las horas que pasaba montando a *Betsy*, o Kristin con las horas y horas de lectura, en las que intentaba sobreponerse a su cansancio para lograr que Rowan se fuera a la cama.

De pronto, a Kristin se le ocurrió una idea genial.

—Necesitamos darnos un respiro —dijo.

—Buena idea —respondí sarcásticamente—. ¿Dónde encontraremos un canguro?

—Ambos haremos de canguro mientras el otro descansa —propuso Kristin. Cada uno de nosotros tendría una noche libre a la semana, para ir a Austin, salir con amigos, ir al cine, tomarse unas copas y no volver a casa, sino pasar la noche en el sofá de un amigo—. Así podremos recargar las pilas para enfrentarnos de nuevo a la lucha —dijo Kristin—. ¿Qué te parece?

—Creo que eres un genio —respondí, maravillado ante la sabiduría de esa mujer que había conocido en la India hacía un montón de años. Estaba seguro de que sobreviviríamos a aquello.

Llegó Navidad y, dos días más tarde, el cuarto cumpleaños de Rowan, un momento para reflexionar. Durante los ocho meses que habían transcurrido desde su diagnóstico habíamos intentado todo tipo de terapias: quelación, Valtrex®, terapia del lenguaje, terapia ocupacional, cambios en su dieta… Cualquier cosa que no lo perjudicara. Era demasiado pronto para saber si esos tratamientos funcionaban o no, pero lo cierto es que no se había producido ningún cambio evidente y radical para mejor, salvo a través de *Betsy*, y, según recordé, durante el breve contacto que Rowan había tenido con los curanderos o chamanes que había conocido en la reunión. Estaba claro que Rowan había regresado a su autismo después de su respuesta aparentemente milagrosa a los curanderos, pero yo me preguntaba si en caso de que mi hijo tuviera un trato continuado con ese tipo de sanadores no volvería a mostrar una mejoría. Y luego estaba *Betsy*, lo cual sin duda era un milagro. Me pregunté si no existía el medio de combinar ambas cosas, los caballos y la sanación a través del chamanismo. ¿Había algún lugar en el mundo que aunara los caballos y la sanación en el centro de su cultura? ¿Un lugar donde comprendieran la interacción entre los caballos y la sanación mejor que yo, que no hacía sino dar palos de ciego? ¿Existía ese lugar?

Yo sabía que el caballo, *Equus caballus,* había evolucionado en las grandes estepas de Mongolia durante la época glaciar. Unos estudios revelaban que la palabra chamán, que significa «el que sabe», se había originado en el sur de Siberia, que linda con la parte septentrional de Mongolia.

Mongolia. El lugar donde, seis mil años atrás, el caballo había sido domesticado por primera vez. Un país donde, según había leído, el chamanismo, junto con el budismo, constituía la religión del Estado.

¿Y si lleváramos a Rowan allí? ¿Y si atravesáramos a caballo esa vasta pradera primordial, de un sanador a otro, de un chamán a otro? ¿Y si el autismo de Rowan, en lugar de destruir nuestras vidas, en lugar de significar el fin de toda aventura y diversión, fuera la puerta de acceso a la mayor aventura de todas?

¿Y si eso fuera posible?

4

Tiempo de soñar

—No —dijo Kristin, cuando llegué a casa un frío día de diciembre después de montar a caballo y le expuse mi idea—. Ni hablar. Es increíble que me propongas ese disparate. ¡Estás loco!

—Quizá haya llegado el momento de hacer una locura.

—¡Rupert! Tenemos un hijo autista, un niño que ni siquiera puede controlar sus evacuaciones, y no digamos sus berrinches. ¿Y propones que volemos a Mongolia, que montemos a caballo y vayamos a visitar un chamán tras otro? ¿Pretendes que me lo tome en serio?

Nos acostamos enfadados y al día siguiente no volvimos a sacar el tema, cosa insólita en nosotros. Con la luz del día empecé a dudar de mi proyecto: ¿cómo podía estar seguro de que no era una estupidez mía de *new age*? No obstante, mi intuición me decía que no tenía nada que ver con la *new age*. Era algo infinitamente más antiguo. Esa misma voz interior me aconsejó también que no presionara a Kristin, que aparcara el asunto de momento. Al mismo tiempo, aquella vieja voz interior, la que me había dicho, el día en que había visto a Kristin por primera vez, que era mi esposa, me dijo con claridad meridiana que debíamos ir. Kristin confiaba en que aquello fueran simples castillos en el aire, que yo me diera cuenta de que era un proyecto demasiado complicado de organizar y que acabara desistiendo.

En lugar de eso empecé a soñar, y a hacer planes. ¿Y si comenzáramos nuestro viaje con los chamanes de la gente de los caballos, que vivían en los grandes océanos de prados donde había nacido este animal, y después nos trasladáramos a caballo hacia la taiga de Siberia, para visitar a los chamanes de los dukha, los pastores de renos, cuya tradición chamanista había persistido, según había leído, durante miles de años, y cuyos chamanes eran considerados los más poderosos de la región? Viajar de los chamanes de la gente de los caballos a los chamanes más antiguos de la gente de los renos...

Me puse en contacto por correo electrónico, a través del grupo que había organizado la reunión, con una sanadora rusa siberiana, a quien conté mi idea y pedí consejo. La mujer propuso que además de consultar a los chamanes de la gente de los caballos y la gente de los renos, durante nuestro periplo bañáramos a Rowan en las aguas sagradas. No sugirió ningún lago o río en particular, puesto que no conocía Mongolia, pero me aseguró, durante nuestra breve correspondencia, que esos baños sagrados formaban parte de todas las tradiciones sanadoras asiáticas. De modo que me conecté a Internet, miré varias combinaciones de «lagos y ríos sagrados de Mongolia», y comprobé que prácticamente todos los lagos y ríos parecían ser sagrados. Pero ¿y la ruta entre Ulan Bator, la capital, donde probablemente tendríamos que comenzar, y el extremo norte, donde vivía la gente de los renos? El río Tuul, que atraviesa la capital, se consideraba sagrado, al igual que el Selenge y otros ríos en el norte. Entonces hallé una referencia a un lago aislado conocido como Sharga, ubicado justo a medio camino entre la capital y el territorio de los dukha. Anoté los nombres y empecé a soñar con fuerza.

Por supuesto, no era más que un sueño. Pero sin duda ese sueño era mejor que la pesadilla diurna en la que habitábamos desde que el autismo de Rowan se había apoderado de nuestras vidas. No teníamos más remedio que enfrentarnos a su enfermedad, pero ¿por qué no podíamos desear habitar otro tipo de sueño?

Lejos de *Betsy*, las cosas habían empeorado en lugar de mejorar. Cuando 2004 dio paso a 2005, los berrinches y las obsesiones de Rowan se agudizaron. Kristin y yo no teníamos ninguna vida social. A excepción de las lecturas a la hora de acostarse, gozábamos de escasos ratos agradables. Pese a todas la terapias a las que se había sometido, los fármacos homeopáticos y el programa de educación especial en nuestra escuela local, Rowan —al margen de los progresos lingüísticos que hacía cuando montaba a *Betsy* (e incluso ésos eran inconsistentes, pues un día Rowan se mostraba muy lúcido y al siguiente caía de nuevo en sus balbuceos autistas)— parecía aumentar su grado de autismo en lugar de reducirlo. ¿Y si no se producía nunca un cambio? ¿Y si nosotros y Rowan nos quedábamos atascados para siempre aquí, en aquella tierra de nadie psicológica? ¿Volvería Rowan alguna vez la cabeza cuando lo llamáramos? ¿Sería capaz de salir a dar un paseo sin tratar de escaparse? ¿Llegaría a decir alguna vez sí o no? ¿Se fijaría alguna vez en otro niño o haría amistad con él? ¿Aprendería a jugar con sus trenes y sus animales como es debido, o seguiría colocándolos en líneas o espirales, inclinándose para mirarlos obsesivamente por el rabillo de sus ojos azul oscuro con un extraño iris interior verde? ¿No pasaría nunca de ahí?

Una tarde de marzo salimos a cabalgar bajo un atardecer rojo vivo que dio paso a un frío crepúsculo sobre el que se alzaba una delgada luna creciente. Rowan señaló la hoz blanca enmarcada entre las orejas de *Betsy* y dijo:

—Luna.

Rowan no había señalado nunca. A pesar de que llegaba con dos años de retraso, había aprendido a hacerlo.

—¿Cómo se deletrea luna? —pregunté frenando a *Betsy*.

—¡Luna! —respondió Rowan.

—L... —dije.

—L —repitió Rowan.

—U.

—¡U!

—N.

—¡N!

—A.

—¡A!

—Muy bien, Rowan. L-U-N-A. Luna. —Inspiré aire exageradamente para ver si el niño me imitaba.

—¡Luna! —dijo Rowan con tono triunfal.

Quizá existía una esperanza. Pero el progreso era tan lento que yo deseaba algo más radical, más milagroso. ¿Lo conseguiría si llevaba a Rowan a ver a los caballos y los chamanes sanadores de Mongolia? Por más que lo intentaba, no lograba desterrar esa idea de mi cabeza.

Marzo dio paso a abril. Después de un día de incesantes alaridos y movimientos convulsivos de los brazos (lo que en la jerga del autismo se denomina «autoestimulación»), llevé a Rowan, a través del bosque repleto de luciérnagas que danzaban, a la cuadra, donde Terry —o el tío Terry, como lo llamaba Rowan— conducía la segadora, dejando que su perro, *Bo*, apoyara las patas delanteras en el volante como si lo condujera él. Esa tarde Rowan y yo cabalgamos durante mucho rato. Rowan se comportaba de forma obsesiva; me obligaba a galopar una y otra vez entre la cuadra y el estanque, y se movía como un loco de un lado a otro, hasta que *Betsy* quedó empapada en sudor. Era difícil conseguir que Rowan se estuviera quieto en la silla, y más aún mantener a *Betsy* equilibrada. Galopamos a toda velocidad arriba y abajo, mientras Rowan me clavaba dolorosamente los codos en los antebrazos. No cesaba de gritar y balbucear, mientras giraba el cuerpo y adoptaba unas extrañas posturas rígidas totalmente fuera de sincronía con el ritmo de la yegua. Era desolador, como si el niño hubiera regresado a una burbuja en la que habitaba y yo no pudiera alcanzarlo. Por fin, temiendo agotar a *Betsy*, insistí en que nos detuviéramos.

—¡Más correr! ¡Más *Betsy*!

—*Betsy* está cansada, Rowan. Venga, ya es suficiente, tenemos que dejarlo.

Los berridos, los movimientos convulsivos y los alaridos comenzaron tan pronto como deposité a Rowan en tierra firme. Lo dejé allí, conteniéndome para no gritarle. En esos momentos sentí deseos de pegarle; el dolor y la impotencia alimentaban mi furia repentina. Me alejé de él, portando la pesada silla de montar de *Betsy* sobre el brazo mientras respiraba profundamente para calmarme. Al salir del cuarto de arreos, vi que Rowan dejaba de berrear, se incorporaba y se acercaba a *Betsy*, que seguía sin mover un músculo. Rowan extendió los brazos, la abrazó por su pata derecha delantera, la besó y dijo:

—Te quiero, *Betsy*.

Era la primera vez que pronunciaba esas palabras. Jamás nos las había dicho a Kristin ni a mí. *Betsy* entornó los ojos mientras el niño la abrazaba. Luego Rowan se acercó a mí brincando y sonriendo, me tomó de la mano y me condujo a casa a través del prado.

Ese verano tomamos una iniciativa acertada. Sacamos a Rowan de la escuela donde su conducta se había vuelto cada vez más autista y, a través de una serie de felices coincidencias, ideamos un plan mejor. En una comuna hippy llamada Greenbriar, situada a cinco kilómetros por un camino vecinal, vivía una mujer, Katherine, que tenía también un hijo autista, un chico de doce años al que yo había visto varias veces y que parecía haberse «recuperado» en muchos aspectos. Katherine estaba a punto de obtener su licenciatura en psicología clínica. Asimismo, había ejercido durante diez años como profesora de educación especial y había inventado una forma de trabajar más deprisa con su hijo a través de la lectura, la escritura y la aritmética que cualquier sobrecargada escuela pública. Su filosofía, aunque incluía algunas técnicas del ACA, era radicalmente opuesta al enfoque central de éste. En lugar de obligar a los niños a obedecer, utilizando el tiempo en actividades favoritas como recompensa por haber realizado unas tareas aburridas, Katherine sostenía que era más eficaz enseñarles en el contexto de sus estimadas obsesiones. Si los niños querían que les enseñara encaramados a un árbol, Katherine los complacía. Si querían que les enseñara en la piscina (Greenbriar tenía una magnífica piscina sombreada), Katherine les enseñaba en la piscina.

Greenbriar ocupaba ochenta hectáreas de terreno boscoso, que ofrecían el tipo de espacio natural que entusiasmaba a Rowan. Pregunté a Katherine si aceptaría a Rowan como alumno privado y accedió. Ideamos un programa diario: dos o tres horas de clases académicas, con los métodos de Katherine, y el resto del día dedicado a pasear por los senderos con un hombre llamado Camilo, que había trabajado antes con niños autistas y vivía también en Greenbriar, y cuya hija se convertiría en una especie de hermana mayor de Rowan. Asimismo me ofrecí para dar clase a los otros niños de Greenbriar dos días a la semana: una mañana historia y otra equitación.

Cuando el hijo de Katherine venía a montar con los otros niños de Greenbriar, observé que, al igual que con Rowan, *Betsy* agachaba la cabeza y se ponía a relamerse y a mascar. Y aunque a veces se comportaba de forma quisquillosa con los niños neurotípicos, con el hijo de Katherine nunca cometía ningún error.

Para Rowan, los cambios inducidos por la nueva escuela fueron instantáneos. Su autoestimulación y su ansiedad habitual se calmaron. Rowan, que iba a cumplir cinco años, empezó, aunque lentamente, a aprender a leer. Camilo pasaba horas caminando con él por los senderos, animándolo a hablar sobre todo lo que veía y todo lo que tocaba. Rowan aún no hablaba bien; sabía deletrear ciertas cosas, decir otras, pero, por lo general, balbuceaba. Salvo cuando montaba a *Betsy*; cuando estaba junto a la yegua los balbuceos remitían y el lenguaje correcto se intensificaba. De modo que cuando Rowan llegaba a casa por las tardes, salíamos inmediatamente a montar. Algunas veces incluso lo llevaba a la escuela a caballo.

Las encendidas tormentas neurológicas y los berrinches continuaron. Y nadie —ni nosotros, ni Katherine, ni Camilo, ni las abuelas cuando venían a visitarnos— conseguimos enseñar a Rowan a utilizar el baño (yo oía cada vez más historias sobre niños autistas adolescentes que aún no habían aprendido a utilizar el baño y me preparé para afrontar esa contingencia). Pero al menos progresábamos. Lo más importante era que habíamos resuelto un problema soñando y adoptando medidas más eficaces.

Y si soñar un sueño positivo podía reportar resultados tan positivos, ¿por qué no soñar otro? Cuando 2005 dio paso a 2006, y la primavera verde y lluviosa dio paso al calor abrasador del verano texano, aquel otro sueño no cesaba de darme vueltas por la cabeza: Mongolia. No dije nada, ya que no quería arriesgarme a tener otro altercado con Kristin, pues sabía que seguía oponiéndose firmemente a la idea. Pero la voz irracional seguía diciendo: hazlo. Y si íbamos a hacerlo, tenía que ser pronto. Rowan crecía tan deprisa que dentro de un año quizá ya no pudiéramos sentarnos juntos con comodidad a lomos de *Betsy*.

Ese julio di una charla sobre los bosquimanos en un centro local en Austin. Había formado mi pequeña organización de derechos humanos y recaudaba dinero para pagar al abogado que iba a defender el caso de los bosquimanos ante el tribunal superior de Botswana. Después de mi charla, un joven cineasta llamado Michel, que había estado sentado entre el público, me ofreció sus servicios para ir a Botswana y tratar de filmar algunos de los abusos que sufrían allí los bosquimanos. Michel, un joven moreno y bien parecido, con el pelo muy corto, unos potentes bíceps y unos ojos azules rebosantes de altruismo, vino a casa para hablar del asunto. Al cabo de un rato la conversación se centró en los sanadores bosquimanos y su eficacia, por lo que me pareció natural contarle la historia de la reacción radical y positiva (aunque temporal) de Rowan al someterse durante un breve espacio de tiempo a ese tipo de sanación en la reunión, dos años atrás. Luego, mirando a Kristin, medio nervioso y medio bromeando, confesé que albergaba el sueño de llevar a Rowan a Mongolia, donde los caballos y la sanación chamanística estaban entrelazados; y que confiaba en hacerlo pronto. Quizá el año próximo, antes de que Rowan fuera demasiado grande para sentarse cómodamente conmigo a lomos a *Betsy*.

Kristin se limitó a sonreír, sin decir nada.

Michel se ofreció en el acto para acompañarnos y filmar el viaje.

—Aún no he reunido el dinero —le advertí—. Y aunque logre hacerlo, dudo que sea suficiente para pagar a alguien que filme el viaje.

Michel me aseguró que no importaba. Esto era un proyecto que sólo se presenta una vez en la vida. Y, según dijo, si se producía algún cambio en Rowan, sería útil, incluso necesario, tener un documento filmado de esos cambios. Añadió que se había criado en un rancho de caballos y que estaba preparado para afrontar las horas y los días montando a caballo que representaría el viaje.

De modo que ese otoño, Michel y yo nos reunimos varias veces para hablar sobre cómo empezar a pedir subvenciones. Y casi como un acto de fe comenzamos a filmar a Rowan y a *Betsy* juntos, y la forma en que el lenguaje y la mente de Rowan seguían progresando a través de su extraordinaria relación con la yegua. Empecé a sondear a Kristin sobre Mongolia. Ella se negó a discutir el tema, aparte de decir, sin comprometerse a nada:

—Si consigues reunir el dinero, ya veremos...

Entre tanto, mientras, a fines de octubre, se produjo una última ola de calor, Rowan y yo seguíamos montando. *Betsy* había olvidado hacía tiempo su habitual malhumor hacia mí y me obsequiaba con unos paseos a caballo maravillosos y ligeros, como si flotásemos. Ahora, cuando me instalaba en la silla y apretaba las piernas, *Betsy* se ponía a bailar para mí al tiempo que las risas de Rowan reverberaban entre los árboles. También saltaba sobre troncos y vallas pequeñas, lo cual entusiasmaba a Rowan, que gritaba: «¡Como un pájaro!» mientras la yegua volaba transportándonos sobre su lomo. Habíamos alcanzado la armonía perfecta entre un humano y un caballo que todo jinete sueña con alcanzar, salvo que éramos tres, no dos.

—¿Qué es eso? —preguntó Rowan un soleado día cuando atravesamos la arboleda de pacanas montados en *Betsy*. El suelo estaba sembrado de nueces, la tierra mostraba los lugares donde los jabalíes las habían desenterrado entre la hierba y las cigarras parecían sacudir los árboles con la intensidad de sus cantos. En lo alto, unos busardos ratoneros —en realidad eran buitres, aunque todo el mundo en Texas los llama busardos— surcaban el cielo lentamente impulsados por el viento del sur que soplaba a través del golfo de México desde Cuba.

—¿Qué es eso? —preguntó de nuevo Rowan señalando una de las oscuras y grandes aves.

—No lo sé, Rowan, ¿qué es? —Yo sabía que él lo sabía. La fauna era su especialidad.

—Es un... —Rowan inspiró aire.

—B-U-S-A-R-D-O —respondí deletreándolo.

—¡Busardo!

—¡Bien pronunciado!

Betsy dio un bufido.

—¡*Betsy* ha estornudado!

—Exacto, Rowan, buena observación.

—Ha dado un pequeño estornudo.

—Es cierto. Oye, Rowan, ¿te gustaría ir el año que viene con papá a Mongolia y montar unos caballos?

—¡Con papá a Mongolia y montar unos caballos!

Era asombroso. Rowan aún no hablaba bien. En estos momentos se expresaba casi con fluidez, pero había días en que balbuceaba cosas sin sentido. Supuse que en esta ocasión me estaba imitando, pero lo interpreté como un sí.

Ese fin de semana Rowan y yo salimos a montar hasta muy tarde, y regresamos a casa cuando ya había oscurecido bajo el resplandor plateado de la luna del cazador, sintiendo la tibieza de la noche y la suave brisa que movía el aire como besos delicados sobre la piel. Salimos de la cuadra, enfilamos el largo camino de acceso al rancho de Stafford y nos lo encontramos a él y a sus nietos disfrutando del olor a madreselva bajo la luz de la luna. Cuando nos aproximamos al lugar donde estaban sentados, Rowan se irguió de pronto en la silla, como un pequeño vikingo de pie sobre la proa de su barco, y cantó a voz en cuello la canción del abecedario.

Cuando terminó con la rotunda frase: «¡La próxima vez cantad conmigo!», Stafford se levantó y se acercó a nosotros riendo.

—¡Eso ha estado pero que muy bien! —dijo.

Llegaron las primeras nieves. Michel y yo, que llevábamos más de un mes filmando a Rowan, decidimos ir a entrevistar a la doctora Temple Grandin, una autista adulta que era profesora de ciencias animales en la Universidad Estatal de Colorado. La doctora Grandin había escrito un libro que se había convertido en un bestseller en el que decía que los animales y los autistas pensaban a través de imágenes y que uno podía comprender la mente autista estudiando a los animales y a la inversa. Yo quería hacerle varias preguntas sobre la extraña relación de Rowan con *Betsy*. De paso, Michel y yo confiábamos en que una entrevista con una relativa celebridad como la doctora Grandin nos ayudaría a recaudar los fondos necesarios para un documental.

Cuando nos encontramos con ella en el campus universitario de Fort Collins, Colorado, a los pies de la primera y ceñuda sierra de las Montañas Rocosas, me sorprendió —y me animó— comprobar que, pese a su exitosa carrera académica y sus bestsellers, Temple Grandin seguía siendo muy autista. Mientras instalábamos la cámara, empezó a accionar obsesivamente un bolígrafo provisto de una pequeña luz que se encendía y apagaba con cada clic.

—Vaya —dijo la doctora riéndose y mirándonos con los ojos muy abiertos después de unos momentos de trance—, será mejor que deje de hacer eso. Estoy estimulándome con este bolígrafo.

Nos contó que de niña había sido una autista profunda, que se sentaba en un rincón balanceándose continuamente, sin que apenas nadie pudiera llegar a ella, mientras se comía el papel de las paredes. Pero, por suerte, había tenido niñeras que jugaban con ella sin cesar, y le insistían en que respondiera a los juegos. Y de muy pequeña había descubierto a los caballos.

—Los animales piensan a través de imágenes —nos explicó—. Yo también. Al igual que muchos autistas. Eso significa que no podemos conectar con otras personas, que piensan de modo distinto, con palabras u otros patrones normales. Debido a que los animales piensan de la misma forma, es decir visualmente, las personas autistas a menudo conectan bien con los animales. De pequeños, a veces comunican lo que quieren decir a los seres humanos a través de un animal, sobre todo si se trata de un animal al que están muy unidos. Los autistas, por decirlo así, constituimos un punto de conexión con el mundo animal para los no autistas, y los animales con frecuencia son un punto de conexión entre el mundo autista, en especial los niños, y el mundo humano «normal».

En cuanto al motivo de que montar a caballo hiciera que Rowan mejorara en el lenguaje, la doctora Grandin nos dijo que algunos estudios habían revelado que cualquier movimiento repetitivo de balanceo estimula las áreas del cerebro donde se localizan los receptores del aprendizaje.

—Si unimos eso al hecho de que montar a caballo es muy divertido —añadió—, no es de extrañar que los niños respondan. Ojalá más niños aprendieran a hacerlo de esa forma.

Por fin decidí contarle mi idea de ir a Mongolia y la reacción de Rowan a los chamanes. ¿Le parecía, como científica, que ese viaje podía ser beneficioso? Supuse que diría que no, o al menos que no podía pronunciarse al respecto. Para mi sorpresa, la doctora Grandin contestó:

—Describa esas ceremonias chamánicas.

Traté de recordar los detalles de las ceremonias a las que había asistido con los bosquimanos y describí el palmoteo rítmico, los cánticos, la canción. La doctora Grandin asintió con la cabeza.

—Ese tipo de ritmo repetitivo podría tener el mismo efecto de abrir los receptores de aprendizaje en el cerebro que el hecho de montar a caballo.

—¿De modo que no le parece una tontería?

—¿Cómo podemos saberlo?

—Pero ¿cree que merece la pena que emprendamos ese viaje? —insistí. Comprendí que quería que la doctora me diera su bendición.

—Lo peor que pueden hacer es no hacer nada. Todos los expertos coinciden en eso, aunque no coinciden en muchas otras cosas. Lleve a su hijo a Mongolia si cree que puede serle beneficioso. Filme el documental. Añádalo al archivo de lo que estamos aprendiendo. Cuando regrese cuéntenos lo que ha sucedido.

Llegó otra Navidad, y recibí un regalo inesperado. Para mi asombro, los bosquimanos ganaron el caso que habían presentado ante los tribunales en Botswana. Los bosquimanos podían regresar a las tierras que les habían arrebatado, lo cual me permitía centrar toda mi atención en convertir en realidad el viaje a Mongolia. Envié una propuesta de un libro y, pese a tener varias peleas con Kristin, dejé nuestra cuenta corriente temblando al adquirir cuatro billetes de avión, para Kristin, Rowan, Michel y yo, a Ulan Bator. A través de varios contactos que había hecho gracias a mis guías turísticas, también me comuniqué por correo electrónico con un tour operador que había allí, un hombre llamado Tulga, que al parecer estaba especializado en viajes insólitos a lugares lejanos. Aunque no pude evitar preguntarme, pero ¿no estaba toda Mongolia en el quinto pino? Le describí el viaje que deseaba hacer y le pregunté si podíamos empezar tratando de averiguar qué chamanes debíamos ir a ver y si éstos pensaban que podían ayudar a un niño como Rowan. Después de unos correos electrónicos iniciales, Tulga me respondió que había oído hablar de un sanador muy poderoso entre la gente de los renos en el norte, un hombre llamado Ghoste. Le habían dicho que, si conseguíamos localizar a ese chamán, era muy posible que obtuviéramos resultados. El único problema era que vivía en la parte mongola de Siberia. Y sus habitantes, los dukha, o tsataan, desplazaban los campamentos de verano junto con las manadas de renos, que se hallaban en lo alto de una cordillera de casi cuatro mil metros de altura.

En el país había nueve chamanes más de otros lugares, que,

cuando Tulga les había hablado de Rowan, se habían ofrecido para desplazarse de sus regiones y reunirse con nosotros en Ulan Bator, la capital, si podíamos viajar allí en julio.

Miré un mapa. Entre Ulan Bator y la región siberiana se extendía una inmensa llanura. Recordé mis anteriores correos electrónicos con la sanadora rusa siberiana que me había hablado de la eficacia de bañar a Rowan en unas aguas sagradas, y busqué de nuevo en Internet para decidir en qué lagos o ríos sagrados entre las dos regiones donde iríamos a ver a los chamanes podíamos bañar a Rowan. Localicé de nuevo el río Tuul, y el Selenge, que al parecer eran sagrados. Repasé unas viejas notas y encontré la referencia al lago Sharga, que no sólo era sagrado sino que se hallaba justo en medio, entre la capital y la gente de los renos. Decidí que debíamos llevar a Rowan allí. Entré de nuevo en la red para volver a localizar la página.

No logré dar con ella. Parecía como si hubiera desaparecido en el éter de Internet. Una noche, después de que Rowan y yo llegáramos de montar a *Betsy*, Kristin me encontró sentado delante del ordenador, buscando obsesivamente en varias páginas donde aparecía «lago Sharga» y «aguas sagradas, Mongolia» en Yahoo y Google.

—Hola —dijo Kristin—. Estás decidido a hacer ese viaje, ¿no es así?

—Sabes que sí. Lo haremos juntos.

Kristin suspiró y se sentó en el suelo junto a mi silla.

—No sé, Ru. No sé si puedo hacerlo. ¿No es lo bastante duro afrontar un día normal, para, además, emprender un viaje disparatado a los confines de la Tierra? Nunca estuve de acuerdo con esa idea. Y odio los caballos.

Puede que la palabra «odio» sea demasiado fuerte, pero Kristin había tenido malas experiencias; durante los años que habíamos vivido en Inglaterra, yo le había enseñado a montar y se había caído un par de veces. Nunca se había aficionado a ese deporte. Yo era el apasionado de los caballos en la familia. Ahora, ante la perspectiva de emprender un viaje a caballo, Kristin se resistía a participar en él.

—No estás obligada a venir —dije.

—Ah, vale—contestó Kristin con tono sarcástico.

—Me refiero a que... si no vienes, no te lo echaré en cara. Francamente, quizá resulte incluso más fácil. Puedo hacer que me devuelvan el dinero del billete. Si no vienes, no tendré que preocuparme de que lo pases mal. O de que te caigas del caballo.

—O que el caballo huya conmigo montada en él, o me propine una coz, o me muerda, o me pisotee, o se caiga sobre mí, o todas las cosas agradables que proporcionan los caballos.

—Esas cosas también. En serio, sé que esto es una locura. No tienes que venir.

—¿Estás seguro de que no me lo echarás en cara?

—Desde luego. Sé que estoy como una cabra.

Al día siguiente, Michel, montado en *Taz*, se reunió con Rowan y conmigo para dar un paseo por los extensos pastos situados a unos dos kilómetros de nuestra casa.

—¡Corre! ¡Más deprisa! —decía Rowan en cuanto los cascos de *Betsy* tocaban el suelo, obligándome a buscar troncos de pacana o roble caídos para que el animal los saltara y riéndose con una risa histérica cuando la dócil yegua baya saltaba obediente los obstáculos—. ¡Salta! ¡Salta como una rana!

—¡Córcholis, Rowan! —dijo tío Terry cuando regresamos a la cuadra—. ¿Has hecho saltar a *Betsy*?

—¡Saltar! —confirmó Rowan alegremente.

En esos momentos Terry, que era un caballero, nos ofreció a Michel y a mí una botella de un vino de elaboración casera con la variedad de uva *mustangensis*, muy potente. Yo la acepté encantado. Confieso que desde que el autismo de Rowan se había agudizado, me había convertido en un alcohólico funcional, como demostraban los kilos que había ganado. Michel, un obseso del yoga y la vida sana, la rechazó.

—Para que no digáis que no os lo he ofrecido —dijo Terry estoicamente—. Prefiero ser estúpido que grosero.

Sabias palabras. Con todo, cuando llegué a casa y descorché la botella, sabiendo que la apuraría de una sentada, no pude por menos de preguntarme si no éramos Kristin y yo quienes necesitábamos sanar tanto, si no más, que Rowan.

A la mañana siguiente recibí un correo electrónico de Tulga en el que me ofrecía que su hijo nos acompañara en el viaje. Lo había pensado, según escribió, y creía que los dos niños podían llevarse estupendamente. Yo lo dudaba. Rowan no tenía ningún amigo, aún no sabía relacionarse con otros niños. Kristin leyó el correo electrónico sobre mi hombro.

—De acuerdo, Ru —dijo repentinamente—. Iré. No sé cómo nos las arreglaremos. Pero si consigues que eso funcione, quiero estar presente. Lo que no mata te hace más fuerte, ¿no es así? —preguntó riendo—. Quién sabe, quizá los chamanes logren enseñar a Rowan a utilizar el baño.

—¡Nada de cabritas en casa! —gritó Rowan desde el dormitorio, sorprendiéndonos y haciendo que rompiéramos a reír. Para su cumpleaños le habíamos regalado a *Daisy* y *Howard*, dos cabras pigmeas, una negra y la otra blanca, y a Rowan le divertía hacernos rabiar metiéndolas en casa cuando no nos dábamos cuenta; se reía a carcajadas cuando tratábamos de mostrarnos serios con él, y repetía la frase que solíamos decir de: «Nada de cabritas en casa» como un mantra cómico.

—Parece un budista nato —comentó Kristin.

Yo alcé la vista, perplejo. Durante los últimos años, la práctica budista de Kristin se mezclaba cada vez más con su trabajo académico de psicología. Ella había investigado sobre el concepto budista de la autoindulgencia, la idea de cultivar la bondad y el perdón con uno mismo así como con los demás. Lo cual no era empresa fácil, especialmente en épocas de sufrimiento o fracaso. No obstante, los estudios que Kristin había publicado mostraban que la autoindulgencia era mejor para la salud psíquica que las teorías psicológicas convencionales, que equiparan la autoestima con una buena salud mental. Kristin había descubierto que la búsqueda constante de autoestima se convierte, al cabo del tiempo, en la obsesión de sentirse especial y superior, una montaña rusa emocional de la que no puedes apearte. Por el contrario, la autoindulgencia te permite observarte con claridad, perdonarte y realizar los cambios necesarios para alcanzar el equilibrio mental. Como madre de un hijo autista, Kristin había tenido numerosas oportunidades de practicar la autoindulgencia. «Aunque en realidad el yo no existe», solía decir con una expresión chispeante en sus ojos negros.

—¿A qué te refieres al decir que es un budista nato? —pregunté.

—No se toma nada de forma personal —respondió Kristin—. Sufre un momento, y luego se olvida del sufrimiento. No se regodea en él ni lo convierte en un drama personal, por lo que no padece como las personas «normales». Es un don.

Era cierto; la ausencia fundamental de ego parecía formar parte del autismo. En algunos aspectos, yo envidiaba a mi hijo.

Rowan nos miraba riéndose de nosotros, junto con nosotros, tras haber acostado a la cabrita negra en nuestra cama. El niño y la cabra nos observaban con una expresión tremendamente divertida y contagiosa.

Dos días más tarde recibí otro correo electrónico. Habían aceptado la propuesta de libro que había enviado. El viaje no nos arruinaría. Iríamos a Mongolia.

Segunda Parte

5

Comienza la aventura

Rowan estaba sentado junto a mí, con la nariz pegada a la ventanilla del avión de la compañía Aeroflot: contemplaba el mosaico de campos que se iba desvaneciendo tras el espesor de las nubes. Lo habíamos hecho. ¿Tendría este disparatado viaje —sí, era disparatado, incluso desesperado— algún efecto sobre Rowan? Todos mis temores volvieron a asaltarme por enésima vez. ¿Y si a Rowan no le gustaba? ¿Y si se ponía enfermo o se caía del caballo y teníamos que sacarlo de allí en transporte aéreo? ¿Lo cubriría nuestro seguro? ¿Y si enfermaba y no podíamos sacarlo de allí en transporte aéreo? ¿Y si uno de nosotros se ponía enfermo o se lesionaba? ¿Y si conseguíamos llegar hasta los chamanes pero no podían hacer nada por Rowan, o si resultaban ser unos charlatanes? ¿Y si Tulga, el guía, era un incompetente? ¿Y si todo resultaba inútil?

¿Era yo un insensato por habernos embarcado en esto? ¿Acaso lo hacía más por orgullo que por Rowan? ¿Deseaba realmente que Rowan sanara? ¿Que sanara o que se curara? Existe cierta diferencia. Hacía tiempo que había renunciado a desear que se curase. Me refiero a que se curase y dejase de ser autista, pues eso formaba parte de su esencia. Pero quería que sanara. Si había algo que Kristin y yo queríamos decirles a los chamanes, era: «Por favor, que regrese habiendo aprendido a utilizar el baño». Por favor, que no siga a merced de sus berrinches, de su sistema nervioso. Que deje de ser hiperactivo, haciendo que cese esa constante ansiedad que es como si un puño te atenazara el corazón, siempre dispuesto a cerrarse de pronto con fuerza. ¿Podía un chamán sanar eso? ¿Quién sabe?

—¿Estamos locos? —le pregunté a Kristin.

—Absolutamente. Mejor dicho, tú estás loco. Yo he venido para acompañaros. —Kristin sonrió irónicamente—. Si todo va bien, estupendo. En caso contrario, te echaré la culpa a ti. De modo que tengo todas las de ganar.

—¿Tú crees que estoy loco?

—Como un cencerro. Como una cabra. Para encerrarte.

—Soy el soberano de la Roca del Rey —declaró Rowan desviando la vista de las nubes para obsequiarnos con su sonrisa más radiante y benévola. Citaba una frase de *El rey león*, una de las películas de dibujos animados que veía obsesivamente.

Las cosas ya habían empezado a cambiar en su interior. Habíamos pasado las últimas semanas en Inglaterra para que Rowan estuviera unos días con su abuela y su tía, y para que no tuviera que hacer el largo viaje en avión desde Austin, Texas, hasta Ulan Bator de una tirada de veinticuatro horas. En Inglaterra nos habíamos alojado en casa de mi hermana, en el País de Gales, y habíamos hallado un caballo que Rowan podía montar, una dócil yegua de color gris que nos había prestado Billie, un domador de caballos amigo de la familia, que regentaba una escuela de equitación en la parte central de Gales.

—Se llama *Dottie* —dijo Billie cuando sacó la yegua del establo y se la presentó a Rowan, que no cesaba de saltar y brincar. Al igual que *Betsy*, *Dottie* inclinó la cabeza ante el niño. No en un gesto de total sumisión, pero casi, y no cometió ningún error cuando Rowan y yo cabalgamos juntos a través de la verde campiña galesa.

Aquella tarde fuimos a dar un paseo por las colinas al otro lado del valle donde estaba la granja de mi hermana, para contemplar la puesta de sol. De pronto, Rowan echó a correr de un lado a otro, gritando algo sobre un niño llamado Buster.

—¿Quién es Buster? —pregunté cuando Rowan pasó volando junto a nosotros con el rostro iluminado por la dorada luz crepuscular.

—¡Buster es un niño!

Miré a Kristin.

—¿Buster es tu amigo? —pregunté cuando Rowan regresó corriendo y dibujando un amplio arco, agitando los brazos como los cuervos que volaban y graznaban sobre nosotros. Rowan no tenía amigos. Nunca había tenido amigos. Yo ni siquiera estaba seguro de que conociera ese concepto.

—¡Buster es un amigo! —confirmó Rowan, pasando de nuevo volando junto a nosotros—. ¡Vamos, Buster! ¡Corre! ¡Corre como Buster!

Kristin y yo volvimos a mirarnos. Un amigo imaginario. Esto era una novedad.

En esos momentos, mientras Rowan seguía sentado en el avión (calculé que debíamos de hallarnos sobre Kazajastán), portándose como un angelito y sin habernos dado el menor problema al cambiar de avión en Frankfurt y Moscú, me sonrió.

—Vamos a Mongolia a ver a la gente de los renos —empezó a decir repetidamente—. Vamos con Buster.

Yo apenas daba crédito a la calma que demostraba tener. El que estaba nervioso era yo.

—Mira las nubes —dijo Rowan—. Como un pastel de nubes.

Mientras jugaba alegremente con un cachorro de león de peluche y un potro de juguete que estaban sobre la bandeja ante él, no pude impedir que me asaltaran de nuevo mis temores y mis dudas. ¿Y si a Rowan no le gustaba la experiencia? ¿Y si la rechazaba de pleno? ¿Dejaría que los caballos de ese lugar remoto lo sanaran?

En cierta ocasión los caballos me habían sanado. A los doce años había sufrido una depresión nerviosa. Varios años de vejaciones en la escuela combinados con el malestar en mi casa habían terminado por pasarme factura. Una mañana me desperté y no pude levantarme de la cama. Cuando traté de hablar, rompí a llorar. No cesaba de llorar. No me lo explicaba. Ni siquiera podía remediarlo. Pasé tres meses en cama. Por fin mis padres me preguntaron qué quería hacer para animarme. La respuesta fue inmediata. Quería montar a caballo. Quería pasar los fines de semana en las afueras de Londres, en la granja de mi tía abuela, a la que visitábamos con frecuencia, y aprender a montar a caballo. No era la primera vez que lo pedía. Desde los tres años, había pasado mucho tiempo en aquella granja, hablando con los dos viejos cazadores jubilados, cuya avanzada edad y la artritis les impedía trabajar. Al igual que Rowan, yo tenía afinidad con los caballos.

—Ese niño acabará aprendiendo a montar a caballo, os guste o no —había dicho mi tía abuela.

Mis padres, urbanitas hasta la médula, se habían resistido a la idea denodadamente. «De acuerdo —dijeron—; puedes montar a caballo.» Y me inscribieron en las clases de la escuela local de equitación, cerca de casa de mi tía abuela.

Hay un viejo refrán inglés que dice: «No hay nada tan beneficioso para el interior de un hombre como el exterior de un caballo». En mi caso, el refrán demostró ser cierto, me sacaron de la cama, me curaron la depresión, consiguieron que regresara a la escuela y sanaron mi maltrecho amor propio. Fui un alumno muy aventajado. Al cabo de un año estaba preparado para tener mi propio caballo. Mis padres, que no eran ricos, querían que me lo comprara yo mismo, de modo que durante dos años, desde los doce hasta los catorce, trabajé en un puesto de un mercadillo en Londres; al principio vendía cualquier baratija que localizara en los desvanes de mis vecinos, pero pronto pasé a las antigüedades, la ropa *vintage* y los objetos para coleccionistas. Con todo, sólo conseguí dinero suficiente para comprarme un caballo barato. Yo quería un caballo lo suficientemente atlético para cazar y participar en concursos hípicos, pero con el poco dinero de que disponía sólo podía adquirir un caballo que hubiera fracasado como caballo de carreras y que, por lo tanto, se vendiera a precio de saldo. Y esos animales, como toda persona entendida en caballos sabe, tienen un grave defecto: están completamente locos.

Me pasé la adolescencia viviendo en Londres de lunes a viernes para asistir a la escuela y pasando los fines de semana en la vieja y destartalada granja, que no tenía calefacción, donde mi vieja y gruñona tía y yo procurábamos evitarnos lo máximo posible, mientras yo seguía a los cazadores locales en invierno y participaba en concursos hípicos en verano. Una joven que alquilaba la casita de la granja de mi tía, y tenía más experiencia con los equinos que yo, me enseñó a montar y a controlar mi lunático caballo. Gracias a ello aprendí a ser un buen jinete. A los veinte años, era capaz de montar y adiestrar a cualquier caballo, y empecé a adiestrar a los de otras personas a cambio de dinero. Los caballos habían sido mi salvación, mi pasión, mi sueño... mi vida.

Nos despertamos con un zumbido en los oídos. El avión descendía y Rowan, que ya se había despertado, se puso a dar patadas. Por fortuna, frente a nosotros había una mampara, por lo que no molestó a nadie. Eran patadas de excitación. Yo miré por la ventanilla, imitando a Rowan.

Volábamos bajo, pues el avión había iniciado el descenso. Vimos unas montañas que se alzaban debajo de nosotros. Una cordillera tras otra, las cumbres cubiertas de bosques de pinos y álamos temblones, intercaladas con verdes praderas altas, algunas tachonadas con lagos que relucían bajo el sol matutino. Entre las cordilleras se extendían ininterrumpidamente estepas inmensas, prados sin vallar que se prolongaban hasta las estribaciones como aguas verdes bañando un litoral montañoso.

El avión se inclinó y, entre murmullos de excitación de nuestros compañeros pasajeros, en su mayoría alemanes, sobrevolamos unas colinas rocosas despojadas de árboles y, por primera vez, vimos viviendas. No eran casas sino *gers*, unas tiendas de campaña circulares de pelo de camello amuebladas, según había leído, con carriolas, armarios pintados de vivos colores, una estufa de leña en el centro y una puerta que preferiblemente debía estar orientada hacia el sur. Desde lo alto parecían manchitas blancas, pero esas *gers*, según había averiguado a través de mi búsqueda en Internet y en las guías Lonely Planet y Bradt de Mongolia, podían resistir las tormentas más brutales, sus paredes podían ser enrolladas unos palmos sobre el suelo para proporcionar ventilación en los días calurosos y se tardaba menos de una hora en desmontarlas y cargarlas en un carro; eso resultaba muy práctico, puesto que la mayoría de los tres millones de habitantes de Mongolia seguían siendo nómadas. Cuando el avión siguió descendiendo vimos el ganado paciendo en manadas que se movían libremente alrededor de las *gers*.

—¡Cabras! —exclamó Rowan entusiasmado—. ¡Daisy y Howard! Jugar con cabritas.

A nuestros pies vimos dos jinetes paseando a medio galope, uno montado en un caballo castaño oscuro, el otro en uno gris. Luego sobrevolamos otra cordillera baja, sus árboles desnudos y ennegrecidos debido a un incendio reciente, y de pronto, al otro lado, contemplamos un panorama tan extraordinario en este paraje desierto y rebosante de libertad, que durante unos momentos no di crédito a mis ojos. Era una ciudad. Una gigantesca y horrenda cicatriz que vomitaba humo por las chimeneas de una central eléctrica, cubierta por una bruma de contaminación de color pardo a través de la cual se veían pequeños rascacielos. La ciudad se extendía serpenteando a través de un amplio valle entre elevadas montañas, como una serpiente perezosa y enferma; era repelente y fascinante al mismo tiempo. ¿Qué hacía una ciudad así —industrial, contaminada, gigantesca— en aquel lugar?

Las azafatas y los sobrecargos —las mujeres, con las cabelleras tan llenas de laca e inmóviles que parecían cascos rubios y castaños, los hombres, con aspecto entre militar y afeminado— aparecieron para asegurarse de que teníamos los respaldos de los asientos en posición vertical, las bandejas cerradas y los cinturones de seguridad abrochados. El avión se inclinó para descender los últimos metros. Yo me volví hacia Kristin. (Rowan seguía con la nariz pegada a la ventanilla, contemplando la inmensa ciudad y las agrestes montañas que se alzaban más allá de ella.) Kristin sonrió y dijo:

—Ya no hay vuelta atrás.

Nos hallábamos en Mongolia, desembarcando del avión con nuestro hijo autista de cinco años. Cuando atravesamos la terminal, Rowan se montó sobre mis hombros —mejor dicho, sobre mi hombro derecho—, como solía hacer. El aire era húmedo y sofocante, impregnado de un leve olor a humo de leña. Yo rogué en silencio.

Pasamos los trámites de inmigración. Rowan iba sentado medio dormido en mi hombro. Por fin aparecieron nuestras maletas. Coloqué a Rowan en un carrito, encima de las maletas, y lo empujé hacia la terminal de llegada, bajo la mirada de reproche de los funcionarios uniformados que estaban en la zona de recepción. Allí, distinguiéndose de la demás gente por su estatura, nos esperaban Justin y Jeremy, dos amigos a los que habíamos convencido para que nos acompañaran en el viaje y se ocuparan del sonido y de una segunda cámara por si Michel se ponía enfermo. A instancias nuestras, habían llegado con un par de días de antelación para conocer a Tulga, el guía, y comprobar que todo estuviera en orden a nuestra llegada.

Justin —un amigo de Michel de un metro ochenta de estatura, bien parecido, a menudo taciturno, y a veces tremendamente divertido— ya tenía la jirafa del sonido preparada. Jeremy, más alto que Justin, delgado, moreno, y con una permanente sonrisa de despistado pintada en la cara, era ya un viejo amigo. Rowan sonrió al ver un rostro conocido en aquel lugar extraño.

—Es el tío Jeremy —dijo agitando su *Simba* de peluche para saludarlo—. ¿Y ése quién es?

El hombre al que señalaba Rowan estaba entre Justin y Jeremy. Era mongol, aproximadamente de nuestra edad, e iba vestido con una camisa blanca y un pantalón caqui; llevaba un sombrero de pastor australiano colgado a la espalda, sujeto en el cuello con una cuerda, y un móvil en la mano. Avanzó hacia nosotros con la mano extendida.

—Hola —dijo—. Soy Tulga. Bienvenidos a nuestra Mongolia.

Tras haberle echado un vistazo me tranquilicé un poco. Tenía ese aire de discreta competencia que, tras muchos años de escribir guías turísticas, uno aprende a reconocer instintivamente. Comprendí que estábamos en buenas manos.

—Dile hola a Tulga —dijo Kristin.

—Dile hola a Tulga —contestó Rowan.

Tulga soltó una risa campechana.

—Seguidme hasta la furgoneta. El hotel está a treinta minutos en coche.

Michel se montó con nosotros sin dejar de filmarlo todo con su cámara; los demás se instalaron en el asiento posterior. Era una mañana gris. Las montañas se erguían a ambos lados de un largo y estrecho valle por el que discurría la carretera, flanqueada por prados cubiertos de maleza y desperdicios en los que pacían rebaños de vacas y ovejas sin pastor. Frente a nosotros se alzaba la ciudad, imponente. Sus chimeneas y rascacielos formaban un sólido muro urbano entre las cordilleras. Aquí, en la estepa que se extendía entre el aeropuerto y la ciudad, grandes vallas publicitarias anunciaban una loción hidratante femenina, whisky escocés, pañales Pampers y vodka. No tenía nada que ver con la imagen de Mongolia que yo me había formado. Ni con la realidad rural que había divisado desde el avión al descender. ¿Dónde estaban los orgullosos jinetes? ¿Y los nómadas?

—Ahí está la central eléctrica más grande de UB —dijo Tulga con evidente satisfacción, señalando una espantosa chimenea—. Nosotros llamamos UB a Ulan Bator. Es más sencillo.

—¿British Airways? —preguntó Rowan con tono quejumbroso. Yo conocía ese tono. Solía presagiar un berrinche en toda regla. Rowan quería el avión de juguete de British Airways que le habíamos comprado en el aeropuerto de Heathrow. Estaba en el otro vehículo, junto con el equipaje.

—¿Crees que debemos detenernos y dárselo? —me preguntó Kristin con expresión preocupada.

—No —respondí sabiendo que podía meter la pata—. Es decir, a menos que las cosas empeoren.

Y no tardaron en empeorar. Quizá fuera debido al cansancio

del viaje o tal vez a la sensación de encontrarse en un lugar extraño, radicalmente distinto, pero era evidente que su necesidad de que le diéramos el avión de juguete obedecía a un ataque de ansiedad.

—Deja que te dé un abrazo y un achuchón —le dije abrazándolo con fuerza.

A Rowan, como a muchas personas autistas —y como a mí—, le gusta que lo abracen con fuerza. Me asestó una bofetada en la boca, arqueó la espalda y gritó:

—¡Aviones! ¡Aviones! —Luego respiró hondo y comprendí que iba a suceder—. ¡Jirafaaa! —chilló Rowan a voz en cuello, emitiendo ese chillido que se te clava en el interior del cráneo.

—Para el coche —dijo Kristin—. Dale su maldito avión de juguete.

Tan pronto como se lo dimos, Rowan dejó de berrear. Un tanto para las aptitudes psicológicas de su padre.

—Volaremos a Londres, al zoo de Londres y luego al de Whipsnade, para ver a *Lee Lee*, el elefantito, y a *Asha*, el pequeño rinoceronte...

Tulga miró a Rowan de refilón con aire preocupado; sin duda estaba empezando a darse cuenta de lo que podía significar hacer un viaje de cuatro semanas a los remotos confines de ese país con un niño autista, emocional y físicamente incontinente. Me compadecí de él, mientras la extraña y surrealista ciudad desfilaba ante las ventanillas de la furgoneta.

Las calles de Ulan Bator eran un discontinuo de destartalados edificios de apartamentos de hormigón, aceras resquebrajadas repletas de gente que caminaba deprisa luciendo prendas occidentales baratas. De vez en cuando, se distinguía a algún campesino ataviado con la *deel* (la túnica tradicional), que sin duda estaba de visita a la ciudad. En las fachadas de las tiendas había letreros de plástico escritos en cirílico, junto con alguno escrito en inglés: *Bar karaoke, sala de juegos*. Vimos a un grupo de jóvenes ultramodernos con el pelo largo y aspecto de sabérselas todas, luciendo camisetas de *heavy metal*, en la esquina de la calle; barandillas de hierro torcidas y botellas rotas en parques cubiertos de maleza; no había árboles en las anchas calles atestadas de vehículos. En su mayoría, las personas tenían un aspecto deprimido, serio, pero parecían físicamente robustas. No vimos ningún turista durante nuestro trayecto a través de esa ciudad de aspecto postsoviético. No en valde los soviéticos la habían construido en plena estepa cuando en el siglo XX habían gobernado allí. Ulan Bator constituía un carbunco en la faz del ecosistema más puro, más intacto que quedaba en la Tierra. Di gracias a Dios de que sólo íbamos a pasar un par de días aquí.

Con todo, el lugar no estaba exento de cierto encanto dilapidado, y era evidente que a Tulga, que había confesado ser «un chico de ciudad», le entusiasmaba. Nos mostró la imponente plaza principal, frente al Palacio del Pueblo, con su plaza de armas de mármol y sus pesadas esculturas de la época de Stalin de feroces guerreros mongoles montados a caballo. Luego pasamos frente al Museo de Historia Natural, del cual tomé buena nota. Había leído algo sobre el museo en la guía Lonely Planet y sabía que contenía los suficientes animales disecados para mantener a Rowan fascinado durante unas horas. Pero eran las siete de la mañana y nos esperaba una larga jornada. No obstante, las calles estaban bastante desiertas, y Kristin hizo un comentario al respecto.

—Todo el mundo ha ido al festival de Naadam —nos explicó Tulga—. Vosotros probablemente sois los únicos turistas en UB, quizá en toda Mongolia, que no habéis ido a Naadam.

Ah, claro, Naadam. También había leído algo sobre ese festival en la guía. Se trataba de un festival cultural de lucha libre, carreras de caballos, tiro con arco y música, que se celebraba todos los años en verano. Acudía a la ciudad gente de todo el mundo para asistir a esta gran celebración de las artes nómadas: los combates de lucha libre en el inmenso estadio situado en el borde de la ciudad, o las carreras de caballos —unas carreras increíbles de hasta treinta kilómetros, en las que los jinetes eran niños de ocho años— que tenían lugar en la estepa. Estaban retransmitiendo una de esas carreras en la televisión que había instalada en el vestíbulo del hotel ultramoderno en el que Tulga nos había reservado habitación. Cuando entramos en el interior, que estaba decorado con mármol y alfombras mullidas, las carreras de caballos dieron paso a un combate de lucha libre: hombres que parecían pequeñas montañas luciendo ridículos taparrabos, botas hasta las rodillas, extraños brazaletes, y un gorro puntiagudo de fieltro en la cabeza. Ofrecían un aspecto casi afeminado, aunque la fuerza con que luchaban y se lanzaban mutuamente al suelo no tenía nada de afeminada.

Le enseñé mi pasaporte a la mujer de recepción. Era alta e iba vestida con un traje chaqueta. Mientras esperaba, contemplé —como todos nosotros— el extraño entorno en el que nos hallábamos.

Las imágenes del monitor de televisión dieron paso a un grupo de esbeltas damas mongolas, vestidas con trajes de baño y gorros de goma, que realizaban ejercicios de mantenimiento junto a una piscina.

—¿Eso también forma parte del festival de Naadam? —preguntó Justin con tono socarrón.

Tulga se volvió y, al ver la pantalla, sonrió.

—No, no. Pero en Mongolia somos muy aficionados al ejercicio físico.

—Vamos a casa —dijo Rowan.

—Vamos a ver nuestra habitación —respondí. Lo cogí en brazos, junto con el avión que sostenía, y me lo puse a hombros.

—Quiero ir a casa —berreó Rowan mientras subíamos la escalera.

De pronto, cuando llegamos al rellano donde se encontraba nuestra habitación y lo deposité en el suelo, gritó entusiasmado:

—¡Aeropuerto! ¡Mira, es como un aeropuerto!

Rowan se puso inmediatamente a jugar sobre la moqueta gris de rayas del rellano, que guardaba cierta semejanza con la pista de hormigón que debía de imaginarse mientras deslizaba su avión sobre el suelo. Miraba por el rabillo del ojo, como solía hacer, y gritaba: «¡Vamos a despegar, ¡vamos a aterrizar!», mientras el equipo guardaba las cámaras y los aparatos de sonido en una habitación. Tulga ordenó a los conductores que subieran nuestro equipaje mientras Kristin y yo observábamos a Rowan, todavía un tanto aturdidos y temerosos de lo que nos aguardaba. ¿Qué pretendíamos hacer?

—¿Quieren hacer el favor de bajar la voz? —Un alemán, sólo cubierto con una toalla, apareció de pronto en el descansillo—. Son las siete, y quisiera dormir un rato más.

—¡Aeropuerto! ¡Aeropuerto! ¡Jirafaaa! —gritó Rowan mientras lo llevábamos a nuestra habitación, donde la moqueta era roja—. ¡Patatas fritaaas! ¡Tenemos que volver a casa!

—¿Está bien el niño? —inquirió Tulga asomando nervioso la cabeza.

—Espero que sí —contesté mirando la cama con verdaderas ganas—. Espero que sí.

No sé cómo había imaginado que sería nuestra llegada a Mongolia. Supongo que imaginé que pasaríamos directamente del avión a la estepa, y que junto a la zona de recogida de equipajes nos esperarían caballos enjaezados, nómadas risueños aclamándonos, chamanes bailando y tocando el tambor, águilas describiendo círculos en el cielo, caballos, ovejas, cabras y, al fondo, yaks interpretando una especie de número de Broadway, acompañados por lobos y osos de las montañas tocando el saxo y el trombón. Algo así.

Desde luego no supuse que me encontraría en un hotel de segunda categoría (aunque era evidente que era de lo mejorcito de la ciudad, con su mullida moqueta roja sintética), ni que tratando de conseguir un plato de patatas fritas (que era lo que a mi juicio Rowan se comería con más facilidad, aunque a menudo Rowan hacía una huelga de hambre durante los primeros días en un lugar extraño) mientras la puerta de la habitación, que no cerraba bien, se abría por enésima vez y mi hijo salía disparado hacia el pasillo, y se ponía a corretear arriba y abajo chillando a pleno pulmón.

Hicimos una extraña tentativa: tratamos de desayunar en grupo en el comedor. Rowan comenzó a revolcarse por el suelo, fingiendo que la alfombra era una pista del aeropuerto, sin dejar pasar a los huéspedes que se habían levantado más tarde que nosotros. Mordisqueó todas las galletas, agarró los huevos y los echó a rodar por el suelo («¡lo siento, lo siento!»), toqueteó todas las frutas de la bandeja y montó un picnic con ellas en el suelo, para consternación de varios de los turistas occidentales que estaban allí desayunando y el desconcierto de los empleados. Por suerte, Tulga no tardó en llegar y les explicó la situación. Entonces todos se mostraron muy comprensivos, pero estaba claro que teníamos que sacar a Rowan de allí y ponernos en marcha.

Teníamos una larga jornada por delante. Al día siguiente se celebraría la primera ceremonia en la montaña sagrada, durante la que nueve chamanes se pondrían a trabajar con el niño. Y al otro día emprenderíamos viaje hacia el interior. Pero entretanto, teníamos que hacer algo que entretuviera a ese diablillo. Su hiperactividad amenazaba con estallar.

—¿Os apetece que vayamos al Museo de Historia Natural? —pregunté.

Llegamos en el momento en que abrían las puertas. Cuando entré en el gran vestíbulo de mármol con Rowan sobre mis hombros, me preguntó con tono quejumbroso:

—¿Volamos de regreso a Londres?

Y se puso a lloriquear. Sentí que se me encogía el corazón, supongo que lo mismo que a Kristin. Tulga compró las entradas, mientras Michel, que quería filmar todas las reacciones de Rowan, incluso durante una simple visita a un museo, no cesaba de pasearse a nuestro alrededor con su cámara digital de alta definición. Justin permanecía en silencio junto a Michel, sosteniendo la jirafa de sonido, con los cascos puestos y una consola de mezclas colgada del cuello. Nos siguieron escaleras arriba por la amplia escalinata de mármol (el edificio estaba construido en un estilo neoclásico). Rowan seguía berreando porque quería ir al aeropuerto. De pronto vio los primeros animales disecados: un grupo compuesto por una familia de íbices, cuyos machos de poderosa cornamenta saltaban sobre la roca de una montaña mientras las hembras, cuyos cuernos eran menos espectaculares, los contemplaban junto a las crías. Rowan se bajó apresuradamente de mis hombros mientras gritaba, excitado: «¡Íbice!». Estábamos salvados.

Echó a correr por el museo, deteniéndose ante todos los ejemplares de la fauna mongola que había allí expuestos: alces, unos apolillados lobos, ciervos, renos, zorros, multitud de especies de aves de aspecto deslucido (incluso unos pingüinos, que no habitan en Mongolia) a las que les faltaban parte de las plumas, camellos salvajes, caballos salvajes, gacelas, gigantescos osos pardos, glotones de mirada torva, zorros rojos con el pelaje desteñido, jabalíes de siniestros colmillos, linces de orejas peludas e incluso modelos a escala de hombres neandertales con el pecho cubierto de vello. Rowan se detuvo ante cada vitrina, mientras el resto de nosotros lo seguíamos.

—¿Qué es eso? —preguntaba Rowan alegremente.

—Un alce —respondía yo, si era un alce.

—¿Qué es eso? —repetía Rowan, y yo confirmaba que era un alce, o un íbice (de nuevo), o un lobo (de nuevo), o un reno (de nuevo). Acto seguido Rowan preguntaba por tercera vez—: ¿Qué es eso? —Y yo confirmaba por tercera vez la especie de que se trataba, tras lo cual Rowan echaba de nuevo a correr.

Durante tres horas Rowan corrió de vitrina en vitrina, de espécimen en espécimen. Sus pequeños zuecos resonaban sobre la moqueta y el parquet, seguidos por las recias pisadas de los técnicos de rodaje, calzados con gruesas botas, para regocijo de los empleados del museo y de los visitantes que ese día habían renunciado a asistir al festival de Naadam para visitar el museo. Rowan corría obsesiva e incesantemente de una sala a otra, manifestando un absurdo entusiasmo ante los animales disecados y haciendo caso omiso de la excelente colección de huesos de dinosaurios: nos agotó a todos. A la hora de comer, Rowan había visitado la sala de los íbices nada menos que veintiséis veces; y aún no había terminado. Pero el niño no mostraba el menor signo de cansancio. De modo que Kristin y los chicos se fueron a almorzar y Rowan y yo pasamos otra hora recorriendo el museo. Por fin me lo llevé de allí berreando. Cuando Tulga propuso que lo lleváramos al gran parque de atracciones de Ulan Bator asentí vigorosamente con la cabeza.

—Sí —grité para hacerme oír a través de los berridos de Rowan, que estaba desolado por dejar atrás todos los animales disecados.

—¡Jirafa! —chillaba a voz en cuello mientras se revolvía sobre mis hombros, golpeándome con fuerza en las costillas.

—Más vale que no nos detengamos —dije.

De modo que Tulga, un tanto consternado ante lo que le esperaba durante las cuatro próximas semanas, llamó por el móvil a su ayudante (su sobrino, Bodo, que había ido a comer a un restaurante de comida rápida cercano) y le dijo que se reuniera con nosotros en el Parque Nairamdal, que quedaba a pocos minutos en coche.

—A Rowan le gustará —dijo Tulga apartándose el mechón que le caía sobre los ojos, que expresaban una evidente preocupación—. Está lleno de niños. Hay muchas atracciones. Ya lo verás.

Como era de prever, Rowan no dejó de berrear durante todo el trayecto. Luego, cuando lo saqué de la furgoneta y vio el espacio lleno de árboles que se extendía ante él y la multitud de gente que se movía por el parque, salió de nuevo disparado. Desde que los médicos habían diagnosticado que Rowan era autista, yo había engordado diez kilos, principalmente alrededor de la barriga: estaba claro que no tardaría en perderlos.

Si las personas en el aeropuerto, el hotel y el museo se habían mostrado perplejas al ver correteando de un lado para otro a un niño seguido por fotógrafos semejantes a *paparazzi*, los clientes del extraño y desvencijado parque de atracciones —en su mayoría familias que habían ido a pasar allí la tarde, aparte de algunos jóvenes lugareños vestidos como raperos o con camisetas *heavy metal*— lo observaron boquiabiertos. ¿Quién podía reprochárselo?

Pero nadie señaló a Rowan descaradamente, ni nos miraron con hostilidad, como había ocurrido en otros países asiáticos. Esa gente tenía un aire de discreción y dignidad. Casi todos los hombres eran altos y atléticos, y las mujeres eran hermosas y tenían un aspecto sano. Era lógico que les inspirásemos curiosidad. Un chaval de cinco años correteando entre la multitud seguido por un equipo de rodaje habría llamado la atención en cualquier lugar. Pero después de los momentos iniciales de curiosidad, todo el mundo toleró los empujones, los gritos y las entusiásticas carreras de Rowan: no había duda de que el talante de la gente era aquí muy distinto que en Estados Unidos y en Inglaterra, donde las miradas de reproche eran una constante. Aquí, parecía como si la gente no sólo nos tolerara —en especial a Rowan—, sino que se adaptara a nosotros, pese al espectáculo que ofrecíamos mientras seguíamos a Rowan como fotógrafos persiguiendo una versión en miniatura de una estrella de la gran pantalla. Cuando se aburrió y regresó junto a la furgoneta, deteniéndose para examinar todos los juguetes de plástico baratos que los vendedores ambulantes exponían en la acera que se extendía desde el parque de atracciones hasta el aparcamiento, estábamos rendidos. No llevábamos ni doce horas en el país y Rowan había conseguido agotarnos a todos.

—Caramba —dijo Tulga, moviendo la cabeza con un gesto cargado de significado cuando nos montamos en la furgoneta y regresamos al hotel—. Qué energía tiene ese niño.

—Ni te lo imaginas —respondió Kristin.

Pero no hay mal que por bien no venga. A las ocho de la noche, pese al ruido ensordecedor de una discoteca situada en los bajos que había junto al hotel, todos dormíamos a pierna suelta. Al día siguiente iríamos a ver a los chamanes.

6

Señores de las montañas,
Señores de los ríos

El día amaneció templado y húmedo. Rowan se incorporó en la cama en cuanto el primer rayo de luz penetró a través de la delgada cortina roja de la habitación del hotel. Kristin emitió un gemido de protesta. Yo me volví, tratando de conciliar de nuevo el sueño, pero, de pronto, recordé que la puerta de la habitación no cerraba bien y, en calzoncillos, salí corriendo al pasillo para recuperar a mi hijo, que se había escapado y bajaba la escalera a toda velocidad hacia el vestíbulo y la calle. Lo tomé en brazos, sonreí un poco avergonzado a la chica que estaba en recepción esa mañana y me llevé a Rowan arriba mientras berreaba: «¡Despacho, despacho!», supongo que refiriéndose a la zona de recepción. Me pregunté si sería posible conseguir café. Entonces recordé qué día era: era el primer día de la sanación que veníamos buscando y por la que habíamos atravesado medio mundo. Es decir, la sanación que confiábamos hallar. Hoy íbamos a reunirnos con nueve chamanes al pie de la montaña sagrada conocida como Bogd Khan, en las afueras de la capital.

—¿Quieres ir a ver a unos chamanes? —le pregunté a Rowan ingenuamente cuando regresamos a la habitación, mientras le quitaba el pijama y lo vestía o, mejor dicho, mientras trataba de que el niño se vistiera—. ¿Sí, por favor, o no, gracias?

—Ir a ver a los chamanes, por favor.

Bien, ésa parecía una buena señal para empezar.

—Iré a buscar café —dijo Kristin, que ya se había puesto unos vaqueros y una camisa—. Algo me dice que vamos a necesitarlo.

—Y bien —dijo Michel entrando con la cámara en el momento en que Kristin salía—, ¿cuál es la hoja de ruta para hoy?

Una de las muchas cosas surrealistas de Ulan Bator (y les aseguro que hay suficientes para mantener contento durante décadas a un cineasta expresionista alemán) es que, en cuanto sales en coche de la ciudad, y pese al tamaño del lugar, te encuentras con un cambio abrupto: a un lado los edificios a ambos lados y al otro, la estepa. Circulamos por el atestado y sucio centro de la ciudad, con su desvencijada arquitectura de la época soviética, sus ordenadores de la era de Internet, su comida rápida, sus cafeterías y alguna que otra estatua monolítica de Lenin, Gengis Khan y de lo que parecían ser soldados desconocidos del Ejército Rojo. Luego atravesamos una extraña mezcla de zonas industriales repletas de viejas piezas de maquinaria, ganado y unas cuantas *gers* rodeadas por coches desguazados, rollos de cables de acero y montones de pieles de animales, hasta que, al cabo de una media hora de haber partido del hotel, se acabó la ciudad. Como las antiguas ciudades medievales de Europa: sin suburbios, sin periferia; el ambiente urbano se unía simplemente a otro rural. Los residuos de la ciudad —una pila vanguardista de bolsas de plástico, envoltorios de papel, viejas baterías de coches, botellas de vodka rotas— se esforzaba denodadamente en colonizar la pradera. Pero la basura también fue desapareciendo poco a poco y sus fragmentos comestibles fueron devorados por las ovejas y las cabras.

De pronto apareció el Tuul, el río sagrado —sus aguas, poco profundas e impetuosas, estaban llenas de bancos rocosos e islas cubiertas de álamos negros y abedules—, y luego una delgada línea verde de alerces y pinos en las orillas, una estrecha franja de prados entre el río y la imponente y escarpada vertiente de la montaña. Los alerces y los pinos extendían sus ramas sobre cantos rodados cubiertos de musgo y *ovoos*, grandes montones de piedras donde se realizaban ofrendas a las deidades locales. Inmediatamente detrás de esa angosta franja de bosque se alzaban las laderas casi cortadas a pico de Bogd Khan, la montaña más sagrada de Mongolia.

Pasamos frente al palacio presidencial, ubicado detrás de una imponente verja de hierro forjado, cuyos barrotes habían retorcido muchas personas para pasar a través de ella. Estaba claro que si a uno le apetecía, podía encender una hoguera en el parque presidencial. De pronto, llegamos a un control de carretera.

—Es porque el presidente de Japón ha venido para asistir al festival de Naadam —nos explicó Tulga encogiéndose de hombros cuando nos detuvimos. Se apeó del vehículo para charlar con los hoscos policías—. Tardaré unos veinte minutos.

—Rowan odia pararse —dije.

—¡Vamooos! ¡VAMOS! —gritó Rowan para confirmar mis palabras.

Miramos a nuestro alrededor. Sobre la ladera, cerca de la carretera, había una estatua inmensa. Una inmensa estatua dorada de Buda.

—Vamos a verla —dijo Kristin.

Yo no las tenía todas conmigo. Temía que activara la faceta obsesiva de Rowan. Como padre de un niño autista, había desarrollado un olfato para esas cosas.

—Anda, vamos —insistió Kristin—. Tenemos que hacer algo para matar el tiempo. Vamos, Scrubs —le dijo a Rowan, llamándolo por su apodo mientras le tendía la mano—. Vamos a ver a Buda.

—¡Buda! —Los ojos de Rowan se iluminaron al contemplar la inmensa estatua dorada sobre la ladera. De pronto, salió disparado de la furgoneta y echó a correr hacia el monumento, seguido —como de costumbre— por el resto de nosotros. Casi habíamos alcanzado la base del primer pie dorado de Buda cuando Tulga nos llamó.

—Es mejor que nos vayamos —dije—. Supongo que no podemos detenernos mucho tiempo en un control.

Tomé a Rowan en brazos.

—¡Buda!

El cuerpo de Rowan se tensó, se puso rígido, entrelazó las piernas, arqueó la espalda y emitió un grito entrecortado que fue aumentando de volumen hasta convertirse en un chillido ensordecedor.

—¡Jirafaaa! Quiero a Buda. ¡Veremos a Buda mañana! ¡No más Budas nunca más! ¡Patatas fritaaas! ¡Tenemos que ir a casaaa!

Como de costumbre, cuando se activaba el mecanismo neurológico obsesivo después de la frustración, Rowan parecía atrapado en un infierno de chillidos creado por él mismo y a mí se me encogía el corazón. Cuando Rowan era pequeño, al mirarlo, yo tenía la sensación de observar mi corazón moviéndose fuera del cuerpo. Ahora sentía como si un puño me atenazara el corazón, estrujándolo como si un niño agarrara un polluelo con demasiada fuerza y lo estuviera ahogando. Rowan se hacía cada vez más fuerte. Yo tenía que hacer cada vez un mayor esfuerzo para sujetarlo, para impedir que saliera corriendo y se golpeara la cabeza contra la acera y se lesionara. Rowan arqueó la espalda, presa de una convulsión, se golpeó, me golpeó a mí, me mordió los brazos y las manos, y me abofeteó. Yo quería gritarle. Y lo habría hecho de no habernos encontrado en público, con las cámaras filmando. En lugar de eso, con un estoicismo típicamente británico, me volví hacia Kristin y le pregunté por qué había insistido en ir a ver al maldito Buda, mientras mi grandullón y robusto hijo, atrapado en el cuerpo de un chico mayor, no cesaba de berrear y revolverse en mis brazos.

Nos montamos en la furgoneta, en medio de una gran tensión, mientras Rowan seguía berreando porque quería ver el Buda. ¿Gritaba realmente para ver el Buda? Tulga estaba convencido de ello.

—Parece que al chico le gusta Buda —comentó.

El resto del trayecto lo hicimos en silencio. Excepto Rowan. Observé que el conductor torcía el gesto mientras trataba de concentrarse en la serpenteante carretera, que seguía los caprichosos meandros del Tuul.

—¡Mira! —dije señalando a través de la ventanilla, confiando en distraer a mi enrabietado hijo—. ¿Ves el agua? ¿Quieres jugar y hacer plaf plaf en el agua?

Rowan tenía cinco años y medio, y yo seguía hablándole como si fuera un bebé, lo que a veces, como en esos momentos, me deprimía.

—Jugar con el agua —respondió Rowan con tono quejumbroso. Miré a Kristin. Era raro que yo consiguiera distraerlo de esa forma.

La furgoneta se detuvo; Tulga abrió la puerta. Habíamos llegado a nuestro destino.

—¡Río! —gritó Rowan agarrando su bolsa de animales. Saltó del vehículo y echó a correr en dirección opuesta al grupo de personas que había junto a un bosquecillo de árboles de hoja perenne con las ramas cubiertas de chales de seda azules. Kristin echó a correr tras él.

—¿Lo saben? —le pregunté a Tulga preocupado—. ¿Les has dicho a los chamanes o a quienquiera que los represente que Rowan es autista? ¿Que no puede estarse quieto, que durante la ceremonia no dejará de corretear por todos lados?

—Sí, todo está arreglado —respondió Tulga, aunque no parecía muy convencido—. Les pedí permiso. Lo importante es que traigáis aquí a Rowan cuando los chamanes digan que los espíritus los llaman. Vamos...

Me volví y vi que Rowan había sacado sus animales de juguete y los estaba bañando en las aguas poco profundas del río. Kristin y Jeremy lo vigilaban, de modo que seguí a Tulga hasta donde se encontraban los nueve chamanes y sus ayudantes —calculo que había unas veinte personas—. Estaban sentados sobre la hierba, junto a los árboles de cuyas ramas colgaban las ofrendas, hablando entre sí. Algunos lucían ropas occidentales, otros llevaban *deels* (la larga túnica tradicional mongola, sujeta en la cintura con una faja ancha) y gorros puntiagudos de piel o de fieltro, pese al calor y la humedad. Yo sudaba mientras caminaba. Tulga y yo portábamos botellas de vodka como ofrendas, aunque no estaba claro si era para que los chamanes lo utilizaran en el ritual o para que se lo bebieran después. Yo también llevaba dinero, unos ciento veinticinco dólares para cada uno de los nueve chamanes que Tulga me había dicho que habría allí ese día. Había sacado los flamantes billetes —un grueso fajo— del cajero automático del hotel. Tenían un tacto fresco en mi mano sudorosa. Tulga me condujo hacia las personas que estaban allí sentadas y las saludó inclinando la cabeza mientras decía: «*Oglooni mend*» (buenos días). Le devolvieron el saludo, algunos alzando una mano en la que sostenían un cigarrillo encendido. Vi que habían instalado unos altares provisionales, con pequeños fuegos de estiércol seco de vaca a cada lado, en los que ardía incienso. Seguimos avanzando hasta que llegamos junto a un hombre que se había sentado apartado del resto del grupo y que se levantó para saludarnos. Tulga hizo una pequeña reverencia; yo hice lo propio.

—Éste el señor Sukhbat, el presidente de la Asociación de Chamanes de Mongolia —dijo Tulga, que luego me presentó brevemente en mongol.

¿De modo que existía una asociación de chamanes? El hombre me estrechó la mano con fuerza. Olía a vodka. ¿Había caído yo en un nido de charlatanes? El hombre se puso a hablar mientras Tulga traducía sus palabras cada pocos segundos.

—Dice que él y los chamanes se sienten muy honrados de que hayáis venido, de que hayáis traído a vuestro hijo aquí. Dice que se sienten conmovidos de que hayáis depositado vuestra confianza, no, ésa no es la palabra adecuada... De que concedáis tanto valor a su religión, que incluso su gente rechazó durante un tiempo. Dice que debido a que estaban... sometidas bajo el comunismo, muchas personas olvidaron el chamanismo, aunque es la religión original de los mongoles. Si descubrían a alguien con un tambor u otra... herramienta, lo encerraban en la cárcel. Sólo unos pocos chamanes sobrevivieron en lugares remotos. Ahora enseñan a otros y el chamanismo está empezando a imponerse de nuevo lentamente. Vosotros contribuís a ello.

Genial, pensé, van a utilizarnos de cobayas.

—Dile —respondí sonriendo— que nos sentimos muy honrados

de que haya logrado que acudan tantos chamanes para ayudar a mi hijo.

El hombre hizo otra reverencia y respondió algo. Tulga tradujo sus palabras.

—Dice que ésta es la mayor concentración de chamanes en Mongolia desde el comunismo. Cuando le hablé de vosotros y vuestro hijo Rowan y le dije que ibais a venir, el señor Sukhbat se lo comunicó a todos sus contactos en Mongolia. Todos coinciden en que se trata de una sanación muy grande, muy complicada, quizá muy difícil para ellos. De modo que decidieron acudir tantos como fuera posible. Algunos de los que hoy estarán presentes proceden de lugares situados a doscientos, trescientos e incluso quinientos kilómetros: del macizo de Altai en el lejano oeste, y también de las montañas, cerca del lugar natal de Gengis Khan, en el nordeste, incluso de la taiga, y algunos de la selva siberiana. Todos proceden de distintas tribus y han acudido para tratar de ayudar a Rowan.

Me sentí culpable por mi escepticismo. Pero había conocido a suficientes chamanes y sanadores (y doctores y terapeutas) para saber que una pequeña dosis de escepticismo nunca viene mal. Uno reacciona como reacciona. Lo importante es que estábamos allí.

—Por favor —dijo Tulga cuando el hombre me estrechó la mano de nuevo—. Dice que están preparados para comenzar. Yo traduciré lo que digan. He traído un bloc. Cuando termine cada chamán te explicaré lo que ha dicho.

—Te lo agradezco. Da, de nuevo, las gracias de mi parte al presidente.

Regresamos al lugar donde estaban todos sentados, junto a los altares y las ofrendas de incienso. Había también unos voluminosos tambores en la hierba. Rowan estaba aún junto al río, feliz con Kristin y Jeremy y su juego de *El rey león*.

Cuando llegamos al lugar donde aguardaba el primer chamán, Tulga dijo:

—Ésta es una mujer chamán buriata, procedente del extremo norte, en la taiga, cerca de donde vive la gente de los renos.

Resultaba muy apropiado, pensé, pues había sido con un chamán buriato siberiano con quien yo había hablado por correo electrónico cuando se me había ocurrido la idea de Mongolia, hacía ya tres años. ¿Encontraríamos a los huidizos chamanes del bosque pertenecientes a la gente de los renos? ¿Llegaríamos hasta allí? Traté de borrar ese pensamiento de mi mente. Ahora estábamos aquí. La mujer chamán, de unos treinta y tantos o cuarenta años, se estaba enfundando un abrigo de pieles de ciervo, decorado con pequeños objetos de hierro, semejante a adornos navideños de un negro mate, que colgaban de las pieles. Cuando nos acercamos, la mujer se colocó una máscara con dos pequeños cuernos de ciervo —seguramente de maral, el ciervo común—, y unos flecos negros que ocultaban la parte inferior de su rostro. La máscara tenía bordados dos ojos y una nariz, justo encima de los flecos, lo cual le permitía hablar pero le impedía ver el mundo que la rodeaba.

Unas moscas revoloteaban sobre mi cabeza. Oí un gato maullar a lo lejos. Una sombra pasó sobre nosotros y vi una enorme ave rapaz (que Tulga me explicó más tarde que era un águila de las estepas), la cual se posó en las ramas del árbol de hoja perenne más cercano, por encima de las ofrendas que colgaban. El ave nos miró con sus ojos amarillos. Detrás de la chamán había otra mujer, que supuse que era su ayudante; lucía una *deel* de color crema y un pañuelo rojo que le cubría la cabeza, y sostenía el tambor y los palillos. Cuando nos aproximamos, la mujer depositó esos objetos en las manos de la chamán, y, casi de inmediato, después de que la ayudante nos indicara que nos sentáramos en el suelo a los pies de la chamán, la figura ataviada con las pieles y los cuernos, cegada por los flecos negros, empezó a tocar el tambor y a cantar.

—Está invocando a los espíritus —murmuró Tulga.

La ceremonia comenzó.

La mujer chamán se colocó frente a la montaña justo donde se elevaba el árbol sobre el cual estaba posada el águila de las estepas, y empezó a cantar una prolongada oración, melódica y muy hermosa. Alzó el tambor y se puso a tocarlo con rapidez, tras lo cual empezó a girar, sin dejar de cantar ni de tocar el tambor, una y otra vez, agachándose sobre la hierba y alzando los brazos hacia el cielo. Luego se volvió hacia el norte, hacia las tierras siberianas de las que procedía, y repitió el canto, girando y tocando el tambor mientras entonaba la oración. De pronto se sentó en el suelo y le dijo algo a su ayudante en voz alta y cadenciosa. La mujer respondió volviéndose hacia el pequeño altar, flanqueado por los dos fuegos de incienso, situados frente a la montaña; tomó un pequeño cartón de leche y vertió su contenido en un cuenco pequeño de metal. A continuación me lo ofreció.

—Dice que tienes que bebértela —dijo Tulga.

Me lo había temido. Le tengo fobia a la leche y a los huevos. Desde siempre. De pequeño, la leche me producía tales náuseas que me comía los cereales con agua, y sigo haciéndolo. En cuanto a los huevos, si me amenazaran con un huevo en un callejón oscuro no dudaría en entregarles mi cartera. Y ahora estaba en la tierra de los nómadas, donde la leche, la cuajada y la carne son los alimentos tradicionales. Respiré hondo y me bebí el contenido del pequeño cuenco, tratando de reprimir mis náuseas. La ayudante de la chamán lo rellenó de inmediato. El alma se me cayó a los pies, pero recobré la compostura en cuanto Tulga tradujo:

—Tienes que colocarte en dirección a tu tierra natal y rezar a los señores de las montañas de donde provienes, para la sanación, y ofrecerles esta leche.

—¿Los señores de las montañas?

—Sí, debes rezarles... —Tulga se devanó los sesos en busca de una rápida traducción contextual—. Son los espíritus a los que rezamos aquí. Es decir, algunos de ellos... Los señores de las montañas, los señores de los ríos. ¿Puedes hacerlo?

Me volví hacia el oeste. Me había criado principalmente en Londres y en Leicestershire, donde no puede decirse que haya muchas montañas. A menos que uno cuente Parliament Hill en Londres, adonde solía ir de adolescente a fumar porros. En cualquier caso no haría ningún daño rezar al espíritu de ese bonito lugar. Durante los veinte últimos años, desde que mi tía y mi hermana se habían mudado a la región fronteriza entre Inglaterra y el País de Gales, había pasado muchas temporadas en esas elevadas colinas y montañas bajas. Pensé en la cascada que visitaba siempre, a la que había llevado a Rowan hacía una semana. Pensé también en el terreno seco y rocoso de la campiña tejana, cuyas mesetas infestadas de serpientes de cascabel se erguían al oeste de donde vivíamos ahora. Elevé mis oraciones a los señores, a los espíritus que presidían esos lugares, y luego, tal como me habían ordenado, arrojé la leche que contenía el cuenco al aire, hacia el oeste, de donde yo procedía, donde se hallaban aquellas distantes colinas y montañas.

—Muy bien —dijo Tulga cuando terminé, alzando la voz para hacerse oír a través del sonido del tambor y el potente canto entonado por la chamán, que no cesaba de girar y bailar—. La chamán dice que los espíritus han acudido. Ve a buscar a Rowan.

—De acuerdo —respondí estremeciéndome en mi fuero interno. Si Rowan se sentía feliz jugando con sus animales junto al río, no estaría dispuesto a marcharse y someterse a lo que la chamán tuviera en mente. Me dirigí corriendo hacia el río y, tal como había supuesto, hallé a Rowan enfrascado en sus juegos. Kristin y Jeremy estaban junto a él, charlando.

—¡Río! ¡Más río! —dijo Rowan cuando lo tomé en brazos.

—Tenemos que ir a ver a los chamanes —dije.

—¡Primero chamanes, luego más río!

—Sí, sí... Exacto.

Senté a Rowan sobre mis hombros y regresé corriendo y sudando adonde aguardaba la chamán, seguido por Kristin y Jeremy. Me sorprendió que a Rowan no le diera uno de sus berrinches habituales.

—Mira, los chamanes —dijo cuando nos acercamos. Luego, cuando nos sentamos en la hierba, la figura enmascarada y adornada con cuernos que giraba y bailaba se sentó de pronto en el suelo junto a nosotros y extendió los brazos.

—Con los extraños no se siente a gusto —le dije a Tulga cuando éste me indicó que entregara a Rowan a la chamán.

—La chamán necesita tocarlo —respondió Tulga con gesto de impotencia.

De modo que mientras le murmuraba unas palabras sin sentido para distraerlo (*Scrubby, scubby-scub. Eres mi scubby-bub. Vas a bañarte en la bañera de la chamán. Scuba-dub-dub*), entregué Rowan a la chamán, si se pueden describir así los forcejeos con un niño de más de veinte kilos que no deja de patalear, chillar y resistirse violentamente. No obstante, cuando la chamán lo tomó en brazos, para mi gran sorpresa, Rowan se tranquilizó y dejó de berrear. Hasta que la ayudante pasó a su jefa espiritual una botella de vodka, de la que la chamán bebió un largo trago e inopinadamente escupió el líquido sobre la cara y el cuerpo de Rowan. El resultado era previsible.

—¡Jirafaaa! ¡TENEMOS QUE VOLVER A CASA! ¡PATATAS FRITAAAS!

La chamán me devolvió a Rowan.

—¿Puedo dejar que se vaya? —le pregunté a Tulga tratando de controlar el tono de mi voz. Tulga le dijo algo a la ayudante de la chamán, que asintió con la cabeza. Yo solté a Rowan, que echó a correr de nuevo hacia el río.

—Tú tienes que quedarte. El padre y la madre tienen que quedarse —dijo Tulga.

—De acuerdo. ¡Jeremy! —grité.

—¿Qué?

—Sigue a Scubby Boy. Vigílalo de cerca.

—De acuerdo.

—Arrodíllate aquí —dijo Tulga. Observé que la chamán, que seguía entonando la hermosa canción con su voz aflautada, había dejado el tambor y sostenía la pesada asta de un ciervo decorada con campanitas y cintas.

—Túmbate así.

Me tendí hecho un ovillo, no de costado, como un feto, sino con la espalda hacia el cielo.

La chamán me golpeó con el asta de ciervo en la espalda, haciendo sonar las campanitas. No me golpeó con fuerza, ni me hizo daño. Fue un gesto casi tranquilizador, como si un amigo me hubiera dado un golpe afectuoso en la espalda con un objeto largo y pesado.

Luego le tocó a Kristin beberse la leche, decir las oraciones, arrojar la leche en señal de ofrenda hacia el oeste y tumbarse para que la chamán la golpeara con el asta. Luego ambos nos colocamos de forma que la chamán escupiera el vodka sobre nosotros. Fue muy estimulante: al principio, sentí que me abrasaba la piel, y luego, se evaporaba. Me asombró que a Rowan no le hubiera dado un berrinche aún más violento. Había sido peor dejar al Buda. Luego la chamán le ofreció a Kristin un cuenco de vodka y Tulga prestó mucha atención a lo que decía la ayudante de la chamán, que por lo visto le daba instrucciones complicadas. Curiosamente, observé que Tulga se sonrojaba mientras escuchaba a la ayudante, miraba a Kristin de refilón, volvía a sonrojarse y asentía con la cabeza. Luego, casi a regañadientes, Tulga se volvió hacia Kristin y le entregó el pequeño cuenco lleno de vodka.

—Esto... La chamán dice que cuando estabas embarazada, una energía negra penetró en tu útero. Tienes que tomar ese vodka y lavarte las... partes por las que salió Rowan.

Kristin lo miró unos instantes.

—¿Me estás diciendo que debo lavarme la vagina con este cuenco de vodka?

Tulga clavó la vista en la hierba.

—Humm... Sí, la chamán dice que es muy importante.

Pobre Kristin. Echó a andar hacia el río mientras Michel seguía filmando.

—No te preocupes, no grabaré ningún acto demasiado íntimo —dijo sonriendo con picardía.

—Puesto que Rowan nació mediante cesárea —contestó Kristin mientras se alejaba, tratando de no derramar el vodka que contenía el cuenco—, me lavaré también la cicatriz.

—Vale —dije distraídamente, observando a Rowan, que se había olvidado de su berrinche y reía al tiempo que miraba a la mujer chamán, que seguía girando, tocando el tambor y cantando.

—Espero que utilices el PhotoShop para eliminar mi celulitis —le oí decir a Kristin mientras ella y Michel se alejaban. Al menos Kristin no había perdido su sentido del humor. Todavía.

De pronto noté que Tulga me tiraba del brazo.

—El próximo chamán está preparándose. Tienes que permanecer aquí sentado mientras él invoca a los espíritus. Anotaré lo que me diga la ayudante de la chamán buriata sobre el contacto que ha tenido con sus espíritus.

Rowan y yo nos sentamos junto al segundo chamán, un joven delgado que aún no se había ataviado con la vestimenta ceremonial y la máscara con flecos. Rowan jugaba alegre con sus animales de juguete entre los dos chamanes, curiosamente calmado. El segundo chamán se puso un traje ceremonial azul y una máscara que le ocultaba el rostro, desprovista sin embargo de cuernos. Luego sacó un birimbao y empezó a tocar una extraña y rítmica melodía; se detenía cada pocos momentos para entonar una oración o una canción, y a continuación seguía tocando el birimbao. Rowan, extrañado al oír ese sonido, soltó una carcajada y siguió jugando con sus animales. El nuevo chamán no tocó el tambor, pero escupió vodka sobre nosotros y me obligó a beberme otro cuenco que contenía una lecha tibia, agria y repugnante; Rowan chillaba como si lo torturan durante esos trámites y volvía luego a sus juegos, sin que la angustia que había experimentado hacía un momento afectara a su calma del momento siguiente. Luego, cuando Kristin y Michel regresaron del río (Kristin dijo: «Me parece increíble lo que acabo de hacer»), Tulga, por orden de la ayudante de mediana edad del nuevo chamán, me pidió que me pusiera de pie y me colocara de cara a la montaña.

—No —dijo Tulga—, de rodillas.

¿De rodillas? Aunque hasta esos momentos no le había dado importancia, me había fijado en que el chamán número dos portaba un látigo de cuero en el cinto.

—¿Es que va a azotarme? —pregunté con una mezcla de incredulidad y terror.

—Un poco —respondió Tulga soltando una risita nerviosa—. Es importante que no grites.

—¡Vaya! —dije respirando hondo.

No era la primera vez que experimentaba dolor. Al haberme criado montado a caballo, me había caído más de una vez, y, en alguna ocasión, me había lesionado de gravedad. En la escuela los profesores nos azotaban de vez en cuando, especialmente los de gimnasia. Me habían golpeado durante peleas, me habían propinado una soberana paliza en Sudáfrica, me habían limpiado una herida en la mano restregándomela sin anestesia en la India. Pero el dolor de ese latigazo, asestado con fuerza, me dejó sin aliento.

El látigo me golpeó una, dos y hasta tres veces en la espalda. Yo no podía gritar, aunque el dolor me abrasó como un hierro ardiendo. Lo único que podía hacer era respirar hondo.

El chamán se colocó ante mí, me levantó los brazos e hizo que los extendiera con las palmas hacia abajo. Luego me asestó unos latigazos sobre el dorso de las manos, los antebrazos, el pecho y —en esta ocasión casi pegué un salto— sobre mis partes. No grité, pero me costó un gran esfuerzo.

—De acuerdo —oí que decía Tulga a través del dolor que sentía—. Ponte de pie.

Obedecí.

—Y salta, arriba y abajo. Eso es…

Me puse a saltar, sintiéndome avergonzado y al mismo tiempo aturdido debido el dolor. Si el chamán me propinaba más de tres latigazos en el mismo lugar, me causaría una herida. Se estaban formando ronchas donde ya me había azotado.

—¡Dios santo! —dije débilmente.

—De acuerdo —dijo Tulga, traduciendo de nuevo lo que decía la ayudante del chamán—. Dile a Kristin que venga.

¡Ay! —pensé—, va a divorciarse de mí.

Le expliqué a Kristin, procurando suavizar el asunto, lo que tenía que hacer. Para mi asombro, en lugar de negarse, asintió con la cabeza, se arrodilló y empezó a respirar hondo. Zas, zas, zas. El chamán le asestó sólo tres latigazos, con menos fuerza que a mí, pero contundentes.

—¡Ponte de pie! —dijo Tulga traduciendo lo que decía el chamán—. Tienes que saltar.

—Esto es increíble —dijo Kristin saltando en el aire.

—¡Más alto! ¡Tienes que saltar más alto!

Riendo ante lo absurdo de la situación y pese al dolor que sentía, Kristin se puso a saltar con el pelo ondeando al viento y las rodillas encogidas como una niña que saltara a la comba, mientras el chamán asestaba latigazos en el suelo debajo de sus pies; era una extraña danza, o un juego de saltar a la comba un tanto macabro.

—¡Me siento muy orgulloso de ti! —le dije cuando todo terminó, extendiendo mis brazos doloridos—. ¿Puedes perdonar al chiflado de tu marido?

Kristin y yo nos abrazamos, riéndonos a pesar de todo.

—Lo siento —dije medio murmurando y medio riendo—. Tienes un marido que está como una cabra.

Kristin también se rió. Era una experiencia demasiado intensa para describirla. Oí que Rowan también se reía, y, al volverme, vi al chamán frotando el látigo sobre su espalda y su vientre, lo que a Rowan le pareció la mar de cómico. Luego el chamán asestó unos latigazos en el suelo: una versión mucho más caritativa que lo que nos había hecho a Kristin y a mí. Acto seguido se puso a dar vueltas, poseído de nuevo por sus dioses.

7

Hermano mongol

Kristin y yo nos sentamos en el césped y nos restregamos los hematomas rojos y morados, sin dar crédito a lo que acabábamos de vivir. Rowan, que se había calmado, estaba junto a nosotros, jugando con sus leones *Simba* y *Scar*, y escuchando el batir de los tambores mientras cuatro de los chamanes pronunciaban sus oraciones, a modo de ejercicios preparatorios, a pocos metros de nosotros. El chamán que nos había azotado con el látigo trastabillaba, jadeaba, sudaba, al tiempo que su ayudante y la primera chamán, que se había despojado del abrigo de pieles de ciervo y de la máscara, lo ayudaba a quitarse el traje ceremonial azul. El chamán se desplomó sobre la hierba y permaneció sentado, con mirada ausente, mientras los otros le frotaban las palmas de las manos y los hombros para hacerlo regresar al momento presente. Mientras hacían eso, ambas mujeres informaron a Tulga de lo que los espíritus del chamán le habían dicho sobre nosotros y sobre la enfermedad de Rowan, lo que había surgido a través de la canción del chamán. Tulga, que escuchaba con atención, anotaba sus palabras en su pequeño bloc. El águila seguía observando desde las ramas superiores del alerce. La temperatura había subido y hacía un calor sofocante.

Tulga se aproximó y dijo:

—Ambos chamanes preguntan si ha habido alguien por el lado de Kristin parecido a un chamán.

—¿En mi familia?

—Sí, eso es lo que quieren saber. ¿Ha habido alguien con una mente parecida a la de un chamán?

—Que yo sepa, no.

—Es curioso. Ambos dicen que están recibiendo información de que alguien de tu familia pudiera ser... semejante a un chamán... No un chamán, pero...

—¿Alguien en el pasado, que ha muerto?

—Sí.

—Pues... —respondió Kristin dubitativa, frotándose la dolorida espalda. El calor, que nos hacía sudar, intensificaba el dolor que nos producían los hematomas.

—Soy el soberano de la Roca del Rey —dijo Rowan suavemente, enfrascado en su juego de *El rey león*.

—Pues... —dijo Kristin de nuevo—. ¿Quién sabe si hubo alguien así en el pasado? Una parte de la familia de mi padre provenía de las islas griegas, y la otra, de Escandinavia. Quizá existió alguien con esas características.

—¿Has dicho parecido a un chamán? —pregunté—. O sea, no necesariamente un chamán.

—Sí —respondió Tulga—. Alguien así.

—¿Y esa persona es un antepasado o espíritu favorable para Rowan?

—No, el espíritu no lo ayuda, según dicen los chamanes. No estoy seguro de haberlo comprendido bien. Esperad un momento, se lo preguntaré de nuevo.

Mientras Tulga conversaba brevemente con los dos chamanes y los demás, situados a unos metros, empezaban a batir el tambor y a bailar, de cara a la montaña, Kristin dijo:

—No sé a qué se refiere al decir alguien parecido a un chamán. No sé gran cosa sobre muchos de mis antepasados...

Al cabo de un momento regresó Tulga.

—Ahora ya lo comprendo. Dicen que esa persona no murió hace mucho tiempo. Quizá fuera... cómo se dice... muy sensible psicológicamente. No muy estable...

—Supongo que puede tratarse de mi abuela materna, la madre de mi madre. Era maníaca depresiva. Tuvieron que ingresarla en un psiquiátrico. Quizá fuera ella... Pero no sé por qué sigue rondando por aquí... Ni siquiera sé si creo que las personas sigan rondando después de muertas. A su hijo lo atropelló un coche y murió cuando tenía ocho años, y a partir de entonces mi abuela comenzó a tener problemas psicológicos. Nunca se recobró del trauma de perder a su hijo, de no verlo crecer. Dos semanas después de esa tragedia, mi madre se casó y se marchó. Su marido sufrió un ataque al corazón y murió. Después de eso mi abuela perdió la razón.

—También han dicho otras cosas, algo sobre el agua, y que una energía negra penetró en tu útero cuando estabas embarazada. No lo he entendido muy bien. Les preguntaré a qué se refieren para comprenderlo con más claridad...

—¿Una energía negra procedente del agua?

En ese preciso instante oímos unas voces procedentes del grupo más alejado.

—Ya están preparados —dijo Tulga—. Debemos dirigirnos hacia allí.

—De acuerdo —respondí sentando de nuevo a Rowan sobre mis hombros.

—¡Vamos a ver más chamanes! —dijo Rowan.

Tulga se adelantó para hablar con los ayudantes. Cuatro de los chamanes formaban una hilera; cantaban sus oraciones hacia las montañas, giraban sobre sí mismos, tocaban los tambores y al rato entraron en trance. El sonido de los cuatro tambores al unísono era muy potente, excitante.

—¡Es como Bodychoir! —dijo Rowan brincando sobre mis hombros al ritmo de los tambores.

—¡Sí! —respondí aliviado al comprobar que Rowan empezaba a divertirse—. ¡Es como Bodychoir! —Y me puse a bailar con Rowan a hombros.

Bodychoir formaba parte de nuestra vida hippy en Austin, y Rowan lo asociaba con nuestro hogar: era un taller de baile que organizaban tres veces a la semana. En él, la música empezaba lentamente y culminaba en un caótico clímax, tras lo cual el ritmo iba disminuyendo durante aproximadamente una hora y media hasta cesar. Kristin y yo, que somos unos apasionados del baile, asistíamos a los talleres de Bodychoir desde que lo habíamos descubierto una tarde en un estudio de yoga poco después de mudarnos a Texas. Era una de las pocas actividades a las que podíamos llevar a Rowan, a quien le encantaba brincar sobre mis hombros mientras la habitación giraba a su alrededor, agitando sus pequeños puños al son de la música tecno. Al acabar los bailes, cuando los participantes se sentaban en círculo y hablaban sobre su experiencia, Rowan se ponía a corretear como un loco, chillando, feliz, a salvo en ese espacio seguro y tolerante. Aunque sólo asistíamos al taller una vez al mes, como mucho, Bodychoir había salvado nuestra cordura.

—¡Bodychoir! ¡Bailar y bailar y bailar! —gritó Rowan mientras el sonido de los tambores reverberaba entre los altos alerces y los chamanes cantaban sus oraciones a los señores del bosque, el río y la montaña. Rowan soltó una carcajada alegre y gutural y siguió brincando sobre mis hombros. En esos momentos comprendí que estaba a gusto. No sólo estaba a gusto, sino que había aceptado la situación y, de alguna manera, se sentía integrado en esa disparatada ceremonia a la que lo habíamos obligado a asistir. ¿Éramos malos padres por ello? Tan pronto como se puso a bailar sobre mis hombros empecé a pensar (mejor dicho, me atreví a empezar a pensar) que quizá estábamos haciendo lo que debíamos hacer.

—Sí —dije sintiendo un inmenso alivio—. Es como Bodychoir.

En esos momentos los ayudantes de los chamanes nos indicaron que nos acercásemos.

Si la experiencia con los dos primeros chamanes había supuesto una sobrecarga sensorial de las que solían hacer que a Rowan le diera uno de sus berrinches, la algarabía se intensificó durante casi una hora hasta el extremo de que, durante lo que nos pareció una eternidad, Kristin, uno de los chamanes o yo tuvimos que sostener a Rowan en el regazo mientras el tambor retumbaba a pocos centímetros de su rostro. A ratos, los chamanes —que se habían desplazado desde el límite del inmenso desierto de Gobi para celebrar ese ritual en beneficio de Rowan— tocaban el tambor con el niño debajo, de manera que quedaba atrapado en una caja de resonancia ensordecedora. A veces, lo golpeaban sin querer en la cabeza o en el cuerpo con los costados del tambor o con el palillo. Otras, al entonar sus cánticos-oraciones las voces se elevaban a escasa distancia del rostro de Rowan hasta alcanzar un volumen insoportable. Y aun otras le agarraban la mano o la pierna y soplaban sobre ella, o le hacían sostener un objeto sagrado, mientras Kristin, un chamán o yo le sujetábamos el puño para que no se soltara. Tuve los nervios de punta durante todo el rato: temía que mi hijo estallara en cualquier momento y que, como consecuencia, tuviéramos que suspender la ceremonia, darles a todos las gracias por el tiempo que nos habían dedicado y llevarnos a nuestro hijo, disculpándonos con él por haberlo sometido a una situación tan extrema.

Pero él, lejos de ponerse a gritar asustado y angustiado, reaccionó de forma totalmente opuesta. Riendo de gozo, trató de hacerle cosquillas a la primera chamán; la agarraba y decía: «¡Cosquillas, es hora de las cosquillas», riéndose a carcajadas mientras las oraciones de la sanadora resonaban sobre la ladera y el calor se intensificaba, hasta el punto de que el sudor empezó a caerle a chorros por detrás de la máscara emplumada y con ojos, nariz y boca bordados. Yo tenía la camisa pegada a la espalda. Kristin no cesaba de enjugarse el sudor de los ojos. Tulga pestañeaba para eliminar las gotas de sudor que se le adherían a las pestañas, tratando de impedir que humedecieran la página de su bloc mientras intentaba escribir fragmentos de la canción que entonaba la chamán. Sólo cuando ésta escupió de nuevo vodka sobre Rowan, que sudaba alegremente, el niño comenzó a chillar y a revolverse, pero el berrinche duró sólo unos momentos. A continuación, agarró la máscara y el tocado de la chamán, riendo y tratando de arrancárselos, hasta que ésta se apartó bruscamente, sumida aún en el trance, poseída por sus espíritus, pero intentando protegerse del travieso chiquillo. El talante había cambiado. Rowan se lo estaba pasando en grande. Contra todo pronóstico.

Cuando la primera de los cuatro chamanes emitió a voz en cuello su última nota y efectuó un redoble de tambor con el que concluyó su intervención, nos condujeron ante el siguiente chamán. Rowan me miró, sonrió con cara de pillo, me agarró del pelo, me obligó a acercar el rostro al suyo y restregó su nariz contra la mía. Es el gesto de mayor afecto que Rowan muestra a su padre. Luego, emitiendo de nuevo una carcajada gutural, se tiró un sonoro pedo.

—¡Un pedito! —gritó Rowan a pleno pulmón—. ¡Más chamanes!

Y hubo más chamanes. Su estado de ánimo sufrió numerosos altibajos. Tan pronto se reía mientras trataba de arrebatarles las máscaras, los palillos, las plumas y los tambores a los chamanes, como se ponía a berrear, revolviéndose y gritando: «¡Casi he terminado!» o: «¡Río!», tras lo cual rompía a reír a mandíbula batiente y volvía a agarrar a los chamanes y a jugar con ellos mientras éstos gritaban, cantaban, tocaban el tambor, giraban sobre sí mismos, apoyaban sus manos sobre Rowan, escupían vodka, y nos hacían beber leche, pronunciar oraciones y arrojar esas ofrendas hacia el oeste.

Alcé la vista y miré los árboles que flanqueaban la montaña. El águila seguía allí. Mientras contemplaba el panorama y transportaba en brazos a un Rowan plenamente participativo al siguiente ritual, dos grandes cuervos negros descendieron en picado graznando y se posaron sobre la misma rama que el águila, a escasa distancia de ella.

Eso me chocó; los cuervos suelen atacar a los halcones y a las águilas. Son sus competidores biológicos y no suelen tolerar la presencia del otro en el mismo espacio de cielo, y menos en el mismo árbol o la misma rama. Pero aquellas tres aves estaban juntas y se toleraban, observándonos mientras el próximo chamán, un hombre barbudo de las montañas Altai, recitaba sus oraciones iniciales, tras lo cual se volvió y se puso a bailar haciendo girar un tambor sobre nuestras cabezas.

Era un hombre que emanaba un aire de empatía, aunque no habría sabido decir en qué me basaba. Supongo que era su lenguaje corporal. Aunque se puso a girar sobre sí mismo, a cantar y a batir el tambor con energía, al igual que habían hecho los otros chamanes, cada vez que se aproximaba a Rowan sus movimientos se hacían más sosegados, más delicados, más lentos, como cuando uno se aproxima a un caballo joven e inquieto o a un cachorro nervioso. Su canción se hizo más dulce. Rowan extendió la mano hacia él. El chamán, cantando suavemente, casi con un tono íntimo, agitó las largas cintas del palillo sobre el rostro y la espalda de Rowan. Mi hijo emitió otra de sus risas guturales y alegres, e intentó agarrar las cintas mientras volaban sobre él. El chamán se sentó, se quitó el tocado y su traje de ceremonia y sonrió, dándole a Rowan —que había vuelto a jugar con sus animales sobre el césped— una palmada paternal en la espalda y las piernas.

—El chico se pondrá bien —dijo el chamán—. Hagan esto una vez al año durante los tres próximos años. Esto o algo parecido. El niño se curará.

Cuando Tulga tradujo sus palabras, sentí que se desvanecía la opresión que me atenazaba el pecho. ¿Me atrevía a creerlo? Traté de no pensar en ello, de permanecer en el momento presente. El chamán barbudo, como si intuyera mi necesidad de contener la emoción, las esperanzas, se levantó para ofrecer sus últimas oraciones. Yo lo observé mientras se alejaba, preguntándome si debía creerlo.

Llevábamos tres horas al pie del Bogd Khan. Me asombraba la resistencia de Rowan y la nuestra. La luz empezaba a cambiar. En el cielo habían aparecido nubes y soplaba viento. Apareció un rebaño de vacas procedente de aguas arriba, y, al vernos, se detuvieron un rato para observarnos con sus ojos bovinos; después se alejaron. El águila y los dos cuervos siguieron negociando el territorio que compartían sobre la rama. La brisa fresca del este agitaba los largos chales de seda azul que pendían de las ramas del alerce. Por la estrecha carretera que discurría junto al río pasaron algunos coches. Los chamanes que ya habían realizado sus rituales estaban sentados, fumando y charlando entre sí. Tulga escribía en su bloc de notas. Fui en busca de plantas silvestres del prado para dárselas a Rowan mientras esperábamos a que los últimos chamanes intervinieran en la ceremonia. Hallé dientes de león, llantenes y violetas silvestres: todas plantas comestibles. Rowan apenas había comido otra cosa que patatas fritas desde que habíamos llegado la víspera.

—Eh, Rowan —le dije, acercándome a donde estaba jugando, junto a uno de los altares de campaña flanqueado por fuegos de estiércol e incienso—. Mira, unas hojas que ha recolectado papá.

Pero Rowan había dejado sus juguetes y había centrado su atención en otro niño, un chico mongol que lucía una gorra de béisbol y pantalón corto, al que yo había visto correteando y jugando en la periferia de los diversos grupos de familias que rodeaban a los chamanes. Rowan abrazó al niño, que era unos centímetros más alto que él y quizá un año mayor; se reía y trataba de arrebatarle la gorra. El niño, entre el enojo y la resignación —pues estaba claro que sentía la mirada de todos los adultos sobre él—, permanecía rígido, pero aquiescente. Rowan no solía prestar atención a otros niños. Era el clásico «jugador en paralelo» autista, y prefería ignorar a los demás niños y jugar junto a ellos en lugar de relacionarse con ellos.

Tulga se acercó a mí.

—El próximo chamán está invocando a sus espíritus. Ve hacia allí.

Confieso que del octavo chamán guardo tan sólo un recuerdo borroso. De pronto, la elevada humedad dio paso a una llovizna que cayó sobre nosotros brevemente, como una bendición, pero remitió al poco tiempo, dejando que el calor y la humedad se impusieran de nuevo con mayor intensidad. Cuando el chamán terminó, cayó de rodillas, exhausto. Sus ayudantes —recuerdo a dos de ellos, unos jóvenes que parecían hijos suyos— corrieron a buscar agua para el pobre hombre y le quitaron el traje ceremonial, pues parecía a punto de desmayarse.

Rowan regresó junto al río, y no parecía muy contento cuando me acerqué para llevarlo ante el último chamán, pero no rechistó demasiado, especialmente porque vio al niño junto al grupo que rodeaba al último chamán, el cual estaba preparándose pronunciando unos rezos, de cara a la montaña, como habían hecho todos los demás. Y comenzó el último ritual. Para mi sorpresa, Rowan accedió de nuevo a que el chamán lo colocara debajo del tambor y se sometió sin rechistar al ruido y al dramatismo de la ceremonia; se reía alegremente, trataba de agarrar el palillo y el tocado emplumado del chamán, como había hecho anteriormente. A pesar de que el calor era insoportable, yo estaba más relajado, pues sabía que ése sería el último ritual de una larga jornada. ¿Cuántas horas llevábamos allí? ¿Cuatro? ¿Más? Rowan se comportaba como un campeón. Un último ritual y…

De pronto, el chamán se irguió y, antes de que yo pudiera impedírselo, golpeó a Rowan en la espalda con las telas y las cintas que colgaban de su palillo. Rowan gritó. Yo me abalancé sobre el chamán, pero dos de sus ayudantes femeninas me cerraron el paso diciendo:

—¡No pasa nada! ¡No pasa nada!

El chamán golpeó a Rowan por segunda y tercera vez con las telas y las cintas. La tercera vez conseguí extender los brazos y recibir la mayoría de los azotes, que por suerte no eran tan fuertes como había temido, aunque sí bastante contundentes. Rowan chillaba como un poseso. Lo tomé en brazos, sintiéndome como el peor padre del planeta. Me levanté con Rowan agarrado a mí con fuerza. El chamán se alejaba trastabillando cuando soltó el tambor y cayó en brazos de otros chamanes: el trance lo había hecho desvanecerse. Rowan no despegó los labios. En ese momento, una de las mujeres de mediana edad que habían ayudado a los diversos grupos de gente se acercó y, sin decir palabra, tomó a Rowan en brazos.

Normalmente yo no dejaría que un extraño hiciera eso. Pero Rowan se abrazó a la mujer mientras ésta le cantaba suavemente. El ritual había concluido; el chamán, canturreando suavemente para sí, sentado sobre sus rodillas, seguía medio sumido en un trance. Rowan alzó la vista del cuello de la mujer y esbozó una sonrisa extraordinaria y apacible.

—¿Qué es eso? —preguntó señalando el pecho de la mujer que lo sostenía en brazos—. Creo que es una persona.

En ese momento estalló un violento trueno sobre la montaña y comenzó a caer una lluvia torrencial. Jeremy, Justin y Michel se apresuraron a cubrir su equipo. El resto de nosotros nos quedamos allí, gozando del frescor repentino y la lluvia templada.

—Mamá mongola —repetía Rowan una y otra vez con una extraña y luminosa expresión de felicidad en el rostro.

La mujer seguía cantándole en voz baja, como asumiendo parte de su dolor y de su sufrimiento. A Rowan se le había pasado el berrinche por los golpes del chamán con las cintas, aunque seguía angustiado por la experiencia, al igual que Kristin. De pronto, emitió una de sus carcajadas guturales —era increíble lo bien que se adaptaba ese día a las distintas situaciones— y la lluvia remitió. Saltó de los brazos de la mujer y corrió hacia el niño de la gorra de béisbol, el cual tiritaba un poco.

—¡Hermano mongol! —dijo Rowan espontáneamente. El niño lo miró sorprendido. No sin cierto recelo, dejó que Rowan lo abrazara de nuevo—. ¡Hermano mongol! —repitió Rowan—. ¡Ven, vamos al río!

Kristin y yo nos miramos asombrados.

Como es natural, el niño mongol no entendía nada, y Rowan no comprendía que el otro no lo entendiera. Así que, después de mirar perplejo al chico durante unos instantes, echó a correr de nuevo hacia el río gritando alegremente bajo la suave llovizna:

—¡Primero hermano mongol, luego río!

Tulga se acercó a mí. Había guardado su bloc de notas en la chaqueta, para evitar que se mojara.

—Veo que los niños se llevan bien —comentó—. El presidente de la asociación de chamanes desea volver a hablar con vosotros antes de que os vayáis. He tomado muchas notas. Quieren daros instrucciones a ti y a Kristin. Más tarde me pasaré por el hotel y repasaremos juntos lo que han dicho. Lo he anotado todo.

—De acuerdo. Oye, Rowan se ha acercado a ese niño que hay allí y lo ha llamado «hermano mongol». Nunca se acerca a otros niños de esa forma. ¿Es el hijo de uno de los chamanes?

—No, es mi hijo, Tomoo.

—¿Ése es Tomoo? —Había olvidado que durante nuestra correspondencia por correo electrónico, Tulga me había dicho que traería a su hijo de seis años para que nos acompañara durante el viaje.

—Sí —respondió Tulga señalando—. Y ésa es Naara, mi esposa —añadió—. Llegaron cuando vosotros estabais con el cuarto o el quinto chamán.

Miré hacia el lugar que Tulga señalaba. El chico hablaba con una mujer menuda, guapa, de treinta y tantos años, junto a un cinco puertas que yo no había visto cuando habíamos llegado y que estaba aparcado a cierta distancia de los vehículos en los que habían venido los chamanes.

Antes de marcharnos, Tulga me acompañó a despedirme del presidente de la asociación de chamanes. Nos sentamos en el suelo con las piernas cruzadas. La lluvia casi había cesado. Cuado Tulga le tradujo mis palabras de agradecimiento, el hombre dijo, a través de Tulga:

—Todos los chamanes que han venido coinciden en que si hacen una ceremonia como ésta una vez al año durante los tres próximos años, Rowan sanará por completo. Durante los tres próximos años. Es muy importante.

—¿Aquí en Mongolia? —pregunté, pensando en cómo iba a explicárselo a Kristin.

—No. —Tulga tradujo la respuesta del presidente de la asociación de chamanes—. Puede ser en cualquier lugar donde haya chamanes poderosos. Dice que os desea lo mejor, y que se alegra de que vayáis a ver a la gente de los renos, porque son los chamanes mongoles más poderosos. También te expresa su agradecimiento. Se siente honrado de que hayáis confiado en ellos para que os ayuden. Durante muchos años la gente ha dado a la espalda a la antigua religión. Vosotros, que habéis venido de tan lejos, les habéis demostrado que las personas, incluso de fuera de Mongolia, siguen valorando las tradiciones. Os da las gracias por ello.

La llovizna empezó a arreciar de nuevo.

—Los dioses están felices. —Tulga siguió traduciendo lo que decía nuestro interlocutor—. La lluvia demuestra que los señores de las montañas han aceptado que Rowan sane. Es un signo muy favorable. También es un buen signo que no se hayan acercado animales a molestarnos durante la ceremonia, y que no haya aparecido ninguna bandada de aves. Eso habría sido un signo de que los señores de las montañas se negaban a que Rowan sanara. Pero todos los signos son muy favorables.

Yo no sabía qué decir, de modo que me limité a responder:

—Gracias. Muchas gracias.

—¡Más chamanes! —gritó Rowan cuando lo tomé en brazos y lo senté en la furgoneta, donde aguardaba el resto del grupo—. ¡Más chamanes!

Kristin y yo nos miramos; sobraban las palabras. Había sido una experiencia demasiado intensa para describirla. Fue Rowan quien nos hizo regresar al presente.

—¡Cerditos de fiesta! —dijo Rowan alborozado al ver asomando por la esquina de su bolsa un paquete de cerditos de caramelo que a mi madre se le había ocurrido darnos para el viaje.

—Cerditos de fiesta —confirmé, abriendo el paquete de caramelos mientras el conductor arrancaba. Observé que el águila y los dos cuervos se habían ido; quizá habían alzado el vuelo con la lluvia.

Esa noche, de nuevo en la extraña habitación de hotel con la mullida moqueta roja, Tulga nos entregó los informes de los chamanes sobre la situación de Rowan, el cual dormía a pierna suelta. Todos estábamos rendidos. Yo me había dormido en la furgoneta durante el trayecto de regreso y Kristin apenas podía mantener los ojos abiertos, pero hicimos un último esfuerzo cuando Tulga, que también estaba agotado, nos trajo las notas que los ayudantes de los chamanes le habían dicho que nos mostrara.

—Veamos —dijo Tulga rascándose la cabeza mientras ponía en orden sus pensamientos. Las últimas cuarenta y ocho horas habían sido tan agotadoras para él como para nosotros, si no más, puesto que tenía la responsabilidad de organizarlo todo—. Veamos —repitió—. La primera chamán, la mujer de la tribu buriata del norte, se llama Gildma. Como sabéis, dijo que sus espíritus le habían comunicado que una energía negra había penetrado en Rowan cuando aún estaba en el vientre de Kristin, cuando Kristin se había bañado en la naturaleza; quizás un lago o un río. Eso es un dato. Luego, hay un espíritu, un antepasado por el lado de Kristin. De modo que Rowan tiene esos dos problemas. Pero la chamán dijo que se puede eliminar la energía negra. Me ha dado unas instrucciones para eso, que os explicaré cuando termine con los informes de todos los chamanes.

—Hay algo que no tengo claro —dijo Kristin—. ¿Cree la chamán que ese antepasado en mi familia es beneficioso o perjudicial?

—Perjudicial.

—¿Hablamos de un miembro reciente de la familia? —pregunté—. ¿O de un antepasado lejano? ¿Un hombre o una mujer?

Después de consultar sus notas, Tulga respondió:

—Tanto la primera chamán como el siguiente, que procede del noroeste de Mongolia...

—El que me azotó con el látigo —dije mirando las ronchas rojas que tenía en los brazos y los muslos.

—Sí, ése —confirmó Tulga—. Ha dicho también que era un antepasado... Un antepasado inmediato, cercano, una mujer. La primera chamán también ha dicho que era una mujer; con una mente extraña. Se refería a eso cuando ha dicho al principio «como un chamán», porque algunos chamanes tienen problemas mentales poco antes de iniciar su formación. Puede ser un signo de que se está destinado a ser chamán. Una persona por el lado de Kristin, una mujer, una antepasada no muy lejana, con esas características.

Kristin asintió con la cabeza mientras asimilaba esa información.

—En cualquier caso —prosiguió Tulga—, los primeros chamanes dijeron que trabajaron mucho para librar a Rowan de ese espíritu y de la energía negra. Luego estaban los cuatro chamanes del centro de Mongolia, los mongoles khalka. El primero, la mujer chamán, invocó a un dios de la montañas del nordeste del país, donde nació Gengis Khan. Dijo lo mismo, que una energía negra había penetrado en Rowan cuando estaba en el vientre de Kristin. El chamán siguiente dijo que había un espíritu malévolo sentado sobre Rowan, tratando de alzarlo del suelo. Por eso, como seguro recordaréis, el chamán hizo que Rowan sostuviera una correa, y la pata de un conejo, para hacer que pesara más.

—¿Para que los espíritus no pudieran llevárselo?

—Exacto. Para que no se lo llevaran. Los cuatro chamanes khalka trabajaron para conseguirlo. Para lograr que Rowan permaneciera aquí, con nosotros. Pero el chamán siguiente, el que llevaba barba, que se llama Durvod y procede de las montañas Altai, en el oeste, invocó a los dioses de cinco montañas sagradas de esa región, unas montañas sagradas en las que hay nieve durante todo el año. Dijo que el problema había comenzado hacía tres años...

—Cuando diagnosticaron que Rowan era autista —confirmó Kristin.

Tulga asintió con la cabeza.

—Ese hombre dijo que Rowan se pondrá bien. Que la energía negativa desaparecerá. También dijo que el espíritu malévolo era una mujer perteneciente a la familia de la madre.

—Mi familia —apuntó Kristin.

—Sí. También dijo que esa persona había padecido una enfermedad mental. Y dijo, al igual que los otros dos chamanes, que cree que Rowan será un chamán.

Eso era muy interesante. ¿Eran algunos chamanes autistas adultos? Recordé lo que me había dicho Temple Grandin, que los autistas podían ser los conectores entre el mundo humano «normal» y el mundo animal, o el mundo de las ciencias o la música. ¿Serían algunos autistas, en las sociedades tradicionales, conectores con el mundo espiritual? Pensé en Besa y en algunos de los sanadores que había conocido; eran raros, se expresaban en una jerga incomprensible y vivían en el país de las hadas, como suelen decir los ingleses. Rowan presentaba algunas de esas características. Aunque era interesante comprobar que, en lugar de ser marginados, todos desempeñaban un papel integrante en sus comunidades.

Tulga continuó. Todos los chamanes coincidían en que la energía negra en el útero de Kristin podía ser eliminada a través de la oración y unos rituales adecuados. Y también que el espíritu de un antepasado estaba tratando de alguna forma de llevarse a Rowan. Todos estaban de acuerdo en que para contrarrestar eso era preciso celebrar un gran ritual, al menos una vez al año, para aplacar a los señores de las aguas, según dijo Tulga. En cuanto a la influencia de esa extraña antepasada de Kristin, existían ciertos rituales protectores que debíamos llevar a cabo entonces.

—Los chamanes os han puesto deberes —dijo Tulga sonriendo.

Le habían dado a Tulga unas complicadas instrucciones que debíamos seguir, unos rituales nocturnos que debíamos realizar como familia mientras permaneciéramos en Mongolia. Nos entregaron una botella que contenía vodka y leche mezclados con hierbas; teníamos que usar la mezcla para lavar a Rowan todas las noches, utilizando toallitas húmedas o pañuelos de papel, que luego debíamos lanzar hacia el oeste (en este caso, yo las arrojaría desde la puerta del baño a la papelera, la cual, según habíamos comprobado, quedaba al oeste). Luego nos dieron un cartón de leche que contenía una cantidad de vodka más reducida y otras hierbas. Las tres noches siguientes, todos teníamos que lavarnos con esa mezcla, y también debíamos arrojar las toallitas utilizadas hacia el oeste. Luego había una caja de cerillas, que teníamos que encender y quemar esa noche de tres en tres; debíamos pasar la llama de cada grupo de tres cerillas alrededor del cuerpo de Rowan en el sentido de las manecillas del reloj, sólo esa noche, hasta consumir todas las cerillas. Y nos habían dado una segunda caja de cerillas que contenía unas hierbas de olor parecido a la salvia o a la hierba de bisonte americana, que los indios utilizan en muchas de sus ceremonias. De nuevo, teníamos que quemarlas y pasarlas tres veces alrededor del cuerpo de Rowan, en el sentido de las manecillas del reloj, todas las noches hasta que regresáramos a casa.

—¿Todo esto tiene alguna lógica? —pregunté de forma un tanto retórica.

Tulga esbozó una risa cansina.

—Los chamanes no me la han explicado. Sólo me han dicho que es muy importante que lo hagáis.

—Pero Tulga —terció Kristin obligándonos a volver al tema que nos ocupaba—, han dicho que la ceremonia de sanación de hoy ha sido un éxito, ¿no es así?

—Sí —respondió Tulga—. Han dicho que los dioses lo han aceptado. La lluvia, los truenos eran signos favorables. Unos signos muy buenos. Los dioses lo han aceptado, sí.

Al cabo de un rato, Tulga se marchó. Kristin y yo preparamos el baño para Rowan y empezamos a hacer el equipaje, ya que al día siguiente nos dirigiríamos al vasto territorio del interior. Estábamos demasiado cansados para hablar. Con todo, era imposible no preguntarse si el ritual, que había durado cinco largas horas, había dado resultado. ¿Había funcionado realmente? ¿Notaríamos alguna diferencia? ¿O era mero teatro? ¿Era yo idiota por creer en esas cosas? ¿Creía realmente en ello? ¿Qué significaba eso del agua y de la energía negra? ¿A qué energía negra se referían? ¿A qué agua? Cuando Kristin se había enterado de que estaba embarazada, estábamos en California. Recordé que nos habíamos bañado en un lago junto al monte Shasta. ¿Era ésa el agua? ¿O había sido en Texas, en Barton Springs, en el centro de Austin? ¿O tal vez había sido el río Pedernales, situado en el territorio de las colinas, en el centro de Texas? Nos bañábamos en esos lugares cuando hacía calor, y el embarazo de Kristin se había revelado en mayo, una época en la que suele llover en Texas. ¿Qué significaba todo eso? ¿Y quién era la antepasada de Kristin que padecía una enfermedad mental, que, supuestamente, trataba de llevarse a Rowan? ¿Era todo un montaje? ¿Era yo un insensato por haber venido aquí, por someter a mi familia a...? ¿Exactamente a qué? ¿O estábamos precisamente donde debíamos estar?

Rowan había hecho por fin su primer amigo, o al menos lo había intentado. Eso era inédito. Lo miré: su pequeño pecho se movía mientras respiraba rítmicamente en sueños. Quizá al día siguiente observaríamos más cambios. O quizá no. Lo único que tenía claro era que partiríamos hacia las tierras profundas del interior, en busca de los nómadas que nos conducirían al lago sagrado y luego a ver a la gente de los renos. Pese a todo cuanto había sucedido ya, nuestro viaje apenas había empezado.

8

Rumbo al oeste con la lluvia

—Eso parece una furgoneta Scooby-doo —dijo Kristin cuando nos reunimos frente al hotel a la mañana siguiente, dispuestos a partir hacia la inmensa zona interior.

—¡Es más bien un buga tuneado! —replicó Jeremy cuando el conductor abrió la puerta de la furgoneta.

—¡Caray! —exclamó Justin bajando los escalones del hotel cargado con su equipo de sonido—. ¡Vamos a sentirnos como millonarios!

Los asientos del vehículo estaban forrados con piel de leopardo y en sus ventanillas colgaban cortinas rosas. Era un contraste curioso: un recio todoterreno ruso de color caqui, cuyo interior estaba decorado como una limusina de Rick James.

Rowan se entusiasmó nada más verlo.

—¡Manchas de leopardo! —exclamó alborozado montándose en el vehículo.

Íbamos bastante apretujados. Nos instalamos todos en los asientos de pasajeros del buga tuneado, como apodamos de inmediato al vehículo. Tulga iba delante, y una segunda furgoneta nos seguía con el equipaje, que, junto con el equipo cinematográfico, ocupaba un espacio considerable. Cómo nos las arreglaríamos cuando tuviéramos que pasar de la furgoneta a los caballos seguía siendo una incógnita. Naara, la esposa de Tulga, y el pequeño Tomoo, irían en coche y se reunirían con nosotros en el campamento nómada desde el que nos desplazaríamos a caballo hasta el lago Sharga, un viaje que nos llevaría ocho días.

—¿Por qué el lago Sharga? —inquirió Jeremy mientras la furgoneta, conducida por Haada, un fornido y gigantesco mongol, que parecía un campeón de lucha libre, se abría paso a través del tráfico, sorprendentemente denso para ser un día laborable.

—Para serte sincero, no lo sé muy bien —confesé—. Este viaje ha ido desarrollándose de una forma un tanto extraña.

Observé a Rowan, que miraba a través de la ventanilla.

—Mira cuánta gente caminando —dijo. Era cierto, las aceras estaban atestadas de personas que caminaban apresuradamente, como suelen hacerlo los habitantes de las ciudades de todos los países del mundo.

—Pero el lago Sharga... —dijo Jeremy—. Es una aventura llegar hasta allí.

—No sé por qué. Pensé... Un chamán ruso siberiano con el que me escribí por correo electrónico después de la reunión, hace tres años, sugirió que sería buena idea bañar a Rowan en aguas sagradas. Miré en Internet y encontré una referencia a ese lago sagrado, a medio camino entre Ulan Bator y la gente de los renos, cuyos chamanes son los más poderosos, así que...

El conductor frenó para dejar pasar un carro tirado por un caballo que no dejaba avanzar a una hilera de camiones pesados. A continuación, adelantó a todos los camiones hábil y temerariamente, evitando por los pelos chocar con los coches que circulaban en sentido contrario, hasta que se colocó, en el último momento, en el carril adecuado.

—¿De modo que encontraste ese lago en Internet? —preguntó Jeremy con incredulidad—. ¿Sabes algo más de él aparte de que es sagrado?

—No —reconocí—. Nada en absoluto. Lo curioso es que después de aquella vez, no conseguí volver a encontrar la página. ¿Qué queréis que os diga? Tengo una corazonada sobre ese lago.

—Tú y tus corazonadas —murmuró Kristin medio enojada y medio en broma.

La ciudad empezó a ceder paso a zonas industriales, *gers* y algún que otro prado cubierto de desperdicios donde pacían ovejas y cabras. No tardaríamos en salir de Ulan Bator. Jeremy se volvió hacia Tulga, que iba sentado en el asiento delantero, y le tocó en el hombro.

—¿Qué dice la gente aquí en Mongolia sobre ese misterioso lago Sharga, Tulga?

Tulga se volvió hacia nosotros sonriendo.

—Yo no había oído hablar de él hasta que Rupert me dijo que quería ir allí. Los primos de mi esposa, los nómadas que nos conducirán hasta allí, tampoco saben nada de él excepto dónde se encuentra, que es muy grande y que está muy lejos. Nada más.

—¿De modo que vamos a ver un lago que te has sacado de la manga? —preguntó Jeremy.

—Supongo que sí —contesté echándome a reír—. Ya lo averiguaremos cuando lleguemos.

—¡Mira! —dijo Rowan—. ¡Camellos!

Tenía razón. Habíamos dejado atrás los límites de la ciudad —la estepa había aparecido de repente, como antes, como un gigantesco mar de color pardo que bañaba la periferia urbana y, en el otro extremo, a lo lejos, las montañas— y vimos una hilera de lanudos camellos marrones que avanzaban lenta y sistemáticamente ante la ventanilla izquierda de la furgoneta, hacia la vasta estepa.

¿Cómo puedes contar las horas durante un viaje así? No tardamos en dejar Ulan Bator a nuestras espaldas. Parecía como si la gran ciudad no hubiera existido nunca, como si fuera el mero sueño de una ciudad en medio de ese inmenso océano verde. Al principio la carretera estaba asfaltada; parecía una cinta recta y negra que se extendía hacia el oeste entre la hierba. Luego se convirtió en... algo que no tenía nada que ver con una carretera. El asfalto dio paso a la tierra, que a su vez dio paso —y eso que era una carretera principal— a una serie de extraños senderos paralelos, trazados casi de forma aleatoria en el vasto y enlodado paisaje y surcados por baches y socavones que parecían producidos por el paso de una bestia descomunal. Los chubascos se sucedían de forma intermitente. Los engranajes de la furgoneta rechinaban y el vehículo daba violentas sacudidas, que nos llevaban de un lado al otro. Era como viajar en una hormigonera y la conversación se hacía imposible. Pero en el exterior había un paisaje intemporal. *Gers* blancas con grandes corrales de madera para las cabras y las ovejas; hombres y mujeres montados a caballo, y niños, algunos de corta edad, controlando sus obstinadas monturas como jinetes de circo. Unas cuantas vacas avanzaban a través de la accidentada carretera, con las ubres oscilando de un lado a otro. Rebaños de ovejas y cabras sin pastor caminaban por la estrecha franja de carretera gastada por los neumáticos, por donde circulaban camiones cargados con pieles y lana de oveja. Nuestro chófer trataba de sortear los traicioneros baches y socavones de la carretera, los vehículos que aparecían de pronto circulando en sentido contrario y los que trataban de adelantarnos, mientras escuchaba música *rap* mongola, apenas audible debido al ruido del forzado motor.

Rowan, a pesar del estruendo y las sacudidas del vehículo, se mostraba relajado, absorto, más quieto y calmado de lo que yo solía verlo, golpeándose la cabeza contra el cristal y con los ojos fijos en el extraño paisaje que desfilaba ante la ventanilla.

Nos detuvimos a primera hora de la tarde para almorzar y estirar las piernas. Tulga le dijo al conductor que saliera de la carretera, que no parecía en absoluto una carretera, y aparcara en la amplia estepa, en un área de descanso, junto a un pequeño lago. Nos apeamos del vehículo, rodeados por el inmenso espacio y el silencio. Teníamos los miembros entumecidos y doloridos. La estepa se extendía hasta las lejanas montañas. A una distancia intermedia había otro pequeño lago, en cuya orilla se habían posado elegantemente un grupo de grullas grises. Dos caballos, uno blanco, y el otro, bayo oscuro, mordisqueaban los morones de hierba que había entre nosotros y el borde del lago. En el cielo aparecieron unos nubarrones. La otra furgoneta se detuvo detrás de nosotros. Su escuálido chófer, que contrastaba con el corpulento tipo que conducía la nuestra, sonrió alegremente al apagar el motor. Rowan salió disparado hacia la hierba, cubierta de montecillos de tierra, lo cual indicaba que en algún momento la zona se cubría de agua, convirtiéndose tal vez en la parte menos profunda del lago que había cerca.

—¡Ranitas! —gritó Rowan alborozado. En efecto, saltando alrededor de sus pies y de los nuestros, había muchas ramas de color verde oscuro y, por su aspecto, hacía poco que habían dejado atrás la etapa de renacuajo—. Coger una —dijo.

Rowan se inclinó y atrapó hábilmente uno de los animalitos con el índice y el pulgar. Luego miró a su alrededor, suspiró, y echó a correr por la hierba. Yo lo seguí como solía hacer instintivamente, levantando con cada pisada una nube de ranitas que echaban a correr en todas direcciones.

Tulga abrió la puerta posterior de la segunda furgoneta, donde había una pequeña estufa de butano lista para ser utilizada. Rowan correteaba de un lado a otro, atrapando y soltando las ranas, mientras el aroma a beicon frito se propagaba por la estepa. De pronto, cuando Michel se acercó apresuradamente para filmar la primera incursión de Rowan en la inmensa estepa, mi hijo se puso de pie y, temblando, puso cara de ciervo asustado.

—¡Código marrón! —grité.

Al oírme, Kristin sacó de la furgoneta el cubito de plástico azul, un cepillo y una botella de agua de dos litros que llevábamos siempre para estas contingencias. Kristin se acercó corriendo para echarme una mano, comprendiendo por el tono ligeramente angustiado de mi exclamación que se trataba, según nuestra jerga especial de padres de un niño autista, de un accidente que requería la intervención de ambos.

—Tienes que tomártelo con sentido del humor —le dije a Michel, que torció el gesto y desvió la mirada cuando despojé a Rowan de su pantalón y sus calzoncillos manchados de caca mientras llegaba Kristin con los enseres necesarios.

—Tengo que estar limpio —lloriqueó Rowan, que se disgustaba mucho cuando aquello sucedía. Pero si esos accidentes le disgustaban, ¿por qué se negaba tajantemente a que le enseñásemos a utilizar el baño?

No dejaba de ser curioso, porque solía orinar en el orinal, y era incluso capaz de levantarse en plena noche para hacerlo. Pero en cuanto lo sentábamos en el retrete, se ponía rígido y mostraba una expresión de miedo profundo, como si estuviera aterrorizado (pero ¿de qué?) y gritaba:

—¡Casi he terminado!

Por fin, a instancias de varios terapeutas, le habíamos quitado los pañales de talla grande, confiando en que la incomodidad que sentiría al hacerse sus necesidades en los calzoncillos varias veces al día lo induciría a hacer caca en el orinal.

Eso había ocurrido tres meses atrás. Pero no habíamos adelantado nada. De modo que ahora, en lugar de la relativa comodidad de utilizar pañales desechables (en un chaval a punto de cumplir los seis años), nos habíamos embarcado en un viaje a través del lugar más remoto de la Tierra con un niño que sufría incontinencia y al que no era fácil limpiar, ni tampoco lavarle la ropa, después de cada accidente. Debemos de estar locos, pensé, limpiándole el trasero y las piernas con el agua de la botella. Absolutamente locos.

Después de que yo lo hubiera limpiado, Kristin sacó un pantalón y unos calzoncillos limpios. ¿Cuánto tiempo duraría esto? ¿Debíamos ponerle de nuevo pañales? Eso significaba un paso atrás. Todos los expertos con los que habíamos hablado nos habían dicho que si lo hacíamos, jamás lograríamos que Rowan aprendiera a utilizar el baño. Entretanto —un espacio de tiempo que podía durar años— nuestra tarea se había vuelto diez veces más complicada.

Kristin vistió a Rowan, quien, después del mal trago, echó de nuevo a correr en pos de las ranitas mientras yo llenaba el cubo de plástico azul con agua y lavaba con un cepillo la ropa manchada. En lo alto, una bandada de siete grullas surcaba el vasto cielo, graznando, y se dirigía hacia el pequeño lago. Los nubarrones estaban casi sobre nosotros y soplaba un viento frío.

¿Sería Rowan uno de esos niños autistas que llegan a la adolescencia sin haber aprendido a utilizar el baño? ¿O sin haber aprendido a controlar sus berrinches? ¿Definiría siempre nuestras vidas su incontinencia física y emocional? La mera perspectiva era insoportable.

De repente, Rowan, que estaba al otro lado de la estepa, gritó:

—¡SURICATO!

En ese momento comenzó a llover de forma torrencial. Michel, Kristin, Jeremy y Justin echaron a correr hacia la furgoneta acompañados de Rowan, que seguía chillando, supongo que por haber perdido uno de sus animales de juguete. Llovía a mares. Calado hasta los huesos, vertí el agua sucia del cubo sobre la hierba y coloqué el pantalón y los calzoncillos bajo la lluvia para que ésta los lavara. Me puse a buscar el juguete perdido entre las matas, con los ojos entornados para impedir que la lluvia torrencial me cegara, mientras caminaba de un lado a otro, explorando el suelo al tiempo que los berridos de Rowan —¡SURICATO! ¡SURICATO!— se intensificaban a través del violento batir de la lluvia.

Por fin encontré el juguete al pisarlo. Lo recogí, tomé el cubo, el cepillo y las prendas, que ya estaban limpias, y regresé a la furgoneta.

—¡Bien! —exclamó Kristin al verme, empapado, pero sosteniendo el suricato—. ¡Mira lo que ha encontrado papá! ¡Qué papá tan guay!

El alivio en el interior de la furgoneta, una caja de resonancia de los berridos de Rowan, era palpable. Rowan sonrió, extendió la mano y tomó el juguete.

—Da las gracias a papá —dijo Kristin.

—Da las gracias a papá —repitió Rowan. Luego miró a su alrededor—. ¿Hipopótamo? ¿Hipopótamo? ¿Dónde está el hipopótamo? ¡Se ha ido! ¡El hipopótamo se ha ido a Greenbriar! ¡Hipopótamo! ¡HIPOPÓTAMO! ¡HIPOPÓTAMOOO!

—Siento tener que deciros esto —dijo Michel alzando la voz para hacerse oír a través de los berridos de Rowan—, pero cuando el niño se apeó, antes de echar a correr detrás de las ranas, me fijé en que llevaba el hipopótamo de juguete y el suricato. Debió de pederlo cuando se puso a perseguir ranas.

Exploré los alrededores de la furgoneta, que se habían convertido en un pequeño lago que me llegaba a las pantorrillas. En el fondo de ese lago se hallaba un hipopótamo de juguete.

Me quité los zuecos de plástico y, mientras la lluvia volvía a arreciar, me puse a chapotear de un lado a otro al son de una nueva tanda de berridos tan agudos y estruendosos que reverberaban debajo de mis globos oculares; tenté el suelo con los pies en busca de un hipopótamo de juguete en un lago formado por agua de lluvia en Mongolia.

Más tarde, después de que yo encontrara al hipopótamo, cesó de llover, comimos, salió el sol y empezó a hacer un día caluroso. Partimos de nuevo, a través de los baches y socavones de la carretera principal que discurría entre el este y el oeste. El paisaje se volvió cada vez más árido y desértico; la hierba crecía más espaciada y, entre las briznas cortas, se veían retazos de tierra roja. A veces transcurría más de una hora sin que divisáramos una *ger* o un jinete. Rowan cantaba para sí, variando entre una vieja canción folk que yo le cantaba a veces, *Over the hills and far away* («Más allá de las colinas y a lo lejos»), y lo que por fin deduje que era la banda sonora *electroreggae* de la película *Madagascar*. Traté de cantar con él, pero Rowan sonrió como diablillo y dijo:

—¡No-no-no-no-no! ¡Papá no cantar!

Lo convertimos en un pequeño juego. Yo empezaba a cantar y Rowan me hacía callar, mientras las nubes, las colinas, los prados y las montañas desfilaban junto al vehículo. A lo lejos se alzaban unas cordilleras, trazadas a través del horizonte como si Dios hubiera aplicado breves pinceladas de acuarela. De vez en cuando, la carretera, por llamarla de alguna forma, se hacía más practicable, y era casi como conducir normalmente, salvo por el calor y el polvo que penetraban por las ventanillas. A veces, cuando Haada frenaba de golpe ante un bache muy profundo, el vehículo daba una sacudida y todos botábamos en nuestros asientos. Pero a Rowan le encantaba y reía de gozo mientras brincaba y saltaba en el asiento; luego, cuando el terreno era menos accidentado, se quedaba absorto en su canción meditativa y se volvía de vez en cuando hacia Kristin o hacia mí para abrazarnos o para agarrarme del pelo, obligarme a acercar la cabeza y mirarnos intensamente a los ojos, chocar nuestras frentes o restregarnos mutuamente las narices. Después volvía a replegarse en sí mismo. Parecía como si hubiera pasado un siglo, un mes, desde que habíamos ido a ver a los chamanes. ¿Era posible que hubiéramos estado con ellos el día anterior?

Nos detuvimos de nuevo a última hora de la tarde, cuando las sombras se alargaban en el crepúsculo, y nos apeamos unos minutos para estirar las piernas. Rowan tomó sus animales y los dispuso sobre el suelo arenoso entre las matas de hierba, junto a la madriguera de una marmota, que convirtió en una cueva para los animales. Me chocó lo a gusto que parecía sentirse en aquella tierra extraña.

De pronto apareció un coche, un pequeño tres puertas japonés capaz de circular por cualquier carretera del Tercer Mundo, por accidentada que fuera. Naara y Tomoo, la esposa y el hijo de Tulga, se apearon del coche. Tomoo llevaba una espada de juguete. Al ver a Rowan tendido en la arena, jugando con sus animales junto a la entrada de la madriguera de la marmota, Tomoo gritó:

—¡Rowan! —Y echó a correr hacia él.

Rowan alzó la vista.

—¡Hermano mongol!

—¡Tomoo! —dijo el niño señalándose el pecho—. ¡Tomoo!

—¡Tomoo! —repitió Rowan, alborozado. Entonces ocurrió algo muy extraño. Rowan se levantó, dejó de jugar y abrió los brazos. Era como si sonara una música celestial. Tomoo y Rowan corrieron a abrazarse.

Después del abrazo, Rowan retrocedió, le arrebató la espada a Tomoo, la extrajo de su funda negra y dijo:

—¡Luchar con la espada! ¡Como un pirata!

Riendo, atacó con la espada a Tomoo, quien esquivó de inmediato el golpe con la vaina. Por primera vez en su vida, Rowan jugaba con otro niño. Tomoo, sonriendo, ejecutó una delicada finta, que Rowan logró esquivar. Acto seguido, riendo de gozo, Rowan echó a correr hacia la furgoneta gritando:

—¡Los piratas se escapan!

Kristin y yo, sin poder articular palabra, observamos cómo Rowan y Tomoo se perseguían, se reían y correteaban alrededor de las dos furgonetas aparcadas, como cualquier pareja de niños en el mundo.

Once horas después de abandonar Ulan Bator, la carretera dio paso a una especie de camino de cabras que serpenteaba a través de un valle entre montañas bajas y cubiertas de hierba, para desembocar por fin en un vasto anfiteatro natural. Vimos unas *gers* y, paciendo junto a ellas, varios centenares de ovejas y cabras de diversos tamaños y colores que no cesaban de balar, y una manada de caballos, también de aspecto variopinto, castaños y grises, con manchas negras y blancas, rojos, bayos, alazanes, de color crema, negro cobrizo: caballos de todos los colores que Dios haya creado. Estábamos aturdidos. Aunque la furgoneta aminoró la marcha casi hasta detenerse, no nos dimos cuenta de que habíamos llegado por fin hasta que Tulga le comentó algo en mongol al conductor y, con los ojos enmarcados por unas profundas ojeras, dijo:

—Ya hemos llegado.

Nos apeamos del vehículo por la puerta corredera y comprobamos que hacía una tarde sorprendentemente fría. Nos acogieron el sonido del ganado, la lluvia, perros ladrando, niños gritando, humo de leña, humo de estiércol y una vigorizante brisa, que competían entre sí para ocupar un espacio en la inmensa y agitada atmósfera.

Estas llegadas de ninguna parte a ninguna parte sirven para activar el cerebro, como si pulsaras el botón de tu odómetro interno para que se coloque de nuevo en tres ceros, o como borrar una pizarra. ¿Y ahora qué?, pregunta tu cerebro.

—¡Caballo! —Rowan saltó del buga tuneado, tan fresco como esa mañana, y echó a correr bajo la luz crepuscular hacia un caballo pinto que estaba amarrado a un poste entre nosotros y la primera *ger*. Allí un grupo de personas vestidas con largas *deels* semejantes a abrigos trajinaban de un lado para otro y hablaban a voces a través del guirigay de las ovejas y las cabras, a las que dos niños montados a caballo conducían desde las montañas hacia su inmenso corral de madera. El caballo que estaba amarrado, que tenía un aire asustadizo, movió las orejas al percibir los sonidos de personas que conocía y otras que no conocía —nosotros—, y pateó el suelo peligrosamente con sus cascos mientras Rowan echaba a correr hacia él, con la clara pretensión de montarlo en el acto. Yo lo seguí a la carrera y lo tomé en brazos.

—No conocemos a ese caballo, Rowan. Es mejor que esperemos a conocerlo antes de decirle hola.

—¡Caballo! ¡Caballo! ¡Montar a caballo!

El caballo, un hermoso animal con manchas castañas y blancas, relinchó suavemente. Deduje que era un animal muy nervioso, capaz de lanzar una coz, o al menos volverse inesperadamente si se sentía inseguro, y derribar a Rowan al suelo. Pero de pronto, mientras los otros desmontaban a paso geriátrico de la furgoneta, desperezándose, bostezando y soltando exclamaciones motivadas por el entumecimiento de sus músculos y la sombrosa e increíble belleza de ese anfiteatro, formado por una elevada pradera circundada por montañas sobre las que las nubes aparecían iluminadas por la luz crepuscular, el caballo retrocedió primero un paso, luego dos, hacia Rowan.

En los ojos del caballo apareció una mirada parecida a la de *Betsy*: entornó los párpados entornados y su expresión se suavizó. Empezó a relamerse y a mascar. Inclinó la cabeza en señal de sumisión mientras Rowan, de pie ante el animal, le tendía la mano.

Yo permanecía agachado detrás de mi hijo, sujetándolo, dejando que se acercara un poco más al ver que el caballo mostraba —como solían hacer los caballos con Rowan— esa extraña y voluntaria sumisión; era como si él fuera el macho alfa, el jefe de la manada. Increíble. Pero había vuelto a ocurrir. Rowan extendió más la mano y acarició el aterciopelado hocico del caballo.

—Quizá montaremos mañana —dijo. Luego, con un alegre brinco que hizo que el caballo relinchara, se sobresaltara y tirara de la cuerda que lo sujetaba, echó a correr hacia el corral de las ovejas y las cabras.

Cuando lo seguí, vi por el rabillo del ojo que Tulga se dirigía hacia las *gers*, donde unos enormes perros pastores de aspecto agresivo ladraban, gruñían y le mostraban los dientes. Tulga gritó entonces el tradicional saludo que dan los mongoles cuando se aproximan a la *ger* de alguien:

—¡*No-khoi, ko-rio!* ¡Sujeten a los perros!

¡Ostras! ¿Y si uno de los perros le mordía? ¿O a Rowan? Puestos a escoger, prefería que uno de los canes me mordiera a mí en la pierna, de modo que eché a correr detrás del niño, dispuesto a asestarle una patada a cualquiera de los perros. Rowan, sonriendo entusiasmado, se detuvo ante el río multicolor de ovejas, cabras, corderitos y cabritos que fluía lentamente hacia el inmenso corral de madera. Las mujeres y los niños que estaban congregados allí (al parecer los hombres se hallaban en las *gers*, hablando con Tulga y los conductores) nos saludaron a Rowan y a mí con unas tímidas inclinaciones de cabeza y medias sonrisas. Él, ajeno al peligro, dio varias vueltas a la cerca de madera, mirando a través de las estacas de pino de la valla, hasta que se acercó a la entrada. Allí había un niño, unos dos o tres años mayor que él, montaba un caballo alazán y, mientras los animales iban entrando en el corral, contaba las numerosas y confusas cabezas de ganado con la profesionalidad de un niño tejano o un pastor galés. ¿Podría mi hijo parecerse algún día a ese niño? Se hallaba ya dentro del corral, entre las pezuñas y los cuernos de los animales que lo rodeaban.

—Es como *Blackie* —dijo señalando una cabrita negra—. Quiero cogerla. ¿Puedo? ¿Puedo coger la cabrita? ¿Puedo cogerla, por favor?

Se había expresado de nuevo con lucidez. No se había limitado a decir: «¡Cabra! ¡Cabra!», seguido de alguna palabra sin sentido (si no es según la lógica autista) como «jirafa» o «patatas fritas» para comunicar sus deseos. Miré a las madres, tías y abuelas mongolas que se habían reunido allí para vigilar el ganado. Puesto que no estaba Tulga para traducir, sólo pude expresarme por medio de señas, temiendo que a Rowan le diera de pronto un ataque de frustración. Mi expresión debió de ser muy elocuente, pues una de las mujeres de más edad, una matriarca corpulenta y risueña con aire competente, se acercó, agarró una cabra negra de gran tamaño por sus imponentes cuernos e indicó con la cabeza y los hombros que Rowan se montara en ella.

Sonrió alborozado. Yo lo agarré por los sobacos y lo senté en la cabra. Ésta, probablemente una veterana acostumbrada a pasear a niños sobre su ancha grupa, permaneció estoica y paciente, y no se resistió cuando Rowan le agarró los cuernos y deslizó los dedos por su grueso y, a la vez, suave pelaje. Al cabo de un momento desmontó, saltó la cerca del corral y echó a correr de nuevo hacia las *gers* y los perros que las guardaban. Yo les di las gracias a las mujeres por medio de señas, salté la cerca y eché a correr detrás de mi hijo. Él, tremendamente estimulado, dio rienda suelta a su hiperactividad; corría a tal velocidad que me costó alcanzarlo. El sol, que declinaba detrás de la montaña situada más al oeste, inundó el cielo de la estepa con un último estallido de rosa y oro; después se desvaneció en un azul muy pálido en cuyo seno comenzó a parpadear una estrella fría. Mientras perseguía a mi hijo, pensé: Dios, estamos realmente aquí, nada menos que en Mongolia. Mongolia Exterior, el lugar donde se sitúa oficialmente el quinto pino.

—¡Ro-wan! —Era la voz de Tomoo, alta y clara. Su madre y él debieron de llegar en coche cuando nosotros estábamos con las cabras.

—¡Tomoo! —Rowan cambió de rumbo y echó a correr con los brazos abiertos hacia su nuevo amigo.

¿Tenía la repentina habilidad de Rowan de hacer amigos algo que ver con los chamanes? A fin de cuentas, el primer contacto se había producido al término del ritual, y en estos momentos mi hijo correteaba y jugaba a perseguir a su amigo como si lo hubiera hecho toda su vida. Como cualquier otro niño. Ésos eran mis pensamientos cuando, jadeando, corría tras los dos niños en la oscuridad que empezaba a espesarse, gritando a uno de los técnicos de rodaje o a Tulga que me trajera una linterna. Mientras tanto, algunas personas surgieron de las sombras de la noche montadas a caballo para averiguar a qué venía aquel tumulto y los conductores pusieron en marcha sus motores y orientaron sus faros hacia la ladera para plantar las tiendas de campaña.

La noche cayó rápidamente sobre el extraño caos que puede crear un grupo de gente tratando de montar un campamento en la oscuridad en un lugar extraño. Parecía como si nos llevara horas organizarlo todo: las tiendas en las que dormiríamos, la tienda de campaña de la cocina y la comida. Luego la cocinera —una mujer de mediana edad de aspecto hosco que había viajado en la furgoneta con el conductor escuálido, y que apenas había despegado los labios— se puso a preparar arroz y fideos a la luz de una linterna. Rowan, que estaba muy excitado, no cesaba de corretear por la oscuridad, jugando a veces con Tomoo, a veces solo. Oí el sonido de unos cascos cerca de nosotros. La manada debía de haber bajado de la montaña para aproximarse a las *gers*, probablemente en busca de un lugar seguro (al parecer, se alimentaban paciendo en la estepa, no con pienso). ¿Merodeaban los lobos por las montañas?

—¿Rowan? ¿Rowan? —lo llamé, tratando de controlarlo mientras él aparecía y desaparecía en la oscuridad. Confié en que no se topara con esos cascos que pateaban el suelo cerca de donde nos hallábamos, o se alejara demasiado. No, ahí estaba de nuevo—. ¡Rowan, tienes que quedarte junto a papá! Rowan...

Era casi medianoche cuando cenamos. Rowan engulló una gigantesca porción de beicon (¿era cuanto iba a comer durante las tres próximas semanas?). Y ya eran más de las doce cuando, por fin, nos acostamos, recubiertos de ropa para defendernos de la temperatura que había caído en picado. Una vez que se apagaron los faros de las furgonetas, la oscuridad era total. Los sonidos de la noche remitieron y dieron paso a los murmullos y las risas que se oían en las *gers*, los balidos procedentes del corral, los cascos del ganado pateando el suelo y los relinchos de la manada de caballos cerca de donde estábamos. Nuestra tienda tenía tres compartimentos: una parte central para el equipaje y, a cada lado, un dormitorio individual que podía cerrarse con cremallera. El suelo estaba duro, pero era agradable dormir sobre la tierra.

Rowan y Kristin ocupaban el otro compartimento, que hacía las veces de dormitorio, y, cuando nos acostamos, oí que madre e hijo hablaban en voz baja, repitiendo su salmo nocturno particular:

—¿A quién quiere mamá?

—¡A Rowan! —respondía éste.

—¿Y a quién quiere papá?

—¡A Rowan!

—¿Y a quién quiere Rowan?

—¡A mamá y a papá!

Rowan rió suavemente, cayendo de nuevo en sus balbuceos autistas. Pero eran unos balbuceos alegres. Poco después, esos sonidos también remitieron y se disiparon, sustituidos por el sonido de una respiración profunda. Una respiración lenta y rítmica.

Yacíamos acostados sobre pieles de oveja, las mismas que colocaríamos sobre nuestras sillas de montar para los largos trayectos a caballo que iniciaríamos al día siguiente. Yo trataba de dormirme pensando en cómo Rowan y su autismo habían cambiado mi relación con el hecho de montar. Tres años atrás —el año del diagnóstico de Rowan, el año en que el niño había conocido a los bosquimanos y a los chamanes en la reunión, el año en que había forjado su extraña relación con *Betsy*— había ocurrido un hecho, relacionado con su autismo, algo que había alterado total e irrevocablemente el papel de los caballos en mi vida.

Ocurrió durante las breves semanas que transcurrieron entre mi asistencia a la reunión y mi regreso a casa, mientras me hallaba de viaje, acompañando a la delegación de bosquimanos a las Naciones Unidas. Durante el trayecto entre California y la costa este, nos detuvimos para alojarnos con unas tribus indias en Arizona, los hopis y los navajos, para que los bosquimanos, que luchaban por recuperar sus tierras en el sur de África, conocieran a tribus del Primer Mundo que habían conseguido sus derechos territoriales, al menos sobre el papel. Mientras estábamos acampados en la reserva de los navajos, en un lugar llamado Spider Rock, dispuestos a conducir los caballos a los desiertos de Canyon y Chelly al día siguiente (los bosquimanos de Botswana montan como diablos y cazan a caballo, con lanzas), un curandero navajo vino a visitarnos; dijo que se había enterado del motivo de nuestra visita y se ofreció a rezar para que los bosquimanos recuperasen sus tierras.

De modo que construimos el pabellón, consistente en unas piedras blancas amontonadas dentro de una choza formada por ramas cubiertas con lonas viejas y pieles de búfalo; los bosquimanos, el curandero, algunos de los indios navajos y yo nos quitamos toda la ropa menos las prendas interiores y entramos a rezar bajo un calor sofocante que abrasaba los pulmones. Después de entonar varios cánticos y oraciones en diné, la lengua de los navajos, y en inglés, el curandero, cuya voz sonaba incorpórea en la asfixiante oscuridad, preguntó si alguien tenía algo por lo que quería que rezara.

—Yo —respondí—. Este año le han diagnosticado autismo a mi hijo. Quisiera que rezase por él.

De modo que el curandero dirigió otra ronda de cánticos y preces al Creador, a la Gran Madre y a los espíritus ancestrales, mientras el sudor nos caía a chorros y yo rompía a llorar en silencio bajo el manto de la oscuridad. Al final de la ceremonia, cuando nos reunimos en el desierto bajo el resplandor de las estrellas, rodeados por acantilados y cañones que se hundían en la oscuridad, el curandero —un hombre robusto, fornido, con el pelo largo, de unos cuarenta y tantos años, aunque con la complexión atlética de un hombre mucho más joven— me hizo una pregunta sorprendente.

—¿Cazas?

Sí, respondí, pero quizá no de la forma que él conocía. Entonces describí el extraño y absurdo ritual de la caza del zorro en Inglaterra: la enloquecida y adictiva carrera a través de la campiña en invierno, las gigantescas vallas que había que saltar y que podían hacer que el caballo o el jinete se partieran el cuello, el temor y el éxtasis, las caídas y las lesiones, la necesidad de que el jinete y su montura formaran una unidad, la salvaje música de los sabuesos ladrando a través del bosque, los campos y los prados, en pos de su huidiza presa roja.

—¿Matáis al zorro? —me preguntó el curandero.

—Al término de la montería, si los sabuesos lo atrapan, sí.

Aunque en Estados Unidos, añadí, donde se organizan casi tantas cacerías de zorros como en Inglaterra, los terratenientes, que no crían ovejas, no presionan a los cazadores para que maten a su presa, de modo que si un zorro desaparece por un hoyo, lo dejan en paz: la versión americana, por tanto, es casi incruenta.

—No sé por qué —dijo el curandero quedamente en la oscuridad—, pero estoy recibiendo el mensaje de que tienes que dejar de cazar, y que la caza está de algún modo relacionada con el autismo de tu hijo. No puedo darte más detalles, pero eso es lo que me ha dicho el espíritu mientras rezábamos por tu hijo, y yo te lo transmito.

Guardé silencio durante unos momentos, sintiendo un extraño vacío en el estómago. Buena parte de mi vida, de mi identidad, estaba vinculada a la caza. Quizá porque no había nacido en un ambiente de caza, sino que la había descubierto más adelante, como un joven de ciudad cuyos padres no eran ricos. Me inicié en la caza por la puerta lateral, aprendiendo a montar los fines de semana en la granja de mi tía abuela en Leicestershire, impulsado desde la infancia por una extraña e imperiosa necesidad de montar a caballo. Yo había utilizado la caza como un medio de explorar el mundo, e incluso había llegado a ganarme la vida de esa forma, al menos en parte: adiestraba caballos para los cazadores o escribía, para la prensa ecuestre, artículos sobre las cacerías de zorros que se organizaban en Inglaterra y en Estados Unidos.

Cabe decir que era un adicto a la caza. No existe una descarga de adrenalina como la que se experimenta al saltar una gigantesca valla en el campo, una valla tan alta que no ves si al otro lado hay una zanja, una alambrada, un camino, una máquina agrícola u otro obstáculo. «Salta primero con tu corazón y luego haz lo que puedas», solían decir los viejos granjeros de Leicestershire. El hecho de ser ese tipo de jinete, de considerarme ese tipo de jinete, había llegado a dominar mi vida. Una tonelada de ego, un universo de identidad, estaba relacionado con el tema.

Lo cierto era que de un tiempo a esta parte, desde que el autismo de Rowan se había impuesto en nuestras vidas, prácticamente había dejado de montar. Pero lo añoraba. Y ahora el curandero me había dicho que debía renunciar a la parte de la equitación que más me gustaba. Me quedé inmóvil en la oscuridad, junto al curandero, sopesando sus palabras. Sentí que el alma se me caía a los pies. No había ninguna duda, mi intuición me decía irracional, firme e inoportunamente, que ese hombre tenía razón.

—De acuerdo —dije suspirando—. Renunciaré a ello.

Proseguimos hacia la costa este, Capitol Hill y las Naciones Unidas. Los bosquimanos regresaron a casa habiendo alcanzado su propósito, y la primera noche que estuve de regreso en mi casa de Texas, después de que Rowan se acostara, Kristin me dijo que el niño no había dejado de repetir: «¡Caballo, caballo!» en mi ausencia. Telefoneé a un buen amigo, también cazador de zorros, y le conté lo que me había dicho el curandero. Al principio mi amigo se enojó, pensando que me había convertido en un «anti», lo cual para los cazadores de zorros constituye una tremenda herejía. Le aseguré que no era eso, que era una decisión puramente personal, imposible de explicar de forma racional.

Y mientras se lo contaba, un zorro —animal que se ve en muy contadas ocasiones en Texas, donde es perseguido por los coyotes— salió de la oscuridad nocturna del bosque y se detuvo en el semicírculo amarillo que iluminaba la luz de mi porche. Se detuvo bajo ese foco, se volvió hacia mí, avanzó dos pasos y, curiosamente, se puso a ladrar.

—No vas a creerte lo que acaba de ocurrir —dije por teléfono, sosteniendo el auricular hacia los ladridos para que mi amigo oyera al recién llegado.

Al día siguiente llevé a Rowan a montar a *Betsy* por primera vez, y mi vida de jinete, mi relación con los caballos, cambió para siempre. Un cambio que nos había conducido hasta aquí, hasta la gente de los caballos en el lugar más remoto del mundo.

Pensé en eso cuando yacía acostado, escuchando a los caballos semisalvajes patear el suelo y relinchar fuera, en la oscuridad, mientras trataba de colocarme más cómodamente sobre la piel de oveja que al día siguiente cubriría nuestra silla, cuando montáramos en los caballos y partiéramos... ¿Hacia dónde? ¿Hacia qué otro misterio? Ante nosotros se extendía la estepa. Al día siguiente partiríamos a caballo.

9

A trompicones

¿Han estado en las regiones montañosas de Inglaterra? Allí la luz posee una cualidad especial. Se difumina a través de las nubes que se deslizan por el cielo, cambia continuamente y va iluminando distintas zonas de la ladera con una luz casi etérea, sobrenatural, como la que penetra a través de las vidrieras de colores de las catedrales. Es muy bella, cambiante, mágica: no es de extrañar que los celtas y otros habitantes de esas regiones tengan una larga tradición de «vivir en el país de las hadas», o incluso de afirmar haberlas visto. La cualidad de esa luz te hace pensar en esas cosas. Es casi irremediable.

Tal era la luz cuando me desperté al día siguiente. Unas nubes bajas ocultaban las cimas de las montañas y el sol irrumpía aquí y allá para iluminar cada detalle, cada brizna de hierba, primero en una zona de la ladera, luego en otra, con un resplandor dorado, como el fragmento de un manuscrito iluminado medieval; hasta que la luz cambiaba de nuevo, el oro se disipaba y daba paso al gris y, a un kilómetro sobre la ladera, aparecía de nuevo esa luz prodigiosa que doraba la hierba, las rocas, un árbol que, de pronto, resplandecía como una joya exquisita... Y luego la luz se desvanecía y se trasladaba de nuevo a otro lugar. Es como los Peninos, pensé, imaginando los montes envueltos en la bruma del norte de Inglaterra. Dejé que mi vista recorriera la vasta y desierta ladera y las nubes bajas. Ese día partíamos hacia el desierto.

Oí los relinchos de un caballo transportados por el húmedo y frío viento. Varios caballos de colores diversos estaban atados a una larga cuerda suspendida entre dos postes de madera. A pocos metros, un joven a caballo perseguía a otros caballos a medio galope sosteniendo un largo palo de madera semejante a una lanza, en cuyo extremo había un lazo de cuerda. Yo había visto esa herramienta en las películas; era un *urga*, el equivalente mongol a un lazo. Mientras lo observaba, el joven se lanzó de pronto a galope tras un caballo negro azabache que se había separado del resto de la manada y trataba de huir hacia las colinas. El joven, que lo perseguía a galope tendido, se alzó en los estribos, se inclinó sobre la silla y arrojó el lazo sobre la cabeza del caballo tirando hábilmente, al tiempo que frenaba a su montura. El caballo negro, atrapado, se volvió, tropezando, mientras el jinete tiraba de él.

El caballo se resignó de inmediato y dejó que el jinete lo condujera hacia los caballos que estaban atados a la larga cuerda tendida entre los dos postes de madera. Con la cabeza descubierta y luciendo una *deel* roja y unas botas de montar negras de media caña, el joven ató el caballo negro, volvió a montarse y echó de nuevo a galopar, con el *urga* en la mano, dispuesto a ir en busca de otro ejemplar de la manada de caballos que pateaban el suelo nerviosos. Supuse que eran los caballos que montaríamos durante los próximos días.

Me dirigí hacia la mesa de campaña donde Michel, Jeremy y Justin estaban sentados con cara de sueño. Tenían delante lo que parecía un termo de té caliente, y hacían caso omiso del ruido de cascos, la luz tornadiza y mágica y el temor de lo que la suerte podía tenernos reservado. Los tres se habían centrado en la reconfortante simplicidad de una taza de té caliente. A veces uno necesita lo que le resulta familiar para afrontar lo que no lo es.

Yo estaba asustado. Asustado de la inmensidad de aquellos parajes. Recordé una frase de un libro muy divertido, *Flashman at the charge*, una sátira sobre la desastrosa Guerra de Crimea de la década de 1850, en la que se narra cómo los ingleses se lanzan muy seguros a invadir Rusia, desembarcan, echan un vistazo a su alrededor, tragan saliva y dicen: «Este lugar es enorme, ¿no?». Mi reacción había sido idéntica. En aquel espacio inabarcable, decir que me sentía cohibido era quedarme muy corto. Me bebí una taza de té mental y me acerqué a la hilera de caballos, adonde el joven pastor acababa de llevar un caballo rucio. Apuesto, alto, me sonrió, desmontó, ató el caballo junto a los demás, señaló el caballo negro que había capturado hacía un rato, y me señaló a mí.

—¿Ése es el que montaré? —pregunté señalando primero el caballo pequeño y compacto, y luego a mí mismo.

El joven asintió con la cabeza y señaló la pila de sillas de montar y riendas que había cerca. Entre ellas estaba la ligera silla de estilo occidental que yo había traído para que Rowan y yo montásemos juntos, ya que sabía que las sillas mongolas eran demasiado pequeñas para que cupiéramos los dos. El joven pastor tomó la silla y me la entregó, ofreciéndome la oportunidad de probar el caballo. Buena idea, pensé. Tulga y los otros viajeros nos habían advertido que esos caballos eran semisalvajes y solían poner a prueba a un nuevo jinete. Como es natural, en nuestros correos electrónicos y nuestras conversaciones le había recalcado a Tulga la necesidad de que Rowan y yo montáramos el caballo más dócil que hubiera, confiando en que esa gente que vivía a caballo sabría cuál de ellos darme. Pero no hay nada mejor que probar uno mismo un caballo.

De modo que el joven desató el caballo negro. Era una yegua y, según observé al colocarme junto a ella, tenía la altura de un pony, aunque las proporciones de un caballo más alto (todos los caballos mongoles son así, más caballos pequeños que ponys grandes). Tenía las crines recortadas, el lomo ancho y los ojos mansos. Recia y fiable, el tipo de montura sobre la que los viejos granjeros de Leicestershire de mi juventud habrían dicho: «Tiene una pata en cada esquina. Un buen caballo».

Até la cincha con su complicado nudo occidental mientras el mongol colocaba sobre la cabeza de la yegua negra la rienda de cuero de confección casera con el bocado articulado y unas anillas sueltas. Un sencillo bocado con una anilla a cada lado para sujetarlo a las riendas y una pieza articulada para la boca —los arqueólogos han hallado esos bocados con anillas sueltas en tumbas que se remontan miles de años atrás—, que es hoy en día el bocado más utilizado en cualquier país. Las piezas articuladas hacen que el bocado se adapte fácilmente sobre la lengua del caballo. Las anillas sueltas, que se mueven cuando el caballo mueve la cabeza, le permiten cierta libertad, y son ideales para un caballo de temperamento dócil y tranquilo. Apoyé el pie en el estribo, agarré el pomo de la silla y monté. Estaba montado en un caballo en Mongolia.

Azucé ligeramente a la pequeña yegua negra para que se alejara de sus compañeros. El animal obedeció y avanzó perezosamente. Empezábamos bien. Lo último que yo quería era un animal voluble y temperamental (aunque los caballos son muy capaces de mostrarse al mismo tiempo perezosos y volubles, según les venga en gana). No obstante, una montura que avanzara a paso de caracol y que yo tuviera que espolear continuamente a través de aquel inmenso territorio habría sido una lata. Azucé de nuevo a la yegua y chasqueé la lengua para que se pusiera al trote; la yegua se puso a trotar a paso ligero, pero controlado. Buena señal. Me senté hacia atrás, coloqué una pierna detrás de la cincha y dejé la otra donde estaba, pidiéndole que se pusiera a medio galope. La yegua no me hizo caso y se limitó a trotar más deprisa. Quizá había otra forma de hacerla obedecer, una técnica mongola que el animal reconociera. Me volví hacia el pastor, que me observaba con la mirada crítica con que los jinetes suelen observarse unos a otros.

Al ver el trote rápido e incómodo al que se había lanzado la yegua, el joven abrió la boca y gritó: «¡Chuh! ¡Chuh!» al tiempo que agitaba la mano izquierda. Yo imité el grito y golpeé ligeramente al animal en el lomo con la rienda que sostenía en la mano izquierda. La pequeña yegua negra se lanzó a medio galope. Se movía de manera rítmica, sin tirar de mi mano ni tratar de galopar a excesiva velocidad. Era la montura perfecta.

Mientras cabalgábamos, empezó a lloviznar. Hice que la yegua diera la vuelta y regresara hacia las *gers* en el preciso momento en que estallaba un trueno. Enseguida se levantó un viento gélido procedente del sur y empezó a llover a cántaros. Esas tormentas tan repentinas como violentas parecían ser muy frecuentes allí. Mientras galopaba hacia las *gers* —todos los demás habían echado a correr hacia las tiendas de campaña—, el joven y apuesto pastor que me había cedido el caballo salió de una de las *gers* y me indicó que entrara. Tiré de las riendas de la yegua, desmonté, la até al poste que me indicó el joven y lo seguí a través de una puerta baja hacia el interior de la *ger*, mientras la pobre yegua agachaba paciente la cabeza y volvía los fríos cuartos traseros hacia la lluvia.

Penetrar en la *ger* era como penetrar en otro mundo. No, era exactamente penetrar en otro mundo, un mundo distinto por completo, desde el denso y casi abrumador olor a estofado de cabra que se estaba cociendo sobre la estufa de metal del centro de la tienda de campaña circular, hasta el exquisito dibujo amarillo y azul que había pintado en el aparador del fondo de la *ger*, entre dos camas de madera. Sobre el aparador colgaba un fusil, y había varias fotografías enmarcadas en las que se veían caballos montados por niños y unos hombres vestidos con *deels* de pie junto a ellos, sonriendo muy ufanos; algunas de las fotos tenían medallas sobre los marcos.

Sentado en una de las camas había un hombre de mediana edad y aspecto atlético, calzado con botas de montar y vestido con una *deel* de color rojo oscuro y un chocante y anticuado sombrero de fieltro como los que llevaban los tratantes de caballos ingleses, al estilo de los gitanos. Junto a él estaba su esposa, también de mediana edad y guapa: era la mujer de aspecto robusto que había sujetado la cabra para que Rowan la montara la tarde anterior. Frente a ellos, al otro lado de la estufa, la mesa baja y los taburetes, estaba el alto y joven pastor y su bonita esposa, una mujer con la cara redonda. Todos sonrieron y nos saludamos. El hombre mayor sacó un librito del forro de su *deel* y lo depositó sobre la mesa baja; a continuación, me indicó que me sentara en uno de los taburetes y él hizo lo propio. Miré el libro. Era un libro de frases y diccionario mongol-inglés.

Me sirvieron entonces un cuenco que contenía un líquido de color blanco que emanaba un olor intenso.

—*Airag*—dijo el hombre indicándome que bebiera.

Me lo había temido. *Airag* es la célebre leche fermentada de yegua que la gente de la estepa mongola bebe tanto para sobrevivir como por placer. Miré el líquido que contenía el cuenco, blanco y lechoso. En la superficie flotaba una delgada capa de nata con diminutas burbujas amarillas. Reprimiendo el deseo de dar media vuelta y salir gritando, a pesar de la lluvia, alargué las manos, incliné la cabeza en señal de agradecimiento y bebí.

Me gustaría ser uno de esos viajeros que aseguran que todo lo exótico tiene un sabor estupendo. Pero no es así. He comido orugas mopane en el desierto del Kalahari con los bosquimanos; saben... a orugas. Las hormigas voladoras que comí con ellos tenían un sabor tan horrible como era de prever. Pero me las comí como pude, sonriendo. Y con aquel mejunje hice lo mismo, aunque me costó bebérmelo.

—Humm —dije devolviendo el cuenco al patriarca y relamiéndome—. Delicioso.

El patriarca sonrió, asintió con la cabeza y bebió. Bueno, pensé, sabiendo que tendría que volver a beber mientras siguiera sentado allí, al menos le habían echado mejunje, un lingotazo de alcohol que mitigaba las náuseas que me producía. Sentí el calor del alcohol; mi cuerpo no estaba acostumbrado a ingerir alcohol a una hora tan temprana. Al salir de mi ensoñación comprobé que el hombre mayor había abierto el libro de frases que había en la mesita y señalaba una de ellas. Me incliné para leerla. *Ah Tavtaii moril.* (Bienvenido.)

Tomé el libro de frases y lo hojeé hasta que encontré *bayarlaa* (gracias). Lo seguí hojeando hasta que hallé las palabras, *tand ikh*, que significa «mucho», e hice varios gestos confiando en que comprendieran que deseaba expresar que me sentía honrado, lo cual era cierto. Me sentía tremendamente honrado. Esas gentes nos guiarían y cuidarían de nosotros durante aquel disparatado viaje. Por supuesto que me sentía honrado. El cuenco de *airag*, después de que las cuatro personas que estábamos en la *ger* hubiéramos bebido de él, regresó a mis manos. Suspirando para mis adentros, bebí un trago tan largo como pude. Si tenía que beber ese vomitivo mejunje, más valía que ingiriera tanto alcohol como fuera posible. La lluvia batía con fuerza sobre el tejado de la *ger*. Alcé la vista y le pasé de nuevo el cuenco al hombre mayor. Me sentía un poco achispado. ¿Era el *airag* siempre tan potente, o dependía de quién lo preparara?

—*Boroo* —dijo el joven con el libro de frases en la mano. Lluvia.

Tomé el libro, preguntándome si podía permitirme una broma. De pronto recordé —quizá el alcohol tenía algo que ver en ello— una cómica escena de los Monty Python en que alguien trata de obtener una taza de té o algo parecido en un país escandinavo con ayuda de una guía turística (es probable que me equivoque y en este momento haya millones de *pythonólogos* gritando: «¡Que no es así!») y termina diciendo: «Lo siento, pero mi aerodeslizador está lleno de anguilas».

Supongo que era el *airag*. Hojeé la sección de «frases útiles y cotidianas» y, al fin, hallé la frase que buscaba: *Ogonuu jorlongiin tsaas.* (¿Podría pasarme el papel higiénico?)

Hubo un momento de perplejidad en el rostro curtido y arrugado del patriarca. De pronto, el hombre me miró con ojos chispeantes y las cuatro personas sentadas a la mesa rompimos a reír a mandíbula batiente. Había roto el hielo.

El patriarca hojeó el librito y encontró: *Taksi duudarai* (haga el favor de llamar a un taxi). A lo cual, procurando estar a la altura (mientras me pasaban el cuenco de *airag* por tercera vez), respondí: «*Khaan kheregtai jorlong*» (¿dónde está el lavabo de mujeres?).

Grandes carcajadas y una cuarta ronda (¡que Dios nos asista!) de la leche fermentada de yegua, mientras el patriarca señalaba *Namaig khuleej uzeerei* (¡espérame!).

Luego, poniéndose serio, el patriarca le pidió a su hijo que le trajera papel y bolígrafo. Me señaló y preguntó:

—¿América?

Asentí con la cabeza. El patriarca hizo un gesto que yo, en mi estado de leve embriaguez, interpreté como: «Dibuje un mapa del país». Lo hice. El patriarca asintió, visiblemente complacido, tomó el libro de frases y me mostró *dachka* (hija). Luego se señaló a sí mismo.

—¿Usted es una hija? —pregunté confundido. El hombre volvió a señalarse, luego a su mujer y por último la palabra.

—¡Su hija! —dije, captándolo por fin.

El patriarca asintió con la cabeza y se inclinó hacia delante; emanaba olor a caballos, a sudor y a tabaco, y dijo con claridad meridiana:

—Los Ángeles.

—¿Tiene una hija en Los Ángeles?

El hombre asintió, aunque yo no tenía remota idea de si había acertado o le había dado a entender algo totalmente erróneo. De modo que tracé un amplio círculo azul en el improvisado mapa que había dibujado, lo rellené, escribí Los Ángeles junto a él y se lo mostré. «Los Ángeles.»

Los ojos del patriarca se iluminaron con una expresión de gozo. *Dachka*, dijo de nuevo y señaló el círculo. ¿Era posible que tuviera una hija que vivía en Los Ángeles? ¿Estaba esa *ger*, situada en un paraje desértico y remoto, conectada por vínculos familiares con la rutilante capital del mundo occidental? ¿Por qué no? Todo era posible.

Dibujé otro círculo en la costa opuesta. Nueva York. Luego, en el sur de la parte central, tracé un tercer círculo: Austin, Texas. Me golpeé en el pecho con excesiva contundencia (de nuevo debido al *airag*) y hojeé el librito por última vez. *Demoy*, dije. (Hogar.)

A continuación, intercambiamos una charla intrascendental por medio de signos. El patriarca señaló con orgullo las fotografías de caballos de las que colgaban las medallas; reconocí a los dos niños que había visto montando en el campamento. De modo que ese hombre criaba caballos, y los nietos eran los jinetes. Me sentí impresionado. ¿Podría Rowan montar sólo algún día de esa forma?, me pregunté. Era mi mayor sueño.

Señalé el fusil que colgaba al fondo de la *ger* e hice una mala imitación del aullido de un lobo, punteado por un signo de interrogación. Todos asintieron con la cabeza, y para confirmarlo el joven señaló las palabras *chono* (lobo), y *galisatsb* (caza), en el pequeño diccionario. Pobres lobos, pensé. Aunque de haber vivido yo aquí con mi ganado como único sustento, probablemente también los cazaría. Hubo una quinta ronda de *airag*. El sabor no había mejorado, pero mi estado de embriaguez se había intensificado. Percibí un sonido. Mejor dicho, una ausencia de sonido. Había dejado de llover. Supuse que Rowan y Kristin ya se habrían despertado. Me levanté y, como no sabía qué decir, hice una reverencia. No sabía cómo decir «debo ir a reunirme con mi esposa y mi hijo» en mongol, pero parecía haber un entendimiento mutuo.

El patriarca y su esposa asintieron con gesto afable mientras el joven se levantaba y abría la puerta. Las nubes que habían aparecido esa mañana sobre las colinas se habían disipado. El viento era cálido y había ahuyentado al frío. La yegua negra puso las orejas tiesas cuando salí; la desaté, me monté en la silla empapada y, cuando el joven se despidió de mí con una sonrisa y un gesto con la mano, eché a galopar hacia nuestras tiendas de campaña. Observé que la yegua respondía mucho mejor a mis indicaciones, ya que se había adaptado a mí al igual que yo a ella.

Me detuve junto a las tiendas de campaña, donde Justin, Jeremy y Michel estaban desayunando alegremente sándwiches calientes de beicon y huevos. No había señales de Kristin o Rowan. Conduje la yegua negra hacia nuestra tienda de campaña y oí el sonido de cantos y risas.

—Mamá cantar una canción.

Luego oí la voz de Kristin:

—*Sing, sing a song. Make it simple, to last your whole life long…*

La reconocí enseguida. Los Carpenters.

Luego oí la voz de Rowan, perfectamente afinada:

—*Just sing, sing a song.*

Luego los dos juntos:

—La la la la la, lala la lala…

Me arrodillé y dije:

—Pam, pam.

Kristin abrió la cremallera de la tienda de campaña.

—Gracias a Dios, Ru. Llevamos una hora tumbados aquí en la cama… Rowan insistía en cantar esa canción una y otra vez. Estoy famélica.

—¡Cantar! ¡Cantar más! —dijo Rowan.

—¿Nadie os ha traído nada para comer? —Enojado, miré a los chicos, que estaban charlando mientras desayunaban—. Un momento.

Me dirigí hacia ellos, seguido dócilmente por la yegua negra.

—¡Eh, Jeremy! —Descargué mi ira sobre él, porque más que alguien que había venido para ayudar a filmar el viaje era sobre todo un amigo—. ¿Cómo es posible que estés atiborrándote de comida tan tranquilo sin acordarte de Kristin y Rowan? No estamos de vacaciones…

De pronto, al oírme, me detuve abochornado. A veces me comporto como un cretino. A fin de cuentas, ¿dónde había estado yo?

—Lo siento —dije por decir algo—. Pero Kristin lleva ahí una hora mientras vosotros estabais desayunando y…

—Ni una palabra más. —Jeremy dejó su plato en la mesa y se dirigió a la tienda de campaña de la cocina—. Yo lo prepararé.

—Gracias —respondí, sintiéndome como un estúpido y un poco borracho—. Un sándwich de huevo duro o algo por el estilo. Y un poco de beicon para Rowan.

Regresé a la tienda de campaña, donde Rowan seguía obligando a Kristin a cantar las mismas estrofas de la canción una y otra vez.

—El desayuno no tardará en llegar. Eh, Rowan, ¿quieres dar un paseo a caballo? Mira, un caballo nuevo. Se llama... —Me devané los sesos en busca de un nombre—. ¡Blackie!

—Muy creativo —comentó Kristin saliendo de la tienda.

—¿Quieres dar un paseo a caballo? —pregunté de nuevo sin hacer caso a Kristin.

—¡No! ¡Montar, no! ¡Quiero que mamá cante! ¡Canta! ¡CANTAAAAAA!

El berrinche estalló como un trueno, como un aguacero. Rowan arqueó la espalda y se puso a gritar a pleno pulmón con la cabeza inclinada hacia delante. Luego empezó a golpearse violentamente la cabeza con los puños. Lo tomé en brazos, apartando la cara para que no me partiera la nariz con un movimiento brusco de sus brazos y piernas, y me lo llevé a la furgoneta, de la que salió Tomoo.

Las lágrimas y la pataleta de Rowan cesaron tan repentinamente como habían comenzado.

—¡Tomoo! —dijo sonriendo alborozado; a continuación, saltó de mis brazos y se montó en la furgoneta donde esperaban sus animales de juguete, como si no hubiera ocurrido nada.

Tomé las riendas de Blackie de las manos de Tulga y él se fue a organizar a los chicos. Me senté en cuclillas y, mientras empezaba a lloviznar, me quedé un rato observando cómo los dos niños jugaban con los leones y otros animales africanos que Rowan había sacado de su bolsa.

Kristin se acercó para reunirse conmigo. Solté un poco las riendas de Blackie para que paciera. Rowan hacía el papel del rey de la Roca que se sentaba sobre el asiento tapizado con piel de leopardo, mientras Tomoo jugaba con el avión de juguete de British Airways de Rowan, haciéndolo volar sobre sus cabezas. Mi hijo no rechistó, aunque por lo general no le gustaba compartir sus juguetes.

Al cabo de diez o quince minutos, le pregunté:

—¿No quieres venir a jugar con Blackie? Blackie, la yegua, quiere decirte hola.

No me hizo caso. Dejé que transcurrieran unos minutos, tras lo cual repetí mi pregunta. No hubo respuesta. No insistas, me dije, aunque no pude por menos que pensar: «¿Y si el niño se niega a montarse en un caballo? ¿Qué hacemos entonces? *Blackie* movió las orejas hacia delante y olisqueó a Rowan. Éste sonrió, la miró achicando los ojos como suelen hacer los autistas y ladeó la cabeza. Y ocurrió de nuevo. La yegua inclinó la cabeza, relamiéndose y mascando, con voluntaria sumisión. Al menos estaría seguro con aquel caballo.

—¿Quieres darle a *Blackie* un abrazo y un beso?

Rowan obedeció. *Blackie* entornó los ojos con expresión satisfecha, dejando colgar su labio inferior. El niño se agachó y empezó a acariciarle el espolón y la cuartilla.

—Mira —dijo—. Tiene una pata, y un casco...

—Exacto. Es una yegua muy buena. —Comprendí que mis palabras sonaban un tanto condescendientes, premeditadas. Rowan debió de captarlo; no puedes engañar a un niño, tanto si es autista como si no—. ¿Quieres montarla? —pregunté adoptando un aire inocente.

—¡No, gracias!

Rowan se incorporó y se metió de nuevo en la furgoneta. Dejé que transcurrieran unos minutos y propuse:

—¿Quieres dar un paseo a caballo con Tomoo?

Al oír su nombre, Tomoo alzó la cabeza. Yo señalé el caballo. Tomoo asintió, abandonó el avión de juguete y dejó que lo sentara en la silla. Rowan le miró.

—Vamos, Rowan. Ven a dar un paseo a caballo con Tomoo.

No respondió, pero no protestó cuando lo tomé en brazos, lo saqué de la furgoneta, lo separé de sus animales, y lo senté detrás de Tomoo. Rowan lo abrazó con los antebrazos, porque en las manos sostenía dos leones de juguete, y partimos. Los dos niños iban sentados cómodamente juntos como si fueran amigos desde hacía años. Rowan manejaba la situación como si hubiera tenido amigos toda su vida y no sólo desde hacía un día.

Nos dirigimos al corral de las cabras y las ovejas, que en esos momentos estaba vacío, ya que los hombres habían sacrificado discretamente los animales que habían marcado. Pero cuando nos aproximamos allí, por algún extraño motivo, Rowan se tensó y empezó a gritar:

—¡Furgoneta! ¡Furgoneta!

De modo que hice que *Blackie* diera la vuelta y regresamos junto a la furgoneta. Rowan no dejaba de chillar e iba aumentando el volumen que se aproximaba a un berrinche en toda regla. ¡Dios, qué mañanita! Al llegar a la furgoneta, Rowan gritó:

—¡Bajar! ¡Bajar!

De modo que desmonté a Rowan y a Tomoo de lomos de *Blackie* y ambos niños saltaron a la furgoneta.

—Ah, Rupert —dijo Tulga apareciendo de nuevo junto a mí, tras acerarse en silencio—. Creo que el festín está preparado. La familia dice que vayas a la *ger*.

—¿Un festín? —preguntó Kristin, que llevaba un rato sentada en el escalón del vehículo—. ¿Qué tipo de festín?

—Unas exquisiteces de la estepa —respondió Tulga hábilmente.

—Creo que me quedaré aquí —dijo Kristin sonriéndome—. Vigilaré a Rowan y a Tomoo. Ve tú, cariño.

—De acuerdo, cariño.

El festín iba a celebrarse en la *ger* en la que había estado antes. Tulga y yo ocupamos el lugar de honor. Observé que Michel, Justin y Jeremy decidieron de pronto ponerse a trabajar y se ocultaron deliberadamente detrás de las cámaras y el equipo de sonido cuando apareció una humeante bandeja de vísceras recién cocinadas, que fue depositada con satisfacción en la mesa baja. El patriarca y los tres hombres más jóvenes que nos harían de guías, además de sus esposas, me observaron expectantes cuando dejaron la bandeja ante mí. Observé que había una botella de vodka en la mesa. Eso ayudaría un poco.

—Muy bien —dijo Tulga con un deje de ironía—. Creo que te gustará. Este plato es una auténtica exquisitez mongola. —Tulga señaló el montón de carne humeante que había ante nosotros. Emanaba un olor acre—. Esto —añadió señalando los dos trozos de color pardo más cercanos— es el pulmón. Muy bueno, muy sabroso.

—¡Pulmón! —dije alargando una tacita de cerámica para que el patriarca me sirviera vodka. ¡Fantástico!

—Y esto es el hígado, el corazón y los riñones con su propia grasa. —Todos los trozos de color púrpura tenían adheridos grandes pegotes de grasa gelatinosos y semicrudos. Tulga se inclinó hacia delante y giró un poco la amplia bandeja de metal—. Esto es salchicha de sangre...

Será semejante al pudin de Yorkshire hecho con morcilla negra, pensé para tranquilizarme.

Pero no se parecía al pudin de Yorkshire hecho con morcilla negra, que nadie diría por su aspecto que está hecho con sangre e intestinos. Cuando estudiaba en la universidad de York, había comido un número suficiente de esos púdines para conocer la diferencia. Esta versión mongola parecía realmente un cúmulo de intestinos y sangre.

—¿Y eso qué es? —pregunté señalando una cosa circular y bulbosa, mayor que el resto de los órganos, cuyas membranas temblaban como si trataran de contener la porquería que había en su interior.

—Ah, sí. —Era difícil adivinar si Tulga gozaba con mi apenas disimulada angustia o si creía sinceramente que iba a gustarme—. Eso es estómago, relleno de intestinos, una parte del cuello y... —Por más que Tulga se esforzó en dar con las palabras adecuadas, no lo consiguió—. Otras partes.

—Otras partes.

—Sí.

Quizá era preferible no saberlo.

—Empezaré por el pulmón —dije; bebí otro trago de vodka y pasé a Tulga el cuchillo que habían colocado frente a mí—. ¿Quieres hacer los honores?

Cuando Tulga partió el humeante órgano palidecí un poco. No

debido al hecho de que fuera un pulmón, sino a que pareciera un pulmón. Si lo hubieran desmenuzado y frito con ajo y cebolla, no me habría repelido. Quizá incluso me haría parecido interesante. Pero, ¡ostras!, hervido y temblequeante... Era como si alguien hubiera pensado: «¿Cómo puedo presentar este plato de la forma más repugnante? Ya sé, lo herviremos a medias, para que parezca exactamente lo que parece cuando estamos destripando al animal, y lo serviremos medio crudo y sanguinolento. Así, cuando lo partan, los tubos y las válvulas interiores aparecerán con toda claridad, como si estuviera sobre una mesa de disección».

No quería ofender a nadie, por lo que me esforcé en no revelar lo que me pasaba por la mente. Mi rostro era una máscara que esbozaba una sonrisa cortés para ocultar el terror. Tomé el pedazo gelatinoso y medio crudo de pulmón que Tulga me había servido, lo mastiqué con ganas, con cara de entusiasmo, relamiéndome e intentando no vomitar, y me lo tragué.

—Bien —dije bebiendo otro trago de vodka—. Probemos un poco de corazón.

Tulga me dio una palmada en la espalda mientras yo engullía el trozo de pulmón.

—¡Ya has probado un auténtico plato mongol!

Asentí débilmente con la cabeza. Casi me eché a llorar cuando la esposa del patriarca, sonriendo con la satisfacción de quien sabe que te ofrece un manjar, me pasó un cuenco de leche de yegua fermentada. Después de eso necesitaría unas sesiones de terapia. Me lo bebí como un buen chico, reprimiendo las náuseas, y esperé la siguiente porción de despojos.

—¿Qué me he perdido? —preguntó Kristin cuando, después de la espeluznante experiencia, me reuní con ella junto a la furgoneta. Cuando se lo conté, Kristin palideció—. Supongo que yo tenía la opción más fácil —dijo. Luego añadió—: No creo que Rowan quiera salir de la furgoneta. Es como si hubiera decidido no moverse de allí.

—¿Os apetece dar un paseo a caballo? —pregunté asomando la

cabeza al interior tapizado de piel de leopardo, donde Rowan y Tomoo seguían jugando.

—¡No, gracias!

¿Qué podía hacer? La presión de nuestra inminente partida, o casi inminente, se intensificaba, de modo que decidí montarlo sobre la yegua sin más miramientos. No era una decisión tan arbitraria como pueda parecer. En Texas había comprobado hacía tiempo que el método seguro —de hecho el único método seguro— de impedir que Rowan estallara en un berrinche neurológico y provocar su risa era sentarlo sobre *Betsy*, instalarme detrás de él y echar a galopar. El ritmo y la velocidad siempre lo tranquilizaban y lo complacían. Decidí intentarlo, así que lo saqué de la furgoneta y lo senté sobre *Blackie*, como habría hecho en casa. Sus alaridos de protesta remitieron y enseguida fueron sustituidos primero por una tímida risita y luego por una sonora carcajada mientras gritaba: «¡Rápido, más rápido!», al tiempo que yo espoleaba a la yegua para que se lanzara al galope.

De pronto, vi a Jeremy que salía de la *ger* principal.

—¡Persigamos a Jeremy! ¿Quieres que persigamos a Jeremy?

—¡Sí!

Hice que la yegua diera la vuelta y eché a galopar hacia nuestro amigo, para apartarme en el último minuto. Las risas de Rowan, como un alegre carillón, eran como música celestial para mis oídos. Por el rabillo del ojo vi al resto de nuestro grupo congregado alrededor de los caballos. Confié en que terminaran pronto, pues el renovado buen humor de Rowan era un tanto frágil. Ojalá pudiéramos partir en ese mismo instante, pensé.

De pronto, la cincha se partió. Mejor dicho, la argolla de metal que la sujetaba al cuerpo principal de la silla se soltó debido a la presión que ejercían los músculos del vientre de *Blackie*, que galopaba en círculo persiguiendo de nuevo a Jeremy. Al sentir que la silla empezaba a caerse, la frené de inmediato y procuré equilibrar mi peso apoyando los pies en los estribo. Cuando se detuvo, saqué los pies de los estribos, deposité a Rowan sobre la hierba y después salté yo. Un mal trabajador echa la culpa a sus herramientas, pero no era lógico que se hubiera partido una de las piezas principales de una silla nueva que había comprado hacía apenas unas semanas. Era la única silla en Mongolia capaz de transportarnos a Rowan y a mí con comodidad a lomos del caballo. Curiosamente, Rowan no se puso a gritar por tener que suspender el paseo. Lo senté sobre mis hombros y subí la cuesta, llevando a la sufrida yegua por las riendas, en busca de uno de los guías. Necesitaba ayuda para reparar la silla deprisa.

En el lugar donde los caballos estaban alineados reinaba cierto caos. Justin había adquirido unas grandes alforjas para guardar sus mezcladoras, pero tenía problemas para asegurarlas a la silla de su montura.

—¡Correr! ¡Correr más! ¡Perseguir a Justin! —me exigió Rowan sentado sobre mis hombros, alzando el tono peligrosamente.

A todo esto, Kristin, inquieta sobre su rucio, le preguntó a Tulga:

—¿Seguro que este caballo es dócil?

Kristin no monta mal. Lo que le falta, y ella misma lo reconoce, es ese instinto que te impulsa a decirle a un caballo lo que tiene que hacer, aunque el animal pretenda hacer lo contrario. Ese instinto es importante cuando tratas con caballos, porque son animales de manada, acostumbrados a que el líder los controle (no que los maltrate). Los perros son iguales. De modo que tienes que afirmar tu control sobre ellos, en parte a través de técnicas aprendidas y en parte a través de tu voluntad. A Kristin, por algún motivo desconocido, no le interesaba ejercer su voluntad sobre otro ser (siempre y cuando no fuera su marido). Lo cual no significa que sea una persona débil. Todo lo contrario. Conozco a pocas personas capaces de defender su postura mejor que ella. Simplemente no le interesa decirle a un caballo lo que tiene que hacer; pero si vas a montarlo, tienes que hacerlo, so pena de sufrir un accidente.

—Ru —dijo Kristin débilmente montada sobre el muy dócil caballo que le habían asignado—, ¿estás seguro de que este animal obedece? No dejo de espolearlo, pero no se mueve.

—Es porque no quiere abandonar a los demás —respondí distraído mientras intentaba encontrar el nudo adecuado para confeccionar una cincha segura con la correa de cuero que un guía había conseguido en alguna parte—. Seguirá a los demás. No te ocurrirá nada, Kristin, en serio —dije, sin saber si eso era cierto. Rowan empezó a tirarme del pelo y a gritar: «¡Correr, correr más!». Me estaba costando hacer el nudo y era evidente que tardaríamos un buen rato en partir. Por fin até el nudo, probé su resistencia sujetándolo a las argollas de la silla, monté a Rowan sobre *Blackie*, me instalé detrás de él y eché a galopar describiendo de nuevo un amplio círculo. Las sonoras carcajadas de Rowan borraban su evidente inseguridad. Pero yo no podía negar mi propia inseguridad. No podía obligar al pobre caballo a galopar en círculos eternamente, tanto más cuanto que antes de que acabara el día tendríamos que recorrer muchos kilómetros.

Hice que *Blackie* diera la vuelta y regresamos al trote donde la gente seguía agrupada. Justin había montado por fin en su caballo, tras haber asegurado su equipo de sonido en las alforjas, detrás de él, y sostenía la jirafa como una extraña lanza con la cabeza en forma de cilindro, un nuevo guerrero a caballo de la era digital. Pero Tulga, Michel y Jeremy estaban aún en el suelo, discutiendo sobre algo. Rowan se alzó en la silla y adoptó su postura de vikingo en la proa de un barco, sujetándose a mi pelo para no caerse.

—¡Eh, chicos! —grité, tratando de asumir el papel de líder y molesto por el tono de desesperación en mi voz—. Tenemos que hacer que Rowan se mueva. No sé cuánto tiempo durará su buen humor. Lleva levantado toda la mañana y...

—¡Vamos! —terció Rowan, confirmando mi ansiedad—. ¡Vamooos!

—¡AY! —bramé cuando Rowan arqueó la espalda y me arrancó un puñado de pelo. No había previsto que eso podía ocurrir.

—¡Furgonetaaa! ¡Furgoneta! ¡Vamos a la furgoneta! ¡Bajar, bajar! ¡QUIERO BAJAR!

—¡Vamos! —respondí con un tono de falsa alegría, espoleando a *Blackie*. Echó a trotar hacia el camino de cabras que, según pude observar, conducía al lejano paso hacia el que se suponía que nos dirigíamos.

Los berridos de Rowan se intensificaron.

—¡No seas bobo! —dije tratando de conservar el tono alegre y resistiendo la tentación de gritarle. Estaba muy avergonzado porque sabía que Justin estaba captando cada una de mis palabras a través del micrófono que yo llevaba prendido—. ¡Vamos a trotar un poco!

—¡Buaaa! ¡Furgonetaaa! ¡Furgonetaaa! —Rowan empezó a revolverse en la silla. Yo me volví. El resto del grupo por fin se había puesto en marcha, seguido por la furgoneta.

—¡Furgonetaaa! ¡Furgonetaaa!

Kristin se acercó a nosotros.

—¡No consigo que este caballo se mueva, Ru! Tengo que espolearlo continuamente. ¡No puedo seguir así! Estoy agotada, yo...

Reconozco cuando estoy derrotado.

—De acuerdo, Kristin. Oye, mira, ¿por qué no te montas en la furgoneta y le das tu caballo al guía? Llévate a Rowan. Quiere ir en la furgoneta. Podemos intentarlo más tarde.

De modo que Rowan, el niño de los caballos, partió hacia el agreste interior de Mongolia en una furgoneta diesel todoterreno con el interior tapizado en piel de leopardo y cortinas rosas.

10

El error de un padre

No debería importar, me dije repetidamente mientras cabalgábamos por el enlodado sendero y los cascos de *Blackie* resbalaban sobre la arcilla roja. No debería importar que Rowan haga este viaje montado a caballo o en un vehículo. Lo que importa es que está aquí, da igual cual sea el resultado. ¿No? Por supuesto. Pero importaba. Claro que importaba.

No obstante, aproximadamente al cabo de una hora de partir, se rompió la cincha de uno de los guías y tuvimos que volver a detenernos. De modo que todos frenamos nuestras monturas en medio de la pradera, rodeados por las montañas, el viento y el silencio. Para comprobar la reacción de Rowan, asomé la cabeza por la puerta del buga tuneado y le pregunté:

—¿Quieres intentar montar de nuevo a *Blackie*?

—¡Sí! —respondió Rowan.

—¿Quieres montar con papá o prefieres que papá conduzca al caballo?

—Que papá conduzca al caballo.

—De acuerdo.

De modo que senté a Rowan sobre *Blackie*. Kristin salió también de la furgoneta y montó un alazán con la crin y la cola de color rubio pálido que uno de los guías conducía por las riendas. El sol salió. El día se hizo más cálido. Y entonces se produjo el siguiente pequeño drama. Tras poco tiempo de avanzar por el sendero, decidí quitarme algo de ropa. Había rellenado mi chaqueta, una especie de chaleco de pescador, con todo el equipo de Rowan: ropa limpia, un par de zapatos adicionales, toallitas húmedas, dos mudas, dos pantalones y una lona doblada por si estallaba una tormenta. Hacía tanto calor que aproveché que el buga tuneado nos seguía a paso de tortuga para meter el chaleco en el vehículo, pensando que siempre podía acercarme al galope a la furgoneta en caso de emergencia. Durante esa maniobra observé un movimiento que me alarmó. El caballo de Jeremy se había encabritado.

Es asombrosa la rapidez con que algo puede torcerse cuando vas montado a caballo. Basta una fracción de segundo, un trozo de plástico negro agitándose sobre un seto, la picadura de una avispa, el sonido de una serpiente de cascabel, una fría ráfaga de viento en un momento inoportuno, o un violento estruendo para que el caballo más perezoso, viejo y torpe se convierta en una máquina letal que se encabrita y sale huyendo. Un caballo pesa aproximadamente media tonelada. Si de pronto se asusta, porque lo haces saltar de costado mientras lo llevas a través de una entrada estrecha o no vas bien sentado en la silla, estás perdido.

En el caso de Jeremy, el detonante fue que se quitó la ehaqueta, se la anudó alrededor de la cintura y el viento cálido la agitó. De pronto su viejo y manso caballo rucio —el mismo del que hacía una hora escasa Kristin había dicho que apenas se movía— se encabritó como un caballo salvaje. Con la cabeza gacha, alzó los cascos y puso la espalda casi vertical. Jeremy cayó inevitablemente al suelo. Yo sujeté a Rowan con fuerza, dispuesto a desmontarlo si la rebeldía del rucio se contagiaba al resto de la manada, cosa que suele ocurrir cuando los otros caballos observan que uno de sus compañeros se encabrita y logra desembarazarse de su jinete. Los caballos son muy caprichosos en ese sentido. Pero por fortuna *Blackie* no se inmutó, y, aunque algunos de los caballos se pusieron algo nerviosos, los guías ya tenían la manada controlada cuando Jeremy, que sólo había quedado herido en su orgullo, se levantó del suelo con una mancha de barro en el trasero. El caballo echó a correr por el sendero hacia casa para reunirse con el resto de la manada, seguido a galope tendido por dos de los guías.

¿Sería posible pasar una hora sin que se produjera ningún

drama?, me pregunté cuando todos emprendimos de nuevo el camino hacia las laderas sembradas de cantos rodados. Confié en que así fuera, pues por fin estábamos realizando nuestro proyecto. Por fin conducía a mi hijo a caballo a través de la gigantesca estepa, mientras dos águilas volaban en lo alto, el sol calentaba agradablemente el ambiente, el viento agitaba la hierba y Rowan, por fin, estaba satisfecho.

—¡Mira! —dijo—. ¡Un bisonte!

Era algo que últimamente hacía con frecuencia, cuando estaba relajado. Señalaba animales imaginarios: «Mira, un puma. Mira, un elefante».

—Sí, parece que debe de haber bisontes en este lugar. —En efecto, guardaba cierto parecido con Montana o Wyoming, el Salvaje Oeste antes de que los blancos aparecieran y lo destruyeran.

—Papá cantar —dijo Rowan de pronto, oscilando suavemente de un lado a otro siguiendo el ritmo de *Blackie* mientras la pequeña yegua avanzaba por la parte inferior de la extensa ladera cubierta de cantos rodados.

—¿Qué quieres que cantemos?

—Másalládelascolinasyalolejos —contestó Rowan de corrido, como si se tratara de una sola palabra. *Más allá de las colinas y a lo lejos* es una antigua canción folk inglesa o escocesa que a veces yo cantaba para tranquilizarlo antes de que se durmiera. De modo que me puse a cantarla:

> Tommy era el hijo de un gaitero
> Que aprendió a tocar cuando era joven.
> Pero la única canción que tocaba era...

—Más allá de las colinas y a lo lejos —cantó Rowan sin desafinar lo más mínimo.

—Más allá de las colinas y del mar.

—A través de...

—¡Flandes, España y Portugal! —cantó Rowan.

—El rey Jorge ordena y nosotros obedecemos...

—Más allá de las colinas y a lo lejos —respondió Rowan.

—Yo te amaría todo el día...

—Y nos besaríamos y jugaríamos todas las noches —contestó Rowan articulando las palabras con claridad, como hacía siempre que cantaba.

—Si quisieras vivir conmigo...

—Más allá de las colinas y a lo lejos.

—Más allá de las colinas y a lo lejos —cantamos juntos.

Al cabo de un rato, la inclinación de la ladera se hizo más abrupta, más dura, y no pudimos seguir cantando. Empecé a sudar y a jadear mientras *Blackie* sorteaba delicadamente las piedras y el alazán de Kristin nos seguía a escasa distancia.

Después de coronar el collado del paso, tiré de las riendas de *Blackie* para que se detuviera y me volví para contemplar el gran valle a nuestras espaldas. La pradera se extendía interrumpidamente hasta el infinito. Montañas distantes. Nubes. Un océano de prados. Libertad. Un océano de libertad. Quizá fuera el lugar más libre del mundo. Pese a la espantosa comida.

—¡Papá subir!

—¿Quieres montar con papá?

—Sí, por favor.

De pronto me sentí como si me hubiera quitado de encima un peso de cinco toneladas.

—Pues córrete un poco —dije obligando a Rowan a moverse hacia delante para poder sentarme detrás de él—. ¿Hacia dónde? —pregunté a Tulga, que acababa de alcanzar la cima montado en su caballo y seguido por el resto del grupo. La furgoneta había desaparecido en busca de un camino alternativo para subir por el paso. Sólo estábamos nosotros, los caballos, el viento, el espacio infinito.

—Hacia allí, siguiendo el macizo. Al cabo de unos kilómetros conduce a un río. Sigue el sendero.

—¡Corre! —gritó Rowan. Espoleé a *Blackie* y la yegua se lanzó a medio galope haciendo batir la tierra con sus cascos. Kristin se acercó y se puso a galopar junto a mí. A lo lejos se divisaba el río. El viento nos agitaba el pelo. Nos sentíamos felices.

Pero la felicidad, como es sabido, suele ser efímera.

Cabalgamos contentos acompañados de un grupo de alondras que cantaban en lo alto dejando caer suavemente su alegre música sobre nosotros. El sol iluminaba la hierba, de un color blanco dorado, como la hierba blanca de las regiones montañosas de Inglaterra, que también se tiñe de oro bajo la luz crepuscular. La ladera descendía ante nosotros y, poco a poco, trotando y galopando, mientras Rowan se reía y se volvía en la silla para pegarme y exigir que le hiciera cosquillas, llegamos al río.

—Bajar, bajar para jugar —dijo Rowan al ver las aguas poco profundas serpenteando entre las orillas desprovistas de árboles.

—¿Tenemos tiempo? —le pregunté a Tulga, que trotaba para alcanzarnos.

—Sí —respondió Tulga con tono jovial—. Creo que disponemos de tiempo. Hemos avanzado más rápido de lo que creía, aunque partimos tarde.

Así que deposité a Rowan en el suelo, desmonté y le di a *Blackie* una afectuosa palmada. Había demostrado ser un excelente caballo, y nuestra primera jornada juntos aún no había concluido. Todos desmontamos y dejamos que nuestras monturas pacieran un rato después de la galopada de la prolongada ascensión.

—Hemos recorrido veinticinco kilómetros —dijo Tulga tras consultar con los guías—. Sólo nos quedan entre diez y quince. Podemos hacer una pausa.

Mientras descansábamos, Tulga decidió subir con la furgoneta a lo alto de una montaña cercana para tener cobertura: tenía que resolver unos asuntos en UB y a partir del día siguiente los móviles ya no recibirían señal alguna. Rowan jugaba alegre con los cantos rodados y las piedras que había en la orilla del río. Mientras Kristin y yo bajábamos por la ribera para reunirnos con él tras haber dejado nuestros caballos a cargo de los guías, el resto del grupo desmontó, se desperezó y fue a orinar. De pronto, Rowan se puso rígido y se alzó de puntillas agitando los brazos y clavando la mirada ante sí, aterrorizado. Enseguida comprendí qué ocurría, pues lo hacía siempre de pie. Era uno de los motivos por los que se resistía a aprender a ir al baño. No le gustaba sentarse para hacer sus cosas. Por alguna misteriosa razón, tenía que evacuar de pie. Cuando le sobrevenía el ataque, era fácil adivinar el motivo. Se alzaba de puntillas y temblaba de pies a cabeza, con los ojos desorbitados.

Pero las toallitas húmedas, la muda, todo cuanto necesitábamos estaba en mi chaleco, que había dejado en la furgoneta, la cual se hallaba subiendo una de las tres posibles montañas y, por tanto, fuera de nuestro alcance. Bien, podíamos trazar un plan. Utilicé el agua del río para lavar a Rowan a mano, enterré la ropa interior sucia debajo de unas piedras y le puse de nuevo el pantalón. Pero observé que la experiencia, mejor dicho, el extraño e improvisado sistema con que tuve que resolver el accidente —si ésa es la palabra adecuada para describir una disfunción que ocurría sistemáticamente y con tanta frecuencia— le hizo comprender a Rowan lo lejos que estaba de casa.

En cualquier caso, sólo teníamos que cabalgar un par de horas hasta alcanzar el campamento, según recordé que había dicho Tulga. Transporté a Rowan en brazos por el terraplén y lo senté de nuevo a lomos del caballo, impaciente por ponernos de nuevo en marcha. Los guías señalaron unos nubarrones que habían aparecido en el cielo y no dejaban de señalar sus relojes de pulsera imaginarios, lo que significaba que debíamos partir. De modo que partimos a través del río, cabalgamos por la otra orilla y atravesamos el lado opuesto del valle. Y ahí es donde empezaron a torcerse las cosas. Rowan debía de sentirse desconectado, y sin duda cansado; había vivido días muy intensos desde que habíamos salido de Londres. Parecía como si hubiera transcurrido un siglo. Pero la espoleta que desencadenó el desastre fue algo de lo más trivial. Unos diez o quince minutos después de abandonar el río, nos encontramos con dos pastores a caballo, que conducían una numerosa manada de ovejas y cabras hacia el río.

—¡Cabritas! —dijo Rowan al ver dos simpáticas cabritas negras que trotaban juntas—. ¡Quiero agarrarlas! ¡Quiero bajar y jugar con las cabritas!

Pero los guías, que querían recuperar el tiempo perdido antes de que la noche se nos echara encima y se pusiera a llover, avanzaban a trote ligero.

—¡Cabritas! Cabritaaas...

Traté de decirle a Rowan algunas frases tranquilizadoras, pero su cuerpo se puso rígido.

—Bajar, bajar. ¡Bajar del caballo! ¡Bajar!

—De acuerdo, tenemos que cabalgar hasta el campamento y...

—¡Furgoneta! Quiero la furgoneta. ¡Furgonetaaa! ¡Furgonetaaa!

Avanzábamos rápidamente hacia unas colinas bajas a través de un camino trillado. Los guías habían captado la congoja de Rowan. El joven alto, el que me había invitado a la *ger* de su padre esa misma mañana, hizo un par de gestos para indicarme que el campamento se hallaba al otro lado de la segunda colina.

—Sólo dos colinas —le dije a Rowan confiando que fuera cierto—. Otras dos colinas y jugaremos y nos acurrucaremos en la tienda de campaña.

Pero se puso a berrear. No, a sollozar. Estaba profundamente angustiado. Demasiadas aventuras, demasiado cansancio, demasiado frío, demasiada hambre, y yo había dejado que la furgoneta se alejara, había dejado que desapareciera lo único capaz de consolarlo en esa estepa desconocida, desierta y terrorífica. Qué idiota había sido.

Kristin se acercó a nosotros a caballo y trató de consolar a Rowan.

—Cálmate, tesoro, no tardaremos en llegar al campamento.

Pero Rowan estaba desconsolado.

—¡Ayuda! —gritó entre sollozos—. ¡Ayúdame!

Michel se acercó a caballo a nosotros, filmando la escena.

—¡Deja la maldita cámara! —le espeté. Los sollozos de Rowan se intensificaron; eran el tipo de sollozos que traspasan el corazón

173

de cualquier padre. No estaba fingiendo; yo había conducido al pobre niño hasta el límite y se había venido abajo.

—¡Ayuda! —gritó Rowan de nuevo—. ¡Ayúdame!

Miré a mi alrededor buscando desesperadamente la furgoneta. Nada. Seguimos avanzando a trote ligero, el paso más cómodo para moverse a caballo. Rowan había cerrado los ojos, replegándose en sí mismo. Es una pésima señal en un niño autista, la peor situación para cualquier padre de un hijo autista: ver a su hijo replegarse, encerrarse en sí mismo, desconectarse de cuanto lo rodea, con el sistema nervioso sobrecargado.

Tiré de las riendas para frenar al caballo. Desmonté. Abracé a Rowan. Su cuerpecito no dejaba de temblar, sacudido por los sollozos; el niño estaba aterrorizado. Yo había sobreestimado lo que Rowan era capaz de resistir. Le estreché con fuerza contra mí. Kristin se acercó, sostuvo su caballo por las riendas y abrazó a Rowan por el otro lado para formar una burbuja protectora. Permanecimos así unos minutos, tratando de consolarlo mientras él seguía sollozando desconsoladamente, hasta que —¡gracias a Dios!— oímos el ruido de un motor que se aproximaba. Al volverme vi que la furgoneta nos había alcanzado por fin.

Esa noche, cuando Rowan se recuperó de su disgusto, se puso a jugar de nuevo con Tomoo mientras yo, avergonzado de mí mismo, repasaba el itinerario con Tulga. Me había comportado como un imbécil. Había creído que cada día dispondríamos de tiempo suficiente para desplazarnos a un ritmo pausado a fin de que Rowan se acostumbrara a viajar a caballo y jugara o descansara, o lo que quisiera, cuando le apeteciera. Había sido muy poco realista, habida cuenta del numeroso grupo que formábamos, de lo complicado del campamento y de la cantidad de equipo que transportábamos. Significaba que tendríamos suerte si nos poníamos en marcha cada día antes del mediodía y que sería preciso cabalgar al ritmo máximo de un adulto para recorrer a caballo la distancia hasta el remoto lago Sharga en los aproximadamente ocho días que yo había calculado. De modo que le pre-

gunté a Tulga dónde podíamos encontrar una carretera para realizar el resto del viaje en la furgoneta.

Tulga me mostró en su mapa un punto, a dos jornadas a caballo, donde hallaríamos una carretera.

—No es una buena carretera —me advirtió—. Pero creo que nos
puede conducir hasta el lago.

—¿No es una buena carretera? ¿Te refieres a que es peor que
las carreteras por las que hemos circulado para llegar hasta aquí?

—Mucho peor. —Tulga emitió esa risita nerviosa que significaba que íbamos a pasarlas canutas.

—A Rowan eso no parece importarle —dije, temiendo lo que
sería el resto del viaje. Ir a caballo era un lujo comparado con la sensación de viajar en una hormigonera por las carreteras mongolas.
Suponiendo que Rowan quisiera continuar. Suponiendo que
mereciera la pena ir al lago, que hubiera un motivo de peso para
soportar la prueba que nos esperaba. Suponiendo que yo no tuviera que dar media vuelta y montar a Rowan en un avión para regresar a casa al día siguiente.

Hablé con Tulga. ¿Perderíamos mucho tiempo si al día siguiente nos dábamos un respiro y dejábamos descansar a Rowan?
Tulga me aseguró que podíamos hacerlo. Una jornada de descanso, una jornada de viajar a caballo, y luego nos desplegaríamos en
el vehículo hasta llegar a Siberia, donde la única opción era avanzar de nuevo a caballo. Pero aún faltaba una semana para eso.

Rowan se acercó corriendo adonde Tulga y yo consultábamos
el mapa.

—¡Montar a hombros de papá!

Sentí un profundo alivio. Lo monté sobre mis hombros.

—¿Adónde quieres que vayamos? ¿Subimos la colina?

Al oeste del campamento había una empinada cuesta. Un lugar
idóneo desde el cual admirar la puesta de sol.

—¡Subir la colina! —confirmó Rowan.

De modo que subimos la colina. Rowan no dejó de moverse
hasta que se sentó de lado sobre mi hombro derecho, tal como le

gustaba hacerlo. Mientras, yo jadeaba y resoplaba debido a su peso y a lo empinado de la cuesta. Cuando llegamos a lo alto, miramos a nuestro alrededor.

—Siento haber hecho que hoy te cansaras —dije. Rowan me ignoró—. ¿Te gusta Mongolia? —pregunté no sin cierto temor.

—Sí.

—Mira esas montañas —dije señalando la cordillera más cercana, que se alzaba al este. Tenía la cima cubierta por un bosque de álamos temblones a través de cuyo suave y vaporoso follaje asomaban cuatro imponentes vertientes rocosas.

—Quizá haya un íbice allí —dijo Rowan. No era frecuente que expresara una idea abstracta tan lógica.

—Quizá sí —respondí—. Mañana iremos a ver si encontramos uno, ¿quieres?

—¡Sí!

—¿Quieres que subamos hasta allí montados en *Blackie*?

—¡No, gracias!

—¿Quieres que tratemos de ir en la furgoneta?

—¡Sí!

—De acuerdo, iremos.

11

Rowan 1, temor 0

En el bosque de álamos temblones que se extendía sobre las laderas superiores de las montañas crecían pequeñas fresas salvajes. Era un mundo muy distinto de la estepa, un espléndido mundo de hojas de color gris plateado y troncos a listas grises y negras, ¡como la pata de una cebra!, según observó Rowan. El frondoso y verde sotobosque estaba cuajado de flores silvestres y mariposas. El color estaba presente en todas partes: rojos, púrpuras, amarillos, azules, tonalidades vívidas que contrastaban con el telón de fondo, de un verde espumoso, que envolvía los troncos como las aguas de un estanque esmeralda. Era de una belleza espectacular. Rowan, que se negó a bajarse de la furgoneta, no hizo caso de nada y siguió sentado en el asiento de piel de leopardo jugando con los juguetes que le habíamos comprado en el aeropuerto y gritando: «¡FURGONETAAA!» cada vez que yo sugería que saliera y trepara por las rocas de los íbices, como él las había apodado.

Las gigantescas murallas encendidas se elevaban sobre nosotros hacia el cielo azul, cubiertas de flores y líquenes verdes y naranjas, asomaban a través de grietas y hendeduras.

—Vamos, Rowan —dije desde la puerta abierta de la furgoneta mientras unas moscas revoloteaban perezosamente alrededor de mi cabeza—. Vamos a trepar por las rocas.

—¡FURGONETAAA!

—Tendremos que titular esta historia «El niño de la furgoneta»—dijo Kristin riendo tumbada entre las flores y la alta hierba, gozando del calor del sol mientras charlaba con Tulga y los técnicos de rodaje.

Yo también me reí, al menos de cara a la galería. Los caballos, que los guías habían montado para subir a la montaña que estaba detrás de la furgoneta (era, sin duda, una prueba de la magnífica ingeniería rusa que el vehículo hubiera conseguido llegar hasta aquí por las abruptas laderas), relinchaban satisfechos mientras los guías los sostenían por las riendas, y pacían en la abundante hierba sin dejar de espantar las moscas con la cola. Yo también sujetaba a *Blackie* por las riendas.

—No montaremos —aseguré a Rowan—. Llevaremos a *Blackie* para que transporte nuestras cosas por si la cuesta es demasiado empinada.

Los más o menos cien pasos que mediaban entre la furgoneta y el pie de la montaña eran casi verticales, y prefería que fuera *Blackie* y no yo quien transportara las cosas.

—¿A quién pretendo engañar? —reconocí mientras Rowan, de espaldas a mí, disponía sus aviones y conos de tráfico de juguete sobre el asiento tapizado de piel de leopardo—. Por supuesto que quiero que montes a *Blackie*. Pero tú mismo decidirás si quieres hacerlo, te lo prometo. Ven, treparemos por las rocas.

—¡FURGONETA!

—¡Anda, vamos! —dije tomándolo por la cintura e, ignorando la protesta, que mi oído habituado no consideró que indicase una verdadera desazón, lo monté sobre mis hombros.

—¡Vamos a ver un íbice! —dijo Rowan, como si no acabara de negarse a salir de la furgoneta.

—¡Eso! —respondí aliviado. Tirando de la rienda de *Blackie*, que me seguía a regañadientes, empecé a subir por la empinada cuesta, avanzando con cuidado por el lado del imponente afloramiento rocoso para que el caballo pudiera seguirme. Un íbice, o algún tipo de animal que habita en los montes, había dejado sus huellas al pasar zigzagueando pegado a la montaña. Era un ascenso lento, y duro, pero al menos había conseguido sacar a Rowan de la maldita furgoneta.

Cuando alcanzamos la cima, deposité a Rowan en el suelo y até a *Blackie* al tronco sarmentoso y esculpido por el viento de un pino; su forma atrofiada y retorcida constituía un recordatorio de que el invierno debía presentar un aspecto muy distinto en esa exuberante y amable región montañosa. Luego avanzamos hacia la amplia plataforma de granito que formaba la cima extrañamente llana del risco.

—¡Mira! —dijo Rowan señalando—. Un nido de águila.

—Sí —respondí, suponiendo que el niño había cambiado de humor y jugaba a señalar animales y objetos imaginarios.

—De hecho, Ru —dijo Kristin apareciendo sobre la plataforma del risco detrás de nosotros, mientras Tulga se mantenía en un discreto segundo plano—, creo que se trata de un nido de águila.

—¡Tienes razón! —contesté sorprendido.

—¿Águila? —repitió Rowan corriendo hacia el borde del risco.

—¡Cuidado!

Kristin y yo nos abalanzamos hacia él, pero nuestro temor era infundado. Rowan, con gran destreza, se había tumbado boca abajo para asomar la cabeza sobre el borde. Nosotros hicimos lo propio. La vista desde el nido del águila, que estaba vacío, pero cubierto de plumas y huesos, parecía sacada de la imaginación de un dios. A nuestros pies vimos los caballos, los técnicos de roda-je y los guías, semiocultos por las frondosas copas de los álamos temblones; más abajo, la estrecha hendidura en la vertiente de la montaña donde los álamos temblones daban paso a un prado sembrado de flores; y, más abajo, una inmensa llanura de color verde, azul y violeta que producía vértigo, como un vacío en la boca del estómago. Como si, al igual que un águila, echaras a vo-lar, al estilo de Ícaro, sobre el inmenso vacío a tus pies, para sen-tir de pronto que te precipitabas a él. Percibí la respiración de mi hijo junto a mí.

—¿Te gusta Mongolia? —preguntó Kristin, situada al otro lado de Rowan.

—¡Sí que me gusta!

—¿Es bonita?

—¡Sí!

—Te quiero, Rowan —dije.

Rowan no me miró; siguió con la mirada fija en el punto donde se unían el cielo y la Tierra a nuestros pies.

—Yo también te quiero, papá.

Una frase insólita, una joya insólita. Me incorporé, lo tomé en brazos y lo estreché contra mí. Este niño enigmático, imposible, indescifrable...

De pronto, desde abajo, uno de los caballos emitió un relincho prolongado y agudo, y *Blackie*, que estaba cerca, respondió con una fuerza ensordecedora.

—¡Ayyyyyyy! —gritó Rowan estremeciéndose al oír el sonido y revolviéndose en mis brazos—. ¡Ir a casa! ¡Ir a casa! ¡FURGONETA! ¡FURGONETAAAAAA!

—Supongo que no llegaremos a ver un íbice —comenté con aspereza unos minutos más tarde cuando deposité de nuevo a Rowan en su amada furgoneta—. Me pregunto si no deberíamos llevarlo a casa.

—No te preocupes, amor —respondió Kristin apoyando una mano en mi brazo—. Ya se le pasará. Tiene que adaptarse.

—No sé. Creo que lo he estropeado todo. Ni siquiera quiere mirar a esa yegua.

—Lo sé, amor, lo sé. —Kristin bajó la vista, como si no supiera qué otra cosa decir, mientras Rowan se entretenía con sus juguetes y el conductor ponía en marcha el motor.

—Vamos al campamento para ver a Tomoo —dijo Rowan.

—¿Te importa si os sigo montando a caballo? —pregunté—. Necesito...

—Claro que no —contestó Kristin lanzándome un pequeño beso—. Todo se arreglará, ya lo verás.

Yo no confiaba en ello. ¿Y si Rowan se negaba a volver a montarse en un caballo? ¿Y si yo hubiera destruido el único vínculo entre su mundo y el nuestro? ¿O necesitaba Rowan tan sólo la oportunidad de superar angustias y temores? En casa, la mejor forma de conseguirlo era sentarlo sobre el caballo. Quizá yo debería tratar de hacerlo esa noche.

Espoleé a *Blackie*, instándola a que alcanzara a Tulga y a los demás, que se habían adelantado a galope tendido. El templado viento estival me agitaba el pelo.

Esa tarde volvió a llover a cántaros. Permanecimos dentro de las tiendas, esperando que escampara. Rowan se entretuvo jugando con sus juguetes, pidiéndole a Kristin que le leyera en voz alta y jugando conmigo a hacernos cosquillas mutuamente. Al cabo de una hora oí voces y unas alegres carcajadas, y, al asomar la cabeza fuera de la tienda, vi a Michel y a Jeremy correteando desnudos bajo la lluvia, con sus partes íntimas botando al aire, mientras Tulga, los conductores y los guías, que habían salido de sus tiendas y refugios al oír la barahúnda, se partían de risa. Yo también me reí. Después, le leí a Rowan en voz alta hasta que la lluvia remitió mientras Kristin echaba una siesta en su sección de la tienda de campaña. Cuando se despertó, la dejé jugando con Rowan y, mientras cantaban los dos juntos una canción, bajé donde estaban amarrados los caballos.

Uno de los guías se acercó enseguida a la carrera, tomó a *Blackie* de las riendas y, adivinando mis intenciones, la ensilló. En lo alto, dos águilas —era frecuente verlas volar en parejas— surcaban el cielo impulsadas por una corriente térmica y se elevan lentamente emitiendo unos agudos lamentos. La luz empezaba a cambiar: se aproximaba el crepúsculo. Unas notas doradas, rosas y de un azul intenso envolvían el lugar donde se pondría el sol, pero lo que parecía otro frente de lluvia amenazaba con descargar de nuevo. La hierba empezó a adquirir un tono dorado y la luz, a enrarecerse, lo que confería unas tonalidades exquisitas a la tierra, las montañas, los relucientes flancos de los caballos que pacían y los rostros de la gente que tenía a mi alrededor.

Los otros dos guías echaron a caminar junto a mí cuando yo

conducía a *Blackie* hacia nuestra tienda de campaña, preguntándome si iba a ganar el premio al padre más chungo del año. Aunque apenas habíamos tenido ocasión de conectar, debido a los acontecimientos ocurridos durante las últimas horas, estaba claro que esa gente poseía una gran delicadeza, como si el hecho de apoyarnos con su presencia respetando al mismo tiempo nuestro espacio personal fuera para ellos algo instintivo. Quizá fuera cosa de mi imaginación, pero el mayor de los tres sonrió y me dio una palmada en el hombro, ofreciéndome su apoyo moral y su comprensión si las cosas se torcían.

—Eh —murmuré a la yegua—. Tienes que ayudarme, ¿vale?

Y conduje a *Blackie* hacia las tiendas de campaña, donde Kristin seguía cantándole a Rowan la canción de los Carpenters, una y otra vez, con un punto de desesperación en la voz.

—Eh, Rowan —dije abriendo la cremallera de la tienda de campaña—. Anda, vamos a dar un paseo con *Blackie*.

—¡Noooooo, gracias! ¡Tienda! ¡Tienda! ¡Cantar con mamá!

—Venga, Rowan —dijo Kristin, que sentía un profundo alivio por poder dejar de cantar la canción y, al mismo tiempo, se compadecía de la angustia de Rowan—. ¡Un paseo corto!

—¡Ro-wan! —Tomoo apareció junto a mí y se asomó a la tienda de campaña—. ¡Ro-waan! —dijo cantando.

Rowan dejó de gritar uno momento y le ofreció una risa alegre y gutural a su nuevo amigo. Sin embargo, cuando lo tomé por la cintura y lo senté en la silla de *Blackie*, que aguardaba pacientemente, se puso a berrear de nuevo. Tulga hizo lo propio con Tomoo.

—¡Ro-wan! —repitió Tomoo con tono cantarín, sujetando a mi hijo por la cintura desde atrás mientras yo conducía a *Blackie* al paso y el sol crepuscular descendía a nuestras espaldas como un disco de color dorado cobrizo.

Los alaridos dieron paso a unos gemidos.

—¡Bajar! ¡Bajar! ¡Tienda! ¡Tiendaaaaaa! ¡TIENDAAAAAA!

La cosa no funcionaba. Rowan tenía que correr. Desmonté a

Tomoo, me senté detrás de Rowan, hice girar a *Blackie* con las piernas y la espoleé para que echara a galopar. Los gemidos se intensificaron y reverberaron entre las colinas que nos rodeaban. Rowan cerró los ojos. Pero ¿qué me había propuesto? No obstante, esa voz interior, tan irracional como de costumbre, me decía: «Inténtalo de nuevo».

Conduje el caballo a galope tendido hacia la ladera situada frente a nosotros, luego me incliné hacia atrás, frenando a *Blackie*, le hice que volviera y la lancé de nuevo al galope hacia las tiendas de campaña. Los gemidos de Rowan cesaron, sustituidos por unas risas.

—¡Pequeño farsante! —grité.

—¡Farrrsante! —dijo Rowan echándose a reír de nuevo.

—Pequeño Scubby Boy —dije utilizando su apodo—. Me tenías muy preocupado. ¿Quieres que hagamos una carrera?

Rowan abrió los ojos, me miró con cara de diablillo y dijo:

—¡Correr!

Espoleé a *Blackie*, que se mostraba de pronto loca de alegría al ver que Rowan parecía feliz, se sentía feliz de volver a montar a caballo. Cuando volvimos a alcanzar el extremo de la breve llanura, nos detuvimos y dimos la vuelta. No podía perder ese momento. ¿Qué podía hacer para reforzarlo?

—¿Quieres ponerte de pie? —pregunté.

Era lo que Rowan solía hacer cuando se sentía feliz montado a caballo. Se levantaba, apoyando los pies en el pomo de la silla y agarrándose a mi pelo para no caerse mientras yo lo sostenía con el brazo. Por lo general, le dejaba hacer eso cuando el caballo iba al paso. Pero no era momento de seguir las normas de seguridad. En cualquier caso, *Blackie* había aceptado a Rowan, como lo había hecho *Betsy*, tal como había quedado claro el día anterior.

—¡Vamos, pequeño Scubby Boy! —grité, haciendo que *Blackie* se volviera y se dirigiera a medio galope hacia las tiendas de campaña—. ¡Si quieres, ponte de pie!

Riendo, Rowan encogió las rodillas, apoyó los pies en la silla y en mis muslos, para tomar impulso, me agarró del pelo y se levantó.

—No hagas ninguna travesura, *Blackie* —dije, aunque era un tanto absurdo, y sujeté a Rowan con fuerza por la cintura mientras la yegua se lanzaba a galope tendido hacia las tiendas de campaña. La risa de Rowan bailaba en el aire dorado mientras el crepúsculo se derramaba sobre nosotros como una telaraña rosa y dorada. *Blackie*, más sensata que yo, aminoró el paso sin que yo se lo indicara.

—¡Bien! —grité—. ¡Lo has conseguido! ¡Bien, Rowan!

Mi hijo se volvió hacia mí y me miró. Vi como si se le iluminaran los ojos al comprender, por primera vez, que había superado la ansiedad y el temor que le provocaba su trastorno neurológico y que lo paralizaban. Quizá por primera vez en su breve vida, había logrado dominar esos miedos, vencerlos, desecharlos en lugar de dejar que lo dominaran a él.

—¡Bien, Rowan! —repitió, mirándome entornando los ojos como suelen hacerlo los autistas e hizo chocar su frente contra la mía para mostrar su fuerza vital y la inmensa alegría que palpitaba en él.

—¡Brazos arriba! —grité alzando los brazos a ambos lados para que Rowan tuviera que apoyarse en mi pecho y mi cuello a fin de conservar el equilibrio—. ¡Bien, Rowan!

Los espectadores —Kristin, Tomoo, Tulga, los guías, Michel, Jeremy, Naara, los dos conductores y la hosca cocinera— rompieron a aplaudir y a aclamar a Rowan. Todos lo ovacionaban. *Blackie* se detuvo frente a ellos.

—¡Bien, Rowan! —gritaron sus admiradores. Rowan se hizo eco de las aclamaciones asestando un último puñetazo en el aire.

Deposité a Rowan, que reía contento, en brazos de su madre cuando el último fragmento del inmenso disco rojo desaparecía detrás de la montaña.

—¿Dónde está el vodka? —pregunté.

Todos se reían y aplaudían a Rowan. Tomoo se acercó con los brazos extendidos. Kristin depositó a Rowan en el suelo y nuestro hijo corrió al encuentro de su amigo. Su amigo. Ambos se abrazaron con fuerza y rodaron por el suelo durante unos momentos, hasta que Tomoo se levantó y empezó a ejecutar lentamente el baile de la victoria —contoneando las caderas y alzando los brazos— que los luchadores mongoles ejecutan cuando ganan. Luego Tomoo ayudó a Rowan a ponerse de pie para que imitara sus movimientos.

—¡Quiere demostrar a Rowan que ha ganado! —dijo Tulga riendo.

Pero Rowan pasó frente a Tomoo, frente a todos nosotros, gritando:

—¡Soy un caballo! ¡Soy un caballo! ¡Galopar! ¡Galopar!

Y echó a correr hacia la estepa, medio corriendo, medio galopando, imitando a un caballo.

Jeremy apareció con una botella de vodka Gengis Khan, transparente como el cristal.

—El mejor que hay en Mongolia —nos aseguró Tulga; a continuación, destapó la botella y la alzó bajo la luz crepuscular—. ¡Por Rowan!

—¿Sabes, Ru? —dijo Jeremy después del segundo trago—. Creo que tu ruego ha sido atendido.

—Desde luego —respondí. Tomé la botella y bebí un trago; luego se la pasé a los guías, que habían acudido para beber también a la salud de Rowan.

—No —dijo Jeremy—, me refiero a algo concreto. Te he oído decir que descorcharías una botella de champán la primera vez que Rowan te mintiera, porque demostraría que había dado un salto en materia de capacidad cognitiva. Pues bien, creo que acabas de conseguir tu primera mentira.

Era cierto, lo había dicho, porque cuando un niño miente, significa que se ha producido un salto en materia cognitiva, la capacidad de asumir la perspectiva de otra persona. Forma parte del desarrollo del intelecto. No estaba seguro de que fuera el caso, pero comprendí a qué se refería Jeremy. Rowan había estado fingiendo su temor, después de la angustia inicial, y real, que había experimentado. Pero luego su actitud había cambiado de repente, como si se hubiera dado cuenta por primera vez de que no tenía que dejarse dominar por sus sentimientos forzosamente. No era una mentira en sentido estricto, pero significaba que Rowan había dado un salto en materia mental y se había liberado de un trauma innecesario.

Tomé la botella de vodka cuando me la ofrecieron.

—Por Rowan, por haberse liberado de su trauma.

—Ojalá pudiéramos todos brindar por habernos librado de los nuestros —contestó Kristin.

—Y que lo digas.

La botella volvió a pasar de mano en mano mientras Rowan y Tomoo se perseguían por la estepa bajo la luz crepuscular y las estrellas empezaban a relucir sobre las montañas.

—¡Por la libertad!

Tulga tradujo mis palabras a los guías, que expresaron ruidosamente su aprobación y también brindaron. Yo alcé la vista y contemplé el cielo oscuro, sintiéndome más feliz de lo que me había sentido en muchos meses. En lo alto empezó a aparecer una luna en forma de hoz. Una luna nueva. ¿Un nuevo comienzo?

Esa noche encendimos una hoguera y nos sentamos alrededor del fuego dispuestos a degustar una deliciosa carne frita y pastelitos de verduras. Mientras Rowan, que estaban tan eufórico por su logro que parecía que hubiera ingerido anfetaminas, correteaba por el campamento con Tomoo, jugando a ser un caballo y un águila: volaba, luchaba y se reía. Ésa es la belleza de la estepa: no existen peligros como coches, precipicios y hoyos, ni serpientes venenosas ni depredadores; no hay más que un espacio inabarcable en el que un niño puede campar a sus anchas. Al principio, temía que Rowan se metiera entre los cascos de los caballos amarrados, pero nuestro hijo evitaba ese peligro instintivamente. De modo que permanecimos sentados alrededor de la hoguera comiendo, bebiendo y cantando. Los guías nos ofrecieron sus largas y hermosas canciones acerca de pastores que amaban su tierra, y nosotros respondimos primero con las canciones folk que recordábamos, y después con canciones pop de Abba, Village People (Jeremy, Justin y Michel se pusieron de pie para cantar espontáneamente YMCA) y otras canciones simples que se nos ocurrieron mientras la botella de vodka iba pasando de mano en mano.

De pronto, Rowan se desplomó sobre mi regazo, riendo, en el preciso momento en que terminábamos una canción. No estoy seguro de a quién se le ocurrió la idea, pero el caso es que nos pusimos a cantar la canción de *Madagascar*, que había sido una de las favoritas de Rowan hasta hacía aproximadamente un mes, momento en que de pronto decidió que no quería ver ninguno de sus vídeos.

—«Yo quiero marcha, marcha, yo quiero marcha, marcha, yo quiero marcha...»

—¡Marcha! —gritó Rowan.

De modo que empecé a marcar un ritmo tecno, haciendo con la garganta un ruido para imitar el sonido uts uts uts de la batería, el bajo y los platillos (el vodka ayudó, pero inténtenlo y comprobarán que pueden hacer música tecno con la garganta). A continuación, Kristin inició la melodía del sintetizador —na-na-nana-na-na-na-na-na-na-na— y yo, de memoria, logré recordar la letra de un medio *rap*, medio *reggae*, una estrofa al estilo jamaicano, y me puse a cantarla con la torpeza de un chico blanco.

Luego, se puso a cantar Michel, mientras seguíamos con el ritmo tecno:

—Vamos, Rowan, vamos, Rowan, vamos, Rowan, vamos, Rowan...

Y, para nuestro asombro, Rowan inició un *rap* a su estilo. Marcaba el ritmo a la perfección. Al principio eran meros balbuceos sin sentido: «Heb-e-beb-e-bla, heb-e-beb-bla, hebeb-eba, hebeb-eba, hebebe-eba, bla...». Pero luego pasó a la canción, aunque entonada al estilo de Rowan: «Que viene Buster, que viene Buster, Buster, Buster, que viene Buster», y: «Es un Gobi, es un Gobi, es un Gobi, es un Gobi».

¿De dónde había sacado eso? Tulga, durante el largo trayecto hasta allí, nos había contado que su familia procedía de la región del Gobi y que para él el desierto era la parte más bella de Mongolia. ¿Había asimilado Rowan esa información? ¡Estaba cantando *rap*! Asombroso. Increíble. Divertidísimo. Extraño. Un misterio total, como siempre.

Nos fuimos a la cama entre risas de gozo, y seguimos riéndonos incluso mientras realizábamos los rituales con el vodka, el agua y las hierbas que los chamanes nos habían indicado. Poco antes de que nos durmiéramos, cubiertos tan sólo con una piel de oveja y separados de la estepa únicamente por el tejido de la tienda de campaña, oí ruido de cascos: una manada de caballos —¿los nuestros?, ¿otra manada?— pasó al galope bajo la delgada luna nueva.

Al día siguiente Rowan se negó a montar a *Blackie*.

—De acuerdo —dije tratando de ocultar mi decepción, aunque sin demasiado éxito—. No hay problema. Puedes ir en la furgoneta.

De modo que abandonamos el campamento y cabalgamos colina arriba hacia un desfiladero situado debajo de las rocas del íbice, donde no habíamos visto ningún íbice, mientras la furgoneta nos seguía a paso de caracol. Rowan miraba fascinado un catálogo de animales de juguete que se había traído de Inglaterra; Kristin y Tomoo viajaban junto a él en la furgoneta.

—¿Cómo te sientes? —preguntó Michel, que cabalgaba a mi lado filmando con la cámara. Traté de no soltarle un exabrupto. Una cosa es tener la cámara vagamente al fondo y otra muy distinta tenerla junto a ti cuando las cosas no van bien. Pero formaba parte del trato, y era absurdo tratar de disimular lo que uno sentía, aunque eso significara mostrar todas nuestras imperfecciones.

Le confesé a Michel que me sentía fatal. Y preocupado. Preocupado de que Rowan se volviera a negar a montar a caballo cuando llegáramos a Siberia, donde vivía la gente de los renos, donde no tendríamos el apoyo de la furgoneta. Si eso sucedía, no podríamos llegar adonde estaban los chamanes, a esa zona remota y desértica en la que, según me decía mi instinto, nos aguardaba la sanación de Rowan, la nuestra.

—¿Qué más puedo decir? —continué torpemente mientras Michel seguía enfocándome desde su montura—. Oye, Michel, ¿no podrías apagar esa maldita cámara?

¿Por qué se resistía ahora Rowan a montarse en el caballo, después de su triunfo de la víspera? ¿Acaso no quería proseguir? Pero él mismo había dicho que quería ir a ver a la gente de los renos. ¿O lo hacía para afirmar su voluntad, sus deseos, sus necesidades durante un viaje que para él era en parte maravilloso y en parte desconcertante y extraño? Al llegar a la cima del desfiladero hicimos que se detuviera la furgoneta e intentamos un nuevo ataque. Kristin se apeó, montó en *Blackie* y sentó a Rowan en la silla, frente a ella, mientras yo los conducía. Rowan no protestó, pero tampoco colaboró. Mientras avanzábamos por el largo y verde sendero del desfiladero, hacia un exuberante valle cubierto de verdes prados, Rowan se negó a abrir los ojos y, al cabo de unos metros, insistió en sentarse de espaldas al paisaje mientras sepultaba la cara en el pecho de Kristin, con los ojos cerrados, al tiempo que emitía unos sonidos extraños: puf, puf, puf.

De modo que Kristin empezó a cantarle una canción siguiendo el ritmo del paso de *Blackie*:

> Estoy cansado y quiero ir a casa.
> Me bebí un refresco hace una hora
> Y me siento...

Kristin se detuvo tratando de dar con una frase.

—... Como un gnomo de jardín.

—¡Cansado y quiero ir a ver la jirafa! —gritó Rowan, su voz sofocada por la chaqueta de su madre. Kristin y yo nos miramos. Kristin se encogió de hombros.

> Estoy cansado y quiero ir a ver la jirafa.
> Me bebí un refresco hace una hora
> Y es muy divertido.

Blackie relinchó y sacudió la cabeza, como protestando por la espantosa letra de la canción.

—Estoy cansado y quiero ir a ver...

—¡El íbice! —gritó Rowan.

> Me bebí un refresco hace una hora
> Y me siento...

Kristin me miró en busca de ayuda.

—Humm... Como si acabara de asar un pollo en una bandeja de pírex.

Rowan se rió.

—¡Pequeño farsante! —dijo Kristin.

—¡Farrrsante! —dijo Rowan imitando a su madre. ¿Comprendía el significado de la palabra? ¿Estaba fingiendo? ¿O era otra cosa, algo más complejo e indescifrable?

Faltaba poco para que llegáramos al fondo del valle. A nuestros pies había un grupo de *gers* apiñadas junto a un enorme corral de madera, semejante al que habíamos visto en el valle del que habíamos partido, repleto de ovejas y cabras que balaban.

—¡Mira! —dije, sabiendo que eso atraería la atención de Rowan—. ¡Unas cabritas!

Rowan estaba dispuesto a apartar la cara del pecho de Kristin y abrir los ojos para contemplarlas. Sus ojos se iluminaron de gozo. Al cabo de unos minutos, nos dirigimos hacia las *gers* y el corral. Tulga gritó: «*No-khoi, ko-rio*» (sujetad a los perros), mientras una niña, de no más de seis o siete años, salía corriendo de una de las *gers* y se arrojaba sobre uno de los grandes perros pastores del clan que nos había mostrado los dientes. El animal pudo haberse librado con toda, facilidad de la niña, pero permaneció tumbado sumisamente debajo de ella, que le sujetaba el morro con la manita. Sus padres salieron de la vivienda sonriendo. Tulga se acercó trotando con Tomoo y les contó el motivo de nuestra presencia allí. En cuanto nos acercamos, Rowan saltó de *Blackie* y corrió a abrazar a la cabrita de color castaño, a la que le decía:

—Mira, tiene ojos. Y una naricita. Y orejas. Y un culito.

Durante un instante pensé en tratar de comprarles la cabra y llevárnosla con nosotros, pero luego comprendí que sería imposible sostener una cabrita y a Rowan en la silla del caballo al mismo tiempo, y menos aún llevarla en la furgoneta. Los conductores se declararían en huelga.

Traté por última vez de montar con Rowan. Era un lugar ideal para montar a caballo; el fondo del valle estaba tapizado por una tierra perfecta, surcada por un río en cuyas riberas se extendía la hierba tachonada de florecillas blancas semejantes a estrellas, que contrastaban con el color verde oscuro de los álamos temblones y los pinos de las laderas circundantes. Echamos a galopar, para recuperar el tiempo perdido, y pasamos frente a unas piedras verticales, jalones tallados por los soldados que habían abandonado ese valle para combatir con los ejércitos de Gengis Khan hacía centenares de años, según nos explicó Tulga. Llegamos al galope junto a una gigantesca águila que devoraba los restos de un cervatillo. Cuando nos aproximamos, el águila batió las alas y remontó el vuelo. Pasamos de largo frente al cervatillo de manchas blancas, cuyo pequeño cuerpo estaba desmembrado, y sus ojos, muertos y vidriosos. El águila debió de atraparlo sobre la colina y transportado hasta allí para devorarlo, pues ningún ciervo frecuentaba aquellas regiones bajas, donde los nómadas cabalgaban armados con fusiles. Durante el trayecto, Rowan lloró y me pidió, primero que corriéramos más deprisa, luego que le bajara del caballo, y después que espoleara a *Blackie* para que se lanzara de nuevo al galope. ¿Se sentía feliz? ¿Triste? ¿Ambas cosas? Era imposible adivinarlo. Por fin se puso de pie sobre la silla mientras cabalgábamos a medio galope, y empezó a ejecutar sus acrobacias equinas, cantando a voz en cuello una canción que se había inventado en consonancia con el suave y rítmico galopar de *Blackie*. Luego se volvió y sepultó el rostro en mi pecho, como si tuviera miedo, mientras yo lo sujetaba con una mano y sostenía las riendas con la otra, confiando en que el caballo conociera el terreno y no tropezara; de otro modo, dada nuestra precaria postura, nos habría derribado sobre la borrosa mancha de hierba que se extendía a nuestros pies.

Cuando por fin nos detuvimos en el prado, los caballos, jadeando, inclinaron la cabeza inmediatamente para pacer, y Rowan se negó a abrir los ojos hasta que la furgoneta nos alcanzó. Entonces saltó al suelo, corrió hacia el vehículo, se montó en él y se puso a mirar su catálogo de animales de juguete. Era inútil. Rowan no prestó atención ni siquiera cuando un rebaño de vacas lecheras locales salió del bosque para investigarnos mientras comíamos sentados en la hierba, y los guías atraparon a una vaquilla y la sujetaron para que Tomoo y Rowan la montaran.

Había llegado el momento de desistir. Mientras nos comíamos la sopa de fideos con trozos de carne y grasa, las nubes se disiparon y salió el sol. Se produjo un repentino y opresivo aumento de la temperatura que hizo que se me cerraran los ojos. Me tumbé en el prado tachonado de margaritas, apoyé la cabeza en los brazos y al poco rato me quedé dormido.

Con Kristin en Coorg, India, justo después de habernos conocido.
© Ranjan Abraham

El recién nacido. © Kristin Neff

Rowan parece capaz de establecer un vínculo estrecho con todos los animales, no sólo con los caballos. © Kristin Neff

Incluso con los pollitos.
© Kristin Neff

El alineamiento obsesivo de los juguetes para formar patrones, en vez de jugar con ellos como los demás niños, puede ser un rasgo del autismo. © Kristin Neff

Uno de los primeros días montando a *Betsy*. Rowan me dicta su primera orden verbal: «¡Corre!». © Kristin Neff

Exhaustos. Y esto es sólo el principio del viaje. © Justin Jin

El primer día montando a caballo en Mongolia.
¿En qué estábamos pensando? © Justin Jin

Primera ceremonia chamánica. Invocando a los Señores
de la Montaña. © Justin Hennard

Donde el mundo chamánico
y el del autismo convergen.
© Justin Jin.

Intentando que Rowan beba la ofrenda de leche de yegua.
El primer ritual chamánico, segundo día de viaje. Decir que éste
fue un día agitado es quedarse corto. Con todo, a medio camino
del ritual, Rowan hizo su primer amigo. © Justin Jin

¿Puedes perdonar a tu loco marido? © Justin Jin

«¡Hermano mongol!» El primer amigo de Rowan. © Justin Jin

Sólo tres días antes, Rowan no hubiera permitido esta clase de cercanía de otro niño. © Justin Jin

¡Mamá mongola!
© Justin Hennard

Rowan 1, temor 0.
© Justin Jin

Rowan y Tomoo jugando, una vez que Rowan venció su miedo.
© Justin Jin

Rowan hace un nuevo amigo. © Justin Jin

¿Ves la cima de esas montañas? Es hacia donde nos dirigimos.
© Justin Hennard

Mongolia Interior, tercer día
de viaje. © Justin Jin

Contemplando el paisaje desde
la furgoneta, el buga tuneado.
¿Qué estará pensando?
© Justin Hennard

En la cima de un paso de montaña, en el sur de Siberia, después
de nueve horas de ascenso. ¿Dónde está la gente de los renos?
© Justin Jin

Rogando a Dios para que *Blue* no dé un mal paso... © Michel Scott

Una remota *ger* a orillas del lago Sharga. En el techo se seca
el requesón. © Justin Hennard

Rowan y *Abracadabra*, encanto sin límites. © Justin Hennard

Los tipis de los dukha. El de Ghoste es el de la izquierda.
© Michel Scott

Los dukha aún cabalgan y
pastorean renos. Rowan
cambia el caballo por un
reno. © Justin Hennard

Rowan, el tercer día con
Ghoste. ¿Es ésta la sanación
por la que vinimos hasta
aquí? © Justin Hennard

New Trails Learning Center: una vieja granja situada en un terreno
de seis hectáreas, en la que enseñamos tanto a niños autistas como
no autistas a montar a caballo combinando la equitación con terapias.
© Michel Scott

A nuestro regreso de Mongolia, Rowan —que antes rehuía a otros
niños— pronto empezó a tener un gran círculo de amigos.
© Michel Scott

Diez meses después de nuestro viaje, Rowan monta a *Betsy* sin ninguna ayuda. No hay palabras para expresar nuestra dicha. © Michel Scott

12

El niño de la furgoneta

De modo que Rowan fue en la furgoneta y, a modo de experimento, ahora que había hecho su primer amigo, dejamos que Tomoo y Michel fueran con él mientras Kristin y yo seguíamos a caballo. Juntos. Por primera vez en mucho tiempo. Con la excepción de cuando una de las abuelas venía a visitarnos, Rowan nunca estaba lejos de uno de nosotros. No es que no hubiéramos probado muchas canguros, ni tampoco que no hubiéramos intentado tener vida de pareja, pero Rowan se ponía a gritar, se golpeaba la cabeza contra el suelo, se lesionaba y ahuyentaba a todas las canguros con sus berrinches, la tiranía de sus evacuaciones, la intensidad de su angustia y la imposibilidad de consolarlo; en definitiva, las ahuyentaba con su autismo. Para resolver el problema, Kristin y yo nos turnábamos para salir una vez a la semana con los amigos. Pero ¿cenar juntos? ¿Salir a cenar, al cine, a bailar? Hacía mucho que habíamos renunciado a eso.

Sin embargo, ahora cabalgábamos a través del valle que se ensanchaba progresivamente y nuestras monturas enfilaban el sendero central a través de la pradera, mientras la furgoneta seguía por el camino de tierra junto a la ladera de la montaña; y Rowan, asombrosamente, no había protestado al separarse de nosotros. Kristin y yo llevábamos un *walkie-talkie* por si a Rowan le daba de pronto un ataque de ansiedad y necesitaba a su madre. De vez en cuando, yo encendía el aparato para comprobar cómo estaba, pero una y otra vez, mientras nuestros caballos avanzaban sobre la verde hierba, la voz de Michel nos aseguró, venciendo las interferencias:

—No, está perfectamente. Él y Tomoo están jugando en la furgoneta. No hay ningún problema, de veras.

Miré a mi hermosa esposa, que cabalgaba junto a mí, con sus largas piernas, sentada elegantemente en la silla, como siempre. Una leve brisa agitó su larga melena castaña. La temperatura había descendido a unos perfectos veinte grados centígrados. Kristin me miró.

—¿No te parece increíble que Rowan haya accedido a separarse de nosotros? —me preguntó.

—Desde luego. No dejo de pensar que Michel nos llamará en el momento menos pensado y uno de nosotros tendrá que regresar a toda prisa junto a él.

—No tenéis mucho tiempo para vosotros, ¿verdad? —preguntó Tulga, que cabalgaba junto a nosotros y había oído lo que decíamos—. Éste es un buen lugar para gozar de unos momentos a solas —dijo mirando a su alrededor.

Tenía razón. Las montañas eran más altas, más afiladas, sus cimas y crestas, más definidas, y sus boscosas laderas superiores estaban cubiertas de frondosos árboles de hoja perenne y álamos temblones. No se veía ningún poblado, ninguna *ger*, ni siquiera una manada de animales: sólo un inmenso espacio abierto, y una atmósfera embriagadora.

—¿Crees que esto podría ser el principio de algo? —preguntó Kristin—. Como...

—¿Canguros? —dije, terminando la frase.

En esto empezó a sonar el *walkie-talkie*.

—¿Sí? —respondí encendiéndolo—. ¿Hola, Michel? ¿Todo va bien? Cambio...

Silencio al otro lado del aparato. Luego la voz de Rowan:

—Uts, uts, uts, uts.

Rompí a reír y subí el volumen para que Kristin, Tulga y los otros pudieran oírlo.

—¿Scubby? —dije a través del receptor.

—Uts, uts, uts, uts —contestó Rowan.

Oí a Michel y a Tomoo riéndose al fondo.

Así que me puse a cantar, primero la melodía, luego la letra *rap* de la canción de Madagascar; y, como antes, Rowan empezó a cantar su propio *rap*, mientras Michel hacía uts, uts, uts para acompañarlo.

—Que viene Buster, que viene Buster, que viene Buster... Es un Gobi, es un Gobi, es un Gobi, es un Gobi...

Ambos seguimos así, turnándonos. Yo trataba de reprimir la risa, más contento que unas pascuas, mientras cabalgábamos a través del valle cubierto de verde.

Una pareja de halcones borníes pasaron por encima de nuestras cabezas emitiendo unos alaridos agudos e intensos, al tiempo que surcaban el aire con rapidez y determinación. Distinguimos en lo alto una mancha de un azul grisáceo que resultó ser una pequeña bandada de grullas, elegantes como modelos de alta costura apiñadas sobre una pasarela en plena Naturaleza. Apretadas filas de nubes aparecían suspendidas, inmóviles, en un cielo de un azul líquido. Era gratificante ir montados a caballo. Simplemente estar allí.

De pronto, el *walkie-talkie* sonó de nuevo. Era Michel.

—Humm, Rowan no huele muy bien. Creo que acaba de sufrir un accidente. Le he preguntado si quería que yo lo cambiara y me ha dicho: «Mamá y papá». Cambio.

—Esto es para ti —dijo Kristin a mi espalda. Era cierto; siempre nos repartíamos las tareas más malolientes al cincuenta por ciento.

—De acuerdo —dije por el *walkie-talkie*—. Deduzco que debéis de estar unos tres kilómetros delante de nosotros. Enseguida voy. Cambio.

De modo que, tras asegurarme que llevaba unas toallitas húmedas, una muda y un pantalón limpio en el bolsillo de mi chaqueta, espoleé a *Blackie* y eché a galopar por el sendero. La golpeaba en los flancos con la bolsa de plástico de las toallitas húmedas para obligarla a ir más deprisa y sus cascos removían la tierra mientras avanzábamos

—¡Código marrón! ¡Código marrón! —grité con falso tono de urgencia cuando me aproximé a la furgoneta agitando las toallitas por encima de mi cabeza.

Rowan, que estaba junto al vehículo aparcado, se echó a reír. Tomoo estaba a su lado, tapándose la nariz, bajo la curiosa mirada del monolítico conductor y de una niña de corta edad y su escuálido padre, que estaban sentados sobre el montón de heno que transportaban en un carro tirado por un yak y que al parecer se habían detenido para contemplar el espectáculo.

—¡Código marrón! —grité de nuevo, agitando las toallitas húmedas con gesto teatral. Desmonté antes de que *Blackie* se detuviera, al estilo de un especialista en escenas peligrosas, tan sólo para divertirme.

—Qué peste —dijo Rowan como si tal cosa—. Qué peste, qué asco.

Acampamos junto a un río cercano. Bajo la espléndida luz dorada, Tomoo y Rowan se desnudaron y jugaron juntos tratando de colocar los animales sobre las aguas impetuosas y cantarinas. Sabía que Rowan acabaría perdiendo uno o dos juguetes, pero los niños estaban tan absortos en sus juegos que no quise intervenir.

Los dejé solos. Les pedí a Jeremy y a Kristin que los vigilaran y, puesto que quedaba al menos una hora de luz diurna, me fui con *Blackie* a dar un paseo por la ladera hasta las lindes del bosque para reflexionar. Justin me acompañó, empeñado en captar «el sonido salvaje» —me hizo pensar en un gorila invisible hecho de éter— de las aves y del viento. Me ofrecí para vigilar los caballos mientras Justin echaba a andar con su estrambótico equipo de sonido. Iba cargado con la bolsa de la mezcladora y el micrófono de la jirafa portátil envuelto en lo que parecía un enorme calcetín de lana, como una especie de pequinés de color pardusco ensartado en un palo. Elegí dos abedules pequeños para amarrar los caballos; los dos árboles estaban lo suficientemente separados para que los animales no se enredaran con las riendas del otro ni empezaran a darse coces el uno al otro, como hacen en ocasiones. Me senté en un tronco. La luz, espléndida, intensa, transparente, se filtraba a través de las hojas. Por doquier se oía el canto de los pájaros, sonidos distantes de voces y los relinchos de los caballos procedentes del campamento. Saqué mi bloc de notas y el bolígrafo y empecé a escribir. Los cambios se sucedían a gran velocidad. Tras la experiencia con los chamanes, Rowan había hecho su primer amigo, había superado temporalmente sus temores y angustias, nos había engañado de modo consciente (o eso parecía), se había lanzado a cantar *rap* de manera espontánea, había dejado que Kristin y yo lo abandonáramos sin protestar y se expresaba cada vez con más elocuencia.

Y aquel día de sorpresas aún nos reservaba otra. Por la noche, después de comernos nuestra habitual sopa de fideos, carne y grasa —me preguntaba si no sería preferible que uno de nosotros se ocupara de la cocina—, la temperatura cayó tan rápidamente que todos nos retiramos a nuestras tiendas de campaña. Pero Rowan no estaba cansado. Desde mi sección de la tienda lo oí hablar consigo mismo, diciendo sobre todo cosas sin sentido, aunque algunas palabras conseguí comprenderlas (la mayoría, como de costumbre, referentes a animales). Kristin le cantó y trató de calmarlo para que se durmiera, pero Rowan derrochaba más energía de la habitual. Pasé buena parte de la noche en un duermevela, oyendo como Rowan le pedía a su madre que le cantara una y otra vez. La respuesta de Kristin de «es hora de dormir» sonaba cada vez más desesperada. Por fin salí de mi saco de dormir y abrí la cremallera de la sección de la tienda donde estaban Kristin y Rowan.

—Oye, Rowan —dije—, ¿quieres ir a pasear con papá y contemplar las estrellas?

—¡Pasear con papá!

—Genial —dijo Kristin con alivio cuando Rowan saltó de sus brazos mientras yo buscaba sus pies en la oscuridad para calzarle los zuecos. Luego tomé su manta y salimos al frío y estrellado exterior.

Subimos por la cuesta situada detrás de las tiendas de campaña, de la mano y atravesando el estrecho sendero de tierra que hacía las veces de carretera local, más o menos en la misma dirección en la que me había dirigido hacía unas hora a lomos de *Blackie*. Es curioso cómo las pendientes, cuando las recorres en la oscuridad, sorprenden a tus piernas, como si la colina cobrara vida y decidiera impresionar a tus rodillas alzándose de pronto debajo de ellas, como los baches en la nieve cuando esquías. Rowan trotaba junto a mí pletórico y hablaba consigo mismo con su tono cantarín:

—¡Mira las estrellas! ¡Mira la bonita luna! ¿Cómo se deletrea luna? L—U—N—A. Es una colina. Estamos caminando. Es una colina muy grande.

—¿Quieres subir al bosque? —pregunté. Era una pregunta retórica, pues el bosque estaba bastante lejos y, aparte de la luna creciente y las estrellas, la oscuridad era casi total.

—¡Sí!

—Buen lenguaje, Rowan.

—Buen lenguaje, Rowan —repitió el niño—. Ha sido un buen sí.

—Desde luego.

Caminamos un rato en silencio. La ladera se hacía más pronunciada y nuestro aliento formaba nubecillas de vapor en la fría atmósfera. Más tarde todo aparecería cubierto por escarcha. Deduje que nos hallábamos ya a bastante altitud, pues íbamos aminorando el paso. Era curioso el intenso calor y también el intenso frío que hacía en aquel lugar. Era asombroso estar allí, con mi hijo, y pasear juntos en la noche mongola, sosteniendo la manita de Rowan, rodeados por las estrellas y el silencio. La cuesta era en aquel tramo excesivamente empinada, y nos detuvimos para recobrar el resuello y contemplar la vista.

—Había una vez un niño muy pequeño —dijo Rowan de pronto. Su voz sonaba incorpórea en la oscuridad.

—¿Un niño pequeño?

—Un niño muy pequeño. Que emprendió una aventura.

Empecé a decir algo, a soltar algún comentario, como hacíamos siempre Kristin y yo —así como los terapeutas y los profesores— para estimular su imaginación, su capacidad de expresarse. De repente, mi instinto me advirtió que cerrara la boca.

—Un niño muy pequeño que emprendió una aventura. Emprendió una aventura. Y...

Rowan dijo algo ininteligible, seguido por la palabra «chamanes».

—Chamanes —prosiguió Rowan; su vocecilla sonaba como música en la oscuridad—. Zas, zas, zas en la espalda. Y luego Tomoo...

Rowan volvió a decir algo que no capté, seguido por la palabra «amigo».

—Un amigo —continuó Rowan, ¿dirigiéndose a quién? ¿A las estrellas, a la noche, a sí mismo, a mí, a Dios?—. Y la furgoneta y los caballos —prosiguió—. Y Rowan estaba muy disgustado. Y montañas y águilas.

Mi hijo relataba una historia. La historia de su propia experiencia. Yo estaba estupefacto. Rowan guardó silencio durante un rato.

—¿Está Buster en esta aventura? —pregunté por fin, deseoso de que prosiguiera.

—Sí, Buster, Rowan y Tomoo. Érase una vez un niño pequeño llamado Rowan, que fue a Mongolia y vio a unos chamanes.

Rowan echó de nuevo a andar, tirando de mí. Bajábamos por la ladera hacia los relinchos de los caballos amarrados y el débil resplandor de la luna sobre el río, y su cháchara sin sentido fue dejando paso a palabras tangibles y relevantes: Tomoo, amigo, pirata, juegos, caballo, montaña, águilas, chamanes.

—Me estás contando tu aventura, Rowan. Es asombroso.

Rowan se rió. Percibí su sonrisa en la oscuridad, su tono risueño.

—La aventura de Rowan —dijo conduciéndome de la mano colina abajo—. La aventura de Rowan.

Nos despedimos de nuestros guías a la orilla del río. Era una mañana soleada y la temperatura aumentaba rápidamente. Varios pastores habían acudido a caballo. Sin duda se habían enterado a través del equivalente del telégrafo de la estepa de que había unos forasteros acampados allí, en medio de... Bueno, no exactamente, la tierra de nadie. A fin de cuentas, aquel era su hogar y a ellos sin duda les resultaba familiar. A nosotros nos parecía totalmente exótico y extraño. Baste decir que les divertíamos. Pese a lo temprano que era, mientras recogíamos las tiendas de campaña y las mochilas para cargarlas en la furgoneta, dispuestos a despedirnos de los caballos y los guías que se habían ocupado tan magníficamente de nosotros, empezaron a aparecer botellas de vodka. En eso llegó otro individuo, no a caballo, sino en moto, con una enorme jarra de plástico que contenía *airag*. Todos estábamos un poco achispados cuando apareció el primer termo de té sobre la pequeña mesa de campaña, junto con las inevitables galletas de mantequilla mongolas (oportuna y cómicamente llamadas galletas *Rain Man*). Rowan y Tomoo chapoteaban en el río, en busca de unos animales de juguete que habían perdido la víspera en el barro, y que por fortuna encontraron.

—Ha llegado el momento de decirle adiós a *Blackie* —le dije a Rowan—. Vamos a darle un beso y a darle las gracias por habernos transportado.

—Adiós a *Blackie* —respondió Rowan automáticamente, sin demasiado interés.

Pero cuando lo tomé en brazos para hacer que la despedida fuera una realidad, gritó pataleando:

—¡Basta de caballos!

—Vale, basta de caballos —confirmé—. Sólo vamos a darle un beso de despedida.

Se relajó y dejó que lo llevara hasta donde pastaba *Blackie*. Después de abrazarla por el cuello y darle un beso en su suave hocico negro, echó a correr de nuevo hacia la orilla del río, donde se hallaba Tomoo. Yo lo observé alejarse, entristecido, pese a la magia de la noche anterior, y temí nuevamente que cuando llegara el momento de dirigirnos a Siberia para entrevistarnos con la gente de los renos, Rowan se negara a montarse en un caballo, que era la única forma de llegar allí. Por no hablar del persistente temor que tenía de que Rowan no quisiera volver a montar jamás a caballo, debido justamente a mi deseo de que se convirtiera en un experto jinete. Cuando me siento muy estresado, a veces lo manifiesto físicamente con unas pupas que me salen en los labios. Sentí un escozor que preludiaba una de esas pupas y confié en que no revistiera importancia.

Sentí que alguien me daba una palmada en el hombro. Era el más joven y alto de los guías, que trataba de decirme algo señalando a Rowan y a *Blackie*. Dado que yo no hablaba mongol, no comprendí lo que decía, pero capté las palabras *kuni* y *boli* (caballo y niño). Kristin se acercó, y también los otros guías y lugareños que habían venido. Alguien sacó una botella de vodka y me bebí un lingotazo para desayunar.

—¿Dice que Rowan es el niño de los caballos? —pregunté, tratando de comprender un mensaje que era bastante importante—. Necesitamos a Tulga. ¡Tulga!

Tuve que gritar su nombre varias veces hasta que Tulga salió de la tienda de campaña donde estaba el lavabo, agitando la mano como para decir: «Ya voy, ya voy». Pobre hombre, no lo dejábamos en paz ni siquiera unos minutos.

Tulga se acercó, atendió a lo que decía el joven guía y luego sonrió de oreja a oreja.

—Escucha, Rupert, esto es un gran honor. Quieren regalarle el caballo a Rowan.

—¿*Blackie*?

—Sí. Rupert, Kristin, debéis sentaros. Se trata de... una especie de ceremonia. Esto es muy... —Tulga se devanó los sesos en busca de la palabra adecuada—... infrecuente... No, raro, el hecho de que le regalen un caballo. Muy especial. Sentaos, sentaos. Yo traduciré lo que dice. ¡Caray!, debo decir que estoy asombrado. —Tulga se rió con aire complacido, sorprendido.

De modo que Kristin y yo nos sentamos juntos sobre el cálido césped, escuchando la alegre cháchara de Rowan y Tomoo, que estaban en la ribera. Los guías trajeron dos chales de seda azules, como los que habíamos visto colgando de los alerces en el campamento de los chamanes en las afueras de Ulan Bator y en varios *ovoos* junto a la carretera. Cada chal representaba un caballo, pues el regalo para Rowan no era sólo *Blackie*, sino también un caballo más joven, un alazán que, según dijeron, era un caballo de carreras que había ganado muchas de las medallas que yo había visto colgadas en la *ger* del abuelo la mañana que habíamos partido.

—Dicen —tradujo Tulga—, que están convencidos de que Rowan sanará. Y que la próxima vez que venga a Mongolia montará él solo a caballo, y lo suficientemente bien para participar en carreras de caballos como los chicos mongoles. Así que dicen que le reservarán a *Blackie* y al caballo de carreras, que son suyos, para cuando regrese. Dicen que no os preocupéis, que todo irá bien con Rowan. Han estado observándolo, y han visto la relación que tiene con los animales, con la naturaleza, y dicen que tú y Kristin habéis hecho bien al traerlo aquí. Rowan sanará, y regresará a Mongolia. Y cuando lo haga, montará él solo, como un chico de la estepa.

Sentí que se me saltaban las lágrimas. Debía decir algo, de modo que balbucí torpemente unas palabras de agradecimiento, para expresar lo honrado que me sentía, preguntándome qué objeto importante podía darles a cambio. Pensé en *Betsy*, que esperaba en Texas a que Rowan regresara, y que era el caballo que nos había traído hasta allí tanto física, de algún modo, como moralmente. Entonces se me ocurrió una idea.

—Diles que me gustaría darles también un caballo. ¿Qué les parece si cuando regrese a Estados Unidos busco un buen caballo, de la misma raza que el que tiene Rowan en casa, y les mando semen para una de sus mejores yeguas? ¿Les parece una buena idea?

Tulga tradujo mis palabras. Todos expresaron su asentimiento. Bebimos otra ronda de vodka.

—¿Estás seguro de que pueden hacer eso, Ru? —me preguntó Kristin en voz baja.

—Creo que sí. Mi abuelo en Zimbabue solía importar semen de ejemplares machos de Texas para los Brangus, una raza de ganado bovino originaria de Estados Unidos que criaba en su rancho. Lo transportaban congelado en nitrógeno. ¿Utilizan aquí ese método, Tulga?

—Creo que sí. He oído decir que en el departamento de veterinaria de la universidad de Ulan Bator hacen esas cosas. Creo que aceptarán.

De modo que brindamos por ello, trajimos a Rowan para que posara a regañadientes para unas instantáneas (por suerte, a los guías no parecía importarles la falta de modales de Rowan), bebimos más vodka y todos nos abrazamos en señal de despedida. No era de extrañar que los mongoles hubieran conquistado el mundo a lomos de sus pequeños, pero fuertes caballos y que, posteriormente, hubieran abandonado la senda de la guerra para abrazar el budismo. Eran una gente admirable. ¿Cuántas naciones han pasado de tratar con la muerte a una iluminación espiritual semejante?

Luego el más anciano de los lugareños que había acudido para despedirse de nosotros le dijo algo a Tulga, y éste arqueó las cejas sorprendido. Cerca del lago Sharga había un manantial, dijo, un manantial cuyas aguas sanaban y tenían propiedades benéficas para la mente. Además, de camino al lago vivía un hombre, un sanador tradicional, especializado en sanar canalizando la *qi*, o *chi*, el término oriental que significa energía. ¿Queríamos ir a verlo?, preguntó Tulga. Yo miré a Kristin. El método consistía únicamente en la imposición de manos, prosiguió Tulga, y la casa de ese hombre nos pillaba de camino. Asentí con la cabeza. No perdíamos nada yendo a verlo, pensé. Mientras circulábamos por la carretera llena de baches pregunté si hallaríamos con facilidad el manantial.

—El anciano dijo que no tendríamos ningún problema —respondió Tulga volviéndose desde el asiento delantero. Tomoo estaba sentado tranquila y cómodamente en sus rodillas—. Quedan unos veinte kilómetros hasta el lago. Quizá menos. El anciano dijo que podíamos preguntárselo a cualquiera que viéramos por allí. Es un manantial famoso.

—¿Tan famoso que tú no habías oído hablar de él?

Tulga sonrió.

—Yo soy un chico de ciudad.

El sanador vivía en una pequeña población de cabañas de troncos apiñadas incongruentemente en la estepa; eran sin duda una muestra desacertada de la civilización.

—Los soviéticos construyeron estas poblaciones para controlarnos con mayor facilidad —nos explicó Tulga durante el trayecto, que tardamos más de dos horas en recorrer por una espantosa carretera llena de baches. Atravesamos algunas zonas de la estepa de las que Tulga nos explicó que la hierba crecía en líneas rectas, separadas por pequeñas hendiduras—. Ahí es donde trataron de labrar la tierra. Un tractor por comunidad. No dio resultado, la hierba no ha vuelto a crecer ahí, pero los soviéticos querían convertir la estepa en un inmenso campo de trigo. Esta población incluso tiene ferrocarril. Mejor dicho, tenía ferrocarril. Para llevarse el trigo.

En efecto, vimos un viejo almacén de grano abandonado junto a un breve fragmento de vía que discurría de ninguna a ninguna parte: un monumento al fracaso del sueño soviético y el triunfo de la vida libre de la estepa. Pero con las poblaciones ocurre algo curioso. Las construyes y la gente sigue viviendo en ellas, por sucias, repletas de basura y destartaladas que estén, incluso si a poca distancia pueden gozar de terreno virgen. Lo mismo ocurría con aquella población, según pudimos comprobar cuando la recorrimos, sorteando perros, yaks, vacas, ovejas, cabras y caballos que se habían escapado. Aquellas cabañas de troncos de madera alojaban muchas personas, que nos observaban desde los portales y las ventanas.

—¿Cómo se ganan la vida en este lugar? —inquirió Jeremy.

Tulga se encogió de hombros.

Habíamos preparado a Rowan para el encuentro con el sanador, preocupados de que pudiera sentirse angustiado después de la dramática ceremonia de los chamanes en UB. Pero en cuanto nos detuvimos frente a la enorme puerta verde del corral, que, según Tulga y el conductor, era la correcta, Rowan salió de la furgoneta diciendo:

—Vamos a ver al hombre sanador.

Y echó a correr por el camino asfaltado hacia el corral donde pacían ovejas y cabras, y entró, solo, en la casa.

Los demás lo seguimos —Tulga algo abochornado— y encontramos a Rowan contemplando al anciano y a su esposa, que estaban sentados ante una desvencijada mesa junto a un gran tapiz de caballos galopando. Rowan les dijo sin venir a cuento: «Los elefantes provienen de África y la India» y les dedicó su sonrisa más radiante y encantadora.

—Exacto —dije llevando a Rowan hacia el sofá de los años sesenta donde la risueña pareja de ancianos (que parecían más divertidos que irritados por Rowan) nos había invitado a sentarnos, mientras Tulga les explicaba el motivo de nuestra inesperada visita. El anciano tenía una cara enorme, con los pómulos muy marcados; su rostro parecía haber sido toscamente labrado en un tronco y sus ojos negros y hundidos debajo de una frente prominente, tenían una mirada inteligente.

Si el hombre, que parecía tener sesenta y tantos años, se sintió enojado por nuestra inesperada irrupción, lo disimuló muy bien. Escuchó con atención la descripción que le hizo Tulga de la enfermedad de Rowan y formuló preguntas como si se tratara de una consulta que hubiéramos concertado con varias semanas de antelación. Observé alarmado que su esposa desaparecía y volvía al cabo de unos momentos con una bandeja que contenía unos pastelitos de cuajada de leche de oveja. Tomé uno y traté de mordisquearlo de forma convincente, al igual que Kristin, que se había sentado a mi lado. Por suerte, el anciano eligió ese momento para preguntarme, a través de Tulga, sobre el historial de Rowan.

Intenté explicárselo tan detalladamente como pude, tras lo

cual, a instancias del anciano, le facilité algunos datos sobre el nacimiento de Rowan, como que venía de nalgas y que habían tenido que practicarle la cesárea a Kristin. Luego el anciano nos explicó, de nuevo a través de Tulga, lo que iba a hacer.

—Dice que tiene que palpar el cráneo de Rowan para comprobar si hay energía bloqueada allí. ¿Crees que Rowan dejará que lo haga?

Yo estaba seguro de que Rowan se pondría a gritar y se resistiría cuando el anciano le pusiera las manos en la cabeza, y, en parte para tranquilizar a mi hijo y en parte para asegurarme de que no iba a ser doloroso, pregunté si el sanador podía apoyar los dedos primero sobre mi cráneo.

Rowan me observó con curiosidad cuando me senté en el suelo ante el sanador y dejé que sus dedos fuertes y expertos exploraran mi cabeza. No sólo no me dolió en absoluto, sino que era una sensación muy agradable, entre un masaje y... supongo que una sesión de sanación. Al cabo de unos instantes me embargó una innegable sensación de bienestar que me recorrió todo el cuerpo, de la cabeza a los pies. Cerré los ojos, tratando de prestar atención y no dejarme arrastrar por la grata sensación mientras el anciano hablaba y Tulga traducía sus palabras.

—Dice que tienes energía bloqueada en el extremo inferior derecho del cráneo. Quiere saber si a veces te duele la cabeza en esa zona.

Respondí afirmativamente. Los dedos del anciano ascendieron por el lado derecho de mi cráneo, dibujando unas pequeñas sonrisas sobre mi cabeza. Yo no quería que se detuviera.

—Dice que esas cosas se transmiten de padres a hijos. Es probable que Rowan tenga el mismo problema —tradujo Tulga cuando las manos del anciano se detuvieron.

Yo suspiré y me incliné hacia delante para tomar en brazos a Rowan, que había estado observando toda la operación con interés.

No se puso a gritar. Para mi asombro, se sentó tranquilamente, sonriendo, mientras dejaba que los dedos del anciano le exploraran el cuero cabelludo. El sanador nos confirmó, a través de Tulga, que Rowan, al igual que yo, tenía energía bloqueada en la cabeza.

—Dice que tenéis que hacerle un masaje de esa forma, a lo largo de la vena que se extiende por este lado del cráneo —dijo Tulga mientras yo observaba.

—Me rasca la cabeza —dijo Rowan. Para entonces debería haber estado revolviéndose para librarse de las manos del anciano, pues detestaba que lo manosearan, especialmente un extraño.

Rowan gritó cuando el anciano empezó a aplicar mayor presión sobre su cabeza: el hombre, según dijo Tulga, trataba de desbloquear la energía. Pero los gritos sólo duraron unos instantes, pues el anciano dejó a Rowan tranquilo en cuanto se inició la crisis. Nos dijo que si durante los próximos días observábamos alguna diferencia en él —menos berrinches, un estado de ánimo más apacible—, deberíamos tratar de que le aplicaran una terapia semejante en casa. En caso contrario... El anciano se encogió de hombros modestamente; no podía curar a todo el mundo. Pero creía que la energía fluía ahora mejor en Rowan. Cuando ya recogíamos nuestras cosas, le preguntamos si nos recomendaba que visitáramos el manantial del que nos habían hablado y el lago sagrado el anciano se encogió de hombros.

—Esto no puedo saberlo —respondió sinceramente—. Pero no le hará ningún daño.

De pronto, una joven pareja con un bebé que tenía una cabeza extrañamente bulbosa entró tímidamente en la habitación. Tenía que visitar a su paciente, nos dijo el anciano a modo de disculpa, indicándonos que nos retiráramos. Se inclinó ante nosotros, mientras le expresábamos nuestro agradecimiento a través de Tulga. Observé que en la pared, detrás del anciano, colgaba una fotografía de cuando era mucho más joven; en él lucía un uniforme, que parecía comunista, del que colgaban varias medallas. ¿Era mayor de lo que parecía? ¿Un veterano quizá del frente mongol de la Segunda Guerra Mundial, cuando los rusos habían combatido contra los chinos, utilizando a los soldados de la estepa como carne de cañón? ¿O lo habían reclutado para luchar en una guerra posterior? La bondad que reflejaban sus ojos desmentía cualquier ferocidad. Pero la fotografía era un recordatorio de la tiranía soviética que tiempo atrás había dominado aquellas tierras, aquella gente.

Cuando abandonamos la población, por la infame carretera, entre bruscos frenazos y violentas sacudidas, le pregunté a Tulga:

—¿Crees que ese hombre sirvió en el ejército soviético?

—Desde luego —respondió Tulga sonriendo—. Como todo el mundo. Al menos durante un tiempo. Al margen de que le gustara o no. Así era el comunismo.

—¿Y el chamanismo? ¿Estaba permitido bajo el comunismo?

—¡Por supuesto que no! Si encontraban el tambor o el traje de ceremonia de un chamán en la ger o la vivienda de alguien, lo mandaban a la cárcel. Lo mismo ocurría con los métodos de sanación que emplea ese anciano. Si alguien decía a las autoridades: «Ese tipo es un sanador o un chamán», lo arrestaban. Incluso a gente como vosotros. Diez años atrás, la KGB nos hubiera seguido e interrogado. Probablemente no habríamos podido hacer esto. Y menos aún ir a visitar a los chamanes.

—¿Cómo logró sobrevivir esta tradición?

—De padres a hijos. Y, en lugares remotos, como Siberia, adonde nos dirigimos, existía un menor control. Está volviendo a implantarse.

Pasamos frente a dos rocas esculpidas en forma de grandes renos con aparatosas cornamentas, un testamento del clima más frío que imperaba en el lugar miles de años atrás. En aquella época, cerca de la última era glacial, había pastores de renos incluso en España. Las personas habían domado renos antes que vacas, caballos y asnos. Conforme las capas de hielo habían ido retrocediendo hacia el norte, los pastores se habían ido desplazando con ellas. Hoy en día Mongolia es el lugar situado más al sur donde uno puede hallar culturas de renos.

El terreno era seco, más árido que en la región montañosa donde habíamos acampado la noche anterior. Deduje que nos hallábamos a bastante menos altitud. La temperatura aumentó hasta que el calor se hizo insoportable. Un par de horas después de abandonar la pequeña población, Tulga le dijo al conductor que parara para que pudiéramos almorzar. Nos detuvimos en un bosquecillo de olmos junto al Orkhon, un amplio río de aguas poco profundas e impetuosas que debía medir unos cincuenta metros de anchura. A pocas horas de allí, dijo Tulga cuando todos nos apeamos, estirando nuestros entumecidos miembros, había otra población, más grande que la anterior, llamada Bulgan. Allí podríamos decidir si queríamos proseguir hasta el lago Sharga, según lo previsto, o dirigirnos hacia el norte para entrevistarnos con la gente de los renos. Kristin no estaba muy convencida de que debiéramos ir al lago, sabiendo que representaba un viaje infernal sin ninguna garantía de resultados tangibles.

Era un lugar precioso, a orillas del río, junto al que crecían los olmos. En todo caso lo habría sido de no estar sembrado de botellas rotas de vodka y de cerveza, bolsas de plástico, envoltorios de caramelos, pañales, tampones y condones. A medida que nos fuimos aproximando a la población y la carretera se fue ensanchando los desperdicios fueron aumentando: había montones de basura en aquel lugar, sin duda uno de los puntos más bellos de la región.

—Si Rowan se mete en el agua, será mejor que lo vigiléis —nos advirtió Tulga. Rowan, junto con Tomoo, había empezado a desnudarse bajo el intenso calor y ambos se dirigían hacia las relucientes aguas del río—. La gente arroja botellas de vodka al río cuando se emborracha. Es preferible que el niño no se quite los zapatos.

Tulga le gritó algo a Tomoo, quien asintió con la cabeza e impidió que Rowan se quitara los zuecos. Para mi asombro, en lugar de ponerse a gritar como hubiera hecho si Kristin o yo le hubiéramos impedido que se descalzara, obedeció sin rechistar.

—¿Puedes vigilar los juguetes de Rowan? —le pregunté a Jeremy—. Seguro que querrá jugar con ellos en el agua.

Tal como supuse, Rowan echó a andar de nuevo hacia la furgoneta, preguntando:

—¿Dónde está *Simba*?

Decidí dar un paseo corto por la orilla del río, para tratar de analizar la corazonada que había tenido. ¿Debíamos emprender un viaje en coche desde el infierno hasta un lago sobre el que incluso el sanador local se había mostrado un tanto ambiguo? ¿O era preferible ahorrar tiempo y esfuerzos y dirigirnos al norte? Así tendríamos más tiempo para tratar de hallar a la gente de los renos, más tiempo para estar con ellos, suponiendo que lográsemos localizar sus campamentos, y más tiempo para buscar al chamán que necesitábamos. Parecía una elección bastante obvia. ¿A qué venía entonces ese empeño en emprender una aventura hacia un lugar que yo había hallado una sola vez en Internet tres años atrás? No existía un motivo racional para ir allí. Sólo aquella sensación instintiva junto con la idea de que siempre me preguntaría si habíamos tomado la decisión acertada.

Una garza real europea remontó el vuelo desde los juncos. A unos pocos metros, sorteé un montón de excrementos humanos secos adornados con un pedazo de papel higiénico tieso que ondeaba en el aire del semidesierto. Una bandada de patos salvajes —una especie de cercetas, a juzgar por las listas de un tono verde azulado de las alas— parloteaban y se deslizaban sobre el agua. Una golondrina, a miles de kilómetros del mar, pasó volando y emitiendo lamentos como una gaviota. ¿Había anidado aquí o pasaba de camino al lejano océano Ártico, donde —por increíble que parezca— debía de desembocar aquel río? Regresé junto a las furgonetas, donde habían instalado una mesa a la sombra de los olmos. Tulga estaba desplegando el mapa.

—Está muy lejos —oí decir a Kristin con tono dubitativo.

—Sí —respondió Tulga, consultando el mapa—. Muy lejos.

De modo que analizamos los pros y los contras sentados de nuevo a la improvisada mesa de campaña. El sentido común decía que nos olvidáramos del lago y nos dirigiéramos al norte. La voz irracional, o no racional, decía que debíamos ir a averiguar qué había en aquel lago. Mientras estábamos deliberando, Rowan subió de la ribera en busca de su beicon.

—De acuerdo —dije de pronto—. ¿Por qué no dejamos que lo decida Rowan?

Hubo un murmullo general de asentimiento. De modo que decidí intentarlo.

—Oye, Rowan, ¿qué te parece si vamos primero al lago y luego vamos a ver a la gente de los renos, o prefieres...?

Rowan ya se había alejado, pasando olímpicamente de mí. Si yo quería una respuesta, tenía que descender a su nivel. Me levanté, lo seguí y me agaché junto al lugar donde había colocado sus animales en la arena.

—¡Papá! ¡Papá! —dijo Rowan, hablando por boca de los animales. Reproducía una escena de *El rey león*. La escena más dramática, en la que el padre león está suspendido del risco y *Simba*, el cachorro, intenta alcanzarlo para impedir que caiga entre los cascos de los ñus que corren en desbandada por el barranco. El cachorro grita: «¡Papá!, ¡papá!» cuando su padre cae bajo los cascos de los animales y muere.

—¿Qué has hecho? —El que hablaba era *Scar*, el malvado tío, el león que manipula al joven cachorro para que crea que ha matado accidentalmente a su padre. Observé que había un tigre de juguete en vez del león que Rowan solía utilizar para representar a *Scar*. Era curioso, no lo había oído berrear por haber perdido uno de sus juguetes. Sin duda estaría en alguna parte del río a los pies de la montaña iluminada por las estrellas.

—Eh, Rowan, ¿quieres ir a ver a la gente de los renos?

—Sí.

—No, espera. ¿Quieres ir directamente a ver a la gente de los renos? ¿O quieres ir primero al lago y luego a ver a la gente de los renos?

—Ir primero al lago, luego a ver a la gente de los renos —contestó Rowan sin alzar la vista.

—De acuerdo, así lo haremos. ¡Eh, todo el mundo! Ya está decidido. Rowan dice que vayamos primero al lago y luego a ver a la gente de los renos.

13

Reparar el caballo de viento

Esa noche acampamos en una elevada pradera situada en los límites del bosque, desde la que contemplamos un largo y ancho valle
de una extensión de más de cincuenta kilómetros. En un panorama verde bellísimo que se prolongaba de forma ininterrumpida
hasta unas lejanas cumbres coronadas de nieve. Parecía irreal, un
telón de fondo pintado para una superproducción hollywoodien-
se. Habíamos ascendido lentamente, a lo largo de varias horas, de
nuevo hacia las regiones montañosas. Tras dejar atrás las tierras
calurosas y semiáridas habíamos emprendido camino hacia la población llamada Bulgan, que, a diferencia del abandonado poblado soviético en el que vivía el sanador, tenía cierto encanto. En la
calle mayor había viejos edificios públicos de estilo ruso, cuyos
postigos, tejados y porches estaban pintados de verde; el conjunto estaba descuidado, pero era pintoresco. Había también una especie de supermercado, mal abastecido pero en el que vendían
beicon, lo cual, junto con pan blanco y patatas fritas, era lo único que Rowan comía desde que habíamos aterrizado en Mongolia.
También vendían toallitas húmedas y, para nuestro asombro y deleite, encontramos allí cuatro botellas de un magnífico vino tinto
de Burdeos a un precio irrisorio. Compramos las cuatro botellas
y luego dimos un largo paseo por la polvorienta calle mayor, sorteando el ganado que nos observaba curioso y devolviendo los
corteses saludos de los lugareños, quienes, con el acostumbrado
tacto de los mongoles, acogían la aparición de nuestra desaseada
banda en su polvorienta calle mayor como si no tuviera nada de
particular. El lugar rezumaba un aire jovial. Los techos de chapa
ondulada de las ubicuas cabañas de troncos estaban pintados de

alegres colores (rojos, azules, verdes y amarillos), iluminados por el sol de mediodía. La gente sonreía y nos saludaba inclinando la cabeza a nuestro paso. Cuando abandonamos la población en coche, dos jóvenes echaron a galopar sobre sus monturas junto a nuestra furgoneta durante unos cien metros, sonriéndonos de oreja a oreja.

Incluso la carretera mejoró. La basura fue disminuyendo hasta desaparecer durante nuestro ascenso, a través de la estepa, hacia las frondosas laderas de unas montañas bajas, pero escarpadas, con claros tapizados de laurel de San Antonio, de un vibrante color púrpura. Nos detuvimos junto a dos *ovoos*, montones de piedras dedicados a los señores de las dos montañas bajas, y caminamos alrededor de cada *ovoo* siguiendo los pasos de Haada y Darga, los dos conductores, para dar las gracias por no haber sufrido ningún accidente en nuestro ascenso. Nos detuvimos junto a un puente para que Rowan chapoteara en las impetuosas aguas de la montaña y le compramos a un grupo de mujeres que había allí sentadas varios tarros de fresas silvestres. Cuando por fin nos detuvimos para acampar en el elevado prado junto a los límites del bosque, contemplé la increíble vista del verde infinito que ofrecían las montañas circundantes y tuve la sensación de haber llegado a un lugar próximo al cielo.

Nos dedicamos a recoger troncos y ramas que hallamos en el suelo en los claros de los límites del bosque. Los pinos eran pequeños y delgados, de unos cinco metros de altura, con un aire femenino, como jóvenes bailarinas sobre hierba tupida sembrada de flores. Rowan recogió unas flores que, según dijo, parecían «flores de frambuesa rojas». Cuando observé que se las llevaba a la boca, grité pidiendo consejo a Tulga.

—No te preocupes —respondió Tulga riendo—. Utilizamos esas flores para... —Rebuscó en su vocabulario durante unos momentos—. Para nuestro sistema inmunitario. Las secamos y nos las comemos en invierno, con miel. Rowan puede comérselas sin ningún problema. Tomoo también debería hacerlo. ¡Eh, Tomoo! —Tulga llamó a su hijo, que se afanaba en recolectar leña menuda mientras el resto de nosotros arrastrábamos los troncos y las ramas grandes que habíamos recogido en la ladera, donde habíamos aparcado la furgoneta. Al oír a su padre, Tomoo respondió con la mueca que utilizan los niños de todo el mundo para manifestar repugnancia: le sacó la lengua. Rowan, que suele ser muy caprichoso con la comida, arrancó varios puñados de flores y las devoró como si fueran golosinas.

Ese paisaje... El mundo entero es hermoso, salvo cuando la humanidad se afana en destruir deliberadamente esa belleza. Para mí, los paisajes agrícolas son tan bellos como los agrestes. Pero contemplar un paisaje que no ha cambiado un ápice desde que Dios lo creó es muy raro. Al detenerme un momento para asir con más firmeza el tronco que arrastraba, alcé la vista y vi una telaraña suspendida de las ramas inferiores del árbol situado entre la estepa y yo. El sol crepuscular arrancaba destellos de la seda, y la entretejía con hilos dorados al tiempo que iluminaba la araña, que pendía inmóvil, como una obra de arte en el taller de un maestro orfebre; y, de alguna manera, eso era. Los árboles, la tela y la araña dorada marcaban el punto de transición donde terminaba el bosque y comenzaba la verde estepa. Una ventana a la eternidad.

Rowan pasó corriendo junto a mí. El olor que despedía su pantalón eclipsó el encanto de aquel momento. O quizá eso era también la eternidad. Confié en que no fuera así.

Esa noche, cuando la luz declinaba y moría, y las llamas naranjas de la hoguera que encendimos se avivaban para darnos calor, Rowan y Tomoo se pusieron a corretear más lejos de lo que yo le había permitido a mi hijo hasta entonces. Se alejó hasta convertirse en una mota distante a los pies de la colina. Me levanté y lo llamé por su nombre. Él se detuvo, se volvió y siguió jugando. Me había hecho caso en lugar de ignorarme. Tiempo atrás, Kristin y yo habíamos perdido toda esperanza de que nuestro hijo aprendiera algún día a conocer su nombre, y menos aún a detenerse y alzar la vista cuando lo llamáramos.

Tulga siguió hablándonos sobre los chamanes y su situación durante el comunismo.

—Hace unos tres años fui a visitar a un chamán, y nos azotaron a ambos —dijo sonriendo—. En serio, un par de años antes, cualquiera que iba a consultar a un chamán era arrestado. Lo mismo que el chamán. Pero al cabo de unos años, la policía, incluso el servicio secreto, empezó a mostrarse temerosa de arrestar a los chamanes. Circulaban historias sobre policías que habían muerto o caído gravemente enfermos. También sobre directores de prisiones que al entrar en las celdas de los chamanes habían comprobado que éstos habían desaparecido. Nadie podía explicárselo. De modo que, al cabo de un tiempo, poco antes del final del comunismo, relajaron un poco las normas. Las personas empezaron a retomar las tradiciones. Siempre y cuando lo hicieran discretamente.

—¿Y los budistas? —preguntó Kristin.

—Lo mismo. Cuando llegaron los comunistas, destruyeron muchos templos. Mataron a monjes y quemaron bibliotecas. Al principio ocurrió como en el Tíbet, pero luego la cosa mejoró. Al cabo de un tiempo, los líderes decidieron no seguir haciéndolo. Traía mala suerte. De modo que toleraban a los monjes, siempre y cuando éstos no se metieran en política. De hecho, algunos líderes iban a consultar a los monjes para que les leyeran la suerte y los aconsejaran. En China creo que también era así. Oficialmente no estaba permitido, pero la realidad era que lo practicaban muchos.

—¿Para que les leyeran la suerte? ¿A qué te refieres?

Tulga, vestido esa noche con una *deel* tradicional para protegerse del creciente frío, presentaba el aspecto tradicional del nómada mongol, en lugar del vástago semioccidentalizado del nuevo *boom* turístico. Lucía una incipiente barba («Me la dejo crecer cuando Naara no está presente», me había dicho sonriendo con picardía).

—Puedes pedir a los monjes que te lean las... —Tulga se devanó de nuevo los sesos en busca de la palabra adecuada—. Escrituras. No...

—¿Los sutras? —preguntó Kristin.

—Sí, los textos sagrados. Puedes pedir una lectura para que te ayude con tu caballo de viento, tu suerte...

—Creí que el caballo de viento era el tambor de un chamán —interrumpí, recordando lo que había leído en algún sitio—. O al menos el batir del tambor que hace el chamán para trasladarse al mundo de los espíritus.

—También es eso. Es complicado.

—¿Cómo funciona exactamente? —insistí—. Me refiero a la idea del Señor de la montaña y todo eso... ¿En qué consiste? ¿Existen otros espíritus? ¿Ancestros?

Pensé en los bosquimanos y su idea de que Dios habita en una aldea poblada por los espíritus de los antepasados, un lugar al que asciende un sanador mientras está en trance, para tratar directamente con Dios por el bienestar del alma de la persona enferma o el alma de la comunidad. Yo estaba acostumbrado a esas generalidades —los bosquimanos suelen mostrarse un tanto imprecisos y ambiguos sobre esas cuestiones—, por lo que la precisión de la respuesta de Tulga me sorprendió.

—Cada chamán ruega al Señor de la montaña o del río del lugar que procede. Todos lo hacemos, cuando atravesamos un paso de montaña o un río, damos las gracias ante un *ovoo*. Ya los habéis visto. Pero, además —prosiguió Tulga—, cada chamán tiene otros dioses con los que trabaja. Hay noventa y nueve, noventa y nueve pilares de oro que sostienen el cielo, cada uno con su propio dios. Es decir, existe un dios, Tenger, pero debajo de él hay cincuenta y cinco *tengers* blancos, o dioses, y cuarenta y cuatro negros...

—¿Son subdioses? —interrumpí.

Tras reflexionar unos instantes, Tulga respondió:

—Es posible. Son más bien aspectos distintos del mismo dios, o de los humanos. De las diversas formas que son los humanos: buenos y malos, negros y blancos.

—Entiendo —dije tratando de asimilarlo. Supuse que se refería a unos arquetipos. Pero tantos...

—Cada uno de esos *tengers* gobierna una parte de la vida humana. Cada chamán trabaja con sus propios *tengers* (algunos negros, otros blancos), para tratar de ayudar a los seres humanos. De modo que cuando llevan a cabo sus rituales, hablan con ellos, así como con los dioses locales o los dioses de sus lugares de procedencia, los Señores de las montañas y los ríos.

—¿Todos los dioses son masculinos? —preguntó Kristin.

—No. Muchos son distintos. Es difícil explicar...

¿Cómo podemos explicar a Dios en cualquier idioma? De pronto recordé algo. Le había preguntado a Temple Grandin, la autista adulta y profesora de ciencias animales que pensaba en imágenes, qué le venía a la mente cuando yo pronunciaba la palabra *Dios*. Grandin había respondido que veía una imagen del universo, una galaxia tras otra, inabarcable, infinita. Incomprensible.

—Mirad —dijo Rowan apareciendo de pronto a la luz de la hoguera con un elefante y un rinoceronte de juguete en la mano—. Son *Lee Lee* y *Asha*, del parque de animales salvajes de Whipsnade.

Antes de ir a Mongolia, durante nuestra estancia en Inglaterra, habíamos llevado a Rowan a Whipsnade, el zoo más grande del Reino Unido, donde se había enamorado de un elefantito indio llamado *Lee Lee* y de un pequeño rinoceronte indio llamado *Asha*.

—¡*Lee Lee* y *Asha*! —repitió Rowan con vehemencia—. ¡Son amigos! ¡Buster les dará comida!

Y regresó a sus juegos en la semioscuridad, hablando consigo mismo sobre *Lee Lee*, *Asha* y Buster. Observé que Rowan colocaba los animales de juguete en la amplia entrada de la madriguera de una marmota. (Las marmotas son unos roedores de gran tamaño que viven bajo tierra, cuya carne constituye una fuente adicional de alimento para los nómadas de las estepas y cuyas pulgas, en los veranos extremadamente calurosos, pueden transmitir la peste bubónica; la Muerte Negra del calamitoso siglo XIV de Europa, sobre la que se han escrito tantos relatos, comenzó aquí, en las estepas de Mongolia: fue una horda mortal e invisible muy distinta de las que solían partir de Mongolia y extenderse por el resto de la Eurasia medieval.) Apunté mentalmente que debía registrar toda la zona en busca de juguetes antes de que partiéramos a la mañana siguiente, y pedir a los demás que me ayudaran a explorarla, pues si había una madriguera de marmotas, sin duda debía de haber docenas de ellas, y si empezábamos a perder demasiados juguetes, no tendríamos nada con que distraer a Rowan. Por no hablar de los berrinches que le darían cuando quisiera volver a jugar con ellos y comprobara que los había perdido. No dejaba de asombrarme la memoria que tenía ese niño para tantas cosas, y que, sin embargo, perdiera continuamente sus preciados animales de juguete, con unas consecuencias desastrosas para nosotros.

—Mañana, aproximadamente a medio camino del lago Sharga, pasaremos junto a un monasterio budista —dijo Tulga—. Si queréis podemos detenernos allí.

—Me gustaría mucho —respondió Kristin, la única budista practicante entre nosotros—. Me encantaría.

Al día siguiente, aunque exploramos el suelo y miramos en todas las madrigueras de marmotas, no logramos encontrar el elefante y el rinoceronte. Rowan no dijo ni pío.

Las largas horas en la furgoneta transcurrieron de forma más placentera gracias al juego de contar historias.

—¿Cuál fue tu momento más embarazoso? —sugirió Jeremy para matar el tiempo. Ganó Kristin, que provocó las carcajadas de los niños al relatar sus intentos de ser una jovencita ultramoderna en California.

—Quería ser una roquera de Death Metal. Con el pelo cardado, maquillaje blanco y vestida de negro de pies a cabeza, con el calor sofocante que hace en Los Ángeles. Pero nunca tuve mucha suerte con los chicos. El día que por fin reuní el valor para hablar con el chico del que todas estaban enamoradas, ocurrió algo muy extraño. Mientras hablaba con él, y la cosa parecía ir bastante bien, yo... —Kristin torció el gesto al recordar el episodio, medio estremeciéndose y medio riendo—. Solté un moco enorme. Delante del chico más guay del instituto. «Bonito moco», dijo el chico, tras lo cual se levantó y se fue. Yo quería morirme. Desde luego, no tenía la falta de ego de Rowan.

Las historias terminaron y el silencio, a excepción del omnipresente ruido del motor, se impuso de nuevo. Circulamos a través de la estepa desierta. Verde como Irlanda: mares y océanos de hierba; colinas suavemente onduladas cubiertas de hierba, montañas en el horizonte. Divisamos unas marmotas amarillas que se apresuraban a ocultarse en sus madrigueras cuando se acercaba la furgoneta. Los kilómetros y las horas se fundían en el vacío. Uno se imaginaba montando a caballo, como habían hecho los mongoles medievales y pensando: ¿Por qué no seguir cabalgando hasta que termine el mar de hierba y hayamos conquistado las tierras que nos hayamos encontrado a nuestro paso? Como una gigantesca y sangrienta rueda, que rodara a través de los siglos dejando una estela de muerte y sufrimiento demasiado atroz para imaginarlo siquiera.

Al cabo de centenares de años de hacer eso generación tras generación, los mongoles habían desistido, ya que habían comprendido de manera colectiva que, por lejos y rápido que cabalgues, siempre estás en el mismo sitio. Puede que sea un lugar común, pero no deja de ser cierto. De modo que habían abrazado el budismo, que, en el siglo XVIII, había introducido en Mongolia un monje itinerante que se había alejado unos mil kilómetros del Tíbet. Al adoptar el budismo, habían conservado su libertad y sus viriles deportes (la lucha libre, la equitación y el tiro con arco), habían concedido libertad y autonomía a sus mujeres, y habían aprendido a sobrevivir con dignidad en medio del enfrentamiento entre dos naciones ávidas de poder, Rusia y China, sobre las que antaño habían gobernado y que ahora querían gobernarlos a ellos. Todo ello durante la industrialización y sovietización del siglo XX, al tiempo que lograban mantener el ecosistema de la estepa y su propia cultura más o menos intactos. Toda una proeza.

Quizá no fuera tan simple. Antes de emprender el viaje, me había informado en Internet sobre las concesiones mineras en Mongolia y me había descargado un mapa de todo el territorio.

Era bastante alarmante: buena parte del país estaba coloreado con manchas que indicaban los derechos de explotación de minas de las compañías extranjeras. ¿Al cabo de una década, seguiría existiendo ese gigantesco desierto, tan lleno de vida y libertad humana?

Vimos una bandada de grullas de color azul grisáceo, la única imagen vertical en un paisaje compuesto por hierba y cielo. Al cabo de un rato nos topamos con una manada de camellos, unos imponentes animales peludos con dos gibas que parecían tan sorprendidos como nosotros por el inesperado encuentro.

—¡Mira! —dijo Kristin—. Un bebé camello.

Pero Rowan no quiso mirarlo. Ni apearse de la furgoneta.

No obstante, había llegado el momento de detenernos para estirar las piernas, de modo que todos los demás nos apeamos para contemplar a los camellos más de cerca. Jeremy, desnudo hasta la cintura debido al sofocante calor, se acercó a la mamá camello con cierta temeridad y se detuvo a escasos centímetros de ella. Todos nos reímos y bromeamos, pero Rowan seguía negándose a bajarse del vehículo. Incluso rehusó contemplar a los animales. Me toqué con la lengua la pupa que me había salido en el labio inferior. Empezaba a escocerme bastante. De momento, la cabezonería de Rowan no tenía importancia, pero ¿y si se negaba a montarse en un caballo?

Empezaba a parecerse a un disco rayado. Yo no era un buen budista. Quizá iba a venirme bien que nos pasáramos por ese templo, siquiera para recordarme que no debemos apegarnos demasiado a las cosas y a las personas. Suponiendo que eso fuera posible. Volvimos a montarnos en la furgoneta: el calor de las montañas había cargado el aire. Pronto iniciamos el larguísimo trayecto ascendente hacia la zona boscosa, para luego descender hacia la estepa, flotando por un paisaje que parecía rielar en un extraño lugar entre la Tierra y el cielo, mientras la temperatura no dejaba de aumentar.

El monasterio era una estructura muy simple, una tosca cabaña de madera rodeada por varias chozas también de madera y situada en medio de otra de esas remotas poblaciones construidas con troncos en plena estepa. El templo propiamente dicho, que se distinguía de los edificios de los dormitorios y el refectorio por sus esculpidos aleros y el inmenso tambor de oraciones instalado ante la fachada, se alzaba junto a una espaciosa y descuidada escuela de hormigón. En la actualidad, los hijos de los nómadas asisten a un internado nueve meses del año, pero en esos meses de verano el edificio estaba vacío: los alumnos habían regresado a las *gers* familiares para ayudar a pastorear el ganado, y los únicos que campaban a sus anchas por el patio de recreo eran seis cerditos rosa.

—¡Cerditos!

Rowan se bajó de la furgoneta y saltó la cerca en cuanto aparcamos. Me encaramé a la valla corriendo tras él mientras los cerditos huían despavoridos. Reía de gozo. Al tratar de seguirlo, tropecé con unas ortigas y me puse a brincar y a soltar palabrotas; no es de extrañar, teniendo en cuenta que no llevaba más que un pantalón corto y unas sandalias. Rowan correteaba tan contento tras sus pequeñas presas rosa, protegido por sus pantalones largos y sus zuecos.

—¡Qué monos! —gritaba trotando detrás de los cerditos, que no cesaban de chillar.

Rowan no podía competir con los cerditos, pero eso no le impidió tratar de atraparlos. Los animales corrían alrededor del edificio de la escuela, entre los apestosos retretes exteriores, las ortigas, el acostumbrado montón de cristales rotos y las tablas viejas sembradas de clavos y fragmentos de metal; era el panorama habitual de los espacios públicos en Mongolia, especialmente los lugares donde jugaban los niños. Me costó Dios y ayuda evitar que se lastimara, mejor dicho, tratar de evitarlo, pues a decir verdad tanto el niño como los cerdos se movían con demasiada rapidez para que mis intentos fueran eficaces. Me escocían las piernas y las tenía cubiertas de ronchas. De pronto, Jeremy gritó:

—Eh, Ru, os han invitado a Rowan y a ti a entrar en el templo. Yo había supuesto que no entraríamos. No me imaginaba a Rowan en un lugar sagrado donde era preciso guardar silencio y mantener la debida compostura. Nos habíamos detenido allí más por Kristin que por Rowan.

—No creo que Rowan quiera dejar de perseguir a los cerdos —dije cuando Jeremy saltó la cerca del patio cubierto de maleza. Pero, para mi sorpresa, cuando le pregunté a Rowan si quería ir a ver el templo (mejor dicho, cuando se lo grité a través del patio), el niño dejó de perseguir a los cerditos.

Cuando entramos en el templo, Rowan se comportó de una forma bastante previsible. Echó a correr y gritó: «¡Mira, velas!», pasando a toda velocidad frente a la hilera de monjes que, ataviados con ropajes dorados, entonaban sus cánticos. Dejó también atrás a Kristin, que rezaba arrodillada ante los monjes con las manos enlazadas y la cabeza inclinada respetuosamente, y siguió corriendo hasta alcanzar la pared del fondo del templo. Allí había varias hileras de velas, que resplandecían y parpadeaban en unos recipientes de latón dispuestos frente a los iconos de las dos diosas tibetanas de la compasión, Tara Blanca, la señora de la serenidad y la gracia, y Tara Verde, la señora de la actividad virtuosa. Rowan se puso a apagar las velas enérgicamente mientras gritaba:

—¡Mira! ¡Pastel de cumpleaños! ¡Buen trabajo, Rowan!

Creí que los monjes que estaban sentados sobre el estrado junto a su abad se levantarían enojados y nos echarían del templo. Pero no fue así. En lugar de eso, sonrieron con expresión divertida ante las travesuras de Rowan. El abad me indicó que tanto Rowan como yo nos sentábamos junto a Kristin sobre la alfombra exquisitamente bordada, ante él y sus monjes, que leían los sutras con tono grave y monocorde. Tulga salió de las sombras y me condujo hacia el lugar indicado, empujando delante de mí a Rowan, que no cesaba de protestar («¡Velas, velas!»), mientras Tulga murmuraba:

—Me han preguntado por qué habéis venido y cuando se lo he

explicado, han dicho que querían hacer una lectura para tu hijo, y para vosotros dos, para el viaje. Rowan y tú tenéis que sentaros aquí y...

Para mi asombro, Rowan se sentó, mientras los monjes dejaron de recitar el sutra que los había ocupado hasta entonces para centrarse en uno elegido especialmente para él. El niño se sentó sobre mis rodillas y guardó un desacostumbrado silencio, mientras Kristin, con la cabeza inclinada y las manos enlazadas, rezaba junto a nosotros sentada en la postura del loto, que había perfeccionado tras varios años de retiros para meditar. Yo, esforzándome en mostrar un aspecto reverente, sujeté a Rowan con un brazo, pues temía que se abalanzara para intentar asir la campanita que el abad hacía sonar después de cada dos estrofas. Pero no lo hizo. Permaneció sentado como un niño normal y bien educado. Los monjes desempeñaron su papel a la perfección y consiguieron que el fin de la lectura casi coincidiera con el preciso momento en que, después de unos breves, pero insólitos minutos, Rowan empezó a moverse nervioso.

—Ya podéis iros —murmuró Tulga desde donde estaba sentado, a mi espalda. Me incliné como pude sosteniendo a Rowan; Kristin también se inclinó y nos levantamos. Los monjes nos miraron sonriendo y asintiendo con la cabeza mientras seguían entonando con fluidez el siguiente pasaje de los sutras. Cuando echamos a andar hacia la puerta del templo, una mujer joven, una de las devotas que estaba sentada al fondo cuando entramos, se despidió de nosotros sonriendo e indicando que Rowan hiciera girar la rueda de un voluminoso objeto cilíndrico, semejante a un tambor, una especie de barril de oraciones provisto de asas.

—Trae buena suerte, hace que las oraciones giren dentro de la rueda y nos aproximen a la iluminación espiritual.

—¿Como individuos o como especie? —pregunté en plan de broma.

Pero Rowan, que había captado la indicación de la mujer, agarró una de las asas pintadas de amarillo de la rueda y comenzó a hacerla girar en el sentido de las manecillas del reloj, ante el evidente regocijo de la joven, que deseaba que hiciera justamente eso. Yo hice lo propio. Cada uno de nosotros hizo girar la rueda una vez, tras lo cual él siguió haciéndola girar una y otra vez, no de forma hiperactiva y obsesiva, sino con una cadencia mesurada ante la que la joven sonrió de oreja a oreja e inclinó la cabeza. Rowan sonrió también y la abrazó espontáneamente. La joven sacó de su bolsillo un pequeño paquete de galletitas, que tenían grabado el dibujo de un ciervo parecido a Bambi, y dos caramelos.

—Galletitas con un ciervo —dijo Rowan, feliz con su regalo.

—Da las gracias —dije, deseoso de enseñarle modales.

—¡Da las gracias! —repitió Rowan alegremente. Tras lo cual salió apresuradamente y echó a correr hacia donde estaban los cerditos.

No tuvimos tiempo de averiguar qué sutra habían leído los monjes para Rowan. Pero mientras traqueteábamos a través del paisaje, a veces sumidos en una ensoñación tras horas y horas de circular a través de colinas, estepas, y valles tapizados de verde Rowan se mostró insólitamente sosegado. El calor, como de costumbre, era casi insoportable. Michel y Jeremy, ambos orgullosos de sus cuerpos esbeltos y tonificados, se quitaron toda la ropa menos el pantalón corto. Jeremy añadió un toque cómico colocándose un collarín ortopédico, que tal vez por su color grisáceo y la gran mancha marrón de café, comida o saliva que tenía en la parte delantera, empañaba su imagen de modelo.

—Me resulta muy útil —dijo Jeremy a la defensiva cuando todos estallamos en carcajadas—. Lo utilizo durante los vuelos y viajes largos.

—¿Consigues hablar con muchas mujeres cuando te pones eso? —preguntó Michel.

—¿O lo haces para evitar que se acerquen a ti? —inquirió Justin en tono de guasa desde el asiento posterior, donde iba apretujado contra su voluminoso equipo mientras el polvo de la carretera que penetraba a través de la estrecha ventanilla abierta le daba en la cara.

—Es como el *gaydar*, para que sepan a qué atenerse.

—Más bien como el *geekdar*.*

—Aunque os burléis —dijo Jeremy cerrando los ojos y sonriendo—, esto me permite viajar más cómodo que vosotros.

Como es natural, todos quisimos probar el collarín, mostrando un aspecto a cuál más ridículo.

—¡No es nada cómodo! —dije cuando me tocó ponérmelo.

—Pues si no te gusta, devuélvemelo.

—Encantado.

Seguimos circulando a través de colinas y valles. El buga tuneado se abrasaba bajo el sol. Rowan miraba por la ventanilla a través de las cortinas rosas, que se movían por la corriente que provocaba nuestro propio movimiento, y contemplaba las estepas verdes, los rebaños de ganado, las *gers* que aparecían de vez en cuando y algún que otro jinete a caballo. De pronto recordé lo que el anciano, el sanador, había dicho la víspera: «Obsérvenlo durante las próximas veinticuatro horas. Si el niño se muestra más sosegado...».

Efectivamente, Rowan estaba más sosegado. No se había inmutado por perder algunos juguetes en las madrigueras de marmotas; luego había accedido a dejar de perseguir a los cerditos para sentarse frente a los monjes en silencio; y ahora contemplaba tranquilamente el paisaje y dejaba que sus ojos azul-verdes absorvieran las inmensas praderas que desfilaban ante la ventanilla.

Antes de abandonar la pequeña población de casas de madera donde se hallaba el monasterio, nos habíamos detenido para comprar más agua y otros víveres en una destartalada tienda en la que vendían también juguetes de plástico baratos hechos en China. Rowan había señalado un patito de color naranja montado en

* *Gaydar*: capacidad para detectar a una persona gay. *Geekdar*: capacidad para detectar a un adicto a la tecnología y a la informática. (*N. de la T.*)

una bicicleta, cuyas patas hacían girar los pedales. De pronto, dejó de contemplar el paisaje y tomó su nuevo juguete.

—¿Cómo se llama el pato? —preguntó Kristin, deseosa, como siempre, de hacerlo hablar sobre sus juguetes. Trataba de empujarlo a proyectar su imaginación, desde que, hacía menos de un año, nos habíamos preguntado si alguna vez sería capaz de jugar de forma imaginativa—. ¿Se llama Daniel Duck? ¿O Davy Duck?

—¿O Doodle Bug Duck? —pregunté yo sonriendo.

—¡Doodle Bug Duck! —confirmó Rowan con profunda satisfacción, y siguió mirando a través de la ventanilla.

Llevábamos casi diez horas circulando por la carretera cuando alcanzamos la cima de una colina y vimos un ancho y tumultuoso río que fluía por un pequeño barranco.

—Ah, perfecto —comentó Tulga—. Me dijeron que nos encontraríamos con ese río. El lago Sharga no debe de estar muy lejos.

Descendimos lentamente por un lado del barranco, atravesamos el vado y subimos por el otro lado siguiendo por una pista de roca volcánica negra y dura que hacía que la furgoneta avanzara a bandazos y nosotros chocábamos unos contra otros. Rowan y Tomoo reían de gozo; el resto, en cambio, nos lo tomábamos con resignación. Diez horas y media después de emprender viaje subimos por otra colina y, desde lo alto, vimos ante nosotros un inmenso lago de aguas plateadas resplandeciendo bajo el sol flanqueado por unas montañas escarpadas de cimas planas.

14

El lago de los caballos del cielo

Había temido que el lago Sharga nos decepcionara, que fuera poco más que un gran charco de aguas turbias a los pies de una colina y cuyas orillas, por las que los animales acudían a beber y a bañarse, se hubieran convertido en una hedionda mezcolanza de lodo negro y estiércol. De camino habíamos pasado frente a varios lugares semejantes, y cada vez habíamos bromeado diciendo que debía de ser el lago que andábamos buscando. Pero el lago Sharga era increíblemente hermoso, una reliquia volcánica de una era geológica anterior; era tan antiguo que los muros circundantes del cráter se habían desintegrado y habían formado tres montañas de basalto, ahora cubiertas de hierba y árboles; unos salientes de roca negra asomaban por su cima erosionada por el tiempo y se alzaban como centinelas sobre las aguas lisas y resplandecientes. La hierba se extendía hasta las orillas del agua. Era un lago de caballos: había centenares, y estaban divididos en varias manadas, cada una con su propio semental de cuello recio husmeando por la periferia de su harén. Algunas manadas —de caballos pequeños y fuertes de todos los pelajes imaginables (bayos oscuros, bayos claros, cervunos, de todos los tonos de gris, blancos, negros, de color tostado con la crin y la cola blancas) pacían en las orillas del lago, moviendo la cola para ahuyentar a las moscas y mosquitos. Algunos se adentraban en el lago para refrescarse hasta que las aguas oscuras —debido al fondo de basalto— les llegaban a las rodillas para refrescarse. En el centro del lago unos cisnes salvajes se deslizaban sobre el agua como elegantes goletas blancas. En el aire había una trémula bruma formada por los muchos insectos que revoloteaban.

Una de las ventajas de vivir en la parte central de Texas, donde el calor y la humedad del verano crean un paraíso para toda posible (e imposible) variedad de bichejos que muerden y pican, es que siempre llevas encima repelente y loción para calmar las picaduras. Todos habíamos venido preparados. Pero en cuanto entramos en el infierno de los mosquitos, armados con nuestros botes de repelente, caímos en la cuenta de que esos insectos no hacían una de las cosas que les son tan características.

Los mosquitos del lago Sharga no pican. Ni tampoco las moscas. Increíble. ¿Unos mosquitos que no pican?

—A ver si atrapo uno —dijo Michel cuando un mosquito aterrizó sobre su antebrazo desnudo (Michel y Jeremy habían tenido la prudencia de volver a ponerse la camisa cuando llegamos, y Jeremy se había quitado su collarín con la mancha marrón), pero el insecto esquivó sus intentos de capturarlo.

Rowan empezó a disponer sus animales sobre el césped, Tomoo ayudó a los conductores, a Bodo, el sobrino de Tulga, y a la cocinera a montar las tiendas de campaña. Yo dejé que uno de los insectos aterrizara sobre mi muñeca y lo observé. Sí, era un mosquito en todos los aspectos menos en uno.

—¿De qué deben de alimentarse? —le pregunté a Kristin cuando el benigno insecto se alejó volando, habiendo dejado mi brazo intacto—. Deja que aterrice uno sobre ti para comprobar si tampoco te pica.

—No sé. —Kristin permitió que un mosquito aterrizara sobre ella—. No, nada —dijo cuando el bicho se alejó volando—. Qué raro.

Junto al lago había una estrecha playa de piedras negras y arena, muy trillada por los cascos de los caballos, pero lisa en algunos tramos. Las oscuras aguas, templadas debido al sol estival, nos lamían los tobillos. ¿Debíamos bañar a Rowan en esas aguas supuestamente sagradas? ¿Teníamos que llevar a cabo algún tipo de ceremonia, aunque no supiéramos por qué era sagrado el lago?

En aquel lugar reinaba el silencio, sólo interrumpido por los suaves relinchos de los caballos que se refrescaban en el agua y por el sonido ocasional de algún pez voluminoso al saltar a través de la lisa superficie del lago para atrapar algunas moscas. El zumbido de los insectos en la orilla se desvaneció mientras permanecíamos en la parte poco profunda del lago, que debía de extenderse unos metros (tras adentrarnos en el lago unos cincuenta pasos, el agua nos llegaba a la rodilla). Más allá los cisnes se deslizaban sobre las aguas, distantes y huidizos como las nubes.

—Es posible que Rowan no quiera meterse en el agua —observó Kristin.

Tenía razón. La relación de Rowan con el agua había sufrido altibajos. Cuando era muy pequeño le daba miedo chapotear y jugar en el agua. Luego se había aficionado a ello, hasta un extremo casi peligroso, y cuando lo llevábamos a la piscina de algún amigo, teníamos que vigilarlo de cerca. El verano anterior habíamos empezado a enseñarle a nadar en la piscina cubierta de Greenbriar, lo cual era muy conveniente en el caluroso verano texano. Pero, avanzado el verano, sin ningún motivo aparente (no había sufrido ningún trauma ni incidente), su temor había aparecido de nuevo y Rowan había rechazado violentamente nuestros intentos de convertirlo en anfibio. A nuestro hijo le gustaba chapotear en la orilla de un río, pero no en un lago o en el mar. ¿Permitiría que lo bañáramos en aquellas extrañas aguas negras y tranquilas?

Al oír un chapoteo nos volvimos y comprobamos que Rowan había respondido a nuestra pregunta. Se había acercado a la orilla con un hipopótamo de juguete, se había metido en el agua por voluntad propia, se había desnudado y no sólo estaba chapoteando, sino que estaba tendido en el agua de color basalto, observando el hipopótamo con los ojos entornados mientras lo sumergía y le hacía nadar debajo de la ondulada superficie del lago.

—Es como un lago en África —dijo mientras Kristin y yo nos acercamos a él

—Sí, como un lago en África.

El agua lamía su cuerpo delgado, postrado boca abajo, y lo lavaba con más eficacia de lo que podía haberlo hecho yo, mientras

Rowan chapoteaba y jugaba bajo el sol. Las manadas de caballos que había en el agua parecían formar dos cabos que se extendían unos cincuenta metros desde la orilla a ambos lados de Rowan.

—Como en África —repitió Rowan, cuya imaginación era estimulada por las cálidas aguas. Pasó volando una bandada de grullas, que emitían agudos graznidos mientras se dirigían hacia las lejanas montañas que se alzaban en el norte.

Cuando empezó a anochecer, regresamos a pie por la carretera hacia el manantial sanador. No nos había costado localizarlo. Mientras atravesábamos el río de camino al lago, Tulga había visto una carretera que se desviaba hacia la izquierda y supuso que conducía a la fuente sanadora. Sus sospechas quedaron confirmadas cuando esa tarde, de regreso, nos detuvimos para preguntárselo a un anciano sentado delante de una *ger* construida junto a la pista (si se puede describir como pista una cicatriz producida por ruedas de camiones y carros tirados por yaks).

—¡*Ger!* ¡*Ger!* —gritó Rowan, pero el tiempo apremiaba y no nos detuvimos, tanto más cuanto el anciano nos había dicho que, después de seguir la carretera, que se desviaba y prolongaba hasta finalizar a los pies del acantilado junto al río, teníamos que recorrer un buen trecho a pie hasta el manantial.

—Dice que en realidad son varias fuentes —nos informó Tulga mientras Haada arrancaba de nuevo el buga tuneado—. Unas veinte, y brotan de la roca. Cada una es beneficiosa para una parte del cuerpo. Dice que acuden personas de toda Mongolia desde antes de los tiempos de Gengis Khan.

—¿Y nadie había oído hablar de ese lugar en UB? —pregunté.

Tulga se encogió de hombros.

—Es un país muy grande, no hay muchas personas.

Lo cierto es que era un balneario. O lo había sido tiempo atrás. La pista finalizaba efectivamente a los pies del acantilado, pero sobre éste se erigía un pequeño complejo de casitas de madera, otro vestigio de la época soviética, según nos explicó Tulga. Por lo visto, los soviéticos habían tratado de explotar aquel remoto lugar, que estaba a dos jornadas en coche o cuatro jornadas a caballo de cualquier punto habitado, para convertirlo en un balneario al estilo soviético. Las casitas, ahora abandonadas y ruinosas, eran los únicos edificios que había, pero a su alrededor habían acampado bastantes personas, algunas de las cuales habían llegado allí en algún vehículo, otras a caballo. El suelo estaba sembrado de afiladas piedras y de basura. La gente nos observó con curiosidad. Había familias sentadas en torno a hogueras, hombres jóvenes que bebían cerveza, niños que correteaban, muchachas que paseaban de la mano, algunas personas que leían. Pero la mayoría iban a pie, subiendo o bajando por el camino que serpenteaba junto al acantilado hasta llegar al río y las fuentes: era un flujo constante que se movía en dos direcciones. Resultaba extraño, como tantas cosas en aquel extraordinario país: había solo cincuenta metros, en la carretera, nadie habría adivinado que existía aquel lugar.

—¿De dónde viene toda esa gente? —preguntó Justin asombrado mientras cargaba su equipo.

—De Moron, de Bulgan, de diversos lugares... —respondió Tulga, ayudando a Michel a cargar con la bolsa de la cámara—. Deben de ser unas fuentes muy poderosas.

—¡Casa! —gritó Rowan al ver una de las casitas abandonadas, rodeada por algunos campistas que alzaron la vista sobresaltados al oír sus voces—. ¿Quieres entrar en la casa? ¡Casa!

—No podemos entrar en esa casa, Rowan. Anda, bajemos al río...

—¡Casa! ¡Casa! ¡Casa! —Rowan arqueó la espalda—. ¡JIRAFAAA!

El alarido fue lo suficientemente fuerte y penetrante para poner los pelos de punta a cualquiera. Todas las personas a cincuenta metros del epicentro se detuvieron en seco, contemplando fascinadas a aquel niño occidental que gritaba a pleno pulmón en los brazos de su padre. Todo indicaba que la cura del sanador no había funcionado. Hacía sólo un rato, yo había recordado que el sanador había dicho: «Observen si el niño se muestra más tranquilo, más calmado... Entonces sabrán que ha surtido efecto». Pues bien, esa esperanza se había desvanecido. Me puse a Rowan a hombros, dado que el suelo presentaba demasiados peligros para que anduviera por él en su agitado estado. Se instaló sobre mi hombro derecho, me clavó con fuerza la barbilla en el cráneo, me agarró el pelo, me arrancó un mechón, y movió los dedos hacia abajo para sacarme los ojos. Yo lo sostuve con firmeza, tratando de apartar la cara de sus feroces dedos y haciendo caso omiso de sus pataleos y sus berridos.

Bajamos por el empinado camino, sorteando a los perplejos campistas. Yo intentaba conservar el equilibrio mientras Rowan se revolvía violentamente sobre mis hombros como un crío pequeño, un crío autista.

—¡No te golpees, Rowan! —oí decir a Kristin a mi espalda. Sentí los movimientos convulsivos de mi hijo y lo tomé en brazos para transportarlo con más comodidad.

—Rodéame el cuello con los brazos —dije tratando de no perder la paciencia mientras Rowan no cesaba de berrear y revolverse. Se hallaba en otro lugar. Lo abracé contra mí como solía hacer, sujetándolo por las muñecas y estrechándolo contra mi pecho para evitar que se hiciera daño. Me golpeó con la cabeza entre los ojos y estuve a punto de perder el equilibrio. Alguien (quizá Jeremy) me sujetó por detrás. Rowan se puso rígido en mis brazos, horizontal, con las piernas tiesas, como si fuera de madera. Cuando llegamos abajo me sentía mareado, confundido, sumido de nuevo en un estado de ánimo que había confiado, rogado a Dios, poder dejar atrás para siempre.

Los alaridos, pataleos e intentos de golpearme y de golpearse cesaron cuando llegamos al río. Lo dejé en el suelo y echamos a andar por el trillado camino de la ribera. El sol había declinado y nuestro lado estaba en sombra, pero las rocas y el pequeño acantilado en la orilla opuesta estaban iluminados por la luz dorada del crepúsculo. Un hombre a caballo conducía unas vacas por la orilla iluminada por el sol. Nuestro lado, más ancho, constituía una especie de prado lleno de flores silvestres. Una pareja y su hija se dirigía hacia nosotros; la niña, de unos tres o cuatro años, trotaba alegre delante de sus padres. Al verla, Rowan echó a correr hacia ella, la agarró por la cintura y la tiró al suelo. Nos abalanzamos al instante hacia él. Los padres de la niña, disgustados e indignados, recogieron a su preciada hijita del suelo. Tulga se disculpó mientras Kristin y yo nos llevábamos a nuestro hijo, que no cesaba de patalear y gritar.

—¡NIÑA! ¡NIÑA! ¡PATATAS FRITAAAAS!

Rowan volvió a arquear la espalda y se golpeó la cabeza una, dos veces contra el suelo. ¿Qué diantres le ocurría? Lo recogí de nuevo, dejé que me tirara del pelo, que tratara de sacarme los ojos, que me hincara la barbilla en el cráneo: estaba dispuesto a dejar que hiciera lo que quisiera con tal de seguir avanzando. Pasamos junto a varias fuentes. Tulga leyó la inscripción en cirílico sobre las piedras: «Ésta es para los ojos». Luego, a unos cien metros: «Ésta es para el estómago». Y, más adelante: «Ésta es para el sistema nervioso». En cada fuente había familias echándose agua sobre la cabeza o bebiéndola en vasitos de plástico. Las familias acudían a aquel lugar en furgoneta, a caballo o en carro y acampaban allí durante una semana; durante el día, se sometían a los tratamientos y, por las noches, bebían y bailaban con los otros campistas en un festival de verano extraoficial. Es decir, eran familias normales. No una familia de bichos raros como nosotros.

Rowan se calmó al cabo de medio kilómetro, y luego, inexplicablemente, volvió a darle otro berrinche al ver un ternero deambulando solo por el camino, en busca de su madre. Se puso a patalear, a gritar, totalmente fuera de control. ¿Qué había ocurrido? ¿Qué mecanismo neurológico se había disparado? ¿Era el tipo de regresión sobre el que nos habían prevenido los padres de otros niños autistas? Nos habían advertido que no confiáramos demasiado en ningún progreso, porque un día ese progreso podía desaparecer como un castillo de arena bajo las olas. Dejé que Kristin se adelantara. Ninguno de los dos era capaz de decir nada. Era como si nos hubiera asestado una patada en el corazón.

Habíamos recorrido más de dos kilómetros cuando llegamos a la fuente que sanaba la mente, la última de varias fuentes naturales que se extendían a lo largo de ese inacabable tramo de río. Sus aguas brotaban del suelo, a poca distancia de una piedra con una especie de orificio de desagüe situado en el lado que daba al río. Dos matrimonios de mediana edad habían llegado antes que nosotros. Los hombres, barrigudos, pero musculosos, iban con el pecho descubierto y sus rollizas esposas llevaban traje de baño y toallas anudadas alrededor de la cintura. Se iban turnando para tumbarse boca abajo sobre la piedra, con la cabeza suspendida sobre el orificio de desagüe, mientras sus cónyuges les echaban el agua sanadora de la fuente sobre la cabeza.

Rowan saltó de mis brazos y se descolgó como un mono gritando: «¡Agua, agua!». Corrió hacia la pareja que se lavaba junto a la piedra, les arrebató su vaso de plástico y vertió el agua en el suelo. Yo me apresuré a apartarlo y devolví el vaso a la asombrada pareja, al tiempo que Tulga se disculpaba en mongol y, comprensiblemente, obtenía una indignada respuesta. De pronto, Rowan se hizo caca delante de todos, lo que dio origen a una peste que hizo que Tomoo se tapara la nariz al tiempo que se partía de risa.

—Bien —dijo Kristin—, al menos ha conseguido que nos dejaran la fuente para nosotros solos. —Se volvió hacia mí mientras yo trataba de cambiarle la ropa a Rowan, que no cesaba de gritar y de revolverse con tal violencia que me cubrió de porquería—. ¿Crees que consentirá en que lo lavemos?

Solté a Rowan, que estaba desnudo, y me lavé las manos. Utilicé una botella y media para limpiarme. Entretanto, seguían oyéndose gritos. Rowan se plantó frente al orificio de desagüe y agachó la cabeza para beber. Los gritos provenían de las dos parejas a las que habíamos usurpado el sitio, las cuales habían regresado y habían visto al niño disponiéndose a beber de la fuente.

—¡Dicen que no debe beber esa agua! —exclamó Tulga preocupado—. Es un agua mala que elimina los problemas mentales. No debe beberla.

Así que lo tomé de nuevo en brazos, sujetándolo mientras forcejeaba conmigo. Trataba de golpearse y berreaba tan fuerte que su voz reverberaba en las vertientes de los riscos que circundaban el río. Parecía como si los rápidos adelantos de los últimos meses, así como los progresos que se habían producido desde que habíamos llegado a Mongolia, se hubieran esfumado. Recordé cómo se había comportado Rowan en la reunión de los chamanes en California hacía tres años, poco después de que le fuera diagnosticada su enfermedad: había empezado a perder sus síntomas autistas, a hablar, a señalar y a comunicarse con la gente, pero todos esos adelantos habían desaparecido a los pocos días, al regresar a casa. Era lo que me había temido.

—En fin —dije tratando de no perder la calma mientras lo sostenía en brazos—, ya que estamos delante de la roca, más vale que lo lavemos.

De modo que Kristin sacó una taza de plástico de uno de los termos que Tulga había traído del campamento, la llenó con el agua helada de la fuente y, mientras yo acercaba a Rowan a la piedra medio empujándolo y medio peleándome con él, Kristin vertió el agua sobre su cabeza. Con resultados previsibles. Alcé la vista mientras trataba de sujetar los brazos de mi hijo para evitar que me lesionara o se lesionara a sí mismo. Rowan me agarró otro mechón de pelo y me lo arrancó. Por el rabillo del ojo, vi a Michel enfocándome con su cámara y le grité irritado que la apartara. En ese preciso momento, la batería de la cámara se agotó.

—Maldita sea —dijo Michel, bajando la cámara.

De pronto, Rowan se relajó en mis brazos y me miró sonriendo. Había regresado.

Unos instantes más tarde, Rowan y Tomoo se confabularon para llenar las tazas de los dos termos con agua de la fuente y arrojarla sobre nosotros, mientras ellos se reían a mandíbula batiente. Luego se dedicaron a perseguir a Jeremy, que se puso a ejecutar un ridículo baile para evitar que lo rociaran una y otra vez con agua. Fuimos turnándonos todos para que otra persona nos echara por encima agua, un agua de la fuente, que estaba tan fría que durante unos segundos nos dejaba sin aliento. Después, llenamos las tazas para bebérnosla.

Rowan dejó que vertiéramos sobre él una taza tras otra de agua, como si nunca hubiese habido ningún problema en ello. Llenamos los termos para llevárnoslos al campamento. Cuando apareció otra familia para lavarse y beber en la fuente, Rowan y Tomoo abandonaron su juego sin protestar. De regreso, Rowan recorrió a pie el kilómetro y medio de la ribera, cogiéndome de la mano, a veces corriendo, otras deteniéndose para comer esas flores silvestres rojas que tanto le gustaban o para contemplar una mariposa que bailaba bajo los últimos rayos de sol. Como cualquier niño normal. Cuando alcanzamos de nuevo la furgoneta, Rowan no hizo caso de las ruinosas casitas que habían desencadenado su extraña regresión. Se volvió hacia mí y dijo:

—Ha sido divertido. La fuente ha sido divertida. Me gusta el agua.

Ya había anochecido cuando llegamos al campamento a orillas del lago Sharga. La comida, que se había enfriado, nos esperaba, pero Kristin y Rowan estaban demasiado cansados para comer y se retiraron a la tienda de campaña para acostarse. Tomoo se dirigió a la tienda de campaña que compartía con su padre para meterse en su saco de dormir. La temperatura descendía rápidamente esa noche estival en Mongolia. El cielo estaba cuajado de estrellas. La Luna, en cuarto creciente, relucía sobre el agua. Los caballos resoplaban y relinchaban en la oscuridad. Me quedé un rato despierto, agotado por los altibajos del día, escuchando conversar a los guías. Oímos ruido de cascos: un jinete surgió de la oscuridad y apareció, se acercó al campamento. Tulga lo saludó y llamó a la cocinera, que aún estaba despierta, para que trajera un termo con té caliente y le ofreciera una taza al desconocido.

—Pregúntale si este lago posee realmente propiedades curativas —dije mientras Tulga le entregaba al hombre una taza llena de té caliente con leche y una pizca de sal.

Tulga esperó a que el hombre apurara la taza y luego le formuló la pregunta. No hubo respuesta. Tulga volvió a preguntárselo. Nada. Tulga nos miró indeciso a la luz de la luna, emitió una risa nerviosa y repitió la pregunta por tercera vez. Pero el hombre no respondió.

—¿Estará sordo? —preguntó Jeremy.

—Quizá —respondió Tulga y, formando una bocina con las manos, repitió la pregunta gritando, cómicamente, al oído del hombre. Éste soltó un gruñido y señaló hacia el lago. Acto seguido se levantó, montó en su caballo y se alejó en la oscuridad.

—¿Qué ha dicho? —preguntamos todos, impacientes por averiguarlo.

Tulga meneó la cabeza.

—Ha dicho: «Sí. Allí». Eso es todo. Creo que debe de estar un poco lelo.

—No tanto como para no ser capaz de cabalgar en la oscuridad —apuntó Justin—. Eso requiere cierta destreza.

Quizá sea autista, pensé tras desearles buenas noches a los técnicos de rodaje y dirigirme a mi tienda de campaña. ¿Sería Rowan como ese hombre si creciera en aquel remoto lugar?

Me metí en el saco de dormir y me quedé dormido al cabo de unos segundos. Soñé con un joven ternero deambulando entre las flores silvestres, con cisnes que se deslizaban sobre aguas negras y con Rowan que me miraba con agua en lugar de ojos, un agua oscura de manantial en la que se reflejaba el resplandor de las estrellas.

Al día siguiente nos lavamos de nuevo en las aguas manchadas de basalto, observando cómo las manadas rivales de caballos bajaban de las colinas para adentrarse en el lago a beber, mientras los potros y potrancos saltaban y brincaban alrededor de las yeguas. De vez en cuando se oía un grito y un resoplido cuando los caballos se desafiaban unos a otros. Cuando la bulla se intensificó, Rowan, que estaba chapoteando en la orilla con Tomoo, alzó la vista con expresión de alarma.

—No son más que caballos que te dicen hola —dijo Kristin con tono alegre y deliberadamente jovial.

—¡Hola! ¡Hola! —exclamé haciendo el papel de caballo. Tranquilizado, Rowan siguió jugando.

Ésa había sido la primera mañana que Rowan se había despertado sin decir: «Volvamos a casa». En lugar de eso, al despertarse había dicho:

—Vamos a ver a la gente de los renos. Primero el agua, luego iremos a ver a la gente de los renos.

¿Qué veía Rowan en su imaginación al decir: «La gente de los renos»? ¿Unas personas con cuernos y cascos, caminando sobre dos patas, una raza mongola de faunos y sátiros?

Su lenguaje corporal, su talante, se había suavizado. Parecía como si, en un nivel fundamental, Rowan hubiera dejado de resistirse al viaje. ¿O era yo que proyectaba de nuevo mis pensamientos sobre el gran misterio que constituía mi hijo?

Kristin y yo pensamos que debíamos llevar a cabo algún tipo de ritual. De modo que mientras Rowan chapoteaba en el agua y los caballos resoplaban y bebían, nos tomamos de la mano dentro del agua y rezamos. Rezamos por nuestro hijo. Rezamos por nosotros. Rezamos para poder completar aquel viaje. Rezamos por que el viaje beneficiara a Rowan.

Seguíamos queriendo saber, antes de abandonar aquel lugar extraño y sobrecogedor, con su solitaria belleza, si el lago era realmente sagrado, si existía alguna historia referente a él que tuviera significado para Rowan o para nosotros. Quizá yo deseaba justificar el hecho de haber ido hasta allí. De alguna forma, no era suficiente con que hubiéramos llegado hasta el lago. Así que cuando nos topamos con un grupo de cuatro *gers* unos metros más allá, a orillas del lago, le pedí a Tulga que les preguntara a sus moradores más datos sobre el lago.

Un joven de veintitantos años que estaba reparando el motor de una potente moto rusa mientras sus hijos correteaban desnudos a su alrededor nos indicó que nos dirigiéramos a la *ger* del centro. El anciano que vivía en ella era la persona con quien debíamos hablar, dijo el joven, que sostenía un cigarrillo entre los labios. Sobre el techo de fieltro de su *ger* había unas bandejas de cuajada secándose al sol. Unas ovejas y unas cabras hocicaban en los bordes del campamento, donde los caballos, ensillados y listos para montarlos, estaban atados a unos postes. Dos niñas adolescentes sujetaban con firmeza por el morro los perros guardianes para impedir que se abalanzaran sobre nosotros.

El anciano al que se había referido el joven nos invitó a pasar a la sombra de su *ger*. Sonrió cuando Rowan se adelantó corriendo y se metió vestido debajo de las mantas de una de las carriolas de vivos colores que había junto a la *ger*. Los hijos de la familia y los niños de las otras *gers* se apiñaron dentro de la vivienda para observar a los extraños visitantes.

Visto de cerca, nuestro anfitrión no era viejo; en realidad era un hombre de mediana edad, con el pelo entrecano, delgado y fuerte, como la mayoría de los nómadas. Tenía un rostro armonioso y curtido cuyas arrugas indicaban los muchos años que había pasado trabajando en la estepa, durante verano e invierno. De hecho, según dijo después de que nos hubiéramos presentado y hubiéramos explicado los motivos de nuestra presencia allí, había pasado desplazándose a caballo más que otros habitantes de la región, puesto que, además de pastorear sus rebaños, trabajaba para el Gobierno como inspector de medio ambiente y debía asegurarse de que el número de cabezas de ganado en la comarca no excedía el que la tierra podía sostener.

Sirvieron *airag*, pero esta vez el líquido era transparente: al parecer lo había fermentado hasta convertirlo casi en alcohol puro. Era una especie de vodka hecho a base de leche de yegua, de manera que el inevitable regusto que me producía náuseas quedaba prácticamente enmascarado por la gratificante potencia del licor.

—Existe efectivamente una historia referente al lago —confirmó el hombre después de apurar la primera taza del licor. Rowan se levantó de la cama y salió corriendo al exterior, seguido por Kristin—. Una historia a la vez mitológica y real. Las aguas son famosas por curar problemas de tiroides. Las personas suelen venir aquí después de pasar unos días en las fuentes, o si padecen...

Tulga, que hacía de traductor, se detuvo en busca de la palabra justa y señaló el punto en que se unen el cuello y la mandíbula.

—¿Bocio? —pregunté.

—Es posible —respondió Tulga—. Creo que sí. En cualquier caso, el hombre dice que el lago es famoso por eso desde hace centenares de años, quizá miles.

—¡Una cabrita! ¡Mira, una cabrita! —Rowan entró corriendo con una peluda cabrita de ojos grandes y castaños en brazos, seguido por los niños que reían alborozados y una turbada Kristin.

Rowan volvió a tumbarse en la cama sin soltar la cabrita.

—¡Voy a acurrucarme con la cabrita en la cama! ¡Mirad qué bonita es!

El hombre se rió.

—Dejadlo —tradujo Tulga—. Las cabritas son beneficiosas para los niños.

Pensé en las cabritas que Rowan tenía en casa. El hombre tenía razón: las cabritas eran beneficiosas para los niños.

—Pero existe también una historia más antigua —dijo el hombre.

Entretanto, Rowan enamorado de la cabrita, yacía entre mi espalda y la pared de la ger con el animalito en brazos y dijo con calma:

—Mira, tiene unos ojitos, y unas orejitas, y una naricita, y un culito.

—Es una historia muy antigua, una leyenda —prosiguió nuestro anfitrión—. Tiene que ver con los caballos. Esta zona de los alrededores del lago Sharga es famosa por los excelentes caballos que se crían aquí. Muchos de los que ganan las importantes carreras de Naadam en UB se crían aquí. La tierra tiene algo que hace que los huesos de los caballos sean más fuertes y que corran más. Incluso en los tiempos de Gengis Khan, adquirían los caballos más veloces en la región del lago Sharga. ¿Saben lo que significa *sharga*? Significa brillar, y se refiere al pelaje brillante de los caballos.

Miré a Tulga mientras traducía eso, sorprendido de que no hubiera conocido la palabra. Al captar mi expresión, Tulga se encogió ligeramente de hombros, como diciendo: «Lo siento, soy un chico de ciudad», y prosiguió:

—Existe una leyenda que cuenta por qué los buenos caballos provienen de esta región. Dicen que en esa montaña, la que se alza al otro lado, en el extremo sur del lago, hacia donde señaló el tipo lelo que vimos anoche, bajaron del cielo los dos primeros caballos y se metieron en un pequeño lago que hay en la cima de esa montaña y que desemboca, bajo tierra, en el lago principal, que es el que está aquí. Esos dos primeros caballos, creados por los dioses, descendieron a ese río subterráneo y emergieron en el lago Sharga. Luego salieron del lago, se reprodujeron y crearon la primera manada en este lugar. Y los caballos criados en este lugar se extendieron por el resto de Mongolia y el resto del mundo, porque es sabido que los caballos comenzaron aquí, en Mongolia. Hasta en las escuelas les enseñan eso a los niños. De modo que habéis acertado al traer aquí a vuestro hijo para que sane, habida cuenta que tiene esa conexión con los caballos...

Suponiendo que aún la tenga, pensé. Suponiendo que Rowan accediera a montarse de nuevo en un caballo cuando llegara el momento de dirigirnos a las tierras profundas y agrestes donde vivía la gente de los renos. Aparté ese pensamiento de mi mente, tratando de concentrarme en las palabras del hombre.

—Habéis hecho bien en traer a vuestro hijo aquí —prosiguió el hombre para concluir—. Creo que le beneficiará mucho.

—Tiene un culito, unas patitas, unos ojitos... —siguió diciendo Rowan a mi espalda, enamorado aún de la cabrita.

Había llegado el momento de marcharnos.

—Tienes que despedirte de la cabrita, Rowan —dije levantándome trastabillando un poco, pues había bebido varias tazas del *airag* transparente y potente como el vodka. Supuse que a Rowan le daría el acostumbrado berrinche.

—De acuerdo, de acuerdo —respondió Rowan como para consolarse—. Regresaremos y la próxima vez veremos a la cabrita. —Y, tras esas palabras, se levantó de la cama sosteniendo al dócil animal en brazos, lo depositó fuera de la vivienda y echó a correr hacia la furgoneta diciendo—: ¡Vamos a ver a la gente de los renos!

15

Los conejillos de Indias de Moron

Partimos hacia el norte, dejando atrás la región montañosa y descendiendo de nuevo hacia una zona más calurosa. Mientras avanzábamos traqueteando bajo el creciente calor, me resultaba increíble pensar que dentro de unas pocas semanas nos toparíamos con la primera helada y, dentro de tres meses, aquella arenosa y árida pradera estaría cubierta por las primeras nieves. Sudábamos copiosamente sentados en la parte trasera del buga tuneado, mientras transcurrían las sofocantes horas y los neumáticos de la furgoneta trataban de adherirse a la superficie de arena.

Nos deteníamos de vez en cuando junto a la carretera, en lugares sombreados para estirar las piernas, comer algo y escuchar el viento y el canto de los pájaros: los trinos agudos y líquidos de las alondras, los graznidos más penetrantes de los halcones y las omnipresentes águilas de la estepa, dos de las cuales aparecían siempre suspendidas en el cielo cada vez que uno alzaba la vista.

—Es como un desierto africano —dijo Rowan, apeándose de la furgoneta con sus animales de juguete, para situarse sobre la arena, junto al camino.

Atravesamos el amplio río Selenge, la puerta de acceso al norte, a través de un antiguo pontón accionado por cables, sobre cuya plataforma colocamos ambas furgonetas. Los barqueros que vivían en aquel aislado lugar nos condujeron lentamente a través del torrente caudaloso. Seguían transcurriendo las horas. Llegamos a las estribaciones de otra cadena montañosa y buscamos un lugar donde acampar. Pero el suelo era pedregoso: habían quedado atrás las extensiones de tierra a las que estábamos acostumbrados. Por fin, después de explorar los alrededores, hallamos una zona despejada en un estrecho valle en el que soplaba un viento cálido. Era un círculo amplio desprovisto de vegetación, donde recientemente debían de haberse alzado una *ger* y un corral para el ganado. Las piedras habían sido retiradas, de modo que montamos las tiendas de campaña allí, bajo el viento, que soplaba racheado, y fuimos en busca de estiércol seco para encender una hoguera con la que protegernos del frío inevitable de la noche.

Me alejé del resto del grupo para gozar de un rato de soledad mientras recogía el estiércol seco, lo echaba en bolsas de plástico y contemplaba las flores silvestres y las huellas de los animales. En un par de ocasiones me topé con un grupo de grullas sorprendidas, que alzaron apresuradamente el vuelo propulsadas por el viento. Observé que parte del bosque que ocupaba la cima de las montañas estaba muerto, como si alguna enfermedad (o tal vez la sequía) hubiera acabado con la mitad de los árboles. Había leído que durante los últimos años Mongolia había padecido graves sequías e inviernos más duros de lo habitual, un fenómeno que había causado la muerte de infinidad de cabezas de ganado. Los mongoles utilizaban una palabra engañosamente simple para describir esos años de sequía y esos crudos inviernos: *zud*. Incluso en aquel lugar, según había leído, las personas se preguntaban si las recientes epidemias de *zuds* no serían el resultado del calentamiento global. ¿Estaba aquel país, formado por paisajes naturales, sufriendo los daños debidos al cambio climático provocado por el hombre (con veranos más calurosos e inviernos más fríos)? Seguí caminando mientras mi mente se movía más deprisa que mis pies. Pensé en Rowan, en su enfermedad, en esta nueva epidemia de autismo, de la que muchos científicos afirmaban que se debía a la intoxicación por metales, plásticos y productos farmacéuticos que habían ido a parar a la capa freática y a la tierra. Todo indicaba que con nuestras acciones hacíamos que nuestro planeta y nosotros mismos enfermáramos, y al parecer éramos incapaces de detener esa tendencia, tanto si lo deseábamos como si no.

Cuando por fin regresé al campamento y arrojé los montones

de estiércol sobre la pila donde encenderíamos la hoguera, observé que Rowan se había alejado unos metros y fui a reunirme con él. No me hizo caso, enfrascado como estaba en un diálogo interior.

—Buster y *Blackie* y *Lily* van al parque de animales salvajes de Whipsnade y se montan en un tren y le dan a *Lee Lee*, el elefantito, y a *Asha*, el pequeño rinoceronte, un poco de comida.

Me detuve en seco. ¿Cuántas palabras había pronunciado? Lo máximo que yo le había oído recitar en una frase eran unas ocho o nueve. Esta vez habían sido... Las conté con los dedos. Treinta y seis.

—¡Eh, Rowan! —dije apretando el paso para alcanzarlo mientras él seguía caminando y hablando consigo mismo—. ¿Quiénes son *Blackie* y *Lily*? ¿*Lily* es otra amiga de Buster?

—*Blackie* es el hipopótamo y *Lily* es la conejita.

—¿Así que Buster tiene dos amigos, *Blackie* y *Lily*?

—Emprenden una aventura.

Esto era casi una conversación, no unas simples respuestas afirmativas y negativas.

—¿Una aventura en Mongolia?

—En Mongolia, con montañas y águilas y caballos y zas, zas, zas en la espalda como un chamán.

—Y después de Mongolia, ¿qué harán Buster y *Blackie* y *Lily*?

Rowan siguió avanzando mientras reflexionaba.

—Volverán a Londres y al zoo de Londres, y luego irán al zoo de Whipsnade y montarán en el tren. ¡No! ¡Vamos, chicos! ¡Les daremos unos achuchones a *Lee Lee*, el elefantito y a *Asha* el pequeño rinoceronte! ¡Rápido! ¡Corred! ¡Vamos corriendo al zoo!

Entonces, Rowan echó a correr por el camino, hablando con sus amigos imaginarios, con palabras que brotaban a borbotones de sus labios. Me detuve y lo observé —mi instinto me decía que no debía entrometerme—, maravillado de... Simplemente maravillado. ¿Corrían esos amigos imaginarios a través de aquellos parajes con él? Mi hijo me había ofrecido algo excepcional: atisbar su propia experiencia, asomarme unos instantes a la ventana para observar la vida interior de un niño autista. ¡Y qué rica era aquella vida, aquel mundo!

Más tarde, a la pálida luz de una media luna, lo llevé a hombros a dar un paseo. Rowan me clavó con fuerza el mentón en el cráneo, pero no me importó. De pronto, una manada de caballos dobló un recodo de la colina que separaba el estrecho valle de otro más ancho, justo donde la carretera discurría hacia el norte. El semental emitió unos sonoros relinchos. Rowan se paró en seco.

—¡No son más que unos caballos que nos saludan! —lo tranquilicé—. Le dicen hola a Buster y a *Blackie* y a *Lily*.

Rowan se relajó.

—Hola, Buster, *Blackie* y *Lily*, dijo el papá caballo.

—¡Exacto!

—Dice hola a Buster, a *Blackie* y a *Lily*.

—¿Y a *Asha* y a *Lee Lee*?

—¡No!

—¿Por qué?

—*Asha* y *Lee Lee* viven en el parque de animales salvajes de Whipsnade.

Rowan había respondido al primer «por qué» que le había formulado.

Más tarde, nos sentamos alrededor de la hoguera, cuyos densos bloques de hierba emitían más calor que un fuego de leña. Tomoo y Rowan estaban acurrucados juntos debajo de una manta. Tulga intentaba responder a una pregunta que le había planteado Kristin tras dejarse llevar por los efectos del vino tinto y la euforia que sentía por lo que yo le había contado acerca del lenguaje que había empleado Rowan esa tarde. ¿Cómo era posible que una nación tan pacífica como Mongolia reverenciara a un individuo como Gengis Khan? Había salido a colación porque Rowan se había acercado al buga tuneado y había cogido una postal que mostraba a un guerrero mongol medieval, junto a su montura; al parecer Haada, el conductor, la llevaba como un talismán sobre el parabrisas.

—¡Gengis Khan! —había explicado sonriendo, mientras Rowan la contemplaba con curiosidad.

—¡Gengis Khan! —había gritado Tomoo. Tras lo cual se había apresurado a agarrar su espada de juguete, y él y Rowan se habían puesto a luchar y a revolcarse por el suelo bajo el resplandor del crepúsculo.

De modo que ahora Kristin, y el resto de nosotros, queríamos saber cómo era posible que una nación pudiera pasar de Gengis Khan (y Kublai Khan, Tamerlán y demás asesinos de la época medieval) al Estado budista que era ahora.

—¡Pero Gengis Khan fue un gran hombre! —protestó Tulga, aceptando que le rellenásemos la copa con el excelente Burdeos que habíamos adquirido en Bulgan—. ¡Era un unificador! Hasta que apareció, toda Mongolia estaba dividida en numerosos clanes que no dejaban de luchar entre sí. Gengis Khan los unió y...

—Los llevó a asesinar a la gente de Asia —lo interrumpí.

—Pero también unificó esos países, los kazajos, los rusos y otros, y les proporcionó leyes, orden...

—Los despedazó, violó a sus mujeres y esclavizó a sus hijos.

—Sé que para Occidente, Gengis Khan es una especie de demonio. Pero para nosotros... —En el rostro de Tulga, arrebolado debido al vino, se observaba la nostalgia que sentía por el pasado guerrero contrapuesta a la placidez de la Mongolia moderna budista—. Cuando los rusos vinieron aquí —prosiguió cambiando ligeramente de tema—, incluso nos obligaron a reescribir los libros escolares de Historia, porque no querían reconocer que los mongoles los habían gobernado antiguamente. Si alguien decía eso, lo metían en la cárcel.

—¿Sigue siendo Rusia el enemigo? —preguntó Justin, sentado junto a las vivas y reconfortantes llamas de la hoguera.

—No, China. Estamos atrapados entre... ¿Cómo decirlo? Entre dos males. Pero China es el peor. Tenemos que mantener a los chinos fuera de Mongolia o lo destruirán todo. Estamos demasiado alejados para los rusos.

—Mongolia Exterior —dije.

—Sí —respondió Tulga riendo—. Cuando estuve en Londres, todo el mundo me preguntaba de dónde era. Y cuando se lo decía, exclamaban: «¡Ah, Mongolia Exterior!», como si fuera la Luna o algo por el estilo.

—Para Occidente, Mongolia Exterior es la Luna —dijo Jeremy—. O como si lo fuera.

—Sí —tercié—. Decimos «Mongolia Exterior» para referirnos al lugar más remoto que se nos ocurre.

—El fin del mundo —dijo Tulga.

—Exacto, el fin del mundo.

—Pero para nosotros es nuestro hogar.

—El hogar de Gengis Khan.

—¡Sí! También inventó muchas cosas. Era un hombre muy inteligente.

—¿Cómo qué?

—Como el sándwich, por ejemplo.

—¿El sándwich? —preguntamos todos a coro con incredulidad—. Venga, hombre...

—¡Es cierto! Quería hallar la forma de que sus tropas comieran deprisa y siguieran avanzando.

—¡Pero si ni siquiera cultiváis la tierra! ¿Cómo pudo Gengis Khan conseguir la harina para elaborar pan?

—De los chinos. China era el granero de Mongolia.

—Tenemos nuestro propio mito sobre el sándwich —dije—. Los ingleses aseguran que fue el conde de Sandwich, que era un célebre jugador, quien lo inventó, para poder comer sin tener que abandonar la mesa de juego. Pero eso me parece también una estupidez. No creo que la primera persona a quien se le ocurrió colocar una loncha de carne y una loncha de queso entre dos rebanadas de pan fuera un aristócrata inglés del siglo XVIII, aunque es posible que él lo popularizara.

—No sé —dijo Michel—. Yo prefiero la historia de Gengis Khan. Un tentempié que puedes comer montado a caballo y que te deja una mano libre para cortarles la cabeza a tus enemigos.

—¡Eso! —convino Tulga riendo—. Nuestros caballos pueden cabalgar sin riendas y un buen jinete sabe conducirlos con las piernas. De modo que, una mano para comer y la otra para cortarles la cabeza. Como he dicho, Gengis Khan era un gran hombre.

Horas después de que nos retirásemos a nuestras tiendas de campaña, yo seguía en estado de duermevela y oí unos cascos al otro lado del valle. Un jinete cabalgaba en la oscuridad: ¿de dónde venía y hacia dónde iba? Al ver el resplandor de nuestra hoguera, nos saludó, pero lo hizo con una canción, una canción folklórica que debía de ser muy popular, pues de pronto Tulga le respondió desde su tienda de campaña cantando también, proyectando su voz a través de la noche hacia el viajero a caballo. De una canción a otra, de un corazón a otro, dos compatriotas conversaban a través de la música en los confines de la Tierra. O en su hogar. ¿O acaso no son todos los lugares los confines de la Tierra para unos y el hogar para otros?

Moron, que intentábamos pronunciar *murren*, como hacía Tulga, se estaba preparando para su propio Naadam. Antes de ir a Mongolia yo pensaba que el único festival cultural importante del país era el de Naadam; el festival al que no habíamos asistido durante nuestra primera jornada en el país, y al que todos los turistas y la mitad de la población de la capital habían acudido para presenciar los combates de lucha libre en el estadio y las carreras de caballos en una zona cercana a UB. De hecho, cada región celebra un Naadam estival consistente en combates de lucha libre, tiro con arco, carreras de caballos y música, y, al cabo de unos días, según nos explicó Tulga, Moron albergaría el festival más importante del norte de Mongolia. En efecto, cuando nos aproximamos a Moron, la primera población de gran tamaño que habíamos visto desde que habíamos partido de UB, empezamos a ver a jinetes conduciendo, por caminos paralelos a la carretera, reatas de caballos de carreras —unos animales de aspecto más atlético que los caballos de tiro de la estepa— hacia el norte. De vez en cuando, adelantábamos a camionetas de confección casera que, en un remolque, transportaban caballos, cubiertos con mantas y con las patas vendadas. Haada se puso a cantar mientras conducía, y Tulga le gastaba bromas, porque sabía que estaba eufórico ante la perspectiva de asistir a los combates preliminares de lucha libre que sin duda tendrían lugar cerca del campamento de *gers*, en las afueras de la población, donde nos alojaríamos.

Estábamos entusiasmados ante la idea de instalarnos en un campamento de *gers*. Sólo íbamos a pasar una noche en Moron antes partir hacia el norte, hacia Siberia, donde vivía la gente de los renos. Pero Tulga nos había dicho que, además de disponer de nuestra propia *ger*, con camas y almohadas auténticas, en el campamento habría duchas. Podríamos darnos una ducha caliente; y hacer la colada. Relajarnos, bebernos unas cervezas e incluso comer algo apetitoso, pues nuestra cocinera, que habíamos averiguado que era la cuñada de Tulga, se había limitado a servirnos noche tras noche, refunfuñando y cada vez más tarde, una sopa de fideos, carne y grasa. El campamento de *gers* disponía de un restaurante, nos prometió Tulga. Nos estremecimos de placer ante esa perspectiva. Lo más importante, sin embargo, era que le habíamos encargado a Naara, la esposa de Tulga, que, desde la capital, nos enviara en avión a Moron un paquete de beicon: nuestras reservas se agotaban y sin beicon Rowan no resistiría el viaje de ida y vuelta a Siberia.

Siberia. Me parecía increíble que estuviéramos a punto de partir hacia allí.

Pero no las tenía todas conmigo. Sentía una profunda ansiedad. La taiga, la gran selva, en cuyas montañas meridionales habitaba la gente de los renos, se hallaba a dos jornadas en coche desde Moron. Aparte necesitaríamos otra jornada en coche para llegar al lugar desde el que nos llevaría tres jornadas a caballo alcanzar los campamentos de verano de la gente de los renos. Suponiendo que se hallaran en esos campamentos. Y si Rowan seguía negándose a montarse en un caballo, ¿qué haríamos? ¿Llevarlo yo a hombros a través de las ciénagas y subir y atravesar las montañas cargado con él?

Como respuesta a mi ansiedad creciente, me había despertado de madrugada sintiendo un dolor indecible, no sólo en el labio inferior, sino en toda la cara, como si una corriente eléctrica me atravesara el labio, la barbilla, la boca, la nariz e incluso los ojos. Nunca había dejado que una pupa en el labio se agravara hasta ese extremo sin tomar algún fármaco antiviral. El virus, que había desarrollado por primera vez todo su potencial, se cebaba en mi rostro. Por fin, al amanecer, dormí un rato, pero me desperté con los labios pegados. Todo el labio inferior era una enorme llaga roja.

Fue una mañana entre cómica y extraña. Poco antes de llegar a las afueras de Moron, pasamos a otra furgoneta, que se había detenido junto a la carretera. Un grupo de atribulados occidentales se lamentaba amargamente mientras su guía y su conductor estaban sentados a la sombra del vehículo (el calor arreciaba de nuevo), fumando. Se habían quedado sin combustible. Les dimos un poco de nuestras reservas y charlamos un rato con los viajeros mientras Haada vertía la gasolina de un bidón y el conductor del otro vehículo sostenía un embudo. Los viajeros eran en su mayoría adolescentes ingleses, jóvenes aventureros embarcados en un proyecto semejante a los de la organización Outward Bound, que habían ayudado a construir una escuela en el sur y ahora se dirigían, como nosotros, hacia el norte, confiando en hallar a la gente de los renos. Cuando les contamos el motivo de nuestro viaje, los chicos y los dos profesores que los acompañaban expresaron el deseo de conocer a Rowan. De modo que abrimos la puerta de la furgoneta y nos encontramos a Rowan jugueteando con su miembro.

—Pene —dijo señalándolo con una sonrisa beatífica.

Al llegar a Moron comprobamos que se había producido un error monumental, pues las tres mujeres jóvenes que regentaban el campamento no tenían constancia de nuestra reserva. No podíamos alojarnos allí. Sólo podíamos pagar para utilizar las instalaciones, lavar la colada, ducharnos (¡menos mal!), adquirir más víveres y esperar a que llegara el avión de UB que transportaba el paquete de beicon para Rowan, antes de dirigirnos de nuevo al campamento en la estepa. El lugar no estaba mal, pero, al menos desde el punto de vista de los padres de un niño autista, Moron e incluso el campamento de *gers* resultaron ser un suplicio.

Para empezar, todas las *gers* estaban ocupadas por otros viajeros, tanto occidentales como mongoles. Rowan no comprendía por qué no podía campar por ellas a sus anchas y empezó a darle un berrinche peligroso. Junto al campamento de *gers* discurría la carretera principal por la que circulaban camiones, jinetes a caballo y enormes perros; además, estaba sembrada de fragmentos de cristal y metal procedentes de vehículos que habían sufrido algún accidente. En definitiva, no era el lugar ideal para que Rowan correteara por él. El agua de las duchas salía ardiendo o helada. Rowan irrumpió en una *ger* en la que se alojaban un luchador y su familia (que habían acudido allí para participar en el Naadam), junto con dos conejillos de Indias que tenían en una jaula. ¿Conejillos de Indias? ¿En un campamento de *gers* en Mongolia? En cuanto Rowan abrió la puerta de una patada, se fijó en los conejillos. Irrumpió bajo la atónita mirada del luchador, un tipo gigantesco de aspecto amenazante, y de sus parientes, abrió la jaula y agarró los animalitos antes de que yo, deshaciéndome en disculpas, invadiera también el espacio de aquella familia, le arrebatara los roedores de las manos a Rowan y me llevara a mi hijo a rastras.

—¡CONEJILLOS DE INDIAS! ¡CONEJILLOS DE INDIAS!

Los berridos eran tan fuertes que unos jinetes que pasaban frente a la puerta del campamento se detuvieron para observarnos. Rowan se revolcó en el suelo y se golpeó, hasta el extremo de que tuve que sujetarlo. De Tulga no había ni rastro: había ido con los dos vehículos a comprar combustible y víveres, y a llevar a Michel, Jeremy y Justin a un restaurante chino mientras esperaban a que llegara el avión que transportaba el beicon de Rowan.

Desesperados, Kristin y yo tratamos de llevar a Rowan a la ciudad. Dejamos que montara sobre mis hombros para mantenerlo alejado de los perros, los fragmentos de cristal, los vehículos y demás peligros. Pero la población, más grande y sórdida que las que habíamos visto desde que habíamos abandonado UB, no era precisamente un lugar agradable. Un par de borrachos, unos tipos altos y fornidos, se acercaron y nos increparon en mongol, amenazándonos y exigiendo que les diéramos dinero. No nos persiguieron cuando nos alejamos, pero a partir de ese momento se nos quitaron las ganas de explorar a fondo la ciudad. Vimos edificios de viviendas destartalados, cabañas de troncos y *gers* detrás de unas palizadas. Cada vez que Rowan veía una verja abierta, trataba de saltar al suelo gritando: «¡*Ger, ger!*», y me golpeaba o me arrancaba el pelo.

Regresamos al campamento. Rowan se calmó cuando, en la habitación, junto a las duchas, descubrió un juego de ajedrez que había sido confeccionado en la India y tenía unos elefantes tallados en madera que hacían las veces de peones. Jugó con ellos un rato mientras Kristin y yo tratábamos de descansar unos instantes. Eché un sueñecito sentado en una silla, pero me desperté al cabo de unos minutos y comprobé que Rowan había desaparecido. Salí a la carrera, con el corazón en un puño, en el preciso momento en que Rowan escapaba de la *ger* del luchador con los conejillos de Indias en brazos. Devolví los animalitos de nuevo a sus dueños. Luego me puse a hombros a Rowan, que no dejaba de berrear y de revolverse furioso, atravesé la verja del campamento y eché a andar hacia el norte, hacia la estepa y las montañas que se alzaban más allá. El caso era alejar a Rowan de su obsesión. Escupí contra las moscas que, atraídas por la llaga que tenía en el labio, se aproximaban para alimentarse de ella. ¡Menuda parada para descansar!

Las furgonetas llegaron y nos recogieron al cabo de una media hora. Agotado, me monté en el buga tuneado y contemplé distraídamente la estepa que desfilaba ante la ventanilla mientras abandonábamos el ancho valle en el que se hallaba Moron y ascendíamos de nuevo hacia una región montañosa, primero cubierta de guijarros y luego de una tierra fértil. Dos horas después de haber abandonado la población, circulamos a través de unos campos inmensos en los que no vimos un alma a lo largo de varios kilómetros, hasta que, por fin, acampamos en un elevado y profundo valle cuando los últimos rayos de sol se desplazaban hacia el oeste y la luna asomaba sobre el pico más alto de la cordillera.

Mientras cocinábamos y recogíamos estiércol para encender la hoguera, apareció un niño de unos once o doce años, que había descendido de la colina montado a pelo en un pony y que, sin duda, había divisado el humo desde el lugar donde su familia tenía el campamento. Tomoo y él jugaban sentados en la hierba, comían galletas y bromeaban con los conductores. Los observé con envidia. ¿Envidia de qué? De sus padres, por tener un hijo tan independiente y autosuficiente, capaz de montar él solo a caballo en la gigantesca estepa. ¿Sería Rowan capaz algún día de cuidar de sí mismo? Lo vi jugando a unos metros de distancia, solo, con sus animales. En cuanto había aparecido el pony en el, campamento, Rowan había echado a correr gritando, «¡No gracias!», y ahora estaba enfrascado en sus juegos, de espaldas a nosotros. Estaba sentado con el culo al aire sobre la tierra, ya que había ensuciado dos pantalones y dos calzoncillos desde que habíamos partido de Moron. ¿Sería alguna vez capaz de controlar sus deposiciones? ¿Sus emociones? ¿Se produciría la sanación, una auténtica sanación, para Rowan y para nosotros?

La Luna salió mientras el sol desaparecía debajo de la línea de la cordillera y el crepúsculo daba paso a la noche. Confiando en el sentido de orientación de su caballo, el niño que había venido a visitarnos se montó sobre la fuerte grupa del animal y se alejó a galope en la oscuridad.

Tercera Parte

16

A Siberia

Al despertarme vi una sombra siniestra proyectada sobre la pared de la tienda de campaña, una sombra que me observaba mientras me hallaba acostado. Me sobresalté, atrapado en un duermevela, hasta que comprendí que era un yak, que lamía el rocío que se había quedado adherido en el doble techo. La tienda de campaña estaba rodeada de yaks que pacían. Oí a Rowan despertarse.

—¡Mira cuántos yaks! —exclamó riendo, asomando la cabeza y haciendo que el animal que lamía la tienda de campaña huyera despavorido tras tirarse un pedo—. ¡Qué peste! —dijo Rowan saliendo a la soleada mañana.

Rowan empezó a perseguir a los yaks que quedaban, lo que provocó que echaran a correr con la cola enhiesta hacia la cordillera; a pesar de sus cuernos, los yaks son animales más bien tímidos. Mientras corrían, su pelaje lanudo se agitaba como los flecos de la chaqueta de un *cowboy*. Yo me habría reído a gusto de no ser por el dolor que me causaba la llaga en el labio. Rowan, pletórico de energía, se acercó corriendo a los dos conductores y los embistió, alzando los brazos y gritando:

—¡Arriba!

Los conductores entendieron enseguida lo que quería Rowan y lo arrojaron al aire gritando: «¡Arriba!», mientras yo me dirigía a la tienda de campaña de la cocina en busca de agua caliente para preparar el té.

Kristin, con el pelo encrespado y cara de sueño, salió de la tienda. Le ofrecí una taza humeante de té matutino. Mientras lo bebía, comentó:

—No suelo recordar lo que he soñado. Pero anoche soñé con

mi abuela, la madre de mi madre, la que se volvió loca cuando su hijo y su marido murieron. Mi madre me llevaba a verla al manicomio. Ella no nos reconocía; era desconcertante y triste. La ingresaron después de que su marido hubiera fallecido, pero mi madre me contó que todo empezó cuando su hijo, el hermano de mi madre, murió atropellado por un coche cuando tenía ocho años. ¿Recuerdas que los chamanes en UB dijeron que había una antepasada en mi familia que era «perjudicial»? El caso es que anoche soñé con ella.

Kristin dirigió la vista hacia la estepa, donde Rowan y Tomoo seguían persiguiendo a los yaks, gritando y riendo. Luego prosiguió:

—En el sueño tuve la sensación de que mi abuela se aferraba a Rowan para, de alguna manera, compensar la pérdida de su hijo. Sé que suena absurdo. Pero me desperté con una sensación muy vívida. Aunque parezca una tontería, creo que deberíamos rezar para que mi abuela deje ir a Rowan, para que sea feliz. Creo que deberíamos rezar por que descanse en paz, por que sea feliz y suelte a Rowan.

Ese día condujimos a lo largo de kilómetros y kilómetros. Subimos por una cordillera más elevada que las que habíamos atravesado, circulamos por carreteras tan infernales que a veces creíamos que llegaríamos antes si nos apeábamos e íbamos a pie. Al cabo de unas horas —es asombroso cómo las horas transcurren casi sin darte cuenta en un vehículo cuando no te resistes a ellas— decidimos estirar las piernas mientras Haada subía con la furgoneta por un camino casi impracticable. El elevado y amplio valle, alejado de la carretera, estaba literalmente tapizado de edelweiss. Unas bandadas de lavancos, que parecían medio patos, medio gansos, pasaron volando. Rowan y Tomoo corretearon durante un rato, y después exigieron que los portáramos a hombros. Cuando Rowan empezó a hincarme la barbilla en el cráneo, como de costumbre, le dije, sin esperar respuesta:

—Rowan, me haces daño con la barbilla. Sería agradable que pusieras la mano.

Para mi asombro, Rowan apoyó de inmediato una mano debajo de la barbilla, para amortiguar la presión que ejercía sobre mi cabeza.

En el pasado, yo le había dicho eso mismo cientos de veces, y él, de pronto, me había comprendido y complacido.

—¡Gracias, Rowan! —dije sin poder apenas reprimir mi alborozo. Kristin lo miró incrédula.

—Gracias. Eso ayuda mucho a papá.

—Rowan y Buster y *Lily* y *Blackie* estaban un poco tristes —dijo Rowan sin hacerme caso; ¿o tal vez sí?—. Fueron a ver a los chamanes y luego fueron al parque de animales salvajes de Whipsnade y dieron de comer a *Lee Lee*, el elefantito, y a *Asha*, el pequeño rinoceronte.

Rowan no retiró la mano.

—Gracias, Rowan —dije de nuevo—. Gracias por ayudar a papá.

—De nada —respondió sobre mi oído, casi en un murmullo.

Vadeamos un río que giraba sobre sí mismo; era tan ancho que al atravesarlo una y otra vez por encima de bancos de grava levantábamos grandes chorros de agua en el aire. Rowan y Tomoo chillaban de gozo mientras el buga tuneado avanzaba a trompicones, balanceándose, brincando, mientras el motor rechinaba y los neumáticos giraban frenéticamente tratando de adherirse a la superficie.

Coronamos un elevado paso, el más alto de los que habíamos encontrado, y nos detuvimos un rato, no para estirar las piernas (algo imprescindible después de tantas horas sentados en la furgoneta), sino porque las vistas merecían algo más que ser admiradas. Era preciso rendirles homenaje, pues en aquel lugar terminaba un inmenso paisaje y comenzaba otro. En la cima de aquella montaña las vastas praderas de la estepa daban paso al inicio de la taiga, el gran bosque siberiano, el más grande del mundo, que se extiende desde el océano Pacífico, en el este, hasta Escandinavia, en el oeste, a través de toda Rusia. Contemplé el muro de árboles desde la estepa, una pradera del tamaño de un continente. Era como enfrentarse a un ejército. Un ejército antiguo. Su carga y su presencia eran palpables. Al oír el sonido del viento al soplar entre los árboles tuve la sensación de que Dios suspiraba.

Sobre la montaña, frente al muro de árboles, habían construido un inmenso *ovoo*, tan grande que comprendía no uno, sino varios montones de piedras. Todos estaban decorados con chales azules, cráneos de animales y la acostumbrada pila de botellas de vodka, cigarrillos y dinero. Más que montones de piedras, parecían almiares envueltos en seda.

—Aquí termina todo —comentó Tulga mientras los conductores iban a depositar sus ofrendas—. Más allá... Para nosotros, ésos son realmente los confines de la Tierra.

Lentamente, como si penetráramos en una catedral, descendimos hacia el gran bosque mientras el silencio envolvía la furgoneta. ¿Era una mera fantasía, o aquel inmenso espacio arbolado, aquella negación de civilización, contenía realmente una carga, una presencia? La sensación era evidente, irracional, pero imposible de negar; parecía susurrar desde los huecos oscuros entre los frondosos y vetustos árboles. Un mundo donde la fuerza de la naturaleza seguía intacta, sin límites, sin trabas, donde los chamanes seguían practicando su oficio.

¿Y qué era esa cosa, o esa no cosa, que la gente llamaba chamanismo? ¿Esa cosa que escapaba a toda explicación racional, que no podía ser justificada ni defendida por la lógica? ¿Era una fantasía? ¿Era este viaje un intento por mi parte de satisfacer esa fantasía? Ciertamente escapaba a todas mis pautas occidentales, pero allí estábamos. ¿Y por qué, me pregunté mientras la furgoneta avanzaba a trompicones por el empinado sendero del bosque, hemos convertido en Occidente el racionalismo en un culto, y aplicamos a la racionalidad, o a la ciencia, el mismo enfoque fundamentalista que antes aplicábamos a la religión? Todo cuanto no pueda ser explicado de forma racional es tachado de herejía. Pero buena parte de nuestra vida está regida por cosas que no podemos cuantificar en términos racionales o científicos. Como el amor, por ejemplo. Todo el mundo lo experimenta, lo desea, lo necesita para existir, sabe que existe. Pero nadie puede explicarlo, reducirlo a elementos físicos y químicos.

Con todo, si no nos mostráramos escépticos, caeríamos presa de los charlatanes y vendedores de aceite de serpiente, sacerdotes y dictadores. Sabemos por amarga experiencia que si algo está fuera de lo que conocemos, hacemos bien en desconfiar, o, al menos, en no pronunciarnos sobre ello hasta que la realidad nos muestre si podemos confiar. No podemos sino avanzar a tientas a través de la niebla gris de la experiencia, que nos enseña que, aunque algunas cosas pueden ser explicadas, otras no pueden. Así es la vida.

—¡Mirad cuántos árboles! —dijo Rowan con evidente tono de admiración—. Los árboles son felices.

Al cabo de unas dos horas llegamos a un enorme claro en cuyo centro había una pequeña población que parecía salida de un cuento de hadas; estaba compuesta por cabañas de troncos con tejados de hierba, y en las calles, también de hierba, pacían cabras, ovejas y yaks. Ulan Uul marcaba el final oficial de la civilización; más allá sólo estaba el bosque, que se prolongaba hacia el norte hasta el océano Ártico, a más de dos mil quinientos kilómetros. Mientras repostábamos, Rowan se dedicó a perseguir a las cabritas y los terneros que balaban y pacían junto a sus madres entre los edificios bajos de madera. Luego partimos de nuevo a través de una vasta llanura, situada entre dos elevadas y rocosas montañas. De vez en cuando había *gers* y rebaños, los últimos bastiones de los pastores de la estepa antes de que la taiga lo dominara todo. Acampamos en el borde del bosque, contemplando el valle y la luna que se alzaba sobre las imponentes y rocosas cimas espolvoreadas de nieve de fines de verano. A nuestras espaldas se alzaban otras cordilleras, en algún punto de las cuales se hallaban los campamentos de verano de la gente de los renos.

Rowan echó a correr hacia el bosque gritando:

—¡Vamos a ver un lobo, un alce, un ciervo! ¡Vamos a ver un zorro rojo, un lince y un glotón! ¡Vamos a ver un jabalí y un mapache!

Eran algunos de los animales del bosque que Rowan había visto en el Museo de Historia Natural de UB, donde había pasado aquel primer y frenético día corriendo de una sala a otra. Al parecer lo había asimilado todo. Acto seguido se encaramó sobre un tronco caído en el suelo, mientras los mosquitos revoloteaban a su alrededor (estos sí picaban) y se puso a gritar:

—¡Vamos a ver a la gente de los renos!

—Como sabes, tenemos que ir montados a caballo para ver a la gente de los renos, Rowan. ¿Estás dispuesto a volver a montarte en un caballo?

—¡No, gracias!

Esa noche, mientras Kristin y yo llevábamos a cabo el ritual de cada noche consistente en quemar unas hierbas y lavarnos con el agua sagrada que los chamanes de UB habían prescrito, rezamos para que la abuela de Kristin liberara a Rowan, en caso de que lo estuviera manteniendo bajo su influjo. Rezamos para que lo dejara tranquilo, para que se liberase a ella misma y al niño de cualquier sufrimiento al que se aferrara.

Al día siguiente apareció un grupo de jinetes bajo la pálida luz matutina. Habían subido desde el valle para averiguar el motivo de nuestra presencia allí. Encabezados por un hombre corpulento, mayor que los demás, ataviados con una *deel* y un gorro puntiagudo de luchador, los jinetes desmontaron, nos saludaron y se sentaron para conversar con nosotros. Tulga me indicó que me acercara, como dictaba el protocolo. En otros tiempos, en otra época, esa visita habría infundido terror a cualquier ser humano desde Kazajstán hasta Viena. Pero en lugar de armas, esos hombres blandían una sonrisa. Sentían curiosidad por saber qué hacíamos en aquellos remotos parajes. Tulga les explicó el motivo de nuestro viaje, les habló de Rowan y de nuestra búsqueda de un chamán, y añadió que nos proponíamos dirigirnos hacia el norte, hasta un lugar situado a una jornada en coche. Allí Tulga tenía contactos para encontrar caballos; una vez tuviéramos nuestras monturas, nos dirigiríamos a los campamentos de verano de la gente de los renos, que confiábamos que efectivamente se hallaran a una jornada a caballo de allí; esperábamos encontrar un chamán en uno de esos campamentos.

—En realidad —dijo el anciano estirando sus rígidas y cortas, pero musculosas piernas sobre la tierra y restregándose su rodilla artrítica—, no tienen que ir tan lejos.

Los dos hombres charlaron un minuto, tras lo cual Tulga dijo:

—Estamos de suerte. Este anciano dice que el chamán más potente de la zona se encuentra a sólo una jornada a caballo de aquí, tal vez dos si nos lo tomamos con calma. Al menos, eso dice. Puede conseguirnos caballos y llevarnos hasta allí.

Arqueé una ceja y, dando por sentado que ninguno de los musculosos nómadas que había sentados ante nosotros entendía una palabra de inglés, pregunté:

—¿Crees que ese tipo es legal?

—Creo que sí —respondió Tulga en voz baja—. En Mongolia es muy raro que alguien mienta. Especialmente en algo relativo a un chamán. El anciano dice que ese chamán es muy potente y, además, amigo suyo, y que siempre va a hablar con él cuando tiene algún problema importante. Claro que si los contratamos a él y a sus hijos y sobrinos para que nos lleven, conseguirán un buen dinero. No conozco a estos tipos. Conozco a los del norte. Pero si son sinceros, es mejor ir con ellos, ya que mis contactos no conocen a los chamanes personalmente, y están más lejos, con lo cual dispondremos de menos tiempo cuando lleguemos adonde se encuentra la gente de los renos.

—Mi instinto me dice que podemos fiarnos de ellos —dije, casi sorprendido de oír que esas palabras habían brotado de mis labios. No tenía nada en qué basarme. Pero era cierto: mi instinto me decía que podíamos fiarnos de ellos.

—Yo también lo creo —contestó Tulga. Luego pasó al mongol y le dijo al anciano que de acuerdo, que queríamos que nos buscara unos caballos, nos condujera hasta allí y acordara un precio.

—Pero hay una cosa —dije—. El anciano debe saber que viajamos despacio. Llevamos mucho equipo y tenemos que tener en cuenta a Rowan, que no sabemos si accederá a montarse en un caballo. Si Rowan decide apearse cada media hora para jugar en tierra, tengo que permitir que lo haga. En definitiva, si Rowan se niega a montarse en un caballo tendré que llevarlo a hombros, y quiero saber si eso es posible.

El anciano escuchó atentamente mientras Tulga traducía mis palabras, se rascó la cabeza metiendo los dedos por debajo del airoso gorro de luchador y contestó por fin:

—Si tenemos que cabalgar más despacio, nos llevará tres días. Si tenemos que llevar a Rowan, aquí hay muchos hombros —dijo sonriendo y señalando a los hombres jóvenes que lo rodeaban—. Así que en cualquier caso no creo que nos lleve mucho más tiempo.

Tres días de ida y tres de vuelta. ¿Dispondríamos de tiempo suficiente con el chamán?

El anciano respondió encogiéndose de hombros. ¿Quién podía predecir lo larga o breve que podía ser una sanación?

¿Y los peligros, los obstáculos? ¿Sería un viaje difícil tanto si era a caballo como a pie?

El anciano volvió a encogerse de hombros.

—No demasiado. Sólo hay un río, bastante ancho. Y algunas ciénagas. Y un paso de montaña. En realidad, dos, uno pequeño y otro grande. Pero nada muy complicado.

Excepto que una de las ciénagas era un terreno muy peligroso. Debíamos tener cuidado en no perder allí ningún caballo. Y, como es natural, cuanto más nos adentráramos en la taiga, con más animales capaces de devorar a un caballo nos toparíamos, más lobos, osos y demás. Los hombres llevarían fusil. Pero si se acercaban lobos por la noche, era posible que los caballos huyeran. Si teníamos que capturarlos, perderíamos tiempo. Con todo, en general, el viaje no era excesivamente complicado.

—A mí me parece imposible —confié a Tulga cuando me tradujo lo que había dicho el anciano—. ¿Crees que lo conseguiremos?

Entonces fue Tulga quien se encogió de hombros.

—Cuando lleguemos a la taiga, estaremos solos. Sin los vehículos. Si algo sale mal... Pero hemos venido para eso, ¿no es así?

—Supongo que sí. —Fijé la vista en el suelo, dándole vueltas al asunto mientras oía a los caballos que mascaban hierba junto a nosotros—. ¿Cómo se llama ese chamán? —pregunté como de pasada. Quizá fuera alguno sobre los que había leído.

—Ghoste —respondió el anciano cuando Tulga le trasladó la pregunta.

Sentí que el corazón me daba un vuelco. Era efectivamente uno de los chamanes sobre los que había leído. A menos que hubiera otros en la región con ese nombre.

—No —me aseguró Tulga en nombre del anciano—. Sólo hay uno que se llama así. Es el más poderoso. Pero no accede a recibir a todo el mundo. Nadie puede garantizar eso. El anciano dice que lo conoce, y está bastante seguro de que aceptará.

Primero dos jornadas a caballo, a través de un río; luego teníamos que adentrarnos en la taiga siberiana, a través de ciénagas, una de ellas muy peligrosa, y finalmente cruzar dos pasos de montaña.

—Debemos de estar locos —dije a Tulga, que sonrió.

—Quizá un poco.

Avanzamos con las furgonetas hasta donde pudimos, a lo largo de varios kilómetros por el accidentado suelo del valle, tras lo cual ascendimos de nuevo por la colina hasta los límites del bosque, donde un sendero conducía hacia los árboles a través de una cenagosa pradera. En sus charcas poco profundas se deslizaban voluminosos lavancos, y un imponente ciervo maral salió huyendo cuando apagamos los motores y nos apeamos de los vehículos. Era el fin del trayecto para el motor de combustión interna. El anciano nos había dicho que a sus hombres y a él les llevaría buena parte del día reunir los dieciséis caballos necesarios para transportarnos a todos y nuestro equipo hasta la gente de los renos. Nos había dicho que esperásemos en aquel punto, donde los conductores acamparían junto con las furgonetas para esperar nuestro regreso de la taiga, hubiéramos tenido éxito en nuestra empresa o no.

Nos sentamos a la sombra en una arboleda de elevados pinos. Llenamos las alforjas con la mínima cantidad de prendas y equipo, calculando lo que debíamos llevarnos y lo que podíamos dejar en las furgonetas. Podía hacer frío en el lugar al que nos dirigíamos, nos advirtió Tulga, pues el paso que debíamos atravesar se hallaba a más de tres mil metros de altitud. De modo que teníamos que ir preparados. Era difícil imaginar que pasaríamos frío, pues aquella tarde la temperatura había aumentado y había mucha humedad. Los mosquitos nos picaron, pero se alejaron en cuanto encendimos un par de pequeñas hogueras de estiércol alrededor de las piedras sobre las que dispusimos nuestro equipo y nuestra ropa, tras haber organizado una y otra vez lo que íbamos a llevarnos.

Tan sólo el equipo de Rowan consistía en varias mudas, botellas de agua para lavar los pantalones y calzoncillos que ensuciara y el cubito de plástico azul, todo lo cual colgaría de mi silla de montar. Por no mencionar una lona, por si nos sorprendía la lluvia, toallitas húmedas, pantalones impermeables en caso de que Rowan quisiera pasear por las ciénagas un día que hiciera frío. ¡Ah!, y las botellas y cajas de medicinas que los chamanes de UB habían prescrito para los rituales nocturnos que seguíamos realizando antes de que Rowan se acostara. Sólo con sus cosas llenaríamos dos alforjas. También contamos los paquetes de beicon. En las montañas se mantendría más fresco, pero llevábamos cantidad suficiente para seis días, quizá siete si Rowan consentía en comer otras cosas. Dos días para llegar al campamento de la gente de los renos, dos días de estancia allí, dos días de regreso... Eso era casi una semana. Sin contar los dos días que tardaríamos en llegar de nuevo a Moron, el lugar más cercano donde podíamos reponer las cosas que necesitaba Rowan. Confié en que nada se torciera.

Y, claro está, todo ello suponiendo que Rowan accediera a emprender el viaje. Nos observaba con recelo, jugando con su colección, cada vez más escasa, de animales de juguete dentro del buga tuneado, y atrapaba obsesivamente las moscas que revoloteaban alrededor de las ventanillas para después arrojarlas a través de la puerta abierta. La furgoneta era donde deseaba estar. Kristin y yo nos habíamos afanado durante los últimos días en recordarle que para llegar donde estaba la gente de los renos, que era lo que Rowan quería, no tendría más remedio que montarse en un caballo. Rowan había guardado un silencio total sobre ese asunto.

De pronto oímos un alarido procedente de la furgoneta. Al volvernos lo vimos llorando, sin el pantalón, mientras un líquido marrón, sin duda diarrea, le resbalaba por las piernas desnudas. Rowan se acercó a la carrera gritando:

—¡Código marrón!

El espectáculo resultaba conmovedor y al mismo tiempo cómico. Por lo demás —el padre de un autista que yo llevaba dentro no pudo por menos de percatarse—, Rowan había asimilado las bromas del «código marrón» que habíamos hecho la semana anterior y las había aplicado en el contexto adecuado. Pese a lo disgustado que estaba, había hecho la conexión debida. Lo limpiamos a él y limpiamos también la furgoneta (Haada contempló horrorizado el charquito marrón que ensuciaba el suelo de su preciada furgoneta); lavé el pantalón frotándolo con el cepillo y lo extendí sobre una roca para que se secara. Cuando alcé la vista, observé un movimiento más abajo, a través de los árboles. Eran caballos. Una gran cantidad de caballos. Se acercaba el anciano con sus hijos y sobrinos. Cinco jinetes, cada uno de los cuales conducía una reata de caballos sujetos con una larga cuerda. Había llegado el momento de la verdad.

Es decir, el tenso y largo preludio al momento de la verdad, pues la llegada de los dieciséis caballos a nuestro sombreado pinar formaba parte integrante de los preparativos. Sin la posibilidad de que los vehículos nos acompañaran, teníamos que tratar de sujetar buena parte del equipo de cámaras y sonido a las sillas de montar para comprobar si los caballos de carga podrían transportarlo con facilidad a través de un terreno accidentado, o si necesitaríamos más caballos. Esos preparativos nos llevaron un par de horas, a lo largo de las cuales los caballos patearon el suelo y resoplaron mientras el anciano y sus hijos y sobrinos ataban y desataban, cargaban y descargaban nuestra extraña colección de aparatos repetidas veces, hasta dar con la fórmula acertada.

Rowan observaba desde la furgoneta mientras se entretenía atrapando grandes tábanos. Yo le echaba un vistazo de vez en cuando. Cada vez que lo miraba tenía en la mano un puñado de insectos, pero ninguno lo mordió, aunque no cesaban de atosigar a los caballos, y a nosotros, debajo de los árboles.

—Ése —dije señalando un caballo con manchas castañas y blancas que el anciano me había dicho que se portaba especialmente bien con los niños—. Es el caballo que montaremos para ir a ver a la gente de los renos. Nos marcharemos dentro de poco. ¿Estás listo?

—Dieciséis —dijo Rowan, arrojando el puñado de moscas a través de la puerta abierta de la furgoneta—. Y ahora iré a buscar dieciséis más. —Se acercó a la ventanilla posterior, donde una pequeña legión de moscas revoloteaba contra el cristal, y empezó a atraparlas una tras otra con la mano derecha y a pasárselas a la izquierda.

Montamos en los caballos que nos habían traído los nómadas, para familiarizarnos con ellos. Eran unos buenos caballos, obedientes, pero tranquilos. El caballo con manchas castañas y blancas reservado para Rowan y para mí tenía ojos amables, que es lo que busco siempre en un caballo, y un mechón de pelo sobre la frente, exactamente entre los ojos, que, según la antigua tradición de los jinetes ingleses, denota inteligencia sin resentimiento. Era un caballo castrado, con la boca alargada, otra buena señal: las bocas cortas siempre indican un temperamento hosco y malhumorado. Aquel caballo parecía el ideal para el largo y complicado viaje que nos esperaba, si es que Rowan accedía a montarse en él.

El principal obstáculo era encontrar para Justin el mejor caballo: un animal lo suficientemente fuerte para cargar con las dos consolas de mezclas en las alforjas, lo suficientemente alto para que ese preciado equipo no se mojara al atravesar un río o en las ciénagas, y lo suficientemente tranquilo para no asustarse al ver la larga jirafa del micrófono con su peluda funda, que parecía un perro muerto ensartado en un palo y que había que llevar como una lanza o el asta de una bandera. Justin cambió dos o tres veces de montura hasta dar con el animal adecuado. Miré nervioso a Rowan por el rabillo del ojo cuando los dos primeros caballos se pusieron a girar en círculos y a resoplar al ver el extraño aparato que debían transportar. Sabía que Rowan lo estaba observando todo, sin perder detalle. Cansado de cazar moscas dentro de la furgoneta, se había bajado del vehículo y se había encaramado a la roca más alta debajo de los árboles. Jugaba a *El rey león* con sus animales, pero en realidad observaba todo cuanto ocurría a su alrededor. Tratando de reprimir mi ansiedad, esperé a que todos se hubieran montado antes de interrumpir sus juegos. No quería cometer el mismo error que había cometido el primer día, cuando había montado a Rowan sobre el caballo mucho antes de que los demás estuvieran preparados; con ello sólo había conseguido que el excelente humor de Rowan se desvaneciera y acabara dándole un berrinche. Aunque yo no podía adivinar de qué humor estaba en ese preciso instante.

Sólo sabía una cosa: partíamos con tanto retraso que, como mucho, sólo podríamos viajar durante una hora antes de tener que acampar. Pero era perfecto, el tiempo suficiente para que Rowan se acostumbrara a ir de nuevo a caballo sin llegar a cansarse. Suponiendo que accediera a montarse.

Por fin llegó el momento en que ya no podíamos demorar más la partida. Todo el grupo estaba montado, mirando deliberadamente en diversas direcciones para no asustar a Rowan. Tomoo iba sentado alegremente delante de Tulga; ambos montaban también un caballo castaño y blanco. Kristin, a lomos de un caballo tostado claro, giraba en círculos para familiarizarse con su montura. Siguiendo mis indicaciones, el anciano y su hijo ya habían partido por el sendero que avanzaba a través de la cenagosa pradera seguidos por los caballos de carga. Tomé las riendas de nuestra montura de manos de uno de los sobrinos del anciano y me acerqué a la roca sobre la que jugaba Rowan, que hacía caso omiso de la actividad que tenía lugar a su alrededor.

—De acuerdo, Rowan, ha llegado el momento de ir a ver a la gente de los renos.

Kristin, a instancias mías, había partido detrás de los guías.

—¿Lo ves? Mamá ya se ha marchado. Vamos a seguirla.

—¡La roca! ¡Quiero jugar sobre la roca!

—Venga, Rowan, ¿no quieres ir a ver a la gente de los renos? Dijiste que querías ir.

—¡Quiero jugar con los animales!

—Podemos llevarlos con nosotros. Puedes sostenerlos mientras cabalgamos. Anda, vamos.

Rowan no me hizo caso. Mi caballo movió las orejas, observando a los otros que habían partido.

—Vamos, Rowan, por favor.

—¡Quiero quedarme sobre la roca!

—Entonces nos quedaremos aquí solos.

—¡Quiero quedarme sobre la roca!

Respiré hondo, lo tomé por la cintura y lo bajé de la roca, mientras Rowan sostenía en sus manitas el león y el cachorro de león de juguete.

—¡Rocaaaaaaaaaaaaa! —gritó Rowan cuando lo senté en la silla y me monté detrás de él—. ¡Rocaaaaaaaaaaaaa! —siguió berreando cuando espoleé al caballo para alcanzar a los demás—. ¡Bajar! ¡Quiero bajarme! ¡No quiero montar a caballo, gracias!

De acuerdo, pensé. Le concederé unos minutos, para ver si se calma y podemos continuar.

De pronto ocurrió lo peor que podía ocurrir. Del bosque salió una enorme manada de caballos semisalvajes, unos ochenta, encabezados por un bayo oscuro de aspecto agresivo, que se acercó a nosotros trotando, relinchando y desafiando a nuestros caballos. Rowan se puso rígido y cerró los ojos mientras dos de nuestros guías se apartaban del grupo principal y echaban a galopar hacia el semental, cuyo territorio probablemente habíamos invadido, restallando sus látigos y gritando para ahuyentarlo. Todos nuestros caballos, incluido el que montábamos Rowan y yo, emitieron, uno tras otro, un relincho ensordecedor, al que varios de los caballos semisalvajes respondieron. Rowan sepultó la cabeza en mi pecho, tapándose los oídos con las manos, cerrando los ojos, y emitiendo ruiditos de angustia. Con una opresión en la boca del estómago, dije en tono tranquilizador (aunque sonaba falso):

—¡Hola! ¡Los caballos dicen hola! No son más que caballos que nos dicen hola.

Vi a Kristin volverse para mirarnos preocupada. La manada había pasado de largo, pero Rowan no cesaba de repetir:

—¡Bajar, bajar!

Nos hallábamos en medio de la pradera cenagosa, donde desmontar significaba hundirnos hasta las pantorrillas en el moho y el fango. Los caballos tenían que esforzarse para atravesar el terreno pantanoso y se lanzaron al trote, levantando un gran chorro de lodo que cayó sobre mi pierna y la de Rowan, empapándole el pantalón. Rowan se puso a chillar. Esto iba de mal en peor. Me devané los sesos en busca de la forma de resolver el problema.

—¡Qué asco! —exclamé—. Está húmedo y pegajoso. Como el código marrón. —Me limpié los dedos en el montón de fango que había aterrizado sobre el muslo de Rowan—. ¿Qué es eso? —pregunté a un público imaginario—. Es el código marrón. ¡Qué asco! Todo está lleno de caca.

Entonces se produjo el milagro. Rowan se echó a reír.

Yo seguí con la broma.

—¡Todo está lleno de caca! ¡Qué asco! ¡Es repugnante!

Los dioses del humor escatológico debieron de oírnos, pues Rowan se convirtió de pronto en otro niño.

—¿Qué es eso? —preguntó, enderezándose y señalando el muro de árboles de la taiga.

—No lo sé. ¿Qué es? —Yo no sabía adónde quería ir a parar Rowan, pero estaba dispuesto a seguirle el juego.

—Es un... —respondió Rowan sonriendo.

Contuve el aliento, como denotando un signo de interrogación.

—¡Código marrón!

Continuamos así durante un buen rato. Rowan chillaba y reía de gozo, haciendo que Tomoo y Tulga se volvieran para mirarnos y se rieran también; los guías sonreían pese a no comprender de qué iba el asunto. Kristin y los técnicos de rodaje nos observaban esperanzados, sabiendo lo mucho que nos jugábamos en el hecho de que Rowan no cambiara de humor. Yo tenía el corazón en un puño mientras seguía jugando con Rowan. Él se mostraba tan natural y relajado en la silla como cuando había montado a *Betsy*. El caballo también se relajó al sentir que nos movíamos, nos reíamos, brincábamos y gritábamos sobre su lomo, y la gran taiga siberiana abrió sus brazos para recibirnos.

Después del desastre que había estado a punto de producirse al aparecer la manada de caballos semisalvajes, esas risas, bromas y alegría eran mucho más de lo que yo podía haber esperado. Nos adentramos en el bosque y, al cabo de un rato, el sendero desembocó una amplia pradera cenagosa. Una agachadiza se cruzó ante nosotros, silbando. Nuestro caballo, todos los caballos, empezaron a hundirse y a esforzarse en seguir avanzando; el ruido que hacían al alzar las patas para liberar sus cascos del fango casi sofocaba las risas de Rowan. De repente, el caballo desapareció de debajo de nosotros.

Es una de las peores caídas que puedes sufrir. El caballo cae debajo de ti, y se ladea mientras tú permaneces medio sentado y medio fuera de la silla, listo para que el animal te aplaste al tratar desesperadamente de salir de la ciénaga o te pisotee cuando patee el suelo con los cascos tratando de adherirse a la superficie para no perder el equilibrio. Los caballos se asustan cuando se caen: es una situación que si se produce en plena naturaleza, los convierte de inmediato en presas de un animal salvaje. El hecho de perder el equilibrio y caerse aterroriza incluso al animal más domesticado. Rowan y yo nos caímos.

Empujé a Rowan a un lado y aterrizó con un alarido y un golpe seco sobre la tierra blanda, berreando, pero a salvo de la media tonelada de caballo y los cascos que el animal agitaba frenéticamente. Yo rodé de costado, moviendo el pie derecho para tratar de liberarlo del estribo antes de que el caballo me arrastrara. El caballo rodó hacia mí. Le asesté una patada con todas mis fuerzas y el animal rodó hacia atrás. Por fin conseguí soltar el pie del estribo. Oí a Rowan llorar y a los demás gritar alarmados. El caballo logró incorporarse y salir de la ciénaga, con las patas y el vientre empapados de lodo negro. Dio una coz con la pata trasera, que pasó volando a escasos centímetros de mi cabeza, mientras trataba de desembarazarse del lodo que tenía pegado a la piel. Otra coz y consiguió su propósito. Uno de los guías se acercó para llevarlo a un terreno más firme, mientras yo me incorporaba y abrazaba a Rowan con fuerza. Todo había ocurrido tan rápidamente que nadie había tenido tiempo de acudir junto a nosotros. Rowan no dejaba de sollozar. Yo lo había estropeado todo. Y habíamos estado a punto de conseguirlo.

De pronto volvió a producirse un milagro. Una cría casi adulta de agachadiza, que aún no había desarrollado del todo las alas, se alzó de los juncos frente a nosotros y echó a correr hacia el bosque.

—¡Mira! ¡Una agachadiza! —dije con mi tono más optimista—. ¡Vamos a atraparla!

Y, para mi sorpresa, fuera debido a la descarga de adrenalina, al momento, a que Rowan no podía resistirse a intentar atrapar cualquier animal, o quizá a una combinación de las tres cosas, las lágrimas y el temor se disiparon, y Rowan volvió a sonreír.

—¡Vamos a atraparla! —repitió, y echamos a correr siguiendo el sonido de la agachadiza, mientras los guías capturaban a nuestro caballo, y Kristin y los demás desmontaban y corrían a interceptarnos.

17

El íbice blanco

A la mañana siguiente, bajo una ligera y fresca llovizna, Rowan se puso a brincar sobre un pie y el otro mientras los guías se tomaban su tiempo para asegurarse de que todo el equipo estaba bien sujeto. Los caballos pateaban el suelo y relinchaban mientras los cargaban.

—¡Montar! —se quejó Rowan, impaciente por partir—. ¡Montar!

Gracias a Dios que aún quiere seguir montando, pensé. De modo que seguimos jugando al código marrón mientras avanzábamos por los senderos del bosque (¡menudo monstruo había creado yo!). Pero, después de cabalgar durante una hora, Rowan decidió que quería desmontar y jugar en la tierra con sus animales. Como no quería hacer nada que lo disgustara, ordené que nos detuviéramos y, mientras mi voz recorría el largo convoy de jinetes y caballos de carga, desmonté, alcé a Rowan de la silla y nos detuvimos en medio del sendero. Estábamos en un amplio claro, ante la cima de una gigantesca montaña, que se extendía desde el oeste. Los caballos pacieron, el anciano y los guías fumaron, Tomoo se alejó unos metros para arrojar piedras y el resto nos sentamos a la sombra de los caballos (la temperatura subía muy deprisa en aquel lugar); mientras, Rowan jugaba a *El rey león* en el suelo. Transcurrió media hora. Cuarenta minutos.

Por fin Tulga se acercó a caballo, acompañado por el anciano.

—Rupert, tenemos que recuperar el tiempo perdido. ¿Crees que Rowan accederá a montarse de nuevo?

—Lo intentaremos —respondí, y pregunté a Rowan—: ¿Más juegos o montamos un rato más?

—Montamos un rato más.

Al menos habíamos conseguido algo. Pero cuando doblamos el

recodo de la montaña y contemplamos la vista de un inmenso pantanal, en cuyo centro había un lago circular y poco profundo, los guías gritaron algo y Tulga, transmitiendo el mensaje, dijo:

—Ya... De acuerdo... Me dicen que... ¿Ves ese pico que hay allí?

Miré hacia donde señalaba Tulga. Rowan estaba apoyado en mí, golpeando su cabeza rítmicamente contra mi esternón.

—¿Esas montañas? —Parecían increíblemente lejanas. Un macizo borroso, azul pálido, que se alzaba al norte—. ¿Tenemos que llegar hasta allí? ¿Mañana?

—Sí —contestó Tulga un tanto nervioso—. Quizá hayan subestimado la distancia.

Tomoo, sentado delante de su padre, extendió la mano e hizo cosquillas a Rowan en el costado. Rowan se puso a reír.

—¿A este paso? ¿Crees que lo lograremos?

Tulga soltó una risita nerviosa que yo ya había aprendido a interpretar: lo veía negro.

—Es posible. Con suerte.

—Tendremos que apretar un poco el paso.

—Un poco, sí.

—La última vez que dijiste «un poco» con ese tono, recibí una tanda de latigazos.

Tulga volvió a reírse, pero fue una risa forzada.

—¡Bajar! —dijo Rowan, revolviéndose de pronto y tratando de saltar de la silla—. ¡Bajar y jugar!

—¡Alto todo el mundo!

Mi voz recorrió de nuevo la hilera de jinetes y caballos de carga. Rowan se tumbó boca abajo en el sendero de tierra, mirando a *Simba* y a *Scar* con los ojos entornados mientras jugaba con ellos:

—¿Qué has hecho? ¡Papá, papá!

Media hora más tarde, mientras el calor se intensificaba, logré convencer a Rowan para que se montara de nuevo. Cuando volvimos a adentrarnos en el bosque, le pregunté:

—¿Te gusta este caballo? ¿Sí o no?

—Sí.

—¿De veras? —pregunté, sin saber si el niño respondía automáticamente o decía lo que sentía—. En ese caso, ¿se te ocurre algún nombre para él?

—Sí.

—¿Cuál?

—*Blue*.

Aproximadamente una hora más tarde, Rowan decidió que no quería seguir montando a caballo.

—¡Montar a hombros de papá!

Impaciente por seguir avanzando, desmonté, senté a Rowan sobre mis hombros y conduje a *Blue*, mientras Rowan se instalaba de lado sobre mi hombro derecho, como solía hacerlo, hincándome la barbilla en el cráneo.

—Me haces daño con la barbilla… —comenté.

—Sería agradable que pusieras la mano —dijo Rowan terminando la frase y colocó de inmediato la mano entre mi cráneo y su barbilla.

—Gracias —dije.

—De nada.

Seguimos avanzando a pie; el calor empezaba a ser sofocante. Por suerte, Rowan y yo llevábamos el pelo largo, lo cual impedía que el sol nos abrasara la nuca. El bosque había retrocedido a ambos lados, dejándonos expuestos a los ardientes rayos del sol. Con cada paso que daba, me resultaba más difícil soportar el peso de Rowan sobre el hombro derecho; el calor era agobiante y tenía que tirar un poco de *Blue*, al que conducía por el ronzal, mientras el animal se resistía ligeramente, con ese talante medio colaborador y medio reacio que muestran los caballos. Empecé a soltar palabrotas en voz baja, tratando de ahuyentar las moscas que atraía mi pulposo labio, mientras tiraba de *Blue* con una mano y sujetaba la pierna de Rowan con la otra. Sentí que me enfurecía con Rowan, por su contumacia, por sus malditas exigencias. Respiré hondo y soplé para ahuyentar las moscas.

De pronto una voz dentro de mi cabeza se echó a reír. Y habló.

Quizá fueran los efectos del sol. Quizá fuera la intensidad de la situación. Aquel viaje. Aquel sueño. Pero oí que mi voz interior decía con claridad meridiana: ¿De qué te quejas, Rupert? ¿De qué diablos te quejas? ¡Estás caminando a través de Mongolia con tu hijo sobre los hombros! ¿A qué viene lamentarse? ¿Dónde querrías estar? ¿En el supermercado, empujando un carrito con Rowan sentado en él? ¿Sentado en el coche en medio de un atasco mientras lo llevas a una sesión de terapia? ¿Vas a desperdiciar esta experiencia increíble, esta aventura increíble que compartes con tu hijo, quejándote de lo incómoda que es? No seas idiota. Saborea este momento. No volverás a vivirlo.

Estaba claro. Así que me puse a cantar.

—¡Canta, papá! —me animó Rowan tirándome del pelo.

La canción que me vino a la mente era una que hacía años que no cantaba, una vieja canción irlandesa repescada del banco de memoria de mi infancia, aunque no era una de las que solía cantar mi madre. No, era otra: *The girl I left behind me* («La chica que dejé atrás»), que sin duda me recordaba una improvisada juerga de bailes y canciones irlandeses en un pub de Londres en los ochenta, hacía más de veinte años, cuando mi hígado era más joven y resistente. La vieja canción empezó a brotar de mis labios como agua.

> Las damas de Francia son cariñosas y libres,
> Los labios flamencos están siempre dispuestos;

—Qué más quisieras —dijo Kristin acercándose a caballo.

> Las doncellas italianas son delicadas,
> Y los ojos de las españolas cautivadores;
> Pero aunque sus sonrisas me deleitan,
> No logran atraerme con sus encantos.
> Mi corazón sigue en Irlanda,
> Pensando en la chica que dejé atrás.

—¡Papá, canta! —gritó Rowan alborozado.

De modo que seguí cantando el resto de la canción, a pesar de no tener ni una gota de sangre irlandesa, mientras caminaba por el sendero, tirando de *Blue*, con mi hijo sobre los hombros, el sol abrasándome la cabeza y mi esposa cabalgando junto a nosotros.

Mentiría si dijera que recordaba toda la letra de la canción, por lo que llené numerosas lagunas con hum-pum-pum y zum-tum-tum. Pero no lo hice mal, y al menos logré ahuyentar las moscas durante varios kilómetros hasta que el calor y el peso empezaron a pasarme factura y mi lengua empezó a resecarse.

Por suerte, eso se produjo en el preciso momento en que doblábamos un recodo y vimos un río que fluía por el valle que se estrechaba progresivamente. Los numerosos y elevados pinos nos daban sombra a lo largo del camino y el refrescante borde del bosque se acercaba por la ribera septentrional.

—Nos detendremos aquí para descansar —oí que decía Tulga a mi espalda.

Fijé los ojos en aquel lugar y, mientras Rowan me tiraba del pelo al son de la música, traté de apretar el paso pensando en la sombra y el descanso.

Entregué a *Blue* al joven hijo del anciano y me quedé observándolos mientras vadeaban juntos las refrescantes aguas del arroyo. El muchacho ató el caballo a la sombra del bosque, al otro lado, mientras Rowan se despojaba rápidamente de la ropa para luego chapotear contento en el agua. Entonces me desplomé a la sombra de un pino junto a Kristin.

—Jeremy, ¿podrías vigilarlo un momento mientras yo...? —le dije al verlo de pie, cerca de donde estábamos.

Al cabo de unos instantes Kristin y yo nos quedamos dormidos, acurrucados a la sombra de los pinos, cuyas agujas formaban un colchón sobre la tierra cálida y fértil.

Pero estaba lleno de hormigas que picaban.

—¡Ay! —Kristin se incorporó de golpe, interrumpiendo bruscamente su siesta y frotándose los brazos desnudos donde las malditas hormigas la habían picado.

—Igual que en Texas —comentó Michel, que apareció con dos cuencos de sopa: fideos y cordero con tropezones de grasa para mí y fideos con fideos para Kristin, por ser vegetariana. Rowan, atacando de nuevo una porción de beicon, se bañaba en el río bajo la mirada benevolente de Jeremy. Tomoo y los otros estaban a unos cien metros, en la otra orilla, cerca de los caballos y las hogueras que, a pesar del calor sofocante, habían encendido para cocinar.

—Buena idea. —Miré a Michel—. ¿Crees que podríamos encender un fuego en este lado para ahuyentar las moscas? —pregunté lamiéndome el labio llagado.

Michel encendió un fuego con yesca y resina seca de los pinos. Permanecimos un rato tumbados a la sombra, dejando que el humo nos envolviera y gozando de él, porque nos libraba de las moscas. Cuando Rowan sufrió otro código marrón, me levanté, suspirando, llené una botella vacía con agua del río y lo limpié. Luego, mientras Rowan chapoteaba en el agua, oí que Michel decía:

—¡Dios, no!

Me miró, botella en mano, horrorizado y escupiendo.

—¿No te habrás...? —pregunté.

Michel asintió con expresión angustiada.

—¿... bebido el agua de la botella que había llenado con agua del río para limpiar a Rowan?

Michel asintió con la cabeza, estremeciéndose. Yo había separado las botellas —que solía llevar en los bolsillos de mi chaleco de pescador— mientras estaba sentado sobre las agujas de pino: las dos de la izquierda para limpiar, las dos de la derecha para beber. Michel las había confundido.

—Bueno —dije, tratando de mostrarme positivo—, Rowan ha bebido agua del río en varias ocasiones; no he podido impedírselo. Y Tomoo también. Y están perfectamente. Hasta ahora. No te ocurrirá nada.

Cuando la primera brisa del atardecer empezó a susurrar sobre el río, montamos de nuevo y partimos a un trote ligero. Rowan me exigió que espoleara el caballo durante los últimos kilómetros, mientras avanzábamos a través del amplio claro y de otros trechos de bosque hacia las orillas de un ancho río. Yo temía el momento de cruzarlo. He atravesado los suficientes ríos a caballo en mi vida para saber que si las cosas se tuercen —ya sea a causa de las piedras del fondo, los hoyos profundos en los que los caballos pueden hundirse, las extrañas corrientes o porque los caballos se asusten—, uno puede acabar ahogándose. De modo que avanzamos despacio, por los bajíos, evitando las zonas más profundas y los remolinos, cerciorándonos de que era una ruta segura antes de aventurarnos a atravesar con los chicos y el equipo.

Nos llevó una hora cruzarlo. Nos turnábamos para transportar el equipo, utilizando tanto los caballos de carga como los que montábamos para asegurarnos de que ningún caballo llevaba demasiado peso, lo cual significaba descargar y volver a cargar el equipo varias veces. En algunos tramos, el agua llegaba a la panza de los caballos, y en un par de lugares tuvieron que nadar. Antes de mandar a los jinetes a través del río, el anciano, su hijo y sus sobrinos tomaron un camino más largo, siguiendo los bajíos, para localizar una ruta menos profunda, donde el agua no sobrepasara la cincha. Tras hallarla, atravesamos el río con Rowan. Yo le rogué al Señor del río, a Dios, al universo, que nos permitiera cruzar sin que el caballo se cayera, sin sufrir ningún percance.

Mis ruegos fueron atendidos. Rowan no dejó de reírse alborozado durante todo el trayecto y, al acabar de cruzar, exigió desmontar y chapotear en los bajíos mientras colocábamos de nuevo el equipo sobre los caballos de carga. A continuación, echamos a andar hacia el oeste, siguiendo el río, con los ojos entornados a causa del resplandor del sol.

Era un espectáculo impresionante. Las praderas junto al río estaban tachonadas de violetas, rosas de la pradera, prímulas amarillas, aguileñas azules y altramuces púrpuras. El bosque, de un verde intenso, sombrío, se extendía por la orilla opuesta. Por nuestro lado las montañas descendían hasta el borde del río, creando un estrecho camino por el que avanzamos a trote ligero de acuerdo con los deseos de Rowan, que me pedía cada vez que nuestra montura aminoraba el paso:

—¡Trotar! ¡Trotar! ¿Trotamos un poco?

El valle se ensanchó dando paso a praderas y ciénagas tachonadas de pequeños lagos en forma de herradura, antiguos meandros del río que, a lo largo de milenios, se habían ido separado progresivamente de la corriente principal para acabar estancándose en aquel lugar, en cuyas aguas se reflejaba el cielo siberiano. Unos cisnes se deslizaban sobre la superficie reluciente. Sobre nosotros, bandadas de ánades silbones y cercetas pasaron, como flechas, y aterrizaron, parloteando, sobre el río. Grandes peces —truchas y taimenes (una especie de salmón siberiano sin acceso al mar)— saltaban del agua para atrapar moscas y se sumergían de nuevo atravesando la superficie dorada del río con un sonoro chasquido.

Llegamos a los pies de una montaña de singular belleza. Las terrazas de sus pedregosas laderas parecían hechas a mano; sus salientes de granito, cubiertos de hierba, formaban una especie de inmensa escalinata, decorada con pequeños abetos, que ascendía dibujando un escarpado cono hasta el cielo.

—Creo que deberíamos empezar a buscar un lugar donde acampar —le grité a Tulga, que trotaba frente a nosotros con Tomoo. Rowan estaba enfrascado en un extraño monólogo sobre Buster, *Lily*, *Blackie*, *Lee Lee*, el elefantito, y *Asha*, el pequeño rinoceronte del parque de animales salvajes de Whipsnade.

—Los guías conocen un lugar —respondió Tulga volviéndose—. Está aproximadamente a un par de kilómetros. Hay un manantial. Podemos acampar allí.

Acampar junto a un manantial al socaire de una montaña siberiana sonaba mágico. De pronto Kristin preguntó:

—¿Dónde está Michel? ¿Y los otros?

Habíamos avanzado a un paso tan rápido que nuestro grupo se había ido desgajando. Miré a mi alrededor: el anciano, su hijo y sus dos sobrinos estaban frente a nosotros con los caballos de carga, Tulga y Tomoo, montados en su caballo con manchas, Rowan y yo sobre el nuestro, Kristin sobre su caballo castaño y Justin y sus mezcladoras, sobre la grupa de su montura sosteniendo la jirafa del micro como si fuera una *urga* o una lanza.

—¡Jeremy! —gritamos—. ¡Michel! ¡Bodo! —El hijo y ayudante de la cocinera también faltaba. Y su madre, la cocinera.

Al cabo de un momento, Jeremy y la cocinera aparecieron trotando sobre la colina.

—¿Y Michel y Bodo? —preguntamos. No lo sabían. No los habían visto desde que habíamos comenzado a cabalgar a paso más rápido.

—¡Vamos! ¡Vamos! —empezó a quejarse Rowan.

—Creo que es mejor que sigamos antes de que le dé un berrinche —le dije a Tulga—. ¿Por qué no mandamos a uno de los guías de regreso por el sendero para comprobar si Michel y Bodo están bien mientras nosotros instalamos el campamento?

—Bodo está con él. Seguro que no les habrá ocurrido nada. Sigamos hasta el campamento y, si no aparecen, enviaremos a alguien. Debemos montar el campamento antes de anochecer.

De modo que seguimos adelante, y recorrimos los últimos kilómetros a veces al trote, a veces galopando bajo el sol crepuscular. Rowan se reía de gozo como había venido haciéndolo. Seguimos por la larga falda de la montaña con sus extraños terraplenes, mientras el río se alejaba de nosotros hacia la frondosa taiga formando un arco de un kilómetro y medio. Un grupo de urracas que no cesaban de parlotear —cinco de ellas adornadas con un hermoso plumaje azul, negro y blanco— volaron en paralelo con nosotros, sobre la superficie de los pequeños lagos, hasta posarse en las ramas de un pequeño soto, en una isla del caudaloso arroyo que fluía desde los pies de la montaña hacia el ahora lejano río. Fue como si nos indicaran dónde debíamos acampar. Al llegar, en el lado del arroyo que daba a la montaña, frente al pequeño soto sobre cuyas ramas las urracas seguían parloteando, el anciano alzó la mano para detener el convoy y nos indicó que desmontáramos. Rowan y Tomoo echaron a correr hacia el arroyo en cuanto sus pies tocaron el suelo.

—En Inglaterra tenemos supersticiones sobre las urracas —le

expliqué a Tulga mientras quitábamos las sillas de los caballos y se los dábamos a los guías para que los ataran en la otra orilla.

—¿Ah, sí?

—Sí. Una significa dolor, dos, alegría, tres, una niña, cuatro, un varón, cinco, dinero, seis, oro, siete, un secreto que jamás debes revelar. ¿No habías oído eso cuando estuviste en Inglaterra?

—No —respondió Tulga—. No sabía que la gente en Occidente tenía historias sobre animales.

Era cierto: a los ojos de un observador ajeno, la cultura occidental apenas tenía ya nada que ver con la naturaleza. Yo me había criado con ello —contando urracas, cazando zorros, pescando lucios y truchas, adiestrando caballos—, y no era el único. Pero ¿qué imagen de nosotros mismos exportamos? MTV, subdivisiones y *Miami Vice*. Sonreí, observando a los niños jugando en el agua.

—¡Eh, chicos! —gritó Kristin desde el lugar donde ella, Justin y Jeremy descargaban el contenido de las alforjas—. Estamos preocupados por Michel. ¿No debería ir alguien a comprobar si están bien?

—Hablaré con el anciano —dijo Tulga saliendo del arroyo.

Pero uno de los guías empezó a gritar algo al tiempo que señalaba el sendero por el que dos figuras —Bodo y Michel— avanzaban a pie al lado de un solo caballo. El guía soltó el caballo al que acababa de atar a un árbol, se montó en él de un salto, atravesó las frías aguas del arroyo y se dirigió a galope tendido hacia la montaña. Alcanzó a los caminantes al cabo de unos segundos. Los observamos conversar unos minutos. Después los tres echaron a andar hacia nosotros tirando de los caballos. Un minuto más tarde llegaron al campamento; Michel estaba blanco como la cera, agotado.

—No podía seguir a caballo… —farfulló—. Tengo que echarme. Voy a vomitar.

Por suerte, la tienda de campaña de Michel ya estaba plantada. Lo instalamos en ella y Justin fue en busca de agua del manantial. Encontró uno que brotaba de la roca donde el último espolón de la falda de la montaña se extendía hasta casi rozar el pequeño soto, donde se hallaban las urracas y los caballos pacían dándose coces entre sí para ahuyentar a las moscas nocturnas. Yo preparé un fuego. Cuando acerqué la cerilla a la leña, Rowan vino corriendo por detrás y se arrojó contra mi espalda, preguntando:

—¿Cómo se enciende un fuego, papá?

Nunca había preguntado cómo se hacía algo.

De pronto, mientras Kristin y yo comentábamos admirados los progresos de nuestro hijo, Michel salió arrastrándose de su tienda de campaña y se puso a vomitar como nunca había oído vomitar a nadie: hacía tanto ruido que el sonido reverberaba sobre las laderas.

Alarmado, Rowan se acercó a Michel, quien, atacado por las náuseas, yacía en el suelo escupiendo en su vómitos:

—¿Por qué escupes en los vómitos, Michel? —le preguntó Rowan.

Rowan nunca había preguntado «por qué». Hasta Michel, pese a estar hecho unos zorros, respondió con voz de ultratumba:

—Espero que alguien haya filmado esto. Es la pregunta más compleja que le he oído... formular... a Rowan. ¡Ay, qué malito estoy! —Y siguió vomitando.

Al poco rato, Justin regresó de la montaña. Mientras estaba allí vio algo que estaba seguro que no era frecuente: un íbice blanco.

Los íbices son animales poco frecuentes, y huidizos, incluso en un lugar como éste, donde abundan relativamente. Yo había visto uno hacía años, en las montañas de Turquía. No es un animal que se vea todos los días. Pero ¿un íbice blanco? Tulga estaba impresionado, y se lo contó de inmediato al anciano y a sus chicos. Enseguida se pusieron a cuchichear en voz baja, pero con tono apremiante, lo que indicaba que había ocurrido algo de gran importancia.

Esa noche dormí con Rowan. Lo oí hablar en sueños:

—Buster, *Lily, Blackie.* —Y, entre sus balbuceos, pronunció la palabra «íbice».

Este lugar poseía una cualidad singular.

Cuando nos despertamos a la mañana siguiente, comprobamos que tres de los caballos habían desaparecido, incluidos *Blue* y el caballo de Tulga. Y Michel había empeorado. Todo indicaba que no podíamos continuar.

18

Más arriba y más adentro

—¿Sabes, Ru? —dijo Tulga mientras el anciano enviaba dos de los chicos jóvenes en busca de los caballos que habían huido—, el anciano y los otros dicen que quizá los chamanes estén poniéndonos a prueba. Primero, tu accidente en la ciénaga, después, la indisposición de Michel y, más tarde, que perdiera a su caballo; y ahora han desaparecido otros tres. Y lo que vio Justin anoche en la montaña es muy raro, infrecuente. Dicen que el íbice era el chamán que ha bajado para observarnos y decidir si nos acepta o no.

Nos estábamos tomando una taza del café de campaña para defendernos del frío matutino. El labio me dolía horrores. Michel yacía postrado en su tienda de campaña, gimiendo. ¿Debíamos continuar sin él, dejarlo allí junto al manantial con un guía, comida suficiente y al abrigo de las inclemencias del tiempo para que se recuperase? Podíamos pedirle a Jeremy que grabara las imágenes. Ese día íbamos a emprender un viaje largo y duro a caballo, a través del elevado y lejano paso que habíamos divisado el día anterior. Eso suponiendo que pudiéramos atravesar el paso, pues emplearíamos ocho horas en ascender por la montaña.

En cualquier caso, era inútil darle vueltas al asunto, a menos que pudiéramos recuperar los cuatro caballos.

¿Qué les había hecho salir huyendo? Yo estaba dormido, pero Tulga y algunos de los otros dijeron que habían oído ruidos durante la noche, quizás algún depredador que se había acercado al campamento. ¿Lobos? ¿Osos? ¿O era simplemente que los caballos se habían peleado entre sí, como suele ocurrir cuando están atados juntos, y habían logrado romper las cuerdas que los sujetaban?

—Pero hay una cosa positiva —dijo Tulga bebiendo un trago de café mientras Rowan y Tomoo se perseguían mutuamente bajo el sol matutino, y las urracas les gritaban desde el pequeño soto al otro lado del arroyo—. El anciano dice que cree que el íbice blanco es una señal de que Rowan ha sido aceptado. Si Justin hubiera visto un lobo, un cuervo o un oso en la montaña, habría sido mala señal. Una señal de que debíamos regresar. De modo que el anciano cree que no permaneceremos mucho tiempo aquí.

Nos quedamos a los pies de la montaña hasta que el sol llegó a su cénit. Estábamos atrapados; en un paisaje de gran belleza, sí, pero atrapados. Sobre las diez, Michel empezó a mostrar signos de recuperación, aunque estaba blanco como un fantasma.

—Creo que podré hacer el viaje —dijo con voz ronca cuando salió de su tienda de campaña—. Ya no tengo retortijones. Quizá fuera una indisposición de veinticuatro horas.

—O una reacción al agua que bebiste ayer a la hora de comer —apuntó Kristin.

—No me lo recuerdes. —Michel se volvió hacia Tulga—. ¿Cuándo debemos partir?

—No partiremos a menos que los guías encuentren los caballos que hemos perdido.

—¿Hemos perdido más caballos? ¿No sólo el mío?

—Exacto —respondí dándole una patada a la hierba empapada de rocío.

—Ah.

Habíamos llegado hasta allí... Tener que dar media vuelta y regresar hubiera sido una tragedia. Supuse que, si era necesario, yo podría subir la montaña y atravesar el paso con Rowan a hombros. La posibilidad de regresar era impensable.

En ese momento oí voces y ruido de cascos. Alcé la vista. El guía más joven se aproximaba por el sendero que discurría a los pies de la montaña, sonriendo de oreja a oreja, con el caballo de Tulga y el mío al galope. Aún faltaban dos caballos, pero si dejábamos algunas bolsas allí y usábamos uno de los caballos de carga como caballo de montar...

De modo que al cabo de una media hora, después de que, pese a su debilidad, Michel se montara heroicamente en su caballo, nos pusimos de nuevo en marcha. Cabalgamos en fila india por los bajíos de otro arroyo que se precipitaba desde la cima de la montaña, y empezamos a subirla.

El paso hacia el que nos dirigíamos, aún distante y azul, aparecía borroso en el lejano horizonte superior, pero comprobamos que era un collado entre dos afilados picos, uno de ellos coronado todavía de nieve, pese a que estábamos en julio y a punto de entrar en agosto. ¿Conseguiríamos nuestro objetivo? Tulga había emitido su acostumbrada risita nerviosa cuando yo se lo había preguntado esa mañana. Ahora nos hallábamos en manos de los dioses. Podía ocurrir cualquier cosa, y seguramente ocurriría. De modo que me concentré en nuestro progreso y solté tanto como pude las riendas de *Blue* en nuestro ascenso. Avanzamos a través del bosque y de unos prados naturales, atravesando una y otra vez el tumultuoso río, cuyas frías aguas nos refrescaban y aliviaban del sofocante sol, que caía a plomo.

—¡Canta, papá!

De modo que canté de nuevo *The girl I left behind me*, una y otra vez, en voz baja, mientras seguíamos subiendo.

—¡Canta la canción de «Scubby-boy»! —me exigió Rowan cuando se cansó de la otra. Menos mal que no le daba por pedirme que le dejara desmontar y jugar en el suelo; al parecer aceptaba la larga ascensión. Así que canté la canción del scubby-boy, que decía así:

—Érase un scubby-boy, un pequeño scubby...
—¡Boy! —cantó Rowan.
—Érase un scubby-boy, un pequeño scubby...
—¡Boy!
—Érase un scubby-boy, un pequeño scubby...
—¡Boy!
—Érase un scubby-boy, y su padre le comió la...
—¡Cabeza!

Y entonces yo tenía que fingir que le daba un bocado a su cabeza y emitir un ruido parecido al que se produce cuando se muerde una manzana al mismo tiempo que decía: «Humm, no está mal».

Y tenía que repetirlo una y otra vez, mientras reseguíamos el caudaloso río.

—¡Vamos a ver a la gente de los renos con Buster y *Lily* y *Blackie*!

Al cabo de un rato penetramos en el territorio de la gente de los renos. Nos dimos cuenta porque cuando entramos de nuevo en el bosque por un lugar más alto, habiendo dejado atrás los últimos prados naturales sembrados de flores que se extendían a orillas del río, vimos unas calaveras de caballos clavadas en los troncos de un conjunto de grandes pinos y alerces, cuyas gigantescas ramas envolvían el sendero en la penumbra, a pesar de ser mediodía.

—Las han colocado ahí para el Señor de la montaña —nos dijo Tulga cuando pasamos frente a las macabras ofrendas—. Y también es un ruego. La ofrenda siempre es la cabeza de un buen caballo. Confían en que el Señor de la montaña les mandará otro caballo igual de bueno si le ofrecen la calavera.

Recordé el viejo ejemplar de mi madre de la *Mitología* Larousse, la sección de espiritualidad ugrofinesa, y la reproducción de unas fotografías antiguas de sacrificios de caballos —calaveras y pieles suspendidas de troncos de alerce que se elevaban hacia el cielo— que se habían tomado en algún lugar de Siberia, al este de los Urales. La imagen me había causado una intensa impresión y me había evocado recuerdos ancestrales. Y ahora estábamos ahí, penetrando en ese mundo en tiempo real. Y en un ensueño. Pues aquel bosque, aquel viaje, era como una ensoñación.

—¿No cuelgan los cuernos de los renos de los árboles?

—No, utilizaban también caballos —respondió Tulga con tono inexpresivo. Si se sentía en una ensoñación, desde luego no lo demostraba—. En realidad —prosiguió—, ya no montan renos.

Al oír eso sentí que se me caía el alma a los pies. Deseaba ver a esa gente montando en renos como lo habían hecho desde tiempos inmemoriales, desde antes de que el caballo fuera domesticado. Quería que Rowan montara en un reno. Se lo había prometido. En fin, quizá pudiéramos organizarlo... Tulga seguía hablando. Dejé de lado mis reflexiones para prestarle atención.

—Utilizan los renos para otra medicina.

¿Qué medicina?, me pregunté. ¿Algo relacionado con los chamanes? ¿Invocarían el espíritu de los renos para ayudar a Rowan? Cabalgamos a través de un terreno boscoso de color púrpura donde crecían unas adelfas que alcanzaban la panza de los caballos. Una abubilla, un pájaro del tamaño de una paloma con manchas blancas y una extraña cresta circular en la cabeza, volaba bajo por el sendero. Seguimos avanzando en silencio. El sendero se hacía más escarpado y redujimos el paso; el ambiente del bosque era a la vez fresco y muy húmedo. ¿Estallaría una tormenta cuando atravesáramos el paso? Unos rayos en lo alto de la montaña... ¿Sería quizá otra prueba de los chamanes, como a la que, según los guías, nos habían sometido la víspera? ¿Un truco para comprobar si éramos gente seria? Ni siquiera sabíamos si el chamán llamado Ghoste estaría allí cuando alcanzáramos el otro lado del paso. En cualquier caso, ¿qué necesidad teníamos de ir a los malditos confines del mundo para visitar a un chamán? ¿Por qué se nos antojaba a los occidentales algo tan disparatado, tan exótico? A fin de cuentas, antiguamente todos habíamos tenido nuestros chamanes.

Pero los habíamos exterminado. O habíamos tratado de hacerlo. En primer lugar los romanos, que aplastaron a los druidas de Britania y de la Galia. Luego, entre 1400 y 1700 aproximadamente, la Iglesia trató de eliminar los vestigios que quedaban. En Europa Occidental, eso ocurrió sobre todo en la época en que las viejas y sabias aldeanas aprendieron a utilizar hierbas. Generaciones de esas mujeres fueron quemadas en la hoguera. Por aquel entonces, aún existían chamanes como los de la época prerromana en los límites del continente europeo, entre los lapones —o *saami* (que también eran pastores de renos)— del norte de Escandinavia, las tribus del Báltico, y algunos eremitas paganos en lugares como Cornualles, País de Gales, Escocia, Bretaña y el País Vasco. Pero incluso esas zonas remotas fueron agresivamente cristianizadas, y muchos chamanes pagaron con su vida el haber querido aferrarse a sus tradiciones. La Iglesia, tanto la protestante como la católica, hizo cuanto pudo por quemarlos a todos.

En el siglo XVIII, cuando dejaron de quemar a gente en la hoguera, los médicos y boticarios del Siglo de las Luces tuvieron que aprender de nuevo todas las disciplinas: anatomía, ciencias naturales, herbología, todo en lo que se basa la ciencia y la medicina. Pero el fundamentalismo y el fanatismo no habían muerto. Se habían dividido en dos ramas paralelas: la de la religión y la de ciencia. Ésa era nuestra herencia.

Seguimos avanzando, montaña arriba, rodeados por el denso bosque. Hasta Rowan guardaba silencio, relajado, sentado contra mí como sólo lo había hecho en Texas, apoyando todo el peso de su cuerpo sobre mi antebrazo derecho mientras yo sostenía las riendas con esa mano, y lo rodeaba por la cintura con el otro brazo. La selva nos envolvía; el único sonido que percibíamos era el suspiro del viento a través de las copas de los pinos, el borboteo del río y el ruido seco de los cascos de los caballos sobre las agujas de los pinos.

Me puse a pensar en algunos de los chamanes y sanadores que había conocido. Charles Siddle, el sanador de caballos; Besa, el que llamaba a los leopardos en la noche; la vieja Antas, que, entonando sus cánticos, había pasado la mano sobre el abdomen de Cait, mientras ésta yacía boca arriba sobre la arena roja, para hacer desaparecer el cáncer de su cuerpo. Nada de eso tenía explicación. Pero tampoco la tenía el autismo.

Recordé una historia que un médico antropólogo, llamado Richard Grinker, nos había contado a Michel y a mí en la Universidad George Washington. El doctor Grinker tenía una hija autista y había centrado sus estudios en averiguar cómo afrontaban otras culturas el autismo. Durante su estancia en Sudáfrica, había conocido a una familia zulú cuyo hijo padecía esa enfermedad. Los abuelos querían que el *sangoma*, o hechicero, visitara a su hijo. Pero los padres del niño, que tenían estudios y se habían occidentalizado, querían someterlo a terapias occidentales. Por fin, para complacer a sus mayores, los padres habían consentido en que el *sangoma* viera a su hijo. Al cabo de dos días de observación, el *sangoma* dijo que había averiguado lo que le ocurría al niño. Dijo que era «una enfermedad del hombre blanco», llamada «autismo». Para asombro de los padres y los abuelos, el *sangoma*, que achacaba el comienzo de la enfermedad al pérfido influjo de la ex esposa del padre, una mujer despechada y amargada, les aconsejó que se llevaran el niño a la ciudad, donde no sólo estaría lejos de la perversa influencia de la despechada ex esposa, sino que recibiría la terapia necesaria para el autismo. Entretanto, el *sangoma* llevó a cabo unos rituales para eliminar la maldición. Al *sangoma* no le preocupaba qué método era más efectivo, el suyo o las terapias occidentales, sino utilizar ambas cosas, probar todos los instrumentos del arsenal médico y espiritual.

Miré a mi hijo, que estaba sentado en la silla, frente a mí, sonriendo, mientras *Blue* flexionaba los corvejones y ascendía al trote por un empinado tramo del sendero detrás del caballo de Tulga.

—Lo que dé resultado, ¿eh, colega? —le pregunté a Rowan.

Rowan salió de su ensueño.

—¡Vamos a ver a más chamanes!

—Por supuesto, *monsieur* —respondí adoptando el fingido acento de un camarero francés al estilo Monty Python—. ¡Marchando una de chamanes!

Seguimos el caudaloso río. Vimos unas lavanderas pintas moviendo la cola de un lado a otro entre las rocas mientras el agua fluía a su alrededor. Un grupo de truchas saltó por encima de la superficie. En lo alto, un águila real, más grande que las que habíamos visto todos los días en la estepa desde que habíamos abandonado la ciudad, surcaban el cielo, arrojando una sombra móvil sobre las aguas relucientes. Contemplé el largo valle, que se había convertido en un cañón. El paso hacia el que nos dirigíamos se alzaba a lo lejos, azul, remoto, apenas más cerca de lo que me había parecido al partir del campamento.

Tulga, que montaba frente a mí con Tomoo, se volvió y dijo:

—Creo que la ciénaga peligrosa de la que habló el anciano está cerca. Cuando la hayamos pasado, podremos ir más deprisa. Aunque nos lleve mucho tiempo atravesarla y tengamos que acampar en este lado del paso, no pasa nada. La gente de los renos se halla al otro lado de la ciénaga.

—Pero es mejor que atravesemos el paso hoy, por si el chamán se encuentra en campamento más apartado.

Tulga asintió; eso era evidente. Cabalgamos un rato en silencio. Las montañas se alzaban ante nosotros y a nuestro alrededor. Los caballos avanzaban hundiendo sus cascos cada vez más profundamente en la tierra.

—He observado —dijo Tulga al cabo de unos minutos— que aunque Rowan sigue perdiendo sus animales, no se disgusta como al principio del viaje. ¿Recuerdas el primer día?

—¿Te refieres a los charcos de lluvia? ¡Dios, yo buscando sus animales con los pies metidos en el agua!

Tulga se rió.

—Ahora se los deja en todos los campamentos; o en las montañas.

—Lo sé... Y ya no le da un berrinche. Es extraño.

—He pensado —comentó Tulga— que quizá deja los animales como ofrendas a los Señores de las montañas.

Penetramos en la ciénaga de repente. Temí que el caballo empezara a hundirse y a rebelarse al recordar lo ocurrido la primera noche. Rowan mostró los primeros signos de temor desde que nos habíamos caído de la montura, y lloriqueó un poco cuando *Blue* se hundió un par de veces hasta los corvejones. Traté de distraerlo con la broma del código marrón, y funcionó. Pero al poco rato la ciénaga se hizo más profunda: *Blue*, como los otros caballos, se hundió hasta la panza y sus movimientos para avanzar se hicieron tan violentos que ni siquiera era posible hablar. Le dejé las riendas sueltas para que avanzara por donde quisiera, ya que temía que en cualquier momento desapareciera por completo, o que se cayera de costado, y recé para que lográramos atravesar la ciénaga sanos y salvos, mientras Rowan, para mi asombro, reprimió su temor y apoyó su cuerpo contra el mío, relajado, confiado.

Cuando por fin *Blue* y los otros caballos salvaron el último tramo de la peligrosa ciénaga, Rowan se volvió tranquilamente hacia mí y me preguntó:

—¿Papá le dará a Rowan una piruleta?

—Por supuesto que papá le dará a Rowan una piruleta —respondí, sacando una de las pocas que me quedaban del bolsillo de la chaqueta—. Has sido muy valiente.

—Una salchichita valiente —dijo Rowan, utilizando por primera vez una expresión típicamente inglesa que yo le decía a menudo.

—Tesoro —dijo Kristin, que cabalgaba detrás de nosotros—, eres un tesoro.

—Rowan es una salchichita valiente —dijo Rowan con tono solemne tomando la piruleta que le ofrecía.

—Desde luego que lo eres, cariño —dijo Kristin montada en su caballo castaño, ahora manchado de barro negro hasta la panza.

El valle fluvial se ensanchó dando paso a un enorme banco de grava; el bosque y la ladera se alzaban de forma abrupta a ambos lados. La nieve y el hielo, reflejados en algunas zonas del río donde la sombra persistía durante buena parte del día, dibujaban franjas blancas sobre las graveras.

—¡Bajar y jugar con la nieve! —dijo Rowan tratando de desmontar, pero el tiempo apremiaba.

—Nos detendremos para jugar con la nieve cuando regresemos por aquí dentro de unos días, ¿de acuerdo? —le prometí, preparado para afrontar el inevitable berrinche.

—De acuerdo —respondió Rowan con voz un tanto trémula. Pero no se produjo ningún berrinche. Me volví y miré a Kristin.

El sendero se hizo más llano. Hallamos algunos tramos donde

los caballos pudieron trotar e incluso ir a medio galope durante unos metros hasta que una depresión del terreno o un recodo del río nos obligaban a frenarlos. Empezamos a avanzar más rápido. Siguiendo al anciano, atravesamos el río por última vez y condujimos a los caballos por un tramo muy escarpado del sendero del bosque, tanto que durante unos momentos angustiosos temí que *Blue*, que se esforzaba por lograr que sus cascos se adhirieran al terreno casi vertical, pudiera caerse hacia atrás. Me incliné hacia delante en la silla tanto como pude sin aplastar a Rowan; sentí que el caballo lo intentaba una, dos veces, hasta que por fin tomó el impulso necesario para salvar el último y abrupto tramo. Le di unas palmadas, felicitándolo, mientras *Blue* seguía ascendiendo; me admiraba de la fuerza y el tesón del pequeño caballo. Lamenté no llevar trigo con que recompensarlo al término de la jornada.

Seguimos adelante, a través de otra ciénaga. El bosque era tan denso que nos golpeábamos las rodillas contra los troncos de los árboles, mientras las ramas de los alerces, los pinos y los álamos nos rozaban la cara. Cogí un puñado de agujas de alerce, las mastiqué y se las di también a Rowan. Contienen mucha vitamina C y confiaba en que eso, junto con el azúcar de las piruletas que seguía dándole, le ayudaría a conservar su energía. Ese día no habíamos pasado más de seis horas desmontados, y aún quedaba un largo trecho. Con todo, si Rowan estaba cansado, no lo demostraba.

A diferencia del resto de nosotros. Nos detuvimos para tomarnos un respiro y dejar que los caballos cargados con el equipo nos alcanzaran. Estábamos en un prado elevado, situado en una cuenca natural formada por desprendimientos rocosos que se extendía hasta el paso propiamente dicho. Atamos los caballos a árboles pequeños, nos sentamos en el suelo, estiramos las piernas entumecidas y apoyamos los traseros doloridos en la mullida tierra cubierta de musgo.

—No sé si puedo continuar —dijo Kristin encogiendo las rodillas al tenderse en el suelo para aliviar la tensión que sentía en la región lumbar. La espalda siempre le daba problemas, pero ahora, tras una marcha tan larga a caballo y después de no haber montado desde hacía tanto tiempo, le dolía mucho. Yo no sabía qué decir. Aún teníamos que atravesar el paso, aunque estaba mucho más cerca.

—El guía dice que todavía nos quedan dos horas hasta alcanzarlo —dijo Tulga.

Kristin emitió un gemido de protesta, mientras Rowan y Tomoo, al parecer incansables, se revolcaban sobre la hierba. Hasta los miembros del equipo de rodaje estaban demasiado cansados para filmar. Las moscas nos asediaron al alejarnos de los árboles. Yo me tumbé boca abajo, para protegerme el maltrecho labio de las moscas, y alargué una mano para masajear suavemente la espalda de Kristin, aspirando el aroma de las flores silvestres y los pinos. Sentí que la respiración de Kristin se ralentizaba, hasta que se quedó dormida. Rowan y Tomoo jugaban bajo la mirada atenta de Tulga. Yo cerré también los ojos y sepulté la cara en la tierra perfumada.

Pero, al cabo de un momento, sentí el peso de Rowan, que había saltado con fuerza sobre mi espalda. Me di la vuelta. Rowan y Tomoo se reían a mandíbula batiente.

—¡Un monstruo!

De modo que me tumbé de nuevo, fingiendo que dormía, y me puse a emitir unos ronquidos exagerados, como de un personaje de cómic.

Los niños saltaron de nuevo sobre mí.

—¡Despierta, papá! ¡Un monstruo! ¡Grrrrr!

Me tumbé de nuevo, fingiendo dormir. Rowan volvió a saltar sobre mí.

—¡Despierta, papá!

Al cabo de unos instantes, Kristin se levantó lenta y pausadamente. Yo hice lo propio. El guía, al vernos de pie, se dirigió de inmediato hacia su caballo y montó. Los caballos de carga nos alcanzarían antes del anochecer. Tomé a Rowan en brazos y lo senté sobre *Blue*, apartando la cara mientras el niño trataba de tocarme el labio hinchado y tentador. De pronto oí un ruido seco seguido de un grito.

Kristin yacía postrada en el suelo, retorciéndose de dolor mientras se sujetaba la rodilla. Jeremy y Tulga estaban inclinados sobre ella.

—El caballo le ha propinado una coz —dijeron con gesto de impotencia. Kristin intentaba contener las lágrimas.

—Mamá sonreír —dijo Rowan preocupado—. Mamá no llorar.

—¿Te duele mucho? —Una coz puede partirle el hueso de la pierna a una persona como si tal cosa. Inmediatamente me puse a pensar cómo sacaríamos a Kristin con una pierna rota de ese lugar situado en los confines de la Tierra.

—No mucho —respondió Kristin apretando los dientes—. Creo que no me ha roto nada.

Tras no pocos esfuerzos, logró ponerse de pie y se acercó cojeando al lugar donde el guía, impasible, sostenía su caballo. Pese al dolor que sentía en la espalda y en la pierna, montó de nuevo.

—Me siento muy orgulloso de ti —le dije por decir algo, deseando poder aliviarla.

—Una salchichita valiente —soltó Rowan.

Las risas llevaron a Kristin hasta los pies del paso.

Llegar hasta allí nos llevó una hora, no dos, como nos había asegurado el guía, quizá para hacernos creer que avanzábamos a mejor ritmo de lo que pensábamos. ¡Pero menuda hora! Subimos dejando atrás el bosque y el último prado en el que nos habíamos detenido, y vimos una muralla de granito gris que se alzaba ante nosotros. La única forma de subir era encaramándonos por un estrecho sendero que ascendía a lo largo de sesenta metros por una superficie de arena y tierra. Al principio, el sendero estaba cubierto de roca triturada por el hielo invernal; después continuaba por la ladera de la montaña, pero sólo era practicable durante los dos cortos meses del año en que el paso no estaba cubierto de nieve. A nuestro alrededor se erguían las elevadas cumbres, coronadas por el hielo y la nieve que las acompañaban durante todo el año. El sendero era tan angosto y su superficie tan peligrosa que incluso desapareció en un par de tramos; los caballos no tuvieron entonces más remedio que abrirse camino a través de la tierra suelta y resbaladiza de la ladera. Intenté mantener el peso de Rowan centrado en la silla para evitar que *Blue* perdiera el equilibrio, pues un movimiento en falso podía hacer que nos despeñáramos por el acantilado casi cortado a pico.

En ese preciso momento, Rowan decidió volverse sobre la silla y golpear a su padre en el labio llagado.

Por una parte sentía deseos de gritarle, pero, por otra, no quería alterar su buen humor, gracias al cual se estaba portando como un hombrecito. De modo que mantuve la cara vuelta hacia la derecha, tan alejada de las manos de Rowan como pude, mientras me inclinaba hacia delante para aliviar al esforzado *Blue* de nuestro peso, procurando al mismo tiempo no mirar hacia abajo.

Y así, mientras yo soplaba para ahuyentar a las moscas de la roja e hinchada pupa del labio y mantenía la cara alejada de mi maníaco hijo, alcanzamos la cima del paso, detuvimos los caballos jadeantes y dejamos que recobraran el resuello.

Nos volvimos para contemplar el camino por el que habíamos avanzado. El barranco y el río se precipitaban hacia una impensable inmensidad verde que se extendía hasta confundirse con el azul del cielo. Siberia. Remota e inconquistada. Al norte se extendía la tundra: las cumbres de las montañas se elevaban por encima de la cota de las nieves perpetuas, era como los páramos escoceses, pero infinitamente más vasta, cubierta de nieve, arroyos y montículos de turba que surcaban el húmedo y cenagoso terreno formado por pequeños lagos, musgo, brezo y duras hierbas, tachonado de pinos enanos. Los pastos estivales de la gente de los renos. Por fin.

Allí arriba soplaba un viento intenso que nos agitaba el pelo y la ropa, despeinaba las colas de los caballos y hacía ondear los susurrantes chales azules de oraciones que había suspendidos sobre los grandes *ovoos* de lo alto del paso. Nos turnamos para caminar alrededor de cada uno de los *ovoos*, conduciendo a los caballos por las riendas para dar gracias.

Cuando descendimos por el otro lado, hacia la elevada tundra, con las caras arreboladas por el viento que soplaba sobre el paso, Tulga nos pidió que nos detuviéramos y propuso que siguiéramos a pie, porque no todos los caballos de la estepa estaban acostumbrados a los renos.

—A veces, cuando se topan con ellos por primera vez, se asustan.

—¿Te refieres a que pueden tirar a sus jinetes y salir huyendo? —pregunté, conociendo de antemano la respuesta.

—Quizá un poco. —Tras lo cual Tulga emitió su característica risita nerviosa.

Desmontamos. Me puse de nuevo a Rowan a hombros y conduje a *Blue* de las riendas. Resbalaba y me hundía un poco en la enfangada turba del sendero, pero no me importaba: quedaba un trecho corto hasta alcanzar la cima de la montaña. Al otro lado, según nos había prometido Tulga, se hallaba el campamento de la gente de los renos.

De modo que seguí avanzando por el camino embarrado, llevando a Rowan sentado de lado sobre mi hombro derecho mientras cantaba *The girl I left behind me*. Al fin lo habíamos conseguido, y disponíamos de dos horas de luz diurna. Doblamos el recodo de la colina; el corazón nos latía aceleradamente: uno no se encuentra cada día con una de las culturas humanas más antiguas del planeta.

Pero no había ningún campamento de renos. Tan sólo un largo y ancho valle cubierto de turba y musgo fangosos, rodeado por los picos de la inmensa cordillera sobre la que caminábamos y cuyas cumbres más altas estaban veteadas de nieve. Lo único que encontramos fue eso y el viento que suspiraba entre la hierba de la ciénaga.

19

Ghoste en lo alto de la montaña

Anduvimos unos dos kilómetros hacia otro inmenso brazo de ciénaga que descendía de las anchas alturas y ocultaba el resto del valle. El frío se intensificó, la carga de Rowan se hizo más pesada y el fango del terreno, más espeso. La luz crepuscular teñía de un resplandor dorado los flancos de los caballos y arrancaba reflejos de la larga cabellera castaña de Kristin, que cabalgaba delante de mí.

—¿Vamos a ver a la gente de los renos? —preguntó Rowan.

Yo me puse a cantar *The girl I left behind me* de nuevo. Doblamos un recodo del cenagoso sendero. Los matices rosas, dorados y naranjas del crepúsculo se reflejaban en el agua. No había rastro de la gente de los renos.

Me dolía el hombro. Si íbamos a acampar esa noche y viajar durante otra jornada, tal como parecía, lo mejor sería que el caballo llevara al menos a Rowan. De modo que volví a sentarlo en *Blue*.

—¡Montar en los hombros de papá!

—A papá le duelen los hombros. Pero *Blue* es fuerte.

—*Blue* es fuerte —convino, o repitió, mi hijo—. ¿Dónde está la gente de los renos?

—Ahí arriba. No tardaremos en encontrarlos.

Rogué a Dios que no estuviera engañándolo y que los guías hubieran sido sinceros. Que conocieran a la gente de los renos, al chamán, tal como nos habían asegurado. ¿O para ellos éramos meros turistas, afanosos de ver a la gente de los renos, tan ingenuos como para tragarnos todo cuanto nos decían? Seguimos caminando; la luz que iluminaba las elevadas cimas teñía de rosa las estrías de nieve. En una hora oscurecería. ¿Le daría a Rowan un berrinche cuando acampáramos sin haber visto a la gente de los renos, tal como yo le había prometido? ¿Pensaría que había faltado a mi palabra? ¿Había realmente incumplido mi promesa y lo había llevado a aquel lugar en vano?

El río que habíamos ido siguiendo desde que habíamos descendido del paso se ensanchó. La corriente era en ese tramo más profunda y caudalosa, y se abría paso a través de la turba y el musgo del páramo. La cordillera se alzaba brevemente a la altura de una pequeña colina, y luego descendía progresivamente bajo la débil luz del crepúsculo. Miré el sendero y vi unas huellas. Huellas de reno.

De pronto, a lo lejos, a los pies de la cordillera, donde empezaba el ancho valle, distinguí tres tipis. Y, frente a ellos, recortándose contra la cordillera verde que se elevaba a sus espaldas, un enorme reno coronado por una poderosa cornamenta curvada.

—¡Renos! —gritó Rowan al divisar el animal y tratando de bajarse del caballo—. ¡Vamos a montar un reno!

Claro, yo se lo había prometido, ¿no era así? Rowan casi había desmontado. Miré a mi alrededor y grité para que alguien viniera a sujetar las riendas de *Blue*. Jeremy se acercó, desmontó y las tomó mientras el resto del grupo se congregaba alrededor de nosotros, y los caballos agachaban la cabeza para alcanzar la excelente hierba verde que crecía junto al río. Rowan saltó a tierra y se dirigió muy excitado hacia el reno que había visto al otro lado del río. Yo no podía por menos que admirar su resistencia.

Era un terreno traicionero: a primera vista parecía llano, pero estaba lleno de hoyos y montecillos. En cuanto te apartabas del sendero, te arriesgabas a resbalar, tropezar y torcerte el tobillo en las profundas depresiones que había entre un suave y musgoso montecillo y el siguiente. Rowan se cayó y volvió a levantarse, dirigiéndose directamente hacia el reno, el cual nos observaba con aire pensativo mientras mascaba la hierba que había arrancado. Yo supuse que daría media vuelta y echaría a correr. Rowan alcanzó el riachuelo, empeñado en seguir adelante, de modo que lo tomé en brazos y lo deposité en el otro lado. Él echó a andar de nuevo, muy decidido, hacia el animal de poderosa cornamenta, que, de repente, al percatarse de que se acercaban dos seres humanos que no tenían la menor intención de detenerse, dio media vuelta y echó a correr colina arriba.

De pronto se oyó un sonido para mí desconocido. Un sonido extraño, seco, como el clic de miles de agujas de hacer media, o el sonar de unas castañuelas, que venía de lejos. Rowan y yo nos paramos y miramos hacia el lugar del que procedía el sonido. Una manada de renos, compuesta por varios centenares de animales, se aproximaba a la carrera por la ribera del río, conducidos por un joven que montaba un caballo blanco con manchas grises. Comprendí que el sonido lo producían las pezuñas de los renos. Había leído que las pezuñas de los renos son flexibles, móviles, se ensanchan, lo que les proporciona a estos animales mayor capacidad de adherencia al atravesar un terreno nevado o cenagoso. Los relatos de viajeros que visitan las zonas ártica y subártica describen el sonido que produce una manada de renos lanzados a la carrera como una sucesión de millares de *clics*. El joven condujo la manada hacia los tres grandes tipis, para que los animales pernoctaran en un lugar relativamente a salvo de los lobos que, según nos había dicho Tulga, acechaban a las manadas de la gente de los renos.

Un joven conducía su rebaño de renos por las montañas hacia el campamento tipi: de pronto dirigí la mirada hacia los 40.000 años de historia de la humanidad, de vuelta a la edad de hielo a los inicios de la historia, de mi propio pueblo, de mi cultura, mientras estaba de rodillas sobre el esponjoso musgo húmedo, con mi hijo. Era consciente de que estaba viviendo un momento totalmente atemporal; me encontraba en el punto donde el pasado y el presente se encuentran. La luna subió más alto, y el reno desapareció, brincando sobre sus pezuñas, en el atardecer.

Montamos el campamento y encendimos fuego. Mientras las llamas se avivaban, aparecieron tres visitantes: un joven, de baja estatura, vestido con un mono militar de camuflaje y botas de goma negras, y dos mujeres muy menudas y gráciles, hermosas como las hadas, con largas melenas negras que les caían por la espalda. Una lucía una chaqueta de cuero negra que parecía casi hecha a medida, la otra, una chaqueta corta de seda, más moderna, a rayas turquesas y doradas; ambas ofrecían un aire curiosamente elegante contra el telón de fondo de las altas montañas desnudas. Hablaron con Tulga y el anciano mientras los guías se ocupaban de los caballos. Cuando Rowan y yo nos acercamos a la hoguera, nos observaron con curiosidad.

—Hola, Ru —dijo Tulga—. Éste es el yerno del chamán. Le he explicado el motivo de nuestra visita.

Sonreí, nos saludamos con inclinaciones de cabeza y el joven se dirigió a nosotros.

—Dice que Ghoste, el chamán, nos espera. Debemos ir a hablar con él. Quería esperar para decírtelo antes de irnos. Ahora partiré con el anciano, y confiemos en que el chamán nos acepte.

—Confiemos en que así sea —respondí—. No sé si soportaría que nos rechazase después de haber llegado hasta aquí.

Tulga soltó su risita nerviosa e informó al anciano de que estaba preparado para partir.

—Una cosa —dije antes de que ambos hombres se alejaran en la penumbra—. Sé que la gente de los renos ya no monta estos animales. Pero se lo he prometido a Rowan, y el niño se ha portado muy bien. ¿Podrías preguntarles, si te parece oportuno, si Rowan podría al menos sentarse en un reno mañana? Suponiendo que tengan alguno que sea dócil. Significa mucho para él.

—Se lo preguntaré —respondió Tulga, tras lo cual se marchó, charlando con el anciano con tono quedo en la oscuridad. Sus voces graves ponían el contrapunto al sonido cantarín del río.

De modo que esperamos, sentados sobre pieles de ovejas mientras contemplábamos las llamas oscilantes. El cansancio de la larga jornada de viaje se hacía sentir en los músculos y los huesos. Los caballos relinchaban y pateaban el suelo amarrados, mientras devoraban la dulce hierba de la montaña. Incluso los dos niños habían agotado sus reservas de energía y, cerrando los ojos bajo el suave resplandor del fuego y las estrellas que titilaban en lo alto, apoyaron la cabeza en nuestros regazos —Rowan, en el de Kristin, Tomoo, en el de su primo Bodo.

—Me pregunto si no deberíamos acostarnos —dijo Kristin con voz de sueño. Se produjo un murmullo general de asentimiento.

Pero, en ese momento, aparecieron Tulga y el anciano de entre las sombras.

—El chamán quiere veros —dijo Tulga.

—¿Ahora?

—Ahora.

Así que tomé de nuevo a Rowan, me lo puse a hombros y, lentamente, para no tropezar en el accidentado terreno, Kristin y yo seguimos a Tulga y al anciano.

—Vamos a ver al chamán de la gente de los renos —le dije a Rowan.

—Zas, zas, zas en la espalda —respondió Rowan agarrándome el pelo y riendo.

—Esperemos que no —dijo Kristin, que caminaba detrás de mí en la oscuridad.

En la parte más estrecha del río, cerca de los tipis, habían colocado una piedra lisa que hacía las veces de puente. Bajé a Rowan, lo deposité en brazos de Tulga y cruzamos hacia la orilla opuesta, sobre la que se alzaba la silueta larga y cónica del tipi. Un pequeño rectángulo de luz amarilla asomaba por debajo de la pequeña puerta. Al acercarnos, percibí un aroma a carne asada, hierbas y humo de leña.

—¿Quieres entrar? —pregunté a Rowan.

—¡Entrar! —confirmó, saltando al suelo, y entró apresuradamente en el tipi detrás de Tulga y del anciano.

—¡Espérame! —dije entrando también en el tipi, seguido por Kristin.

Una vez en el interior, contemplamos una escena tan intemporal como aquellas tierras.

La luz procedía de unas velas, y una pequeña estufa de leña desprendía un resplandor naranja. Estaba situada en el centro del círculo que formaba el gran tipi de pieles de renos, de cinco metros de anchura, y caldeaba el ambiente. Todo estaba colocado contra las paredes, lo cual contribuía a impedir que penetraran ráfagas de aire allí donde el tipi se unía al suelo. Había mucha gente en el interior. Reconocí a nuestros guías mayores, o, al menos, al mayor de los sobrinos del anciano, así como al joven que nos había recibido cuando habíamos llegado, vestido aún con el mono militar de combate y las botas de goma negras. Pero el resto eran personas que no había visto nunca, en su mayoría hombres, algunos ataviados con *deeles*, otros, con viejas ropas de segunda mano occidentales. Había, aparte de Kristin, otra mujer: era una joven con los pómulos pronunciados, elegantemente ataviada con su *deel*, y llevaba el pelo recogido en un moño. Calculé que tendría poco más de veinte años. Su hijo, más joven que Rowan, no dejó de observarnos mientras la joven nos conducía hacia la única parte del tipi donde no se sentaba nadie. Tulga y el anciano se habían sentado junto a un grupo de hombres de pequeña estatura que parecían casi duendecillos, sensiblemente más menudos y menos fornidos que los mongoles que habíamos conocido hasta ahora, y tenían los rasgos más delicados.

Mientras llevaba a Rowan adonde debíamos sentarnos, se me ocurrieron varios pensamientos desordenados. Nos hallábamos en presencia de personas pertenecientes a la cultura más antigua del nordeste de Asia, que vivían en tipis. ¿No era lógico que la gente creyera que los nativos norteamericanos, las únicas personas que vivían en tiendas de campaña semejantes, procedieran de este lugar? Pero, en tal caso, ¿por qué los nativos norteamericanos no pastoreaban caribúes? Y tal vez ese aspecto que tenían de duendecillos fuese un estereotipo cultural, pero ¿no sería nuestro folclore británico y europeo sobre hadas y duendes un recuerdo de antiguos pueblos de los bosques que los celtas, los romanos, los sajones y los vikingos habían desplazado hacía mucho? ¿Y el temor a los duendes, que podían llevarse a un hijo y sustituirlo por otro que no podía oír ni ver, que se comportaba de forma extraña, como si estuviera desconectado, ¿no sería una primitiva explicación folclórica del autismo? Los pensamientos surgían en mi mente como burbujas y luego se disolvían. Nos sentamos en la sección del tipi que se nos había asignado, junto al chamán, sobre unas tupidas alfombras que cubrían la tierra de la montaña.

El chamán permaneció con el rostro oculto por las sombras de su sombrero de ala ancha hasta que alzó la cabeza. Tenía uno de esos rostros que se te quedan de inmediato grabados en la mente. Aparentaba unos sesenta años, pero era fuerte y estaba en forma. Tenía la nariz partida, un pequeño bigote, los ojos muy separados y una frente surcada de arrugas. Era bien parecido y tenía un aire curtido, irónico, receloso. Tenía los párpados caídos. Fumaba un cigarrillo que él mismo había liado y nos observaba con una mirada neutra y calculadora. Dijo unas palabras que no comprendí, con una voz un tanto áspera que dio paso a un acceso de tos.

—Dice que ayudará al niño —dijo Tulga mientras Rowan se movía a sus anchas por el tipi y se encaramaba al regazo de los presentes repitiendo una y otra vez: «¡Hola, creo que es una persona!». Hizo reír a todo el mundo, y finalmente regresó junto a nosotros—. Pero —siguió traduciendo Tulga— nada de cámaras. Y es caro. —Tulga se detuvo, con aire nervioso—. Quinientos dólares.

—¿Dólares americanos? —pregunté estupefacto.

Tulga volvió a soltar aquella risa incómoda.

—Sí. Me parece mucho.

Miré al chamán. Antes de partir de Ulan Bator, Kristin y yo habíamos retirado exactamente esa cantidad de dinero en moneda local del cajero automático de uno de los hoteles más importantes, para gastos imprevistos. No habíamos utilizado ni un céntimo. Ahora nos pedían justamente esa cantidad. Volví a mirar al chamán. Las risas y las conversaciones en voz baja que hasta entonces habían flotado en el ambiente del tipi se habían desvanecido. ¿Estaban poniéndonos a prueba?

—De acuerdo —respondí—. Dile que no hay ningún problema.

Estaba acostumbrado a que los sanadores cobraran por sus servicios. Los sanadores bosquimanos también lo hacen, aunque no acostumbran a pedir esas cantidades. Y, claro está, si alguien no puede pagar, lo sanan de todas formas. Pero nosotros podíamos pagarlo, así que ¿por qué no íbamos a hacerlo? Por un lado, estaba sorprendido por la forma directa y sin preámbulos con que el chamán había planteado sus condiciones. Por el otro, me dije que si estábamos dispuestos a pagar a un terapeuta por los servicios que nos prestara, ¿por qué no íbamos a pagarle también a un chamán? En aquella tierra era considerado un profesional, al igual que un terapeuta en la nuestra. Miré a Kristin, que se encogió de hombros.

El chamán se levantó. Lucía una *deel*, la túnica larga. Con su sombrero de ala ancha y los ojos ocultos por la sombra, me recordaba una imagen que había visto en un viejo libro de mitos escandinavos que tenía de niño: era la imagen del dios Odín, quien había permanecido colgado durante nueve días del árbol de la vida y había dejado que un cuervo le sacara un ojo con el propósito de adquirir sabiduría. Odín lucía también un sombrero de ala ancha. Como un chamán, *el que sabe*. Estaba cansado y me dejaba arrastrar por mi romanticismo.

Rowan empezó a pasearse de nuevo por el tipi. Me sorprendió lo cómodo que se sentía con toda aquella parafernalia. Me impresionó que estuviera aún despierto y pletórico de energía.

El chamán se volvió y, de un lugar oculto por una cortina baja, sacó unas hierbas secas que colocó en el plato caliente que estaba sobre la estufa de leña. Escaldó las hierbas para que su aroma —astringente y curiosamente familiar— emanara con el humo por todo el tipi, que se hallaba en penumbra. Luego se arrodilló delante de Rowan, que había vuelto a sentarse en el regazo de Kristin, y empezó a darle golpecitos suaves con las hierbas chamuscadas. Rowan se puso a gritar, pero comprendí que era sólo un acto reflejo. Al cabo de un momento se calmó y se echó a reír, tratando de agarrar las hierbas mientras el hombre lo golpeaba suavemente con ellas en la cabeza, el cuello y los hombros.

—¿Tú también lo sientes? —me preguntó Kristin disimuladamente.

—No —respondí en voz baja mientras el chamán seguía dándole leves golpes a Rowan—. ¿Qué?

—Unos pinchazos en los brazos. Muy fuertes. ¿No sientes nada?

—No.

Ghoste, el chamán, dejó de golpear a Rowan con las hierbas, se volvió hacia Tulga y le hizo unas preguntas con tono seco.

—Quiere oír la historia de Rowan... de vuestros labios.

De modo que se la contamos. Le hablamos sobre el autismo, tratando de describir lo que significaba tener un hijo que parecía no estar plenamente presente, soportar las encendidas tormentas neurológicas que le sacudían el cuerpo, los berrinches, la imposibilidad de enseñarle a utilizar el baño, la sensación de estar completamente desconectados de él. Le hablamos sobre *Betsy* y lo que había ocurrida entre Rowan y la yegua. También sobre el contacto que Rowan había tenido con los chamanes que habíamos conocido cuando habíamos llevado los bosquimanos africanos a Estados Unidos, poco después de que los médicos le diagnosticaran la enfermedad a Rowan. Le dijimos que Rowan parecía haber perdido algunos de sus síntomas autistas. Que su segundo nombre, Besa, era en honor a un chamán, un sanador bosquimano del que yo era muy amigo. Que de todos los métodos que habíamos probado, ortodoxos y no ortodoxos, *Betsy* era el que más efecto había tenido sobre Rowan.

El chamán dijo, a través de Tulga:

—Esta noche haré un viaje. A América, de donde vienen ustedes. Para trabajar con *Betsy*, la yegua, porque es la protectora del niño. Esta noche quiero que observen cómo duerme Rowan. Y mañana me lo dicen, con toda sinceridad. Deben contarme si han observado algo inusual, lo que sea. Mañana por la noche trabajaré con él. Ahora pueden irse.

De modo que nos marchamos. Salimos de nuevo a la oscuridad. Rowan iba sentado sobre mis hombros, mientras yo avanzaba con tiento a través del terreno accidentado, cruzaba el resbaladizo puente de piedra, y sorteaba los hoyos y montecillos que había entre el río y nuestro campamento. La noche era oscura como el carbón. Las estrellas y la luna estaban ocultas por las nubes; olía a lluvia.

Llevamos a cabo el ritual nocturno con el vodka y las hierbas trituradas, mientras Rowan no cesaba de llorar.

—¡Ir a dormir! ¡Acurrucarme con mamá! Es hora de unos achuchones.

Hice yo los honores, porque Kristin tenía aún las manos y los dedos entumecidos por la sensación de los pinchazos.

Así que fuimos a acostarnos, en lo alto de la montaña, al término del día probablemente más largo de nuestra vida, preguntándonos qué ocurriría.

20

Un halcón en la casa

Al amanecer —un amanecer frío y húmedo, acompañado de unas gotas de lluvia que caían sobre la pared de la tienda—, oí gritar a Rowan. Comprendí por mis ojos secos que hacía poco que nos habíamos dormido, y me espabilé con el corazón en un puño. Hacía frío. ¿Era ése el motivo de que Rowan se hubiera despertado? Gritaba lo suficientemente fuerte para despertar a todo el campamento; los intentos de Kristin de calmarlo no daban resultado. Abrí la cremallera del lado de la tienda de campaña donde dormía. Rowan no cesaba de resolverse, disgustado, falto de sueño, agotado.

—Quizá quiera hacer pipí —dije en voz alta. Al menos, yo sí quería. De modo que lo tomé en brazos, lo saqué de la tienda y, bajo la fría y grisácea llovizna, lo llevé a la parte trasera. Tal como yo había supuesto, Rowan quería hacer pipí. ¿Sería algún día capaz de pedirlo como cualquier niño normal? ¿O tendríamos que tratar de descifrar siempre el motivo de sus berrinches mediante un proceso de deducción?

Lo llevé de nuevo a la tienda. Dios santo, qué frío hacía en aquel lugar. Me acosté junto a Kristin y coloqué a Rowan entre los dos, para darle más calor. Al cabo de unos segundos se durmió, y nosotros, también.

Cuando nos despertamos, el sol lucía en el cielo, al menos temporalmente, porque otro frente de lluvias descargaría pronto sobre las montañas. Los otros ya se habían levantado y estaban sentados dentro de sus tiendas, bebiendo té y contemplando cómo la lluvia ya empezaba a caer sobre los tipis del otro lado del río.

Rowan aún dormía. Profunda y poderosamente; ni siquiera se

despertó cuando Tomoo se acercó corriendo y asomó su cara risueña dentro de la tienda. Preparé té en la estufa de gas que transportábamos sobre los caballos de carga, junto con otros utensilios de cocina, y le llevé una taza a Kristin, que yacía aún junto a nuestro hijo.

—Duerme a pierna suelta —comentó Kristin casi asombrada. Rowan nunca dormía hasta tan tarde, con la luz del sol acariciándole el rostro.

—Después de la jornada de ayer, no me extraña.

—Es verdad. Pero no deja de ser raro.

Yo asentí con la cabeza mientras me bebía el té y contemplaba la lluvia.

—He tenido un sueño —dijo Kristin de pronto—. Después de volver a dormirnos.

—Cuéntamelo.

— *Betsy* y un leopardo estaban tumbados juntos en un prado.

—¿De veras?

Ghoste había dicho que esa noche trabajaría con *Betsy*. ¿Se trataba simplemente del poder de la sugestión? Kristin sabía que yo había pasado un tiempo con Besa, el sanador, y que me había regalado el leopardo a modo de tótem. Después de esa primera vez que le había visto bailar mientras los leopardos giraban alrededor de la hoguera, cada vez que estaba con Besa veía leopardos, cerca de su cabaña o cruzando la carretera de noche cuando lo acompañaba a otra sesión de sanación. Uno no ve leopardos muy a menudo, aunque viva en la sabana.

—Un leopardo y *Betsy* tumbados juntos en un campo —repitió Kristin—. Es interesante, ¿no?

—Supongo que sí. —Yo no quería darle mucho crédito. Aún no. El mero hecho de haber conocido al chamán no significaba que no pudiera mantener un saludable escepticismo, al menos de momento. Es preciso hacerlo hasta que no ves los resultados, tanto si se trata de un chamán como si se trata de un terapeuta o un médico occidental. Por supuesto que deseaba que el sueño significara que *Betsy* y yo, o una esencia nuestra, protegíamos de alguna forma a Rowan. Lo deseaba tanto que no dije nada; simplemente seguí observando la lluvia hasta que Rowan se despertó.

—Voy a ver los tipis —dijo inmediatamente, saliendo de su saco de dormir con un récord de catorce horas de sueño a sus espaldas, y echó a andar descalzo hacia el río, sin importarle que estuviera lloviendo.

—¡Eh, espera! ¡Antes tienes que desayunar!

Rowan se puso a hacer pucheros y rompió a llorar.

—¡Tipis! ¡Voy a ver los tipis!

—¿No quieres comer antes un poco de beicon? Papá te lo preparará enseguida.

—Entonces iremos a ver a los renos.

—Sí, Rowan, y los tipis.

—Y a los chamanes.

—Primero el beicon, luego los renos, luego los tipis y luego los chamanes, ¿de acuerdo?

Tras reflexionar un momento, Rowan respondió:

—De acuerdo.

Un tanto aplacado, Rowan accedió a regresar junto a la pequeña hoguera que los guías habían encendido. Tomoo se reunió con él. Al cabo de unos segundos, los niños se pusieron a luchar y a reír como de costumbre, mientras yo preparaba un pedazo gigante de beicon, decidido a que Rowan ingiriera tantas calorías como fuera posible después de su agotador viaje a caballo. ¿Quién sabe qué pruebas le depararía el día?

Pero lo cierto es que fue un día de relajación y deleite. La lluvia remitió; lució un sol tibio que iluminó las elevadas cumbres y bajo el que el río resplandeció. Un día maravilloso. Curiosamente, en cuanto Rowan terminó de desayunar, oímos de nuevo aquel sonido extraño y vimos a un jinete, un hombre que cabalgaba solo, dirigirse hacia nosotros desde el fondo del valle. Montado en un reno.

—¡De modo que siguen montando renos!

—¡Renos! ¡Montar en un reno!

Al cabo de unos minutos, el hombre, bajito y menudo, detuvo al animal, de mirada dulce e imponente cornamenta, junto al fuego, donde estábamos todos sentados. El hombre, que procedía de otro campamento, situado más abajo, en el valle, traía unas piezas artesanales para vender: renos exquisitos tallados en asta; cuchillos de caza de confección casera con afiladas hojas y mangos de asta; colgantes hechos con los incisivos de un ciervo maral, que Tulga dijo que utilizaban para ahuyentar las pesadillas; bolsas confeccionadas con pieles de reno decoradas con escenas de osos, zorros, ciervos, cazadores y gente montada en renos, bordadas con hilos multicolores; y un pequeño íbice blanco tallado en hueso blanqueado. Como el que Justin había visto en la montaña.

Pero los niños ni reparan en ello: Tulga y yo los habíamos sentado juntos sobre el reno y estaban eufóricos. Se abrazaron mutuamente y pasaron los dedos por el suave pelaje del reno mientras el hombre, sonriendo, los llevaba describiendo amplios círculos en la tierra. Las risas de los niños resonaban como el canto de los pájaros. Luego Rowan montó en el reno solo, sentado sobre el animal con aire pensativo, acariciando suavemente la funda estival aterciopelada que cubría sus astas.

—¿Estás contento o triste? —le pregunté.

—Contento. Mira, tiene cuernos. Qué suaves son.

Al poco rato oímos aquel sonido extraño, como miles de castañuelas a lo lejos: la manada de renos era conducida desde lo alto de la montaña hacia el campamento principal. Rowan saltó al instante del reno que montaba y se dirigió hacia los tipis.

—¿Crees que podemos acercarnos? —le pregunté a Tulga mientras echaba a correr detrás de Rowan sin saber si lograría alcanzarlo.

—Sí, creo que sí —respondió Tulga.

De modo que Rowan y yo atravesamos de nuevo el pequeño puente de piedra que habían tendido sobre el río y llegamos al amplio claro donde estaban plantados el tipi de Ghoste y los otros dos. Un tanto apartadas de donde estaba acorralada la manada principal, vimos varias crías de renos cubiertas por un suave pelaje castaño grisáceo que yacían satisfechas al sol, atadas a unos pequeños postes de madera. Rowan casi levitó de alegría.

Se arrojó junto a la cría más cercana sin pensárselo dos veces. El animal, lejos de mostrar el menor temor, lo miró agitando las pestañas a lo Marilyn Monroe y dejó que Rowan se acurrucara junto él. Rowan acarició al animalito con la delicadeza de una mariposa danzando. Achicó los ojos y los fijó en los del reno, sosteniéndole la cabeza. El reno le dio un lametazo.

—Mira —dijo Rowan suavemente sin dejar de acariciar el exquisito pelaje del animal—. Tiene nariz... —Rowan pasó los dedos sobre el pequeño hocico del reno, haciéndolo estornudar—. Tiene ojos —continuó agitando la mano sobre los luminosos globos oculares, haciendo que el animal pestañeara—. Tiene culito...

—Eh, no... —dije, pero me detuve. No era el momento de entrometerme. La felicidad de Rowan era tan intensa, tan perfecta e inocente, que ninguna voz adulta tenía derecho a reprenderlo en esos momentos.

Rowan se incorporó y empezó a cantar, siguiendo el ritmo dando suaves golpecitos en el lomo del pequeño reno, que cerró los ojos aparentemente extasiado de que Rowan lo tocara.

> Érase un pequeño reno
> Pequeño y muy chulo.
> Tenía carita,
> pezuñas pequeñas,
> ojos, orejas y culito.

—¿Cómo se llama? —le pregunté cuando Rowan terminó de cantar.

—*Abracadabra* —respondió Rowan. Se levantó, señaló a cada uno de los pequeños renos amarrados a los postes y recitó sus nombres uno detrás de otro—: Éste es *Abracadabra*, luego está *Daisy*, *Pink*, *Nellie*, *Zoo-Zoo* y *Wilbur*.

Kristin y yo nos miramos, derritiéndonos bajo un torrente de ternura.

Wilbur era la cría más pequeña, y casi blanca.

—Con la nariz rosa —murmuro Rowan sentándose alegre junto a él—. *Wilbur* tiene la naricita rosa. Y lengua —añadió mientras *Wilbur* le lamía.

Los renos adultos que había encerrados en el corral nos observaban bajo el bosque de astas curvadas y esculpidas, al tiempo que emitían el curioso clic, clic, al restregar las pezuñas contra el suelo. La brisa de la montaña arrastraba su penetrante olor —ni bueno ni malo, simplemente olor a reno. Oímos voces procedentes de los tipis, tanto adultas como de niños, pero nadie se acercó a nosotros, nadie nos dijo nada, ni siquiera vinieron a sentarse junto a nosotros. Ya fuera debido a una total ausencia de curiosidad sobre quiénes éramos, a la desconfianza que les inspiraban los extraños, al profundo respeto que sentían por nuestro derecho a la privacidad, o bien a las tres cosas, el caso es que nos dejaron tranquilos mientras Rowan le cantaba a *Wilbur*. Pese a mis esfuerzos por reprimirlas, sentí que se me saltaban las lágrimas.

Así pasamos la tarde. Rowan se alejó por fin de las crías de reno («Adiós, renitos, volveremos a vernos muy pronto»), se dirigió hacia los otros dos tipis e irrumpió en ellos con una aplastante seguridad en sí mismo, sorprendiendo a las familias que en ellos moraban mientras yo me encogía de hombros y sonreía a modo de disculpa. Todo el mundo debía de saber por qué estábamos allí, de modo que confié en que nos perdonaran nuestra falta de modales. En cualquier caso, ¿qué podíamos hacer? Por fin Rowan, acordándose de su amigo, dijo: «¡Tomoo!» y regresó a la carrera a través del río y el accidentado terreno hacia el campamento. Una vez allí, nos encontramos con otros pastores de renos que habían bajado del largo y elevado valle para vendernos sus mercancías. Algunos habían llegado a caballo, otros, montados en renos ensillados. Después de montar de nuevo en un reno bajo la mirada curiosa de los niños, Rowan saltó de pronto al suelo y echó a correr hacia Tomoo gritando:

—¡Luchar!

Todo salía a pedir de boca. Hasta que inevitable y tristemente se produjo un código marrón. Rowan tuvo otro berrinche, arqueó la espalda y emitió unos berridos que reverberaban entre las laderas, mientras Kristin y yo nos esforzábamos en limpiarlo. Yo me alejé con su pantalón manchado en busca de un lugar cenagoso lo bastante alejado del río donde limpiarlo. ¿Cuántos miles de veces había hecho eso? Estaba tan acostumbrado que lo hacía de manera automática. Pero ese día comprendí que estaba harto. Me arrodillé y, mientras frotaba la porquería con el cepillo, recé en voz alta:

—Te lo ruego, Señor, haz que esto se acabe. ¡Estoy harto! Rowan cumplirá seis años dentro de pocos meses. ¡Seis años! ¡Te lo ruego, haz que esto se acabe! ¡Estoy hasta las narices! ¡Haz que se acabe, te lo suplico!

No era sólo yo. El día anterior, en el campamento que habíamos plantado junto al manantial, me había encontrado a Kristin con el rostro entre las manos. Acababa de limpiar a Rowan y estaba desesperada.

—No sé si seré capaz de seguir haciendo esto, Ru —dijo Kristin—. Sé que es inútil hablar de ello. Pero a veces me pregunto si seré capaz de seguir así, ¿comprendes?

Habíamos llegado a nuestro límite. Te lo ruego, Señor.

Al regresar al campamento comprobé que la venta de las piezas artesanales dispuestas sobre el suelo se hallaba en pleno apogeo, y que Rowan, limpio y evitando toda aglomeración, como de costumbre, se había alejado unos metros para jugar con sus animales en un claro del campamento. Lo miré. ¿Cambiaría algo alguna vez?

De pronto observé un movimiento al otro lado del río. Un joven reno, mayor que las crías que habíamos visto, estaba amarrado aparte del resto de la manada. Mientras yo observaba, una de las mujeres jóvenes, una de las dos que había venido a saludarnos la noche anterior con el hijo de Ghoste, la que lucía la elegante chaqueta marrón, salió de uno de los tipis, desató el animal y lo llevó hacia un peñasco bajo y rocoso que se alzaba sobre el campamento de los dukha.

—Van a sacrificarlo —dijo Tulga apareciendo de repente—. En un lugar apartado.

—¿Para comérsela?

—Para preparar una medicina. Forma parte de la ceremonia para Rowan, según me ha contado el anciano.

Miré al anciano, que se afanaba en atrapar a Michel, persiguiéndolo y riendo a carcajadas mientras los guías, Jeremy, Justin y la gente de los renos que habían venido a vendernos sus mercancías observaban y también se reían.

—¿Por qué yo? —preguntaba Michel con tono implorante mientras el anciano lo perseguía con los brazos extendidos por todo el campamento—. ¿Por qué yo?

—¿Forma parte de la ceremonia? —Me imaginé los miembros ensangrentados del animal—. ¿Crees que eso es bueno? —pregunté un tanto perplejo.

Tulga, al intuir mi preocupación, se apresuró a tranquilizarme.

—No, es para preparar una medicina. Un brebaje. Ya lo verás. Una parte del dinero que pagáis por la ceremonia es para comprar ese joven reno.

—Ah, ya comprendo. —En tal caso, el elevado precio me pareció menos exagerado.

—Y la mitad del dinero se entregará a las otras dos familias que viven aquí —prosiguió Tulga—. El anciano me lo ha explicado. Es para impedir que sientan envidia y para que todos salgan beneficiados.

—¿Así que Ghoste se quedará sólo con una pequeña parte?

—Eso me ha dicho.

De pronto oímos unas sonoras carcajadas y, al volvernos, vimos a Michel pegando un salto para evitar que el anciano lo agarrara por sus partes con sus grandes manazas.

—¿Por qué yo? ¿Por qué la ha tomado conmigo?

Miré el peñasco hacia el que la joven había llevado el reno para sacrificarlo de forma discreta, y repetí mi ruego a Dios: «Te lo suplico, Señor, haz que esto dé resultado. Te lo ruego. Y gracias —dije dirigiéndome al reno—. Lo siento. De veras. Pero si tu muerte ayuda de alguna forma a mi hijo, estaré en deuda contigo».

Estaba disculpándome con un reno muerto en la ladera de una montaña en Mongolia antes de ir a ver a un chamán en un tipi. ¡Dios, qué desesperado debía de estar!

Esa mañana nos habíamos levantado tan tarde —al menos, Rowan— que el día estaba ya muy avanzado. Había refrescado de nuevo y empezaba a lloviznar, de modo que nosotros tuvimos que meternos en nuestras tiendas y los visitantes volvieron para refugiarse en los tipis. Le leímos sus libros a Rowan, que se puso a jugar a *El rey león*. Luego le exigió a Kristin que le cantara la canción de los Carpenters cien veces y más tarde se abalanzó sobre mí, gritando: «¡Ataque de yaks!» y «¡Ataque de pedorretas!». Así que mientras la luz declinaba, le hice unas pedorretas sobre la barriga mientras él se reía a carcajadas. La lluvia golpeaba la tienda y Kristin y yo nos preguntábamos, entre pedorretas y cuentos infantiles, en qué consistiría el ritual. ¿Sería traumático y complicado como la larga ceremonia en las afueras de UB?

—Érase una vez —dijo Rowan acercando su rostro al mío para pedirmee que le contara un cuento—. Érase una vez...

—Un niño llamado Rowan —continué—. Que fue a un lugar llamado Mongolia a ver a unos chamanes. Allí tenía unos amigos, Tomoo y Buster...

—¡Y *Blackie* y *Lily* la conejita!

—Y montaron a caballo.

—¡Y se enfadaron un poco!

—Pero se les pasó enseguida, y fueron a un lago, y a un manantial, y viajaron en una furgoneta, y volvieron a montar un caballo que se llamaba...

—¡*Blue!*

—Y subieron una montaña...

—¡Y Michel se puso malo!

—Es cierto. Caramba, es asombroso, Rowan. Lo has dicho muy bien. De veras. Subieron a una montaña y vieron a la gente de los renos y Rowan se montó en un reno.

Rowan me tiró del pelo riéndose de gozo.

—Y también vio unos bebés renos, y les dio unos achuchones. —Rowan siguió tirándome del pelo y riéndose—. El bebé reno más pequeño era blanco y Rowan le puso nombre. Lo llamó...

Contuve el aliento.

—¡*Wilbur!*

—¡Exacto!

—*Wilbur* es muy chulo —dijo Rowan dándome otro tirón de pelo.

—¿Quieres que siga con la historia?

—¡Sigue con la historia!

—De acuerdo. Después de ver a *Wilbur*, Rowan entró en la tienda de campaña para jugar, y esperar al chamán...

—¡Zas, zas, zas en la espalda! —dijo Rowan riéndose.

—Espero que no. Y después del chamán...

Kristin y yo nos miramos. Después del chamán, ¿qué?

Michel apareció en la tienda. Al parecer, el anciano, a quien le había caído simpático, había convencido a Ghoste para que le permitiera filmar.

—Es una buena noticia —dijo Michel—. Pero sólo dispondré de una pequeña luz, de modo que no sé lo que conseguiré.

—Me asombra que te deje filmar. La mayoría de los bosquimanos que conozco no lo permiten. A menos que conozcan a los cineastas. Tienes suerte.

—¿Qué crees que ocurrirá?

—No lo sé, colega. No lo sé.

La tarde dio paso al anochecer.

—¿Vamos a ver al chamán? —preguntó Rowan repetidas veces.

—Sí, dentro de poco.

Al menos parecía desear ir. Eso era positivo.

Rowan y Tomoo se pusieron a jugar de nuevo a espadachines. La lluvia había vuelto a remitir y las primeras estrellas aparecieron en el cielo. La luna creciente lucía sobre el paso, confiriendo a las vetas de nieve y hielo que coronaban las elevadas cimas un resplandor azul. Lo veíamos todo casi con tanta claridad como al atardecer. Los niños correteaban por el campamento. Yo me quedé observándolos: me maravillaba lo normal que me parecía ver a Rowan jugando con un amiguito. Hacía sólo diez días habría sido incapaz de hacerlo; tenía una total apatía y estaba encerrado en sí mismo.

Mientras yo permanecía sentado sobre una de las sillas de montar, que había metido en la tienda para evitar que se mojara, Tulga se acercó.

—Creo que ha llegado el momento.

Se lo pregunté a Rowan por última vez, para darle la oportunidad de expresar sus deseos.

—Rowan, ¿quieres ir a ver ahora al chamán? ¿Sí, por favor o no, gracias?

—¡Sí, por favor!

Me lo puse a hombros y todos echamos a andar en la oscuridad, incluidos los guías. Nadie quería perderse la ceremonia. Justo cuando alcanzamos el río y enfilamos por la orilla hacia el pequeño puente de piedra, me invadió una oleada de náuseas.

—¡Ostras! —exclamé trastabillando; Rowan osciló bruscamente sobre mis hombros mientras yo trataba de conservar el equilibrio. Deposité a Rowan en el suelo, incapaz de soportar su peso.

—¿Qué te ocurre? —preguntó Kristin.

Más que náuseas era un intenso mareo. Repentino, insospechado. Sentí que una bola de saliva se acumulaba en mi boca y me obligaba a escupir.

—¡Dios! —exclamé, inclinándome hacia delante—. Oye, mira... Quizá tengas que hacer esto sin mí. Yo... —Escupí otra bola de saliva que se me había formado inexplicablemente en la boca. Percibí un extraño ruido blanco en la cabeza.

—¡Chamán! ¡Vamos a ver al chamán! —protestó Rowan, disgustado por la demora.

—¿Todo va bien? —inquirió Tulga.

—No lo sé. Creo que tengo la misma indisposición que padeció Michel. O una intoxicación. —Escupí de nuevo. ¿De dónde salía tanta saliva? La única sensación similar la había experimentado en cierta ocasión antes de ir a Sudáfrica, cuando alguien me ofreció una droga llamada *mandrax*. Me picó la curiosidad, me la fumé y durante una hora perdí la sensibilidad en las extremidades, estuve tiritando violentamente y experimenté la misma y exagerada acumulación de saliva—. Lo intentaré —dije, tratando de recuperar la compostura—. Pero es posible que... —Me detuve para volver a escupir—. Quizá no lo consiga.

—¡Chamán! ¡Chamán!

De modo que seguimos. Yo llevaba a Rowan de la mano, porque no me atrevía a cargarlo a hombros. La sensación de mareo me invadía una y otra vez. Atravesamos de nuevo el puente de piedra. Yo avanzaba como un anciano, temiendo tropezar, y me detenía cada pocos pasos para escupir la saliva que seguía acumulándose en la boca como si surgiera de un pozo.

Tan pronto como alcanzamos la otra orilla del río y nos aproximamos a los tipis, el mareo se disipó. La acumulación de saliva cesó. Me sentí despejado, como nuevo.

—Ya ha pasado —dije, sorprendido—. Estoy bien.

—¿Estás seguro? —preguntó Kristin preocupada.

—Sí. Sea lo que fuera —tenía la boca seca, normal—, ya ha pasado.

Nos detuvimos frente a la puerta iluminada del tipi de Ghoste.

—¡Entrar! —gritó Rowan excitado, brincando y saltando.

—Primero tenemos que ir a darle el dinero a las otras dos familias —dijo Tulga, que estaba junto a mí—. Luego iremos a ver al chamán. Es como suele hacerse.

Eso significaba que Rowan tendría que esperar, lo cual le desagradaba, especialmente cuando la causa de la espera era un imprevisto.

—Escucha, Scubby —dijo Kristin—. Papá tiene que hacer una visita rápida a los otros dos tipis. Luego volverá e iremos a ver al chamán, ¿de acuerdo?

—De acuerdo —contestó Rowan.

Tulga y el anciano, que había aparecido de pronto en la oscuridad, me llevaron a los tipis, abarrotados de personas menudas, de ojos enormes y rasgos delicados, muy distintas de los fornidos individuos de la estepa. Me pregunté si los tipis estaban tan llenos de gente porque los visitantes del valle habían decidido quedarse mientras el chamán trabajaba. Nadie me lo explicó. Tal como me habían indicado, me quité los zapatos, me incliné, acepté un cuenco de té con leche, caliente y salado —la leche de las hembras de los renos es fuerte y un poco picante—, bebí y le entregué los billetes al cabeza de cada familia. Me miraron con sus ojos de búho, impasibles, y aceptaron el dinero mientras asentían con la cabeza. Al cabo de unos minutos nos dirigimos de nuevo hacia el tipi de Ghoste, donde todos nos esperaban, incluido Rowan, que estaba insólitamente paciente y sosegado.

—¿Entramos? —le pregunté a Tulga.

Tulga se volvió y trasladó la pregunta al anciano, que asintió con la cabeza, se agachó y alzó la pieza que hacía las veces de puerta. Penetramos en el rectángulo de luz amarilla.

Al igual que la vez anterior, la casa, o, mejor dicho, el tipi, estaba lleno a rebosar. La hermosa sobrina de Ghoste nos dio la bienvenida y nos condujo hacia un numeroso grupo de personas que estaban sentadas en círculo alrededor de la cálida estufa. Los dos guías mayores ya estaban sentados, junto con varios dukhas, pero les hicieron sitio a Michel y a Justin, junto con su equipo, así como a Kristin, a Rowan y a mí, en el mismo lugar donde nos habíamos sentado la noche anterior, al lado de Ghoste.

Nos sirvieron el inevitable té con leche de reno y Ghoste nos preguntó cómo había dormido Rowan. Le dijimos que la primera parte de la noche había dormido profundamente y que al amanecer se había despertado con una extraña angustia, tras lo cual había vuelto a conciliar el sueño y había dormido durante muchas horas, más de las que solía dormir, al menos desde que era un bebé. También le contamos el sueño que había tenido Kristin sobre *Betsy* y el leopardo tumbados juntos. Ghoste asintió con la cabeza mientras Tulga le traducía lo que decíamos, y luego se levantó. La media luz que arrojaban las velas, el resplandor de la estufa y la luz portátil para filmar que habían traído Michel y Justin confería al chamán un aspecto casi sobrenatural. Ghoste extendió los brazos para que su sobrina le ayudara a enfundarse su manto de chamán decorado con cintas.

El manto cubría sus poderosos hombros. A continuación Ghoste se colocó el tocado con máscara, hecho de plumas de halcón o de águila. Cuando se lo colocó en la cabeza, ocultando su cara, se transformó en un ser entre animal y humano y Rowan, que había permanecido sentado muy quietecito, dijo:

—¡Guau! ¡Mirad! ¡Un halcón! ¡Un halcón en la casa!

Tulga tradujo lo que Rowan le había dicho al anciano, y unas risas discretas recorrieron el círculo. Las risas se disiparon cuando le entregaron a Ghoste un voluminoso tambor y unos palillos forrados de piel. De pronto presentaba un aspecto imponente. La transformación era total, como si ya tuviera un pie en el mundo de los espíritus. Era un momento de gran solemnidad.

—¡Soy un bebé elefante! —gritó Rowan, arrojándose a cuatro patas y desfilando ante el chamán, impávido—. ¡UURUUUURRR! —anunció más contento que unas pascuas. Ghoste, sin inmutarse, tomó el tambor y, al principio suavemente, y luego más fuerte, empezó a marcar el ritmo sobre el que viajaría al lugar al que se desplazaba cuando se afanaba en sanar a alguien.

Rowan se detuvo para escuchar.

—Mirad, toca el tambor. ¡El chamán toca el tambor! —dijo riendo—. ¡Un bebé elefante! —Y siguió arrastrándose alrededor de las piernas de Ghoste, imitando el ruido que hace un elefante con la trompa y con una sonrisa de oreja a oreja.

Ghoste siguió tocando el tambor, más y más fuerte. De pronto se volvió, evitando instintivamente pisar a Rowan, de la misma manera que un caballo evita pisotear al jinete que yace postrado en el suelo. Agarré a Rowan y lo senté en mis rodillas. El batir del tambor se hizo más fuerte y más rápido. De repente la luz que utilizaba Michel para filmar se apagó inexplicablemente, y sólo quedo la pálida luz del crepúsculo que declinaba.

Ghoste dejó de tocar el tambor y se puso a cantar, a canturrear. De pronto dio una orden con tono brusco. Una mano, seguramente de su sobrina (era difícil ver con claridad en la penumbra), le ofreció un pequeño cuenco como los que habían utilizado los chamanes en el ritual celebrado en las afueras de Ulan Bator. Ghoste lo tomó y se lo pasó a Rowan. Vi que contenía leche de reno.

Qué mala suerte, pensé mientras Rowan, que había permanecido quieto en mis brazos hasta ese momento, se encogió y, al agitar el brazo, derribó el pequeño cuenco.

Pero, como si lo hubiera previsto, la figura enmascarada alargó hábilmente el brazo con que sostenía el tambor, atrapó el cuenco contra la tensa superficie del tambor, y lo arrojó de nuevo al suelo, a nuestros pies. Entonces se detuvo, mirándolo, y después lo recogió, se lo devolvió a su sobrina en la penumbra y reanudó su danza.

De pronto, paró, dejó el tambor, se quitó el tocado, se agachó y se lo ofreció a Rowan. Entusiasmado, Rowan lo tomó y se lo encasquetó, y después me lo encasquetó a mí.

Así terminó el ritual.

No nos dimos cuenta de que había terminado hasta que, al cabo de un par de minutos, Ghoste recuperó su tocado, se quitó el manto de chamán y le entregó todo su equipo a su sobrina; a continuación se sentó y se sacó un cigarrillo del bolsillo. Dijo algo al círculo de rostros y encendió el cigarrillo.

—Dice que ha terminado —dijo Tulga.

Miré a Rowan, que se revolcaba alegre en la alfombra a mis pies, imitando de nuevo a un elefante. Llevábamos unos veinte minutos en el tipi. ¿Ya había concluido? Kristin y yo nos miramos. Ghoste habló de nuevo.

—Dice —tradujo Tulga— que no debemos quedarnos aquí mucho rato. Hay una gran actividad de los espíritus y el exceso puede perjudicar a Rowan. Debemos regresar al campamento. Ghoste desea que Kristin y tú vengáis a verlo por la mañana.

—¿Con Rowan?

Tuga transmitió la pregunta a Ghoste.

—Dice que sí, con Rowan, pero que mañana la actividad de los espíritus seguirá siendo aquí muy intensa. Después de la visita, deberemos partir. Él vendrá a despedirse de nosotros, y luego debemos acampar al otro lado de la montaña, después de atravesar el paso. Aquí, no.

—De acuerdo. —Yo tenía la sensación de que todo había concluido de golpe, como si se hubiera truncado de repente. Había sido una ceremonia poco espectacular comparada con el intenso ritual al que habíamos asistido en las afueras de UB.

—Ahora debemos irnos —tradujo Tulga—. Ghoste dice que no conviene que nos quedemos aquí, donde ha estado el centro del espíritu.

De modo que nos levantamos.

—Vamos, Rowan —dije—. Debemos regresar al campamento.

Rowan había localizado en el tipi una lata de galletas con unos dibujos de animales de cómic en la que decía *Escuela de Huggy* y de pronto, tumbado boca arriba y sosteniendo la lata contra su pecho, me miró horrorizado.

—¡Chamanes! —gritó rompiendo a llorar—. ¡Quedarnos aquí! ¡Con los chamanes!

Pero Ghoste insistió en que nos fuéramos. De modo que nos marchamos. Rowan berreaba y gritaba: «¡chamanes, más chamanes!» en el aire gélido.

Su consternación tenía algo inusual. Parecía profundamente apenado y lloraba como si lo hubieran separado de Kristin o de mí. Regresamos a las tiendas de campaña caminando lentamente en la oscuridad. Rowan sollozaba desconsoladamente sobre mis hombros.

—¡Más chamanes! ¡Chamanes! ¿Iremos a ver a los chamanes? ¡Vale, iremos a ver a los chamanes! ¡Ahí están, ahí están los chamanes!

Pobrecito, trataba de consolarse a sí mismo. Pero ¿por qué?

21

Entrevista con un chamán

La mañana amaneció brumosa y templada; una ligera niebla cubría el suelo, pero en el cielo lucía el sol. Por el extraño sonido de castañuelas que se oía desde el interior de la tienda de campaña comprendí que la manada de renos pastaba cerca. En efecto, sus astas se divisaban a través de la neblina, a pocos metros. Llevábamos allí el tiempo suficiente para que los animales, tímidos por naturaleza, sintieran curiosidad. Me levanté, saludando al día, y me alejé un poco para orinar. La niebla se disipaba visiblemente y los renos más cercanos, al percibir el olor de mi orina, alzaron la cabeza para olfatear el aire. Los perros semejantes a lobos que utilizaba la gente de los renos deambulaban por los bordes del campamento. De vez en cuando se aproximaban demasiado alguno de los caballos que pastaba amarrado a un árbol, y éste les lanzaba una coz, que los perros esquivaban a duras penas mientras devoraban furtivamente los excrementos de los caballos. Oí voces y supuse que nuestros guías se habían despertado. Teníamos que preparar todo el equipaje y no había duda de que tardaríamos bastante. Los suaves ronquidos de Kristin y Rowan seguían sonando en la parte de la tienda que ocupaban.

La ceremonia a la que habíamos asistido la noche anterior había sido totalmente distinta de lo que yo esperaba. Sin el menor dramatismo. Ni histrionismo. Había sido tan discreta que me había dejado un poco perplejo. Y posteriormente Rowan había reaccionado con una profunda consternación al tener que abandonar el tipi.

Me acerqué al fuego, donde el anciano y los otros cuatro guías cocinaban reno, cuyo delicioso aroma saturaba el aire matutino.

La víspera nos habían traído una gran porción de carne del reno joven que habían sacrificado como parte de la ceremonia (aunque yo ignoraba a qué parte de la ceremonia estaba destinado). Y esa mañana, al oler el suculento aroma que desprendía el reno que estaban cocinando en su propio jugo, empecé a salivar. No era de extrañar que los perros merodearan por los alrededores. Cuando me acerqué, el anciano, que supervisaba la preparación de la comida, me miró sonriendo y me ofreció un trozo de carne. Sabía a bosque, a montaña. Después de tantos días de comer fideos y grasa de cordero, el reno resultaba... La verdad es que estaba demasiado ocupado saboreándolo para buscar las palabras adecuadas.

—¿Vamos a ver a los chamanes?

Al volverme vi a Rowan dirigiéndose hacia el río y los tipis situados en la otra orilla. ¿No sería demasiado temprano?

—¡Primero el beicon, luego los chamanes! —le grité. Para mi sorpresa, Rowan se detuvo y, aunque quejumbroso y lloroso, se acercó mientras me dirigía hacia la tienda de la cocina para prepararle el desayuno.

Kristin se acercó al fuego.

—Hablando de sueños —dijo sentándose para calentarse las manos en el fuego—, anoche tuve otro. Tengo que contártelo ahora, antes de que lo olvide. Vi a mi abuela, ya sabes, la madre de mi madre, y a su hijo caminando de la mano. Su hijo ya era adulto, un hombre, no el niño que era cuando murió atropellado. Pero era él. Luego me desperté.

Le ofrecí una taza de té.

—He estado rezando —dije.

—Yo también.

—¡Ir a ver a los chamanes!

Durante más de una hora, Rowan trató varias veces de dirigirse al tipi de Ghoste. Kristin y yo logramos impedírselo cada vez, pues no queríamos importunar al chamán tan temprano. Y, aunque Rowan se disgustó, no tuvo un berrinche como solía ocurrir cuando le impedíamos hacer lo que quería. Pero siguió insistiendo. Por fin dejó de jugar con Tomoo y echó a andar hacia el puente de piedra. Pensando que lo habíamos retenido demasiado tiempo, le pedimos a Tulga que nos echara una mano, y, al cabo de unos minutos, atravesamos de nuevo el río.

—¡Chamán! ¡Vamos a ver al chamán! ¡Entremos! —dijo Rowan contento irrumpiendo en el tipi.

—¡Espera, Rowan! —Pero fue inútil. Entramos detrás de él deshaciéndonos en disculpas.

Como en las ocasiones anteriores, la bonita y silenciosa sobrina de Ghoste nos recibió y, tras conducirnos al lugar donde nos habíamos sentado las dos noches anteriores, nos ofreció un cuenco de la salada leche de reno. Ghoste, cuyo sombrero de ala ancha ocultaba en parte sus ojos hundidos, observaba con aire profesional a Rowan, que se dirigió directamente a la lata de galletas *Escuela de Huggy*, decorada con dibujos de animales de cómic. Curiosamente, la lata tenía unos rótulos en inglés. El dibujo de un oso decía: «Sé limpio y amable», y el de un gatito decía: «Sé feliz y útil».

—Sé feliz y útil —dijo Rowan, leyendo. Kristin y yo nos miramos. No estaba mal.

—Bien —dijo Tulga, traduciendo las palabras de Ghoste—. Dice que antes de regresar debéis saber algunas cosas.

—De acuerdo.

—En primer lugar, esto es para Rowan. —Ghoste se inclinó hacia delante y me entregó tres piedras pequeñas—. Lleváoslas a casa, añadid otras cuatro del lugar donde vivís y colocadlas debajo de la almohada de Rowan por las noches.

—De acuerdo. —Tomé las piedras y las guardé en un pequeño bolsillo interior de mi chaqueta—. ¿Tiene algún significado el número siete?

Tulga transmitió mi pregunta a Ghoste, pero si éste conocía la respuesta, no me la dio. En lugar de ello, dijo a través de Tulga:

—Anoche todo fue bien. Rowan aceptó la sanación. Eso era lo más importante. Cuando le ofrecí el cuenco de leche y lo rechazó, fue debido a su enfermedad, no a un rechazo auténtico. Lo comprendí cuando el cuenco cayó y aterrizó boca arriba. Eso es muy importante. Luego le ofrecí mi tocado y Rowan lo tomó y se lo puso en la cabeza. Y, lo que es mejor, se lo puso a usted y luego me lo devolvió. Si Rowan se hubiera negado a aceptarlo, la sanación no habría dado resultado. De hecho, fue mejor de lo que yo esperaba.

—Sé inteligente y especial —dijo Rowan leyendo lo que ponía en la lata de *Escuela de Huggy*.

—Rowan será un chamán, según dice Ghoste —prosiguió Tulga—. A menos que vosotros, ambos, hagáis algo para impedirlo... —Tulga buscó las palabras adecuadas—. Algo deliberado. A menos que se lo impidáis, Rowan se convertirá en un chamán. Ghoste dice que... que él era como Rowan de niño. Tenía el cerebro de un bebé hasta que cumplió los nueve años y sufrió... una caída.

—¿Un ataque de epilepsia? —inquirió Kristin.

—Sí. Eso creo. Creo que era epilepsia, sí. Padeció esa... enfermedad hasta que cumplió los veinticinco años. Ghoste dice que una niño así, como Rowan, está destinado a ser un chamán. Una parte de él se halla ya en el mundo de los espíritus.

—¿Significa eso que debemos tratar de convertirnos nosotros también en chamanes? —pregunté—. Me refiero a... Me refiero a si debemos formarnos para convertirnos en chamanes y ayudar a Rowan a aprender. ¿Es eso lo que dice Ghoste?

Tulga tradujo la pregunta.

—No, no es preciso. Pero todos los años a partir de ahora hasta que Rowan cumpla nueve, debéis celebrar al menos un ritual beneficioso como éste. No importa en qué lugar, pero con chamanes poderosos. Durante uno de ellos Rowan conocerá al chamán que lo instruirá. O quizá más adelante. No tiene importancia. No importa si más tarde le impedís que se convierta en chamán. No ocurrirá nada malo. Pero es su... —Tulga se detuvo en busca de la palabra adecuada— ...destino.

—Entiendo.

Reflexioné un momento mientras observaba jugar a Rowan. Allí se sentía feliz, lo cual contrastaba con la ansiedad nerviosa con que había iniciado ese viaje.

—El número nueve —dije—. Surge a cada momento. Los chamanes de las afueras de UB también dijeron que Rowan necesita someterse a un ritual bueno cada año hasta que cumpla los nueve. Tú también me has hablado sobre noventa y nueve dioses y demás. ¿Qué significado tiene el número nueve?

Tulga tradujo mi pregunta. Ghoste se limitó a sonreír.

—Bien —continué, comprendiendo que no iba a obtener respuesta—, ¿puedes decirle que tengo relación con los bosquimanos de África? De hecho, Rowan lleva el nombre de un chamán, un sanador africano con el que guardo una estrecha amistad, que se llama Besa. El segundo nombre de Rowan es Besa.

Tulga tradujo. Ghoste respondió.

—Dice que si tienes esos contactos, y si Rowan ya tiene... lo que Ghoste denomina «un padre chamán», debéis llevarlo allí o hacer que ese chamán vaya a veros.

—El único problema es que no puedo entrar en Botswana. Dile que hice unos trabajos a favor de los derechos humanos para los bosquimanos, que los ayudé en sus reivindicaciones territoriales y que el Gobierno me ha prohibido la entrada.

Tulga tradujo mis palabras y Ghoste respondió:

—Ya hallarás el medio. Es muy importante. Si Rowan tiene un padre chamán, debe ir a verlo. Le ayudará mucho. También dice que los chamanes de aquí han oído hablar de los bosquimanos; los mencionaron los colaboradores de una ONG que pasaron por aquí. Y también han oído hablar de ellos en sus viajes espirituales. Saben que los chamanes en África son los más poderosos.

Tulga se detuvo mientras Ghoste proseguía.

—Ghoste pregunta cómo realizan los chamanes de África, los bosquimanos, sus sanaciones.

Ghoste escuchó atentamente, fumándose un cigarrillo que él mismo había liado, mientras yo le contaba historias sobre las sanaciones en estado de trance que había visto realizar a los bosquimanos.

—Que yo sepa —dije—, los sanadores de África utilizan una energía que llaman *nxum*. Creo que es semejante a lo que los chinos denominan *qi*, o *chi*. Me la han descrito como una energía sexual, una energía vital, que reside en la base de la columna vertebral. Con el adiestramiento adecuado, con los debidos ejercicios, un sanador puede hacer que esa energía se traslade al estómago y hierva. Es muy doloroso. Los he visto sangrar y perder el conocimiento, mientras echaban grandes chorros de mocos por la boca y la nariz. Luego se sumen en un estado más placentero, llamado *nxaia*, que significa «ver». Lo que ven entonces es una red que lo conecta todo. Las líneas de la red tienen distintos colores. Algunas son verdes y puedes tomarlas si quieres desplazarte físicamente a algún lugar para sanar a alguien que está lejos. Las rojas están relacionadas con la magia negra y debes evitarlas. No puedes conseguir que los sanadores bosquimanos practiquen la magia negra, aunque existen otros curanderos en otras tribus que sí la practican. Y por último hay líneas blancas o plateadas, que provienen del cielo. Las llaman «las cuerdas de Dios». Cuando las ven, utilizan una canción que les fue concedida en estado de trance cuando eran jóvenes, para escalar o nadar o subir volando por esas cuerdas.

»Cuando llegan a la cima, encuentran una aldea en la que habitan todos los antepasados. La choza más grande de la aldea es la de Dios. Dios puede aparecer como una persona, un animal o un ser intermedio, o una luz, un fuego o una voz, supongo que lo que mejor se adapte a la situación. El sanador y Dios conversan y llegan entonces a un trato sobre el problema, el alma de la persona enferma o lo que sea, y luego, cuando han terminado, el sanador desciende por la cuerda, de regreso junto al fuego, y apoya las manos sobre las personas que necesitan sanar, con lo que les arranca el elemento negativo que llevan en su interior y lo elimina. Es cuanto puedo decirle.

Tulga, que había traducido hábilmente tan esotérica diatriba, se detuvo. Ghoste asintió con la cabeza, escupió y dio una calada a su cigarrillo.

—Aquí hacemos algo parecido —dijo—. Lleve el niño a ver a su padre chamán en África. Ya se le ocurrirá la forma de hacerlo. Ah, y Rowan puede llevarse lo que quiera de aquí —dijo Ghoste señalando la lata de galletas, con la que estaba claro que Rowan se había encaprichado. También me dio un puñado de hierbas envueltas en un trozo de plástico viejo—. Cuando regrese a casa, llévelas encima, en una prenda que se ponga con frecuencia.

—De acuerdo —dije, guardándolas con las pequeñas piedras que Ghoste me había entregado antes—. Tulga, ¿le has dicho que Justin vio un íbice blanco cuando nos dirigíamos aquí? ¿Cree que es un signo significativo?

Tulga tradujo mis palabras. El rostro de Ghoste permaneció impasible cuando respondió.

—Esa montaña es sagrada. Es posible ver cualquier cosa allí.

—De acuerdo.

—Y cuando bajemos, de regreso a casa, dice que no debemos acampar a los pies de la montaña como hicimos la última vez. Ya sabes, donde estaba el manantial. Hay allí demasiada actividad de los espíritus. Debemos alejarnos un par de kilómetros.

—De acuerdo. ¿Se lo dirás al anciano, Tulga?

Tulga asintió con la cabeza mientras Ghoste hablaba de nuevo.

—Dice que ahora debemos marcharnos —dijo Tulga levantándose—. Dice que sigue habiendo una gran actividad de los espíritus de anoche. Debemos trasladarnos al otro lado del paso lo antes posible. Tenemos que recoger nuestras cosas y él vendrá dentro de un rato a despedirse.

—Muy bien. Dale las gracias en nuestro nombre.

—Sí —dijo Kristin—, dile que le estamos muy agradecidos.

Cuando nos disponíamos a salir del tipi, Ghoste dijo algo más.

—Dice... —Tulga parecía nervioso—. Dice que sí, que Rowan perderá progresivamente sus síntomas autistas hasta que cumpla nueve años. A partir de entonces, tú, Rupert, sustituirás a *Betsy* como su principal... protector.

—¿Qué significa eso con exactitud? —pregunté.

—No lo sé. Lo siento. Pero también dice que esas cosas que hace Rowan que os desesperan, ya sabes... —Tulga se sonrojó como un escolar—, lo de hacerse sus necesidades encima y los berrinches, cesarán.

—¿Ahora?

—Sí.

—¿A partir de hoy?

Tulga transmitió la pregunta. Ghoste asintió con la cabeza.

—Ahora. A partir de hoy. Sí.

Kristin y yo nos miramos, sin saber qué decir.

Al cabo de un rato, ya en el campamento, Rowan se disgustó porque quise ponerle otra chaqueta, ya que habían aparecido unos nubarrones sobre el paso. Yo le arrojé mi trozo de pan, enojado, y él dejó de gimotear.

—Lo siento —dijo.

Yo lo miré. Jamás me había dicho eso.

Cuando los guías iniciaron la lenta operación de cargar las cosas sobre los caballos, Rowan se llevó los pocos animales de juguete que le quedaban a un claro, a pocos metros de nuestro campamento. Yo no le quité ojo, pues los pequeños perros-lobos seguían merodeando por los límites del campamento, mientras Kristin recogía las tiendas de campaña y las alforjas para que los guías las cargaran sobre los caballos. Como de costumbre, tardaron más de una hora en cargarlo todo debidamente. Era una tarea importante, porque si se repartía mal el peso el caballo podía acabar cayendo por un precipicio cuando descendiéramos por el paso. Cuando aseguraron las últimas cuerdas, y cargaron las últimas cajas y bolsas sobre los caballos aún amarrados, Tomoo dijo:

—¡El chamán!

Al volvernos vimos a Ghoste, su sobrina y el hijito de ésta dirigirse a través del accidentado terreno hacia nosotros, tras haber cruzado el arroyo.

En anciano y los guías atizaron las brasas del fuego y trajeron una tetera y té, que habían guardado adrede en la caja superior sobre el caballo que transportaba los víveres y utensilios de cocina. Todos nos sentamos. Ghoste dirigió la vista hacia el lugar donde Rowan se hallaba tumbado en el suelo jugando con sus animales, y dijo:

—Ahí tenía yo mi campamento el año pasado. Ahí es donde estaba mi tipi.

Era interesante. Rowan parecía sentirse allí tan a gusto como en el tipi de Ghoste. Hasta el extremo de que cuando fui a buscarlo, a instancias de Ghoste, para que se despidiera de él, Rowan se puso a llorar y a patalear, gritando:

—¡Montaña! ¡Quedarme en la montaña!

—¿No quieres ir a ver al chamán? ¿A despedirte del chamán?

—Eso pareció dar resultado—. Primero te despides del chamán y luego vuelves para jugar en la montaña, ¿vale? —dije—. ¿Sí, por favor o no, gracias?

—Sí, por favor.

—De acuerdo. Venga, dame la mano.

De modo que regresamos junto al fuego. Recordé que en cierta ocasión me había preguntado si Rowan haría alguna vez algo tan simple como tomarme de la mano mientras caminábamos. Lo cierto es que todos habíamos avanzado mucho.

Cuando llegamos junto al fuego, Rowan se sentó alegre en las rodillas de Ghoste y dejó que el chamán le pasara ligeramente las manos por la espalda, desde la pelvis hasta la coronilla y de nuevo hacia abajo, mientras charlaba animadamente con el anciano, los guías y Tulga. Al observar sus manos, me percaté de que cada vez que completaba un ciclo desde la espalda hasta la coronilla y descendía de nuevo, Ghoste hacía unos pequeños movimientos con los dedos hacia el norte y el oeste, como si ahuyentara algo. Había visto a los sanadores bosquimanos hacer unos movimientos semejantes cuando arrancaban la enfermedad del cuerpo de una persona durante las últimas y sosegadas fases de su danza en trance, poco antes del amanecer, cuando el dramatismo había cesado y se había impuesto una sensación de calma alrededor del fuego. En esos momentos reinaba un ambiente semejante. La charla era amena y relajada, Rowan se estaba comiendo tan tranquilo una galleta de chocolate y Jeremy, con la Polaroid, tomaba fotos que luego nos pasábamos unos a otros.

Cuando llegó el momento de despedirnos, Rowan abrazó a Ghoste y no protestó cuando éste y su familia echaron a andar hacia el otro lado del río, donde vivían. Cuando nos disponíamos a montar a los caballos, dije:

—Bien, Rowan, di adiós a la gente de los renos.

Rowan obedeció.

—Adiós a la gente de los renos —dijo sin rechistar—. ¡Trotar! —ordenó cuando *Blue* echó a andar a través de la turba y el lodo—. ¡Trotar!

De modo que nos pusimos a trotar, seguidos de Kristin y su caballo castaño, sintiendo en nuestros rostros los tibios rayos del sol de la tarde. Ascendimos a lo largo de muchos kilómetros; la ladera se hacía cada vez más empinada conforme nos aproximábamos al paso, donde soplaba un viento fuerte y áspero y toda Siberia se extendía a nuestros pies.

—¡Nieve! ¡Bajar y jugar en la nieve! —dijo Rowan contemplando la franja blanca y helada que reabría la cima más elevada—. ¡Bajar y jugar con los animales en la nieve!

Había llegado el momento de desmontar y dar una vuelta a pie alrededor del *ovoo* para pedirle al Señor de la montaña que nos protegiera cuando descendiéramos por el peligroso paso.

—Jugaremos en la nieve más abajo —dije, sin esperar que Rowan lo entendiera—. ¡Venga, a hombros de papá! Llevaremos a *Blue* alrededor del *ovoo*.

—Vale. Jugaremos en la nieve más tarde, debajo de la montaña.

No se produjo ningún berrinche. Ni una protesta.

Descendimos la abrupta vertiente del risco por el estrecho y accidentado sendero. Monté a Rowan en el caballo mientras yo avanzaba a pie tirando de las riendas: consideró que era más seguro que no fuéramos los dos montados en *Blue* cuando el caballo bajara por el traicionero camino.

—¡Papá montar! —dijo Rowan.

—Es mejor que te lleve yo. Toma —dije—, ¿quieres sostener las riendas?

—¡Papá montar!

—Inténtalo, hasta que lleguemos a la parte más escarpada.

Yo tenía el corazón en un puño, pues aquella era la parte más peligrosa de la montaña. Sin olvidar el río, por supuesto. Y las ciénagas.

—Buster dice sostener las riendas. —El malhumor de Rowan se disipó de inmediato.

—Sí —dije, desconcertado complacido—. Buster sostiene las riendas. Es un jinete muy bueno. Haz como lo hace Buster. ¡Así, muy bien!

Rowan sostenía las riendas, sentado muy tieso en la silla, sin encorvarse ni agarrarse a las crines del caballo. Pese a lo peligroso que era el sendero, solté la brida y me puse a caminar delante de la montura.

—¡Estás cabalgando, Rowan!

—Como Buster.

—¡Mira, cariño! —dije volviéndome hacia Kristin—. ¡Mira!

Acampamos en la elevada pradera en la que nos habíamos detenido al ascender la montaña, antes de atacar el paso, donde el caballo de Kristin le había propinado una coz (Kristin lucía ahora un hermoso moratón en forma de media luna en la parte interior del muslo como señal de su heroísmo). Entre las rocas de la parte superior del paso y el bosque, más abajo, se extendía un anfiteatro natural. La pequeña pradera estaba sembrada de flores y el suelo, tapizado de pedicularis púrpura semejantes a orquídeas, prímulas amarillas y aguileñas azules. Unas abejas, ebrias de néctar, revoloteaban erráticamente de flor en flor. Desmontamos y los caballos rompieron de pronto el silencio con sus relinchos y resoplidos. Entonces vimos al caballo de Michel, sin jinete, que descendía al galope por la ladera a nuestras espaldas. ¿Se había vuelto a caer Michel de su montura? El caballo, blanco como la nieve, bajó por la cuesta a tal velocidad que al meter la pata en una zanja o un hoyo oculto por los matorrales, se cayó al suelo. El animal logró incorporarse y descendió al galope por el sendero de la montaña, pasando de largo la pradera, seguido por uno de los guías jóvenes.

Miré a Rowan, que estaba tumbado sobre una roca en el centro de la pradera, jugando a *El rey león* con sus animales. El niño observó el dramático incidente con cierto interés. No mostraba señales de angustia, aunque los caballos relinchaban lo suficientemente fuerte para hacer que las piedras se desprendieran de los riscos.

Al poco rato, llegó Michel caminando, ileso: sólo tenía dañado su amor propio. Así que montamos las tiendas de campaña. Rowan apareció en el momento en que yo preparaba su beicon.

—¿Agua? —preguntó—. ¿Papá dar a Rowan agua?

Por curiosidad, para ver qué hacía, respondí:

—Claro que puedes beber agua. La botella de agua está en el bolsillo lateral de tu bolsa, que está en nuestra tienda de campaña, en la parte central, entre los dos compartimentos de dormir. ¿Quieres ir a buscarla?

Al cabo de unos minutos Rowan me dio un golpecito en la espalda mientras yo me agachaba para poner su beicon en la desvencijada sartén.

—¿Papá abrirla?

¡Rowan había ido a buscar la botella! Le había dado las instrucciones más complicadas que había recibido hasta la fecha, y el niño las había seguido al pie de la letra. Destapé la botella y lo observé atentamente, preguntándome qué otras sorpresas me tenía reservadas.

Aquella noche Rowan se acostó sin rechistar. Todos estaban cansados y se retiraron pronto. Sólo nos quedamos Tulga, Justin, el anciano, Michel y yo charlando bajo la luz de la luna. Toda la pradera parecía embriagada por el resplandor de la luna, y nosotros no tardamos en embriagarnos también; nos quedaban un par de botellas de vodka y yo las había abierto. Tenía ganas de celebrarlo. Algo había cambiado en Rowan. Lo presentía. Algo había cambiado en la cima de esa montaña.

Bebí otro trago, brindando por la luna y por la montaña. Michel bostezaba sentado junto a mí.

—Creo que iré a acostarme —dijo restregándose el muslo donde empezaba a aparecerle un moratón.

El anciano observó a Michel, que se frotaba el muslo y se reía un tanto achispado, y le propinó una sonora palmada en la espalda.

—Bueno —repitió Michel levantándose—, creo que iré a acostarme. Buenas noches.

Se dirigió hacia su tienda de campaña. Al cabo de un momento, el anciano se levantó y lo siguió. Tulga, Justin y yo nos miramos incrédulos, tras lo cual rompimos a reír al oír un grito un tanto afeminado en la oscuridad de la noche.

—¡Eh, chicos! ¡Este tío me está atacando! —La voz de Michel subió un tono, pasando de afeminada a niño del coro—. ¡Chicos, que lo digo en serio! ¡Chicos! ¡Chicos!

—Gracias por no haberme ayudado —dijo Michel a la mañana siguiente. Lo decía medio en broma; o bien el anciano no lo había atacado en serio, o la apresurada retirada de Michel a su tienda cuando el anciano había forcejeado con él había sido interpretada por éste como una negativa. O quizá el anciano estaba tomándole el pelo. Sea como fuere, nosotros estábamos ocupados en otras cosas, pues había llegado el momento de tomar la medicina de reno.

Los honorarios por la sanación no sólo incluían la adquisición de un reno casi adulto para comérnoslo (estábamos desayunando de nuevo su suculenta carne, sentados alrededor del fuego, bajo el sol matutino), sino la receta de una sopa, una sopa medicinal, que Ghoste había explicado al anciano cómo preparar.

En aquel momento nos hallábamos contemplando el mejunje. Había sido elaborado dentro del estómago del reno, o de uno de ellos, y consistía en un brebaje que, según nos explicó Tulga, traduciendo lo que decía el anciano mientras sostenía el estómago con el índice y el pulgar, se componía de un trozo de cada órgano del cuerpo del reno y...

—Y un poco de... —Tulga emitió de nuevo su risita nerviosa— heces.

—¿Bromeas? —preguntó Kristin mirando el estómago del animal, exageradamente hinchado.

—¿Sopa de mierda? —preguntamos todos incrédulos.

Tulga volvió a soltar su risita nerviosa. El anciano, que sostenía el humeante estómago para que lo contempláramos, sonrió irónicamente ante nuestros manifiestos reparos, al igual que el resto de los guías, que se habían acercado atraídos por las risas.

—De modo que no es una broma. ¿Y eso es una medicina?

—Sí. —Tulga se rió de nuevo—. En serio.

—De acuerdo —dije respirando hondo—. Vamos allá. ¿Rowan también tiene que beberlo?

—Si es posible, sí.

Kristin y yo nos miramos y soltamos una carcajada.

—Quizá podrías freírle el beicon en eso —propuso Justin, que se había unido a nosotros después de pasar la mañana recolectando algunas de las increíbles flores silvestres que tachonaban la pradera. Daava, el hijo del anciano, le había contado sus propiedades medicinales: las flores blancas semejantes a los lirios para la tos y los trastornos de las vías respiratorias, las de color púrpura semejantes a orquídeas para los dolores menstruales y el estreñimiento, y diversas hierbas para bajar la fiebre.

—Genial —dije y fui a buscar una sartén—. No obstante —añadí—, ¿creéis que deberíamos intentar que se bebiera al menos una cucharada?

—Podemos intentarlo —respondió Tulga.

Kristin se mostró escéptica.

—Os deseo suerte.

De modo que puse en la sartén siete lonchas de beicon. Estábamos quedándonos de nuevo sin reservas, pero había beicon suficiente para tres o cuatro días. Al cabo de unos instantes, las lonchas de beicon empezaron a chisporrotear en la sopa medicinal preparada con las partes del reno. El anciano la había vertido en la sartén.

—Vale. —Me aclaré la garganta—. ¿Quién va a ser el primero en probarlo?

Todos me miraron.

Siguiendo las instrucciones de Tulga, el anciano vertió un poco del potingue en una cuchara, que habíamos traído de la cocina de campaña con ese fin. La tomé, miré indeciso el líquido marrón, respiré hondo, me lo llevé a la boca y me lo tragué.

—Sí —dije reprimiendo las náuseas—. Es una porquería. Ya puestos, más vale que me tome otra.

Me bebí otras tres cucharadas. El líquido estaba tibio, tenía un sabor rancio y para tragarme la última cucharada tuve que hacer grandes esfuerzos.

—¿A quién le toca ahora?

—A mí —respondió Kristin.

La miré atónito. Kristin era vegetariana desde hacía más de veinte años.

—Eso es lo que se llama heroísmo —dije, completamente en serio, e indiqué al anciano que volviera a verter ese repugnante líquido en la cuchara. Kristin ingirió tres cucharadas.

—¿Seguro que no vas a divorciarte de mí? —pregunté cuando Kristin se tragó la última cucharada.

Al final todos nos lo bebimos, pues nadie quería quedar como un cobarde. Rowan, jugando tranquilo y satisfecho sobre la roca a *El rey león*, se comió su beicon cocinado en la medicina. Pero yo no dejaba de darle vueltas. Si eso era realmente una medicina, quizá deberíamos tratar de que se bebiera al menos una cucharada. Kristin opinaba lo mismo. De modo que, temerosos ante el inevitable estallido de ira, llenamos una cuchara con los restos del líquido que contenía el estómago del animal, ya casi vacío, y nos dirigimos hacia la roca sobre la que jugaba Rowan en la pradera. Yo sostenía la cuchara con cuidado para no derramar el líquido.

Al ver la cuchara, y sospechando de qué se trataba, Rowan se puso a gritar como un loco; sus alaridos reverberaban entre las laderas de la montaña. Tal como Kristin y yo solíamos hacer a la hora de administrarle sus medicinas, sujeté a Rowan por los brazos para impedir que tirara la cuchara mientras Kristin se la introducía en la boca. Se atragantó y escupió casi todo el mejunje sobre sí mismo, pero se tragó una parte. Kristin y yo lo sujetábamos mientras él se revolvía y trataba de propinarnos patadas, al tiempo que sus alaridos se intensificaban... Hasta que, de pronto, dejó de berrear. El berrinche había durado un minuto, como mucho, tras lo cual siguió jugando.

Cuando regresábamos al campamento Kristin me preguntó:

—¿Ese berrinche es el primero que le ha dado desde...?

—Desde ayer por la mañana, cuando no quiso ponerse la chaqueta. Y duró poco rato.

Yo pensaba lo mismo que Kristin.

Para ser justos, incluso este último estallido había sido más una protesta que un berrinche en toda regla. Parecía increíble. Nuestras vidas estaban dominadas por los berrinches. Los berrinches y los espacios que mediaban entre ellos. Veinticuatro horas sin un berrinche: era inaudito.

22

Milagro junto al río

Unos metros más abajo, junto al amplio tramo del río donde los montículos de nieve permanecían en la umbría de las elevadas cimas cubiertas de sauces, Rowan me pidió que lo desmontara para jugar. Nos sentamos y dejamos que los caballos pacieran mientras Rowan y Tomoo colocaban los pocos animales de juguete que quedaban sobre los cristales blancos, que en realidad eran más hielo que nieve. Al cabo de un rato me reuní con ellos, y me puse a hacer pequeñas bolas de nieve que intenté lanzar, pero que se evaporaban bajo el sol casi de inmediato. A los niños, sin embargo, no les importó, ya que aprovecharon al vuelo la oportunidad para jugar a pelearnos. Ambos se abalanzaron sobre mí. Caí al suelo debajo de ellos y me puse a hacerles cosquillas y restregarles nieve en sus caras risueñas mientras Rowan me propinaba cabezazos en el vientre y Tomoo, un excelente luchador en ciernes, trataba de levantarme las piernas para impedir que me incorporara.

Cuando terminamos y llegó el momento de volver a montar, recogimos los juguetes de Rowan. Faltaba *Simba*, el juguete de *El rey león*, su juguete favorito. Deduje que durante nuestros forcejeos debimos de haberle dado una patada, y *Simba* debía de haber rodado por la nieve y había caído al río.

—Ha desaparecido —dije, preparado para el berrinche que supuse que estallaría.

—Ha desaparecido —dijo Rowan con aire apenado—. Se ha caído al río.

Y con eso, sin protestar ni ponerse a berrear, Rowan se dirigió corriendo hacia el lugar donde uno de los guías sostenía a *Blue* para que lo montáramos. Meneando la cabeza asombrado, seguí a mi hijo, lo senté en el caballo y me monté en la silla detrás de él.

La montaña poseía una belleza espectacular. Quizá había llovido desde el día en que habíamos ascendido, porque las flores presentaban colores más intensos que antes. Por orden de Rowan, trotamos y avanzamos a medio galope a través de las adelfas de color púrpura, dejando que el viento tibio nos acariciara el rostro. Rowan iba recitando con voz extraña y gutural frases inconexas sobre Buster, *Lily*, *Blackie*, *Lee Lee*, el elefantito, y *Asha* el pequeño rinoceronte del parque de animales salvajes de Whipsnade, mientras agitaba los brazos en el aire como un enfervorizado hincha de fútbol. Todo se confabulaba para producirme una sensación de éxtasis: la felicidad de Rowan, el ritmo ágil del trote de *Blue*, los colores, el viento. Incluso me olvidé de la pupa que tenía en el labio.

Atravesamos una y otra vez el caudaloso río, seguidos por la misma águila real que nos había acompañado al subir. El grupo se fue desgajando a lo largo de algunos kilómetros; los guías, que conducían lentamente los caballos de carga, se quedaron rezagados mientras nosotros volábamos al trote o al galope a través de las inmensas praderas y los claros del bosque. Llegamos al pie de la montaña sagrada, aquella en la que Justin había visto al íbice blanco. Ghoste nos había advertido que no debíamos acampar allí, de modo que seguimos adelante y atravesamos un collado bajo hasta que, por fin, tuvimos de nuevo el gigantesco valle del río Belchir a nuestros pies. Las montañas y el cielo se reflejaban en sus grandes meandros, las llanuras cubiertas de hierba se extendían perezosamente junto a la orilla, y el bosque, la inmensa taiga, nos rodeaba como un ejército verde oscuro de pinos, abetos y álamos.

La última y extensa ladera que se alzaba entre nosotros y el río estaba sembrada de unas flores de color azul intenso que no había visto nunca; eran esféricas, semejantes a los cardos, pero no como los que yo conocía. Sus pétalos, agitados por el viento templado del sur, se alzaban y ondeaban sobre la pradera.

—Es como cabalgar por un país de cuento de hadas —dijo Kristin galopando junto a mí; estaba morena y muy hermosa sobre su caballo capón.

—Fijaos en las nubes —dijo Rowan señalando el cielo mientras avanzábamos—. ¡Mirad! ¡Es como una jirafa!

Nos detuvimos junto al río. El sol abrasaba, de modo que los guías amarraron los caballos a la sombra de los sauces, nosotros nos quitamos la ropa y, en ropa interior, nos sumergimos en las aguas transparentes y poco profundas de la orilla. El agua nos lamía la espalda y los hombros, eliminando el cansancio y la suciedad. La arena era fina y blanda. Rowan se sumergió hasta la cintura, dejando que el agua jugueteara sobre sus dedos extendidos. Yo me tumbé sobre un banco de arena a medio metro de la orilla y dejé que el agua se deslizara sobre mi cuerpo mientras observaba cómo jugaban los niños.

Rowan se alzó en el agua como un pequeño dios del río y se puso a correr por la orilla, con los brazos extendidos.

—¡Volar como un pájaro! ¡Volar como un águila!

Hasta que, de pronto, se detuvo, se puso de puntillas y empezó a temblar: la postura del código marrón. Yo me incorporé, dispuesto a tomarlo en brazos y llevarlo hacia los sauces para que hiciera sus necesidades en privado. Pero cambié de parecer.

—¡Venga, Rowan! —me sentí a mí mismo gritando—. ¡Venga, puedes hacerlo! Tú puedes. ¡Agáchate y relájate!

Entonces me agaché, con los calzoncillos empapados, fingiendo que hacía caca. Rowan me miró con esa expresión de ciervo asustado que yo conocía tan bien.

—¡Ro-wan! —Tomoo, que había salido del agua, se agachó también—. ¡Mira, Ro-wan!

—¡Vamos, Rowan, tú puedes hacerlo! —lo animaron Michel y Jeremy, que habían salido del agua y estaban acuclillados en calzoncillos, con un aspecto cómico. Por el rabillo del ojo vi a tres de los guías entre los sauces, que observaban la escena y se rascaban la cabeza. Rowan, confundido, seguía de puntillas, temblando y agitando las manos de forma autística.

—¡Vamos, Rowan! —dije con desesperación—. ¡Vamos! —grité, tratando de mitigar mi apremio con fingido sentido del humor—. ¡Código marrón! ¡Vamos, acuérdate, código marrón!

Rowan salió corriendo, abrumado, asustado, confundido, para alejarse de nosotros. El alma se me cayó a los pies.

De pronto se detuvo, se agachó e hizo sus necesidades.

—¡No puedo creerlo! —exclamó Jeremy.

—¡BRAVO! —grité para vencer los cien metros que nos separaban—. ¡Buen chico, Rowan! ¡Bravo!

—¡Dios mío! —exclamó Kristin.

Me puse a saltar y a brincar, gritando:

—¡No me lo creo! ¡Es como ver a Inglaterra ganando el campeonato mundial!

Jeremy se volvió hacia mí.

—Bien, colega, supongo que tu ruego ha sido atendido.

Nos volvimos para mirar a Rowan. Se acercó a la orilla, se agachó y se lavó con agua. Él solito. Era la primera vez que hacía de vientre como es debido y luego se limpiaba. No habían pasado ni treinta horas desde que Ghoste nos había asegurado que ocurriría.

—Es increíble —dijo Tulga en voz baja para sí.

—¡ESTOY MUY ORGULLOSO DE TI! —grité; mis palabras reverberaban ligeramente sobre el agua—. ¡ROWAN! ¡SÍ, TÚ! ¡HIJO MÍO! ¡ESTOY MUY ORGULLOSO DE TI!

Esa tarde, después de nuestro chapuzón en el río, Rowan me pidió que lo llevara a cabalgar. De modo que, aún descalzo, ensillé de nuevo a *Blue*, nos montamos y echamos a galopar a través de la pradera sembrada de flores silvestres hasta llegar al pie de la montaña. Después dimos media vuelta y regresamos, entre risas, mientras la tarde daba paso al anochecer.

A la mañana siguiente alcanzamos el paso del río en un tiempo récord, volando al galope junto al ancho cauce de aguas turbias, tal como deseaba Rowan. Cualquier vestigio de temor había desaparecido por completo.

—¡Corre! ¡Corre! ¡Chuh! ¡Chuh! —gritaba alegre. Luego, con voz ronca, recitaba su crónica sobre Buster, *Lily*, *Blackie*, *Lee Lee*, el elefantito, y *Asha*, el pequeño rinoceronte.

—¡Estoy loco de atar y no me importa! —dije en broma, imitando su tono siniestro.

—¡Estoy loco de atar y no me importa! —rugió Rowan como un eco mientras doblábamos un amplio recodo. *Blue* volaba sobre el suelo, que era una mancha verde, mientras sentíamos el tibio sol en la cara, y mi hijo se reía si parar, incluso cuando, al vadear el río, los caballos tropezaron con las piedras y se hundieron hasta la panza. Parecía que nada podía empañar su buen humor.

Ni siquiera una inesperada demora de seis horas al otro lado del río. La víspera, Tulga había tenido la brillante idea de pedirle a Daava, el hijo del anciano, y a los otros guías jóvenes, que se adelantaran para localizar a los conductores allí donde habíamos dejado las furgonetas, cerca de Ulan-Uul, y decirles que vinieran por otra carretera para reunirse con nosotros junto al río. En aquel momento me había parecido una buena idea. Los jóvenes, que eran excelentes jinetes, podían cubrir la distancia mucho más deprisa que nosotros. Pero cuando llegamos al río, las furgonetas no estaban allí esperándonos.

Aguardamos durante toda la húmeda tarde, mientras los truenos estallaban sobre las lejanas montañas y el calor se intensificaba. Nos bañamos en el río y nadamos hasta el centro para zafarnos de las moscas que revoloteaban por los límites del bosque.

Pese a la irritante espera, a Rowan no le dio ningún berrinche. Ni siquiera protestó.

Mientras él y Tomoo chapoteaban en las aguas poco profundas de la orilla, halló un trozo de una caña de pescar vieja que algún turista debió de perder en el agua.

—¿Qué es eso? —le pregunté.

—Una caña de pescar. Mira, soy un pescador, estoy pescando.

—Así es. ¡Buen lenguaje!

Rowan se volvió entonces hacia mí, señaló la caña y dijo:

—Es una varita mágica. Soy un mago.

Lo miré boquiabierto.

—De acuerdo —dije asombrado, preguntándome cómo adaptarme a este nuevo hijo que se expresaba en un lenguaje complejo y que demostraba tener capacidad de conversar y dominio emocional—. Humm... ¿En qué vas a transformarme? —pregunté por decir algo.

—¡En un elefante!

Hice una mala imitación de un paquidermo barritando. Rowan agitó de nuevo la varita mágica.

—¿En qué vas a transformarme ahora?

—¡En un ratón!

Me agaché junto al agua y dije con vocecilla chillona:

—¡No, no, señor elefante, es usted muy grande! ¡Por favor, no me pise!

Las carcajadas de Rowan resonaban por encima del borboteo del agua. Agitó de nuevo la varita mágica.

—¿Qué soy ahora?

—¡Un lémur de cola anillada!

—¿De verdad papá es un lémur de cola anillada?

—No —contestó Rowan al cabo de unos instantes—. Papá es un amigo.

—Dios mío, Rowan —dije agachándome para abrazarlo—. ¡No sabes cuánto te quiero!

Rowan se recostó sobre mis hombros y murmuró, suavemente, con voz casi inaudible:

—Te quiero, papá.

Lo sublime y lo ridículo siempre van de la mano. Cuando los conductores y las furgonetas aparecieron por fin, quedó claro que los dos jóvenes guías (aún no habían aparecido) habían ido a buscarles hacía poco, y se habían pasado toda la noche y buena parte de la mañana bebiendo en un campamento de *gers* cerca de Ulan-Uul. Nuestra espera, por tanto, había sido en vano. Tulga estaba furioso y el anciano se mostraba avergonzado. No obstante, había llegado el momento de despedirnos y Rowan, que no estaba dispuesto a renunciar a su preciado buga tuneado tapizado con piel de leopardo, que por fin había aparecido, se instaló con sus animales de juguete en el asiento del copiloto. De modo que abrazamos a los dos guías mayores, mucho más responsables, y al anciano —sin el que nunca habríamos logrado ascender la montaña y regresar—, mientras juraba vengarse de los guías jóvenes y nos deseaba suerte.

—Ojalá que continúen los cambios positivos en su hijo.

Al cabo de un instante partimos. Brincábamos y nos movíamos de un lado a otro como si estuviéramos en una secadora, mientras Tomoo y Rowan gritaban excitados, jugando a ser unos monstruos.

—Dime, ¿consiguió el anciano meterte mano o no? —pregunté a Michel con tono socarrón, sabiendo que no le apetecía pasar otra noche acampado junto a él.

—Qué va —respondió Michel—. Lo hacía en broma.

Todos nos reímos.

—Pues a mí sí me ha metido mano —comentó Kristin sin darle importancia.

—¿En serio?

—Y tan en serio. Cuando lo he abrazado para despedirme me ha tocado los pechos.

—¿Por qué no has dicho nada?

—Ya sabes... Estábamos a punto de marcharnos. No valía la pena.

—¡Eh, Tulga! —dijo Jeremy alzando la voz para hacerse oír a través del ruido del motor. Tulga iba sentado en el asiento delantero del copiloto—. ¿Has oído lo que el anciano le ha hecho a Kristin? ¿Eso es normal?

Tulga volvió a emitir su risita nerviosa.

—No. Nada normal.

Miré a Kristin.

—¿Quieres que demos la vuelta y lo obliguemos a disculparse contigo?

—No, a mí me parece divertido. Subimos la montaña, guiados por ese viejo sabio, y al final me toca las tetas. Es perfecto, ¿no crees? Entre sublime y ridículo.

—¿Estás segura?

—Oye, nos llevó a ver a Ghoste. Tenemos un hijo que ha aprendido a no hacerse sus necesidades encima, o casi. Que no ha tenido un berrinche desde hace...

—Un día y medio —apuntó Justin desde detrás de nosotros—. Los guías lo estaban comentando.

—De modo que si ése es el precio... ¿qué quieres que te diga? —Kristin se encogió de hombros y se quedó mirando el bosque, los prados en los que pacían los yaks y las ovejas—. Teniendo en cuenta lo que ha ocurrido, para mí no tiene importancia.

Acampamos dos noches de camino a Moron: estuvimos dos calurosas jornadas circulando entre bandazos y sacudidas por las elevadas montañas, deteniéndonos para dar gracias en los *ovoos*; dos jornadas de calor, de miembros entumecidos, de chistes malos y de peores olores, pues ninguno de nosotros se había lavado desde hacía un siglo. Durante esas dos jornadas de viaje por carretera, cuando todo el mundo se quedaba dormido, yo salía a contemplar la luna casi llena que se alzaba sobre las montañas para dar gracias; aspiraba el aire perfumado por las flores y rezaba por que los gigantescos progresos que mostraba Rowan continuaran.

Aunque ni Kristin ni yo lo habíamos expresado en voz alta, en el fondo, y pese a nuestra satisfacción, temíamos que lo que había ocurrido desde que Ghoste había practicado su magia —suponiendo que fuera eso— no durara. Los dos recordábamos que, tras haber visto a los chamanes en la reunión, Rowan también había mostrado unos avances, pero luego había retrocedido. ¿Volvería a ocurrir? Traté de no hacerme ilusiones, de prepararme para ese retroceso para no llevarme un disgusto cuando sucediera. Pero ¿a quién trataba de engañar? Si Rowan retrocedía ahora, después de los progresos que había hecho en tres semanas, que me parecían tres años, me llevaría un disgusto descomunal, me derrumbaría. De modo que contemplé la luna y las montañas y recé.

La segunda noche de viaje acampamos a tres horas en coche de Moron, para tener tiempo suficiente de llegar a la población al día siguiente; después volaríamos a «la ciudad mongola», como decía Rowan, Ulan Bator, que era la última etapa del viaje antes de regresar a Estados Unidos. En la ladera donde habíamos montado el campamento había un bosquecillo de jóvenes y delicados pinos. Aproximadamente a un par de kilómetros, se alzaban unas peñas en lo alto de la colina.

—¿Te apetece dar un paseo hasta allí? —pregunté a Kristin de pronto.

—¿Qué hacemos con Scubs?

—Veamos si accede a que Tulga y los demás cuiden de él. Eh, Scubs —dije. Rowan volvió la cabeza—. Mamá y yo queremos dar un paseo hasta esas rocas —dije señalando las peñas en lo alto de la colina, mientras dos enormes halcones las sobrevolaban impulsados por una corriente de aire cálido—. ¿Te parece bien? ¿No te importa quedarte un rato aquí con Tulga y Tomoo?

—De acuerdo —contestó Rowan. De modo que Kristin y yo subimos la colina.

Al alcanzar la cima, contemplamos la inmensa y ondulada estepa.

—¿Crees que por fin se ha producido el milagro? —preguntó Kristin en voz baja—. Yo sí. Creo que nuestras vidas van a cambiar a partir de ahora. Lo presiento. De veras.

Miré a mi esposa: alta, guapa, increíblemente elegante. Tenía los ojos llenos de lágrimas. A nuestros pies la vasta estepa se prolongaba hasta el infinito, mientras la persistente brisa mecía sus hierbas.

Por la noche, mientras Rowan dormía, Kristin vino a la sección de la tienda de campaña donde yo dormía. Se puso sobre mí, reclamándome de nuevo como su marido.

Mucho más tarde, me despertó el dolor que sentía en el labio. Mientras yacía en la oscuridad, escuchando la respiración de Kristin a mi lado, oí de pronto la voz de Rowan, alta y clara. Debió de darse cuenta de que Kristin se había marchado y la llamaba. Pero no. Hablaba consigo mismo. ¿En sueños? Imposible adivinarlo. Traté de oír lo que decía, pero no logré captar todas sus palabras. Relataba una historia. No sobre Mongolia o los chamanes, sino sobre algo que él mismo se había inventado: una historia protagonizada por Buster, *Blackie*, *Lily*, *Lee Lee*, *Asha* y un nuevo personaje llamado el *Cocodrilo Loco*; todos juntos habían ido al parque de animales salvajes de Whipsnade; después regresaban a casa, e irrumpían en la cocina, donde «mamá les decía que eran muy malos, que habían robado las galletas, y mamá volvió a entrar y se enfadó mucho y todos salieron corriendo».

Me quedé dormido, olvidándome de lo mucho que me dolía el labio al oír el cuento relatado por mi hijo.

A la mañana siguiente cayó un fuerte aguacero. Justin ofreció a Rowan sus auriculares mientras la furgoneta circulaba a través de la lluvia y el barro. Para mi sorpresa, mi hijo que por lo general no tolera tener nada en la cabeza, se los puso y escuchó atentamente la música en el iPod de Justin.

—¡Ese tipo es un lince para los negocios! —gritó Rowan de pronto, siguiendo el ritmo de una canción cantada por un texano excéntrico llamado Daniel Johnston—. «¡Dirige su casa como el gerente de un Burger King!»

Avanzamos bajo la lluvia torrencial, por senderos de cabras y caminos de tierra que sólo un ojo experto podía distinguir, hasta que volvimos a enfilar la carretera principal hacia Moron. Rowan se sentó en el asiento delantero con Tomoo y Tulga y trató de conversar con el conductor.

—¡Hola! ¡Me llamo Rowan! ¿Vamos a la ciudad mongola?

—El conductor no habla inglés, Rowan —le explicó Kristin, que iba sentada a mi lado.

De modo que Rowan intentó utilizar el lenguaje de los signos, que había aprendido hacía unos meses en Greenbriar. ¿Qué conexiones hacía en su cerebro? Fueran las que fueren, lo importante era que las hacía. Cuando llegamos a Moron, al campamento de *gers* situado en la periferia de la ciudad, en lugar de ir a buscar de nuevo los conejitos de Indias del luchador que tanto le habían gustado, Rowan se puso a jugar con unos niños. Correteó arriba y abajo jugando al pilla pilla como un niño normal.

Luego, como no podía dejar que Rowan se sentara a hacer sus necesidades en medio del campamento, traté de llevarlo al lavabo. Se resistió llorando a moco tendido. Kristin vino a ver qué ocurría.

—Ha vuelto a negarse —le dije moviendo la cabeza y sintiendo que el alma se me caía a los pies—. Quizá le he exigido demasiado en poco tiempo. Espero no haberla pifiado.

—¡Fuera! ¡Salir! ¡Bajarme! ¡Fuera! —recitaba Rowan como si se tratara de un mantra. Kristin se arrodilló junto a él.

—Escucha, Rowan —dijo Kristin en voz baja—. ¿Puedes decirnos por qué no quieres hacer caca en el retrete?

—¡Salir!

—¿Es porque estás enfadado? ¿O porque estás asustado?

Rowan la miró. De pronto sus ojos se iluminaron.

—¡Asustado!

—No debes tener miedo, Rowan. —Kristin se inclinó hacia delante y lo abrazó, mientras yo lo abrazaba también, y los tres acabamos unidos en un abrazo en el pequeño lavabo de un campamento de turistas en medio de Mongolia.

De pronto oímos el primer plop.

Kristin y yo nos miramos.

—¡Cielo santo!

Rowan, sentado en el retrete, parecía tan sorprendido como nosotros.

—¡Eres brillante! —le dije.

—Eres brillante —repitió Rowan.

Salí a la carrera gritando:

—¡Ha hecho caca en el retrete! ¡Ha hecho caca en el retrete!

Era como si me hubiera tocado la lotería. Incapaz de reprimir mi alborozo, me puse a bailar dando brincos. Al verme, la hija de una de las mujeres del campamento, que en aquel momento pasaba por allí, se tapó la boca y se echó a reír. Rowan, a quien Kristin ya había limpiado, salió deprisa. La niña echó a correr tras él de inmediato y, al cabo de unos segundos, apareció Tomoo, que se unió a ellos.

Había hecho caca en el retrete; Rowan jugaba con otros niños como un crío normal. Sí, nuestras oraciones habían sido atendidas.

Esa tarde nos bebimos una cerveza tras otra en el bar del campamento de las *gers*, mientras observábamos a Rowan corretear con Tomoo y los hijos de la mujer que regentaba el campamento, alegre, feliz, formando parte del grupo. Por fin, al anochecer, cuando el cielo aparecía iluminado por la luz crepuscular, los niños dejaron sus juegos y regresaron junto a nosotros, los cuatro cogidos de la mano, moviendo los brazos al unísono y cantando una canción que sólo los niños, que conocen el lenguaje común de los niños, comprenden. De pronto oí unos graznidos en lo alto y, al alzar la vista, vi siete grullas surcando el cielo, dirigiéndose hacia el oeste bajo los últimos rayos del sol.

Al día siguiente tuvimos que esperar varias horas el vuelo que nos llevaría de regreso a UB. Pero no se produjo ningún berrinche. Decidimos matar el tiempo en lo que, desde lejos, parecía un parque infantil, pero comprobamos que el césped estaba sembrado de trozos de vidrio, y los toboganes y los columpios, cubiertos de fragmentos de metal capaces de ensartar a un niño.

—Son como agujeros negros psíquicos —comentó Justin filmando con su cámara mientras nos íbamos sentando por turnos sobre

animales de hormigón que alguien, probablemente en la época soviética, había tenido la genial idea de instalar entre las botellas rotas y las ortigas. Justin tenía razón, parecía como si el corazón rural
de Mongolia se estropeara en cuanto intentaba hacerse urbano.

Cuando llegamos al aeropuerto se produjo otro retraso, el
tipo de contratiempo que hacía unas semanas —no, sólo una semana— habría sacado a Rowan de quicio. Pero esta vez no rechistó. Era otro niño. Incluso volvió a hacer caca en el retrete del aeropuerto. ¿Quién era aquel niño?

Volamos sobre las montañas, sobre la estepa, contemplando el
inmenso espacio a nuestros pies. Cuando aterrizamos en UB, Rowan quiso que lo lleváramos inmediatamente al Museo de Historia Natural. Pero Naara, la esposa de Tulga (que se mostró horro-
rizada al ver la espesa barba que su marido se había dejado crecer
durante las últimas semanas), nos había reservado alojamiento en
un campamento de *gers* situado en el otro extremo de la inmensa
ciudad, cuyo aspecto sórdido nos chocó después de nuestra larga
estancia en los inmensos espacios naturales. Empezó a lloviznar, y
luego a llover a cántaros cuando el conductor nos llevaba al campamento por interminables carreteras que serpenteaban a través
de destartalados suburbios industriales. Cuando por fin llegamos
al campamento, ya había anochecido. Rowan estaba cansado y fa-
mélico. Se acostó enseguida en la *ger* que teníamos reservada.

Mientras charlábamos y escuchábamos el batir de la lluvia sobre
el tejado de la *ger*, Kristin y yo contamos las ocasiones que ese día
podrían haber desencadenado uno de los berrinches. Calculamos
que eran veintidós. Pero Rowan no había sucumbido a ninguna.

—¿Qué opináis? —preguntó Michel—. Sobre esos cambios en
Rowan. ¿Creéis que son cosa de los chamanes?

Kristin sonrió.

—Ni siquiera me pregunto a qué se deben. Ni por qué se han
producido. No sé si creo o no en el chamanismo, o si se trata simplemente de una metáfora. Sólo sé que Rowan hace ahora cosas
que jamás había hecho. Por ahora me conformo con esto.

23

Cuatro minutos y cincuenta
y dos segundos

Al despertarnos nos hallamos en un pedacito del paraíso: una ladera que descendía hasta el inmenso río Tuul, el río sagrado en cuyas orillas habíamos llevado a cabo el primer ritual con los nueve chamanes. Parecía como si hubiera transcurrido un siglo. La ribera estaba poblada de chopos, hayas y álamos que crecían en islas entre la corriente. En algunos puntos, la ribera descendía suavemente hasta el borde del agua formando grandes pastos en los que pacían manadas de caballos. En otros, ascendía hacia los imponentes riscos, cuyos salientes estaban cubiertos de pequeños árboles. Detrás se alzaban montañas descomunales. Seguía cayendo una llovizna que tamizaba la luz y realzaba la intensidad y los matices de los verdes. Un hombre se acercó con un caballo para Rowan y para mí. Picado por la curiosidad, deseando comprobar si Rowan se negaría de nuevo a montarse en un caballo ahora que sabía que iba a regresar a casa, le pregunté si quería montar el animal, un albino con el hocico rosa y los ojos azules bordeados de rosa.

—¡Sí, montemos en él!

De modo que partimos con el pastor de los caballos; vadeamos el río y nos dirigimos a la manada que pacía en la otra orilla. El hombre nos indicó por medio de signos que lo ayudásemos a llevar las yeguas y los potros hacia el lado del río del que veníamos; nos hizo entender además que mi caballo, un semental, podía ponerse nervioso, por lo que era preferible que Rowan montara en el suyo. En parte para comprobar la reacción de mi hijo, se lo entregué al pastor para que éste lo sentara en su montura, delante de él. No hubo ningún problema, ni la menor protesta. Cuando alcanzamos la manada, mi semental empezó a relinchar desafiando al macho alfa a cargo de las yeguas y los potros. En un par de ocasiones incluso se encabritó y agitó las patas delanteras. El niño ni siquiera pestañeó. Llevamos la manada a través del río. Rowan gritaba con nosotros: «¡Chuh» ¡Chuh!», al tiempo que el pastor avanzaba al galope, daba la vuelta y se detenía. Los dos sementales no dejaron de relinchar durante todo el trayecto y Rowan disfrutó de lo lindo.

Observé como vivía su aventura: excitado, contento, sin querer marcharse de allí.

Pero aún quedaba una última etapa por completar. Hacía algunas semanas, había organizado una visita a Khustai, uno de los lugares donde los caballos salvajes originales de Mongolia, conocidos como *takhins*, «los reverenciados», seguían paciendo en la estepa. Los *takhins,* los abuelos de los caballos domesticados que habíamos montado, de los caballos domesticados de todo el mundo, son al caballo moderno lo que el lobo gris es al perro. Yo quería llevar a Rowan a la fuente —al origen de los caballos, por decirlo así— y darles a esos caballos salvajes las gracias por todo lo que los caballos nos habían dado. Quería hacer una especie de peregrinaje. De modo que partimos de la inmensa y destartalada ciudad en la furgoneta y empezamos a circular por carreteras infernales —que de carreteras tenían poco— hacia el oeste, hacia la estepa, para completar nuestra última etapa.

Era extraño volver a estar en marcha. En muchos sentidos, teníamos la sensación de que el viaje había concluido.

—¿Es necesario que vayamos allí? —preguntó Kristin irritada mientras, sorteando baches, entre bandazos y sacudidas, nos dirigíamos hacia el oeste, hacia el parque nacional de Khustai, a unas tres horas en coche de UB —. Estoy rendida. ¿No podríamos descansar un poco en UB antes de regresar a casa?

Kristin no dejaba de tener razón. Puede que me hubiera excedido. Pero una voz insistente, la misma que me había impulsado a ir al lago Sharga, decía que debíamos ir a ver a los últimos caballos salvajes de Mongolia o, mejor dicho, a los caballos salvajes de verdad, de Mongolia.

—Lo siento —dije sinceramente, pues, como todos, yo también estaba harto de la furgoneta. Y aquel tramo de carretera era el peor de todos los que habíamos recorrido. Por otra parte, la dinámica había cambiado ligeramente. Después de pasar tantos días en el quinto pino con nosotros, Tulga había tenido que ir a recoger a unos turistas que llegaban en avión del Reino Unido, de modo que nos había asignado una guía que trabajaba por cuenta propia —una mujer llamada Daava— para que se ocupara de nosotros. Era una mujer amable, pero yo echaba en falta nuestras amenas charlas con Tulga. Tomoo había tenido que quedarse en casa con su madre, de modo que tampoco nos acompañaba. Sólo íbamos a estar con los caballos salvajes una noche. Después volveríamos a UB, y luego, al día siguiente, partiríamos hacia casa.

Cuando hacía una hora y media que habíamos salido, Kristin empezó a sentir náuseas. Michel también. Al cabo de dos horas, ambos experimentaban el mismo tipo de malestar del que había sido víctima Michel cuando nos dirigíamos a ver a la gente de los renos. Se recostaron en el asiento de la furgoneta, mareados como una sopa, mientras el vehículo circulaba a trompicones a través de los infernales baches. Con tanto vaivén Kristin y Michel se sintieran cada vez peor. Yo también lo aborrecía. De todos nosotros, sólo Rowan se mostraba feliz, en su elemento. Contemplaba el paisaje que desfilaba ante la ventanilla y disfrutaba con los bandazos y las sacudidas de la furgoneta, con la sensación de avanzar, como le ocurría siempre.

Por fin abandonamos la carretera principal y los numerosos desvíos y atajos que profanaban la estepa, y doblamos hacia el sur, hacia un territorio más seco. Colinas de arena, hierbas altas, ausencia de árboles, algunos barrancos con matorrales donde el agua fluía en época de lluvias: sin duda, un territorio de caballos. Poco después penetramos en el parque nacional.

Cerca de la entrada pacía una pequeña manada de caballos distintos a los *takhin*.

—No entran en la reserva —dijo Daava—. Los caballos salvajes los atacarían. Saben que les conviene permanecer fuera.

Dejamos el vehículo en un pequeño aparcamiento situado entre las hierbas altas, donde había aparcados otros autocares y furgonetas de turistas, y nos condujeron a un campamento de *gers* instalado alrededor de una cabaña de troncos de dos habitaciones que hacía las veces de hostal. Turistas europeos, americanos y chinos trajinaban de un lado a otro cargados con cámaras y bolsas. Era la primera vez desde nuestra llegada que nos hallábamos en un lugar junto a otros viajeros, otros turistas. La sensación era un tanto inquietante.

Pero el tiempo apremiaba y no podíamos malgastarlo lamentándonos. Kristin tenía cada vez peor aspecto, y Michel apenas podía caminar. Ambos se acostaron en las *gers* que nos habían asignado casi de inmediato, mientras Justin, Jeremy y yo nos reuníamos para decidir la mejor forma de filmar. Rowan, encantado de disponer de su propia *ger*, se puso a jugar tranquilamente en la alfombra con su nuevo tren de juguete mientras nosotros conversábamos. Antes de abandonar UB, nos habíamos detenido en unos grandes almacenes de la época soviética —un lugar extraordinario donde podías comprar de todo, desde pieles de lobo hasta antiguas reliquias budistas pasando por perfumes, juguetes y libros— y le habíamos comprado ese tren como recompensa por haberse portado bien. Cuando salíamos de los grandes almacenes pasamos la sección de zapatos para niños y nos echamos a reír al observar que la marca principal de calzado infantil, en un lugar como aquél, era Stabifoot.

—Es un tren del zoo —dijo Rowan riéndose mientras disponía los animales de forma espaciada sobre la vía—. Como Whipsnade.

Cuando llegó el momento de ir en busca de la furgoneta para ir a ver a los caballos salvajes (Kristin decidió venir también, pese a sus náuseas), Rowan se negó a abandonar su tren de juguete.

Ante el dilema de obligarlo a renunciar a sus juegos y la persistente corazonada de que debíamos ofrecer algún tipo de oración a los caballos salvajes, los caballos originales, insistí en que debíamos ir.

Así que tuvimos el primer berrinche en tres días, en una furgoneta atestada de gente, mientras nos dirigíamos a ver a los caballos salvajes.

—Caramba. —Daava, que no estaba acostumbrada a esto (ni tampoco el guía que el director del parque había contratado para nosotros y el conductor nuevo), tuvo que alzar la voz para hacerse oír por encima de los berridos de Rowan—. Ustedes se lo consienten todo.

Estuve a punto de pegarle. Sentí que el puño me atenazaba de nuevo el corazón. Rowan estaba fuera de sí, arqueaba la espalda en un ataque de autismo en toda regla, y gritaba: «¡JIRAFAAA!», como si hubiéramos retrocedido de nuevo al punto de partida; sus berridos eran ensordecedores, incesantes, te machacaban el cerebro. ¿Era el comienzo de una regresión? Me esforcé en reprimir el pánico que había hecho presa en mí.

—¡Rowan! —dije, recordando que Ghoste nos había asegurado que los berrinches cesarían—. ¡Rowan! Tus gritos hacen daño a papá en los oídos. Hacen que papá se ponga triste. Sería agradable que hablaras.

Rowan me miró a los ojos y vi que de nuevo se le encendía la mirada. Me había comprendido. ¡Me había comprendido! Y se detuvo.

—Vamos a ver a los caballos salvajes —dijo Rowan secándose los ojos—. Luego volveremos a la *ger* y jugaré con el tren.

—Vale —dije—. Eso es exactamente lo que haremos.

Como suele ocurrir en los parques naturales, localizamos los primeros caballos al ver unas furgonetas aparcadas junto a la carretera. Los pasajeros, todos ellos occidentales, se apearon en la estepa y dirigieron la vista hacia una gran ladera situada al otro lado de una profunda hondonada. Nos detuvimos, bajamos del vehículo y vimos una manada de nueve fornidos caballos castaños.

Tenían las crines duras y blancas, el hocico, blanco, listas negras en el lomo y en las patas, y cuerpos compactos y musculosos: eran totalmente distintos de cualquier caballo domesticado que yo hubiera visto. Avanzaron lentamente por la hondonada hacia nosotros, mientras iban pastando, empujados por un semental enorme. Dos potrancos brincaban junto a su madre. Los turistas, observándolos con los prismáticos, emitieron murmullos de admiración.

—¡Mira! —dijo Rowan—. ¡Qué chulos!

De pronto se transformó en un caballo y se puso a galopar por la pradera de un lado a otro. Se reía, resoplando y relinchando y gritaba para que yo participara en el juego.

—¡Papá también es un caballo!

Así que Rowan y yo echamos a galopar juntos detrás del lugar donde se habían congregado los turistas. Los caballos salvajes, que movían las orejas al percibir el ruido que hacíamos, empezaron a aproximarse a más velocidad. Daava y los otros guías mongoles (cada grupo de turistas disponía de su propio guía) nos advirtieron que nos apartáramos. La ley obligaba a mantener una distancia de doscientos metros entre los seres humanos y los caballos salvajes. De modo que Rowan y yo nos reunimos con los otros, galopando y relinchando como imbéciles en una feria.

—¡Rowan montar en papá!

Así que lo monté sobre mis hombros y me puse a galopar en círculos. Yo estaba más en forma que al inicio del viaje. No obstante, al cabo de un par de minutos, empecé a resoplar y deposité a Rowan en el suelo.

Casi de inmediato saltó ante nosotros una cría de grulla de entre las hierbas altas, aterrizó en el suelo, incapaz de alejarse volando, y corrió a ocultarse en otra mata de hierba. Rowan emitió un entusiástico «hola» y se puso a perseguirla. Ambos nos arrodillamos en el suelo y miramos entre la hierba. La pequeña grulla, a poca distancia de nosotros, nos observaba con sus ojos oscuros, con la cautela propia de los animales. Recordé la pequeña agachadiza que había aparecido ante nosotros cuando *Blue* se había caído en la ciénaga, el primer día en que habíamos partido a caballo para ver a la gente de los renos, y que el hecho de perseguirla después de nuestra caída había evitado que el pánico hiciera presa en Rowan.

—¡Atraparla! —dijo Rowan introduciendo la mano entre la hierba. Yo lo sujeté por detrás.

—La grullita está asustada, Rowan. Si la agarras, puedes hacerle daño. Limítate a mirarla, ¿vale?

Rowan echó la cabeza hacia atrás y soltó un chillido parecido al silbido de un tren. Una docena de turistas se volvieron.

—¡GRULLITAAA! ¡GRULLITAAA!

Rowan arqueó la espalda. Entonces recordé lo que había ocurrido en la furgoneta cuando íbamos de camino.

—¡Rowan! —le dije al oído—. ¿Quieres ponerte a gritar y berrear y dejar de ver a la grullita? ¿O quieres portarte bien para que la grullita se quede?

Los berridos cesaron de golpe, sustituidos por unos gimoteos.

—Portarme bien para que la grullita se quede.

De modo que nos quedamos arrodillados en el suelo, contemplando el ave salvaje, que a su vez nos observaba, mientras a nuestra espalda pacían los nueve caballos salvajes, que iban aproximándose cada vez más. Rowan decidió finalmente que se había cansado y fue en busca de los animales de juguete que tenía en la furgoneta.

Parecía un buen momento para que Kristin y yo pronunciáramos nuestra última oración. Pero Kristin había regresado a la furgoneta, llevándose la mano a la frente mientras la invadía otra oleada de náuseas.

—¿Es preciso que lo haga? —preguntó con tono cansino cuando le dije que había llegado el momento idóneo.

—¿Tan mal te sientes? ¿Quieres que regresemos a la *ger*?

Kristin suspiró.

—No, supongo que puedo hacerlo. ¡Venga! Cuanto antes acabemos, mejor.

—Caray, qué actitud tan negativa.

—¿Ah, sí? Esta excursión ha sido idea tuya. Así que no me vengas con ésas.

—De acuerdo —respondí tragándome las ganas de replicar. No era el momento de pelearnos.

De modo que Kristin y yo, cogidos de la mano en la estepa, si no unidos por el corazón, nos situamos frente a la manada de caballos salvajes, con los ojos cerrados, y recitamos en silencio nuestras oraciones. Procuré desterrar de mi mente la irritación para poder concentrarme.

Os doy las gracias, Señores de las montañas, Señores de la tierra, por sanar a mi hijo. Ha mejorado tanto que me parece increíble. Gracias. Sé que no debería hacerme ilusiones de que sus progresos continúen, sé que es un error. Pero no puedo remediarlo. Os ruego que permitáis que siga mejorando. Nos habéis dado mucho. Os ruego que permitáis que su sanación continúe. Caballos salvajes, si podéis dar a Rowan algo más, aparte de lo que ya ha recibido, os ruego que se lo concedáis. No sé qué puedo ofreceros a cambio. Sé que tal vez no debo pediros más. Pero si hay algo que os parece oportuno concederle, os ruego que lo hagáis. Rowan se lo merece. Y gracias. Por todo.

Solté la mano de Kristin, junté las manos y, un tanto turbado, incliné la cabeza tres veces ante los caballos. Tras concluir sus pregarias, Kristin hizo lo propio y regresó a la furgoneta, emanando unas intensas vibraciones de irritación. Yo reaccioné enfureciéndome. Sabía que más tarde discutiríamos, que tendríamos una pelea de aúpa. Pero ¿por qué ahora? En un momento tan sublime. ¿Por qué?

Rowan evitó que me peleara con Kristin ahí mismo exigiendo de pronto:

—¡Rowan montar a caballito sobre papá!

De modo que me lo eché a hombros y nos pusimos a galopar arriba y abajo, una y otra vez, mientras su risa alborozada reverberaba en la estepa. Los caballos se mostraban intrigados por aquel comportamiento humano tan raro; seguramente la mayoría de los humanos que veían se limitaban a observarlos con los prismáticos. Lo animales alzaron la cabeza, movieron las orejas y se acercaron con lentitud. Oí el zumbido de las cámaras, algunas de las cuales utilizaban *flash* debido a que la luz declinaba deprisa. Quedaban escasos minutos de luz diurna.

Daava se acercó.

—Debemos irnos —dijo—. Está prohibido quedarse en la reserva cuando oscurece.

—De acuerdo —respondí dejando a Rowan en el suelo—. ¿Quieres que regresemos a la *ger*, Rowan?

—¡Te atraparé! —gritó Rowan de repente, y echó a correr dirigiéndome una mirada que ordenaba que lo persiguiera. De modo que eché a correr tras él, emitiendo ruidos como si fuera un monstruo y tratando de conseguir que regresara a la furgoneta.

De pronto, un hombre me dijo con marcado acento alemán:

—¡Disculpe! ¡Disculpe! ¡Sí! ¡Quiero hablar con usted!

Me volví. Un hombre alto, aproximadamente de mi edad, se acercó desde una de las furgonetas de turistas que aún no habían partido. Atrapé a Rowan y lo monté sobre mis hombros.

—Dígame —respondí—. ¿De qué se trata? —pregunté sabiendo perfectamente lo que aquel hombre iba a decirme.

—Deseo preguntarle por qué permite que este... este niño se comporte de esa forma —dijo el hombre con un acento duro y envarado—. ¡Estamos en un espacio natural, no en un parque infantil! ¡Hemos venido aquí para gozar de la paz y el silencio! ¡No para oír los gritos de un niño! ¿Por qué se lo consiente?

Miré al hombre, reprimiendo las ganas de decirle que se fuera a hacer puñetas. En el fondo, tenía algo de razón. Aunque Rowan no se había portado tan mal. Habíamos procurado mantenernos alejados de los otros turistas. En todo caso, los caballos salvajes se habían aproximado gracias a las payasadas del niño. Con todo, comprendí que el hombre se sintiera irritado. Quizá era mejor tratar de explicárselo.

—¿Sabe qué es el autismo? —pregunté—. Deduzco que es usted alemán. Ignoro si allí emplean la misma palabra u otra. Es una enfermedad de la mente, del cerebro. En la que...

El hombre me miró como si de pronto lo comprendiera todo. Durante un momento, observé en su rostro una expresión de lástima, de turbación. Pero sólo durante un momento. Estaba convencido de tener razón, y no estaba dispuesto a dar su brazo a torcer.

—¡Eso da lo mismo! —dijo, atizando su ira como una pequeña llama—. Un niño así no debería estar aquí, entre... personas normales que han venido a gozar de la paz y el silencio de la naturaleza.

—¿Ah, no? —repliqué furioso—. ¿Cree que los niños autistas no deberían visitar los parques nacionales? ¿Que no deberían gozar también de la naturaleza?

—No he dicho eso. Por supuesto que pueden venir. Pero no cuando hay otras personas aquí tratando de disfrutar...

—De la paz y el silencio.

—Exacto.

—Dígame, ¿a qué se dedica? —pregunté.

Ante mi pregunta, el hombre adoptó un aire de superioridad.

—Soy psicólogo.

Su respuesta me dejó estupefacto.

—¿Qué tipo de psicólogo?

—Clínico.

Mi furia dio paso a la perplejidad.

—Sin embargo —dije alzando el mentón para señalar a Rowan, que estaba sentado en silencio sobre mis hombros—, al verlo no ha diagnosticado que era autista.

—No se comporta como un niño autista.

—¿Ah, no? ¿Y cómo cree que se comportan los niños autistas?

—Supongo que un niño autista se mostraría asustado, tímido, callado. Temeroso de los animales.

—¿De veras? ¿Ha conocido muchos niños autistas?

El hombre respondió de nuevo enojado:

—¡No se trata de eso! ¡Se trata de que no debería haberlo traído aquí! ¡No debería haber permanecido tanto tiempo aquí!

Observé un movimiento a mi derecha. Justin estaba filmando la escena. El psicólogo alemán parecía desconcertado.

—¿Cuánto tiempo diría usted como psicólogo, como profesional, que un niño así debería permanecer aquí?

—No trate de tergiversar mis palabras. Están filmando un reportaje. Ya conozco esos trucos, lo montarán de forma que parezca que he dicho lo que no he dicho. No voy a seguirle el juego.

—No, en serio, me interesa su opinión. Según usted, como profesional, ¿cuánto tiempo debería permanecer un niño así en un lugar como éste, un día en que han venido personas normales?

—No le seguiré el juego.

—¡Vamos, hombre! Ha sido usted quien ha dicho que mi hijo había permanecido aquí demasiado tiempo. ¿Cuánto tiempo le parece adecuado? ¿Una hora? ¿Dos horas? ¿Veinte minutos? ¿Cinco?

El hombre me miró despectivamente y respondió con una sonrisa forzada:

—Puesto que me obliga a decir un número, cuatro minutos y cincuenta y dos segundos. —Tras lo cual dio media vuelta y se alejó.

Lo malo, pensé mientras lo observaba regresar junto a su grupo, es que lo había dicho en serio.

El hombre tenía cierta razón, pero su afán en no dar su brazo a torcer le impedía sentir la menor compasión. De ahí a decretar que los niños que hacen ruido, los niños problemáticos, no deben frecuentar lugares donde los adultos puedan sentirse incomodados, mediaba tan sólo un paso. De ahí a hacinarlos en escuelas especiales y, de adultos, en instituciones especiales, mediaba tan sólo un paso. Nada de integración; nada de socialización.

Una vez todos en la furgoneta, regresamos al campamento de *gers* a través de la oscuridad. Yo estaba que trinaba contra el desgraciado del psicólogo. Contra mi esposa. Contra mí mismo por... ¿Por qué, exactamente? ¿Por ser una vez más la persona que tenía un hijo que se comportaba de forma embarazosa en público? Después de los progresos que había hecho Rowan, era injusto. Sentí un regusto de bilis. Me sentí avergonzado.

Otros dos caballos salvajes aparecieron de pronto en la oscuridad; eran un par de machos solteros que aún no habían conquistado su propio harén de yeguas y se paseaban juntos por la estepa en la que merodeaban los lobos por las noches.

—Qué chulos —dijo Rowan observándolos al otro lado de la carretera—. Los caballos salvajes son muy chulos.

Para nuestra última noche en Mongolia, en lugar de un hotel en medio de la contaminada ciudad u otro campamento de *gers* en las afueras, Naara nos había reservado alojamiento en una residencia privada para expatriados a los pies de la montaña sagrada de Bogd Khan, no lejos de donde Rowan se había sometido a su primera sanación. Era un punto de encuentro de distintos mundos —una construcción moderna, como un gran hotel, pero con apartamentos separados— en el que había niños de todo el mundo: niños ricos, hijos de diplomáticos y ejecutivos de multinacionales americanos, niños chinos y europeos, y niños que montaban en bicicleta, jugaban a baloncesto, trepaban por una estructura metálica y se columpiaban bajo la atenta mirada de sus niñeras mongolas. Rowan se dirigió hacia ellos muy decidido. Al cabo de una hora se había ganado la simpatía de todos. Los chicos mayores le enseñaron a jugar a baloncesto y lo sostenían en brazos para que pudiera encestar la pelota. Cuando, al cabo de un rato de habernos instalado, llegó Tomoo, Rowan y él se pusieron a corretear con el resto del grupo, como niños normales. A pesar de ello, me mantuve alerta por si detectaba el más mínimo indicio de que algún chico se burlaba de Rowan, lo trataba despectivamente o lo rechazaba al darse cuenta de que no era tan normal como parecía. Pero eso no ocurrió.

Kristin se había acostado después de pedirme malhumorada que la dejara tranquila.

—No sé por qué estoy así —reconoció en un momento de lucidez—. No son sólo las náuseas. Parece como si una energía negra y negativa hubiera hecho presa en mí. No sé por qué me comporto de forma tan negativa. Todo ha ido maravillosamente. Pero no puedo remediarlo. Es como hundirse en el lodo. Sé que no es justo que lo pague contigo. Sé que tienes que vigilar tú solo a Rowan. Pero es que... En estos momentos no puedo hacer nada por evitarlo. Lo siento.

De modo que la dejé sola y, cuando los otros niños se retiraron a sus respectivos apartamentos, llevé a Rowan a dar un paseo por la montaña. En lo alto de un risco, frente al edificio de apartamentos y la inmensa, extraña y grotesca ciudad que se extendía más allá, había un *ovoo*. A nuestras espaldas, la ladera seca se elevaba hacia un bosque de pinos. En la montaña pacían algunos caballos. Atrapados entre dos mundos, observamos cómo el sol se ponía sobre las montañas, los árboles, los rascacielos y las chimeneas.

—Mañana regresamos a Londres —le dije a Rowan, aunque el niño ya lo sabía—. ¿Te gusta Mongolia?

—Sí.

—¿Te gustan los chamanes?

—Sí.

—¿Quieres volver a casa?

—Sí. Sí que quiero.

Luego nos acostamos y dormimos poco, pero profundamente hasta que Naara, Daava y Tomoo regresaron, poco antes del amanecer, para llevarnos al aeropuerto.

Mientras hacíamos cola ante el mostrador de facturación, Rowan y Tomoo se sentaron juntos sobre el carrito del equipaje, como dos hermanos. Cuando llegó el momento de despedirse, se abrazaron y luego, de esa forma primitiva, casi animal, con la que los niños aceptan las cosas, se separaron bruscamente.

Cuando el avión se elevó sobre las montañas, sobre aquella tierra inmensa que nos había dado tanto, Rowan se volvió hacia mí y sonrió.

—Una salchichita valiente —dijo, con la cara pegada a mi chaqueta.

Miré a Kristin, que había regresado de un extraño y oscuro lugar. Nos tomamos de la mano mientras el avión se ladeaba, ascendía y ponía rumbo a Occidente: a casa.

Epílogo

Cuando regresamos a Londres, de camino a Texas, Rowan empezó a mostrar de nuevo una conducta obsesiva. Tuvo varios berrinches. Al tercer día en la ciudad, mientras caminábamos por una amplia y concurrida calle cerca de la casa de mis padres haciendo tiempo para ir a tomar el avión que nos llevaría a Austin, Rowan empezó a autoestimularse, y se puso a agitar los brazos y a balbucear cosas sin sentido. Era una regresión. Al observarlo mover los brazos violentamente y sacudir la cabeza mientras el tráfico pasaba rugiendo junto a nosotros, creí que se me partía el corazón.

Esa tarde Kristin y yo llevamos a Rowan en tren desde la casa de mis padres hasta Hampstead Heath, ese maravilloso espacio rural en pleno Londres Norte. Antiguamente era un lugar frecuentado por bandidos y prostitutas, pastores y ciervos, pero hoy en día es una campiña protegida que sigue conservando su magia agreste. Pensé, aferrándome a un clavo ardiendo, que si llevaba a Rowan a un lugar donde pudiera estar de nuevo en contacto con la naturaleza, quizás la regresión cesaría. Recé con todas mis fuerzas, observando a Rowan mirar por la ventanilla del tren los tejados de Londres, y rogué que todo cuanto había conseguido no fuera en balde.

Contemplé a Rowan mientras correteaba delante de mí bajo los inmensos robles, persiguiendo unas hermosas urracas que brincaban por el sendero ante él. Se rió cuando una ardilla gris se encaramó a un árbol y se puso a parlotear sobre una rama. De pronto, dio media vuelta y echó a correr hacia mí, sonriendo pícaramente.

—¡Es hora de las cosquillas!

Aliviado de que Rowan se expresara de nuevo con lucidez, le pregunté:

—¿Cosquillas pequeñas como un ratón, o...?

—¡Cosquillas grandes como un elefante búfalo rinoceronte ballena! —me interrumpió Rowan, y, soltando una sonora carcajada. Me dio un cabezazo en el vientre. Se puso a chillar de gozo cuando le hice cosquillas en las costillas y le rasqué la cabeza al tiempo que trataba de reprimir mi temor para no ponerle las cosas más difíciles.

Dimos un largo paseo hasta el anochecer. Contemplamos las aves, y observamos cómo se ponía el sol sobre la gran cuenca de Londres. Allí, en plena Naturaleza, Rowan volvía a mostrarse sosegado.

Pero ¿durante cuánto tiempo?, me pregunté. ¿Cuánto tiempo?

Resultó que para siempre. Ese episodio de berrinche y autoestimulación ocurrido en Londres una semana después de bajar de la montaña donde estaba el campamento de Ghoste fue el último: después de eso Rowan ya no volvió a mostrar una conducta profundamente disfuncional. Siguió haciendo sus necesidades en el baño. Durante un tiempo lo vigilamos para evitar accidentes. Luego, incluso los accidentes cesaron. Cuando regresamos a Estados Unidos, mi hijo había empezado a ir solo al baño. Al poco tiempo, ni Kristin ni yo tuvimos que intervenir. Y los berrinches, la hiperactividad y la ansiedad, esos perpetuos demonios que habían permanecido posados como gárgolas sobre los hombros de Rowan durante los tres últimos años, lo habían abandonado por completo cuando llevábamos un mes en Texas.

Habíamos regresado con un niño totalmente distinto.

Poco antes de partir de Inglaterra para regresar a casa, Kristin y yo fuimos a Cambridge para entrevistarnos con el doctor Simon Baron-Cohen (primo del célebre Borat y Ali G.), probablemente la mayor autoridad sobre autismo en Inglaterra. Yo no estaba de acuerdo con todas sus tesis; por ejemplo, el doctor Baron-Cohen opinaba que la actual pandemia de autismo se debía, no a la contaminación ambiental, como piensan muchos científicos, sino a que se diagnostican más enfermos que antes. Kristin, haciendo gala de sus conocimientos profesionales, señaló que si la causa fuera un aumento en el diagnóstico, por lógica deberían haber disminuido los casos de otros trastornos mentales que actualmente se diagnostican como autismo. Ambos estaban en desacuerdo en esa materia. Pero una de las cosas que dijo el doctor Baron-Cohen me impresionó.

—Es posible que en el futuro —dijo— se debata si debemos curar el autismo o no. Quizá se trate, más bien, de un tipo de personalidad.

Cuando Rowan regresó, volvieron a valorar su estatus académico. A los cinco años, su nivel de lectura era el de un niño de siete. Tres meses más tarde había alcanzado el nivel de un niño de ocho años y había empezado a leer cuentos antes de irse a dormir.

También me preocupaba que la conexión de Rowan con Tomoo hubiera sido un episodio aislado. Pero al cabo de una semana de haber regresado a Estados Unidos, una amiga trajo a su joven hijastro, Gavin, para que montara con nosotros. Rowan y Gavin se hicieron amigos enseguida. Unas semanas más tarde, la mitad de los chicos del barrio se presentaban en casa para montar con nosotros. Cuando Rowan cumplió seis años, pocos meses después de nuestro regreso de Mongolia, tenía tantos amigos que tuvimos que dar una fiesta —su primera fiesta de cumpleaños— para un montón de niños, los cuales se consideraban amigos de Rowan. Y sólo uno de ellos también padecía autismo. Rowan tenía una vida social como la de cualquier otro niño.

Luego estaba su afición a montar a caballo. Durante mucho tiempo, había temido en mi fuero interno que el período en que montamos juntos a *Betsy* acabara siendo simplemente unos pocos años dorados que concluirían cuando Rowan fuera demasiado mayor para compartir cómodamente la silla de montar conmigo. Eso ocurrió aproximadamente cuando cumplió los seis años.

Cuando regresamos a casa, *Betsy* recibió a Rowan con la misma espontánea sumisión que había mostrado siempre, y Rowan y yo seguimos cabalgando a través de los campos, pastos y bosquecillos de pacanas silvestres que había junto a nuestra casa. Unas semanas después de nuestro regreso, empecé a no volver a montar a *Betsy* después de desmontar para abrir la puerta. En lugar de eso, recorría los últimos cuatrocientos metros hasta la cuadra caminando junto a la yegua, sin sujetarla por las riendas, simplemente indicándole con sutiles movimientos de mis dedos que debía caminar junto a mí, con Rowan encima.

Al principio Rowan protestó:

—¡Papá montar! —insistía.

Yo bromeaba sobre ello. Y fingía no oírlo preguntándole: «¿Qué, qué?» con mi voz de viejo y chiflado coronel inglés, y le hacía cosquillas mientras él iba montado sobre *Betsy*. Le hacía reír al tiempo que la yegua avanzaba pacientemente, moviendo las orejas hacia delante y hacia atrás. Cuando llegamos a la cuadra, me detuve de repente y dije:

—Tira de las riendas y di: «Sooo».

Sorprendido, Rowan obedeció.

—Sooo —dijo. *Betsy* se paró en seco.

Al día siguiente repetimos el ejercicio, pero al final me incliné hacia la izquierda y dije:

—¡Tira de las riendas hacia papá!

Rowan me miró confundido.

—¡Mueve la mano hacia papá! —dije. Rowan obedeció. *Betsy* se volvió hacia mí, dócil como una ovejita.

Al día siguiente repetimos ambos ejercicios, pero añadí un giro hacia el otro lado.

Así logré que Rowan se acostumbrara poco a poco a montar solo, durante no más de unos cinco minutos al día, para no forzarlo. Al cabo de un mes Rowan había aprendido a frenar a *Betsy* y a hacer que se volviera con gran desenvoltura mientras yo me alejaba cada vez un poco más. Un día, cuando *Betsy* trató de agachar la cabeza para pacer, le dije a Rowan:

—Tira de las riendas y azúzala.

Rowan siguió mis instrucciones. *Betsy* obedeció. Al volverme vi al tío Terry dirigirse hacia nosotros.

—¡Rowan ya monta solo!

—Vaya, Rowan —dijo el tío Terry sonriendo—, a partir de ahora no dejarás en paz a la pobre *Betsy*.

Esa tarde, le conté a Stafford lo que había ocurrido mientras lo celebrábamos con unas cervezas.

—Rupert —dijo Stafford haciendo chocar su botella contra la mía—, creo que dentro de poco no vas a tener que preocuparte de nada más.

Miré a aquel hombre bondadoso, mi vecino, mi amigo. De no haberme permitido que utilizara su caballo y sus terrenos, mi hijo no habría llegado hasta donde estaba.

Por esa época adquirí otro caballo, un cuarto de milla texano llamado *Clue*, que tenía una gran habilidad para saltar. Lo adquirí en parte para no agotar a *Betsy* —*Clue* era también muy dócil con los niños— y en parte para reivindicar mi carrera de jinete, para tener un caballo con el que volver a saltar. Quería partir solo a caballo cuando el tiempo lo permitiera y cabalgar a través de los campos sin estar pendiente del problema del autismo de mi hijo. Al principio, cuando se lo ofrecí, Rowan se negó a montar a *Clue*, llevado por su lealtad a *Betsy*. Pero al cabo de un par de semanas empezó a montar también el nuevo caballo, cada día un rato más, mientras yo —o Kristin y yo— lo acompañaba caminando a su lado dando así un paseo en familia mientras nuestro hijo cabalgaba.

En cuanto a mí, al no tener que montar sólo como parte de la terapia de Rowan, descubrí nuevos horizontes con los caballos. Conocí a un domador especializado en doma de alta escuela, la forma más compleja de equitación, que consiste en adiestrar el caballo para que baile, literalmente, con el jinete sobre él. Siempre había deseado probar esa particular disciplina de equitación, pero en mi fuero interno creía que no estaba preparado para ello. Es posible que Mongolia me infundiera mayor fe en mí mismo.

En cualquier caso, dejé de lado mis complejos, empecé a entrenar y descubrí, entusiasmado, que no sólo era capaz de practicar ese estilo tan difícil de equitación —la equitación como arte—, sino que lo hacía lo suficientemente bien para competir. Mientras profundizaba en esa forma más conectada de montar, empecé a descubrir el niño de los caballos que llevaba dentro.

Cuando llegó Año Nuevo, Rowan montaba él solo dos horas al día. Frenaba y hacía volver al caballo cuando yo abría o cerraba las puertas, lo espoleaba cuando trataba de detenerse para pastar, incluso maniobraba entre los conos de tráfico que yo colocaba en el campo para que se entrenara. Montaba como los nómadas habían dicho que montaría.

Kristin y yo conseguimos recuperar nuestra vida de pareja. La aparición de los amigos en la vida de Rowan permitió la llegada de las canguros en la nuestra, lo cual nos permitía salir juntos por las noches. La revelación de poder sentarme a una mesa en un restaurante frente a mi bella esposa, mirarla a los ojos —esos ojos castaños, casi negros, con esas lucecitas que bailaban en el centro— fue justamente esto: una revelación. Hacía mucho que no salíamos solos.

—¿Te acuerdas Ru del humor negro en el que caí el día que regresamos de visitar a la gente de los renos? —preguntó un día Kristin mientras cenábamos, ambos maravillados ante la novedad que representaba todo—. ¿Cuando estaba irritable, deprimida y mareada? No sé, fuimos a ver al chamán para pedirle que sanara a Rowan y creo que yo recibí una parte de la actividad de los espíritus. Parecía como si me arrancaran todos esos años de intensa negatividad. En parte se trataba de destruir y desechar viejas pautas. Ahora siento una renovada energía creativa.

Ese mes Kristin empezó a escribir un libro sobre sus trabajos referentes a la autoindulgencia, y a los pocos meses encontró un agente y un editor. Nunca la había visto sentirse tan realizada.

En cuanto a nosotros, Kristin y yo seguimos, como tantas otras parejas, tratando de que nuestra unión siga funcionando. La mejoría de Rowan nos ha ofrecido el espacio necesario para hallar el siguiente lugar al que queremos ir juntos. Ya no tenemos que dedicar el cien por cien de nuestro tiempo a pensar en Rowan y su autismo. Disponemos de tiempo para pensar en nosotros, lo cual constituye uno de los regalos que nos ha ofrecido la recuperación de Rowan.

Quizá «recuperación» sea una palabra demasiado fuerte... Tal vez sea mejor decir «sanación». Sanar en lugar de curar.

Rowan sigue siendo un niño autista, su esencia, sus muchas habilidades están relacionadas con ello. Ha sanado de las terribles disfunciones que padecía —su incontinencia física y emocional, sus encendidas tormentas neurológicas, su ansiedad y su hiperactividad—, pero no se ha curado. Ni deseo que se cure. Curarlo en el sentido de tratar de eliminar su autismo ahora me parece totalmente equivocado. ¿Por qué no puede nadar entre dos mundos, con un pie en cada uno, como hacen muchas personas neurotípicas? No tenemos más que fijarnos en los inmigrantes que vienen a Estados Unidos, que viven con un pie en su lengua y su cultura y el otro en Occidente, caminando entre dos mundos. Creo que es un lugar enriquecedor. ¿Podrá Rowan seguir aprendiendo las habilidades necesarias para nadar en nuestro mundo y conservar a la vez la magia del suyo? Todo indica que es un sueño tangible.

A nuestro regreso de Mongolia conseguí recaudar dinero para adquirir unos terrenos y poner en marcha un programa de equitación para niños con TGD. Sesenta hectáreas de una tierra maravillosa, sombreada por inmensas pacanas, olmos y moreras, que atrapan la brisa incluso en los días más calurosos en Texas, y una vieja granja en ruinas. Un lugar donde los niños pueden jugar, montar y aprender a ser felices. La carretera que pasa por ella se llama, quizá oportunamente, New Trails (nuevos senderos).

Mientras estoy sentado en el porche trasero escribiendo esto, rodeado por el canto de los cardenales rojos, el batir de la lluvia texana sobre el tejado de zinc, el bosque repleto de nuevas hojas verdes, una brigada de albañiles remoza la vieja granja para darle ya los últimos toques. Hemos adquirido caballos y otros animales, y hemos contratado personal. Parte de los beneficios que obtengamos de la venta de este libro los emplearemos para ofrecer becas a familias que no puedan costearse la terapia equina.

Al mismo tiempo, he enviado correos electrónicos y mantenido conversaciones telefónicas con África. Mientras escribo, estoy organizando el viaje para llevar a Rowan a Kalahari, tal como nos dijo Ghoste que hiciéramos. Sigo teniendo prohibida la entrada en Botswana, de modo que Besa, el «padre chamán» de Rowan, abandonará por primera vez su país para reunirse con nosotros en Namibia y ver «al pequeño Besa.» ¿Qué ocurrirá allí? ¿Qué otras sanaciones se producirán?

Rowan acaba de aparecer en la puerta con mosquitera del porche donde estoy escribiendo. Quiere reunirse con sus amigos —Adelina, Gavin, Honor, Ariella, Annie y Bessie (ninguno de los cuales, dicho sea de paso, padece TGD)—, a los cuales ve los martes por la tarde para montar juntos a *Betsy*, *Clue*, *Taz* y un viejo caballo negro llamado *Chango*.

—Hemos tenido que cancelar el paseo debido a la lluvia —le digo—. Pero los veremos dentro de unos días.

—¡Quiero verlos ahora!

—Rowan —digo haciendo una mueca—, ¿quieres lloriquear y...? —Me devano los sesos en busca de una frase divertida en lugar de unas palabras de reproche—. ¿Y tener que sentarte en una tina que contiene manteca de cerdo durante treinta y seis años con alguien que no te cae muy bien?

Rowan se ríe.

—O... —dice animándome a seguir, ya que conoce el juego.

—¿O quieres portarte como un niño bueno, ver a tus amigos dentro de unos días y montar con ellos en bicicleta en la luna?

Rowan rompe a reír a carcajadas. Acto seguido sale corriendo para construir un tren del zoo. Pero al cabo de unos momentos regresa y dice:

—Oye, papá.

Alzo la vista. Rowan asoma la cabeza por la puerta sonriendo pícaramente.

—¡Vamos a montar en bicicleta en la luna!

Aquella noche de abril salimos a cabalgar. Yo iba a pie. Rowan, sentado muy tieso en el amplio lomo de *Betsy*. Yo los seguía, esforzándome en alcanzarlos.

—Eh, Rowan —dije—. Tira de las riendas y haz que *Betsy* se detenga mientras abro la verja.

Rowan obedeció. *Betsy* se detuvo.

—Ahora tira de las riendas hacia papá, para que *Betsy* se vuelva.

Rowan siguió mis instrucciones y condujo la yegua hacia donde me hallaba mientras me agachaba para cerrar de nuevo la verja con la cadena.

—Ahora llévala a casa. Di: «Vamos, *Betsy*» al tiempo que le das con los talones en los costados.

—Vamos, *Betsy* —dijo Rowan espoleando la yegua.

Betsy partió a trote ligero de regreso a la cuadra con mi hijo sentado equilibradamente en la silla, alejándose de mí a caballo. Libre.

Agradecimientos

Todo comenzó una tarde de verano en la cabaña de mi amiga Ginny Jordan en las Montañas Rocosas de Colorado.

—¿Qué quieres hacer? —preguntó Ginny mientras contemplábamos tumbados las nubes que se deslizaban por el cielo. Estábamos en un embarcadero de madera, junto a un estanque de montaña cuyas aguas oscuras contenían, curiosamente, docenas de axolotes que flotaban justo debajo de superficie. Los axolotes son una de las maravillas de la naturaleza: la forma embrionaria de las salamandras, que nunca alcanzan su pleno desarrollo, pero que mutan (nadie sabe por qué) para adquirir una forma adulta de embrión que conserva sus agallas y alcanza unos quince centímetros de longitud y la madurez sexual en esa forma supuestamente embrionaria, lo que le permite reproducirse. Que yo sepa, los axolotes se encuentran sólo en México y América Central. En cierta ocasión leí que los aztecas creían que significaban la transición, la muerte de un viejo *yo* y el comienzo de otro nuevo. Yo no había visto nunca un axolote en un espacio natural. Y tampoco lo había visto mi amiga Ginny, aunque ese estanque es suyo. De pronto habían aparecido docenas de esos animales, flotando, silenciosos, justo debajo de la superficie. ¿Por qué? ¿Tenía algo que ver con el clima, o el cambio de estación? ¿Tal vez con su extraño ciclo reproductor? Ginny y yo estábamos algo alucinados, pero al mismo tiempo nos sentíamos honrados, como se siente siempre uno al convertirse sin pensarlo en testigo de uno de los secretos de la naturaleza.

—¿Qué quieres hacer? —repitió Ginny mientras permanecíamos tumbados en el embarcadero con la vista fija en lo alto, alejada de las aguas oscuras y sus extraños moradores. Respondí que quería escribir esta historia. Y, con el gesto de generosidad increíble, Ginny me hizo un regalo que me permitió dejar de lado mi incesante búsqueda de trabajo como escritor y periodista independiente y concentrarme en esto, el trabajo que ahora me ocupa. No tengo palabras para expresarle mi gratitud.

Stafford O'Neal, el dueño de *Betsy*: un caballero en el sentido más amplio de la palabra. No tenías por qué dejarme llevar a mi hijo a tu finca, día tras día, semana tras semana, año tras año. No tenías por qué soportar mis constantes invasiones de tu privacidad, el riesgo de litigios que todos sabemos que comporta dar permiso para montar a caballo en los terrenos de uno; no tenías por qué ofrecerme generosamente tus terrenos, tu caballo, tu corazón. Pero lo hiciste. Pocos hombres están cortados por tu mismo patrón. Es un honor ser tu amigo y vecino, y tengo contigo una deuda incalculable. Y con Daphne-Ann, tu esposa, que siempre nos acogía con cariño, y con el tío Terry, por su infinita amabilidad. También le estoy agradecido a tu vino elaborado con la uva *mustangensis*, absolutamente letal, y tus proverbios filosóficos. «Prefiero ser estúpido que maleducado» debería ser el mantra por el que todos nos rigiéramos.

Los otros propietarios que nos permitieron cabalgar a través de sus muchas hectáreas en Texas son: los hermanos Arbuckle, el señor Powell de Powell Lane, Keith y Sarah Macneill, la familia Martin. Las arboledas de pacanas silvestres, los pastos para el ganado y los bosques de vuestras tierras constituyeron el escenario en el que mi hijo aprendió a comunicarse con el mundo que lo rodeaba.

El hecho de que la mayoría de los libros muestren sólo el nombre del autor en el lomo induce a error; en realidad, todos los libros son colaboraciones. En este caso, todas las personas implicadas aportaron un talento creativo que incidió de forma decisiva. Elizabeth Sheinkman, mi agente: eres la maestra alquimista. Judith Clain de Little Brown: por fin sé lo que significa trabajar mano a mano con una editora de inmenso y poco frecuente talento. Logras que parezca engañosamente fácil, y conviertes el proceso creativo en algo divertido, ágil, dinámico (yo no sabía lo mucho que uno podía divertirse revisando un libro).

Mi esposa, Kristin, que no me permite que envíe nada a los editores antes de que haya dejado de activarse su *irritómetro* (cuando dejo de oír suspiros desde el sofá donde está leyendo, sé que los fallos han sido eliminados). En serio, cariño, eres una editora magnífica, y ambos sabemos que no lo hubiera conseguido sin ti.

Felicity Blunt, gracias por haberme apoyado siempre. Betsy Robbins, mi agente de derechos extranjeros, es otra colaboradora mágica. Gracias a todos los de Curtis Brown, mi agencia: gracias por aportar vuestro considerable talento y dedicación a este proyecto. Me siento afortunado de contar con vosotros. Asimismo, gracias también a Eleo Gordon, de Viking Penguin, en el Reino Unido y a Michael Heyward, de Text, en Australia: gracias por ayudarme a dar forma a este libro. Jamie Byng, de Canongate, gracias de nuevo por tu generoso apoyo.

Tulga: nos condujiste de la mano a través de la estepa y hacia Siberia. Nos mantuviste vivos. Tú hallaste a los chamanes. Nos llevaste a ver a Ghoste. Te debo mucho. Naara, de no haber decidido enviar a tu hijo para que nos acompañara en ese viaje, Rowan no habría hecho su primer amigo. Tomoo, por ser el primer amigo de Rowan: no tengo palabras para expresar mi gratitud hacia ti.

Para Ghoste: treinta horas después de haberle llevado a mi hijo, Rowan se convirtió en un niño que controlaba su incontinencia física y emocional. Gracias también a los nueve chamanes de la montaña Bogd Khan: mi hijo hizo su primer amigo durante la ceremonia que ustedes celebraron. Requirió un gran valor por su parte conservar sus tradiciones vivas bajo la férula soviética, durante una época en la que hasta el mero hecho de poseer el tambor de un chamán era motivo de arresto. De no haber demostrado ustedes ese valor, yo no habría podido llevarles a mi hijo. Señores de las montañas, Señores de los ríos, os saludo y expreso mi gratitud.

Y *Betsy*. ¿Cómo no darle las gracias a *Betsy*? Baste decir que jamás he estado tan en deuda con otro ser vivo como lo estoy contigo. Tal vez, en otra vida, sea yo quien te transporte a ti. Sería justo y apropiado.

Para más información sobre centros de terapia equina, consulten las siguientes páginas web:

- www.narha.org
- www.horseboyfoundation.org